후기 근대국어 형태의 연구

저자 소개

홍종선 : 고려대학교 국어국문학과 교수
김서형 : 고려대학교 한국어문화교육센터 강사
고경태 : 고려대학교 한국어문화교육센터 강사
김태훈 : 고려대 대학원 국어국문학과 박사과정 수료
이현희 : 고려대 대학원 국어국문학과 박사과정 수료
함희진 : 홍익대학교 강사
이숙경 : 미국 일리노이 대학교 언어학과 연구원

후기 근대국어 형태의 연구

인 쇄	2006년 1월 10일
발 행	2006년 1월 17일

저 자	홍종선 · 김서형 · 고경태 · 김태훈 · 이현희 · 함희진 · 이숙경
펴낸이	이대현
편 집	이은희 · 변나영
펴낸곳	도서출판 **역락**

서울 성동구 성수2가 3동 301-80 (주)지시코 별관 3층

전화 3409-2058, 3409-2060 / FAX 3409-2059

홈페이지 http://www.youkrack.com

이메일 youkrack@hanmail.net

등록 1999년 4월 19일 제303-2002-000014호

ISBN 89-5556-441-4-93710

정가 14,000원

후기 근대국어 형태의 연구

홍종선 · 김서형 · 고경태 · 김태훈
이현희 · 함희진 · 이숙경

도서출판 역락

머리말

　근대국어는 현대국어의 바로 앞에 놓인, 그리하여 오늘날 우리가 결코 무심할 수 없는 시기의 우리말이다. 이 책은 근대국어 가운데에서도 현대국어에 그대로 닿아 있는 후기 근대국어의 문법을 여럿이 분담하여 깊이 있게 살핀 결과물이다. 첫 권은 형태 부문을, 둘째 권은 통사 부문을 통시적 변천이라는 시각에서 고찰한 것이다. 책의 이름은 각기 달라『후기 근대국어 형태의 연구』와『후기 근대국어 통사의 연구』라고 하였지만, 이 두 권은 원래 '후기 근대국어 문법의 형성과 변천'이라는 책명을 가진 제1권(형태편)과 제2권(통사편)으로 간행할 예정이었다. 따라서 이 두 책은 일관된 하나의 체계와 내용성으로 묶일 수 있다.

　우리는 현대국어에 바로 앞에 닿는 근대국어의 문법을 본격적으로 접근한『근대국어 문법의 이해』라는 책을 간행한 바 있다. 당시에 근대국어에 대하여 너무나 관심이 적은 학계에 근대국어를 알리고자 하는 뜻이 있었다. 그 후 우리는 현대국어 100년 동안의 통시적인 변화를『현대국어의 형성과 변천』이라는 세 권의 책으로 나누어 고찰하였다. 현대국어가 시작되고 100여 년의 세월이 흘러 그 동안 국어에 변화가 적지 않음에도 불구하고 아직도 학계에서는 무심하게 '현대국어'라는 말을 두루 사용하는 경우가 많은데, 이는 시정되어야 할 것이다.

　이제 우리는 각 시대별로 문법의 형성과 변천을 살피되 그 고찰 시대의 범위는 가급적 좁혀서 그만큼 심도 높은 연구를 하기로 하였다. 그 첫 시대는 이전의 '근대국어'를 좀더 나누어 다시금 천착하기로 하여 '후기 근대국어'로 잡았다. 2004년 대학원 수업을 연이어 이 과제와 관련하여 진행하였고, 각 연구자들은 각각의 주제를 정하여 탐색을 계속하였다.

어떠한 사실을 제대로 파악하기 위해서는 파악되는 범위보다 훨씬 더 넓고 깊게 탐구해 들어가는 힘든 과정이 필요하다. 국어학을 공부하는 우리는, 현대국어에 대한 올바른 이해를 위해서라도 그 이전 시대의 국어를 가능한 한 철저히 고찰하고자 노력하였다. 어느 정도의 성과를 얻는 것도 매우 많은 노력을 전제해야 함을 알고 출발하였지만, 예상 이상으로 어려움이 있었다. 하지만 그 결과를 이 책으로 내보일 수 있게 된 지금, 우리는 아쉬움도 크지만 보람도 적지 않다. 함께 연구를 진행한 동료 가운데에 몇몇은 마지막 결실에 참여하지 못하여 또한 아쉽다. '선어말 어미, 격, 피동, 시제, 접속, 내포' 등의 연구가 이 책에 실리지 못한 것이다.

앞으로 우리는 계속 전기 근대국어의 문법, 그리고 그 이전 시기의 국어 문법 등으로 연구를 이어나갈 예정이다. 이번 결과물에서 나타나는 모자람을 지적해 주신다면 이는 앞으로의 연구에 큰 도움이 될 것이다. 이번에 새로 큰 힘이 되어준 역락 출판사의 정성에 고개가 숙여진다. 이같이 미더운 이웃을 만났으니 우리는 공부만 하면 된다는 생각이다. 정말 고마운 일이다.

2006년 벽두에
저자들이 다함께

●●● 차례

후기 근대국어의 형태

|홍종선|

1. 머리말

국어사 또는 국어 문법사에서 '근대국어'라는 시기는, 다른 시기의 시대 구분에 비해 비교적 뚜렷하게 구분되고 있다. 근대국어는 그만큼 시대적 변화 추이와 함께 달라진 언어 모습이 전·후 시기와 비교할 때 구별이 두드러지기 때문일 것이다. 일반적으로 근대국어는 임진란이 끝나는 17세기 초부터, '국어'라는 인식이 나타나기 시작하는 갑오경장 이전까지를 말한다. 이는 국어사와 국어 문법사 모두에서 '근대국어'로 설정하는 데에 대개 견해를 같이한다.

근대국어는 중세국어와 현대국어의 사이에 위치하여 현대국어 형성에 직결되는 바로 앞 시기로, 오늘날의 국어를 올바로 이해하기 위해서는 이 시기의 국어를 정확하고 세밀하게 연구해야 할 것이다. 여기에서는 국어 전체의 변천 가운데 매우 중요한 위치에 있으면서 국어사에서 중추적인 역할을 하는 국어 문법사만을 논의의 대상으로 한다.

그런데 근대국어의 문법도 통시적인 변화 양상에 따라서 전기와 후기

를 나누어진다. 대체로 18세기 후반까지를 전기, 18세기 말부터를 후기로
분간할 수 있다. 이와 같이 시기를 세분하는 것은, 국어 문법의 통시적 변
화 흐름을 분별력 있게 파악하고 문법사를 정밀하게 기술하기 위해서 필
요한 작업이라고 할 것이다.

여기에서는 근대국어의 후기에 해당하는 18세기 말부터 1894년 갑오
경장에 이르는 100여 년 동안 국어에 나타난 문법의 체계와 변화 모습 가
운데 형태론적인 내용들을 개략적으로 살핀다. 먼저 국어 문법사에서 후
기 근대국어의 위치를 확인하고, 이어서 이 시기의 문법에서 보이는 형태
론적 변화 특징들을 고찰하기로 한다. 후기 근대국어의 문법 전반을 체계
적으로 기술하지 아니하고 이 기간 중에 나타나는 형태론적 변화만을 간
략하게 다루는 것이다. 이 글은 후기 근대국어의 형태론적 문제를 각 주제
별로 나누어 치밀하게 살핀 이 책의 여러 연구 논의들에 들어가기 앞서,
형태 변화 전반에 관해 개관하는 성격을 가지기도 하는 것이다.

2. 국어 문법사에서의 근대국어

국어 문법사는 국어사의 일부이다. 국어사에는 문법사 외에도 음운사,
어휘사, 의미사, 문자사 등 여러 분야가 있을 것이다. 그 동안 국어학계에
서는 국어사 연구를 꾸준히 진행해 왔고, 이에 따라 국어사의 시대 구분에
관해서도 몇 가지 견해를 보일 수 있었다. 그러나 국어사의 하위 분야별로
시대를 구분하는 문제에 관한 논의는 거의 제안되지 못한 상태이다. 아직
각 부문별로 국어 변천사를 시대로 나누거나 기술하기에는 연구의 성과가
충분하지 못한 때문일 것이다. 하지만 국어사는 이들 여러 하위 분야들의
변천사 내용이 모여서 형성되며, 국어사의 시대 구분도 여러 하위 분야별

로 변천의 시대 구분이 종합되어서 이루어져야 할 것이다. 그런 점에서 국어사의 각 하위 분야는 그 나름대로의 통시적인 시대 구분이 필요하다.

　다행히 국어사 가운데 문법사 부문은 다른 부문보다 비교적 연구가 많이 이루어져 있어, 문법사의 시대 구분에 관한 논의를 가능하게 한다. 시대 구분을 하기에 충분한 연구 성과는 아직 쌓지 못하였다는 우려가 없지는 않으나, 지금까지의 연구를 바탕으로 잠정적인 시대 구분을 시도할 수는 있다고 본다. 따라서 본고에서 논의하는 시대 구분은 문법사 연구가 더 진척됨에 따라 얼마든지 바뀔 수가 있을 것이다.

　오늘날 국어사의 시대 구분은 몇 가지 다른 견해들을 보이고 있지만¹⁾, 이기문(1961)에 따라 '고대국어(～신라 시대), 중세국어(고려 초~16세기 말), 근대국어(17세기 초~19세기 말), 현대국어(20세기 초~)'로 보는 연구자가 많다. 그러나 국어 문법사는 국어사와 일치할 수도 있지만, 어느 정도 차이가 있을 가능성도 있다.

　홍윤표(1995)에서는 국어 문법사에 기반한 국어사의 시대 구분이 필요함을 논의하였지만, 아직까지 국어사의 각 하위 부문별로 시대 구분을 시도한 연구가 거의 없는 실정이다. 국어 문법사의 시대 구분도 홍종선(2005)가 유일하다. 홍(2005)에서는 국어 문법사의 시대를 크게 다섯으로 나누어, '고대국어, 중고국어, 중세국어, 근대국어, 현대국어'로 이름하였다. 일반적인 국어사의 시대 구분과 꽤나 다른데, 이는 '중고 국어'의 설정에서부터 그러하다.

　'고대, 중세, 근대'로 나누는 3분법은 서구의 역사 기술에서 보이는 일반적인 시대 구분의 방법이다. 그러나 이는 역사 발전 단계에서 봉건 제도를 기본적인 근거로 하여 그 이전과 이후를 나누는 것으로, 우리나라의 역사나 언

---

1) 이러한 견해들은 대개 각 연구자의 국어사 저서에 나타난 시대 구분의 결과에 의하는데, 대표적인 저술로 이기문(1961/1998), 김형규(1962), 박병채(1989), 류렬(1990) 등을 들 수 있다.

어 발달에 그대로 적용되기 어려운 점이 많다. 실제로 서구에서도 언어사의 시대 구분에서는 이와 같은 3분법을 쓰지 않은 경우가 매우 흔하다.

문법사의 시대 구분이 언어사의 그것과 꼭 일치하여야 하는 것은 아니다. 다만 문법은 특히 체계적인 성격을 가져서, 그 언어의 특징을 보여주는 아주 중요한 분야이므로, 문법사는 그 언어의 역사적 변천에서 가장 중요한 중심권에 있고, 언어사의 시대 구분에 문법사는 어느 하위 분야보다도 더욱 긴밀하게 관련을 가진다고 말할 수 있다. 이런 점에서 국어 문법사의 시대 구분이 국어사의 그것과 큰 차이를 갖는다면 그냥 지나치기는 어려울 것이다. 하지만 여기에서는 위에서 본 국어사와 문법사의 시대 구분을 비교하며 문제를 찾는 작업은 하지 않고, 홍(2005)에서 논의한 국어 문법사의 시대 구분을 따르면서 그 가운데 후기 근대국어의 위상을 확인하기로 한다.

국어 문법사에서 고대국어는 신라 시대 말까지이다. 고대국어의 상한선은 아직 말하기 어렵지만, 삼국 시대보다 이전 시기에는 당시의 문법 모습을 보여주는 자료가 거의 없으므로 몇 점의 이두문 자료 정도가 현전하는 삼국 시대부터를 고대국어로 한다. 고대국어는 통일 신라 말까지 이어지는데, 언어의 국가·사회적 배경 등을 고려할 때 삼국 시대를 전기 고대국어, 통일 신라 시대를 후기 고대국어로 나눌 수 있을 것이다.

고려 시대로 들어오면서 시작된 중고국어는 음독 구결이 나오기 이전까지 즉 13세기 중엽까지의 기간에 해당한다. 이 시기에는 이두, 석독 구결, 향찰로 표기된 문헌들이 간행되어 오늘날 당시의 문법 체계에 어느 정도 접근할 수 있다.

음독 구결이 쓰이기 시작한 13세기 말부터 임진란을 겪은 16세기 말까지를 중세국어로 보는데, 이 기간 중 15세기 중엽의 훈민정음 창제를 기준하여 전·후기로 나눌 수 있다. 임진란이 끝난 17세기 초부터 1894년 갑오경장 때까지를 근대국어로 설정함은 국어사와 마찬가지이며, 300년 정도의 근대국어 기간을 18세기 후반을 중심으로 전·후기로 나누는 것도 국어사와 비슷하다.2) 현대국어는, 현대국어가 형성된 제1기(1894년~1910년), 우리말이 국어에서 공용어 수준으로 떨어진 제2기(1910년~1945년), 광복 후 남북으로 나뉘어진 제3기(1945년~)로 나눌 수 있다.

이상 국어 문법사를 다섯 시대로 나누고 각 시대마다 하위 시기를 구분하였지만, 시대 구분의 근거에 대해서는 거의 언급하지 않았다. 이러한 시대 구분에 대한 문제와 각 시대별 국어 문법의 특성에 관한 내용은 홍종선(2005)에서 논의하였으므로, 여기에서는 근대국어의 문법에 대해서만 좀더 살피기로 한다.

근대국어의 문법에서 나타나는 문법적인 특성으로는 우선 파생 접사의 종류가 늘어나 파생어 형성이 이전 시기에 비해 활발해지고, 합성어 생성도 필요에 따라 늘어남을 꼽을 수 있다. 조사와 활용 어미의 목록도 중세국어보다 훨씬 더 다양하고 풍부해진다. '~것' 형태의 보문화의 쓰임이 확대되고 피동과 사동의 간접형도 늘어나며, 장형 부정문의 출현이 많아진다. 이는 용언의 접사나 어미에 의해 형태론적인 절차를 통해 문법 범주를 나타내는 방식에서 통사론적인 구문 변화 절차에 의한 범주 표현 방식으로 통시적인 변화 방향성을 보이는 것이다. 객체 높임의 '-습-'이 위축되면서 상대 높임에 가담하는 변화도 있다. 고대국어 이래로 서법과 깊은 관계를 갖던 시제 표현이 '-는-, -앗-, -겟-'3) 등의 형태소가 정립되면서 점차

---

2) 국어사에서는 대개 18세기 중반을 경계로 하여 근대국어를 전기와 후기로 나눈다. 이 책에서 다른 논문들에서도 모두 이와 같이 국어 문법사의 근대국어를 전·후로 나누고 있다. 그러나 후기 근대국어의 문법적 특징들이 대체로 18세기의 후반으로 많이 들어온 이후에 구체화가 되는 양상을 가지므로, 후기 근대국어의 시작을 18세기 말에 가까운 후반부터로 잡는 것이 좋다고 본다.
3) '-는/는-', '-앗/엇-' 등에서 보이는 이형태 가운데 기본형은 '-는-, -앗-'으로 잡아야 할 것이다. 근대 전환기를 겪는 19세기 후반까지는 적어도 양성 모음 계열의 형태가 음성 모음 형태보다 분포나 출현 빈도 등에서 좀더 앞서는 것으로 나타나기 때문이다.

독립적인 범주 영역을 확보해 나가는 변화 역시 중세국어를 이어 근대국어 전 시기에 걸쳐 진행되어 간다.

3. 후기 근대국어에 나타난 형태론적 변화

앞에서 말했듯이 국어 문법사에서 근대국어는 18세기 후반을 중심으로 전기와 후기로 나눌 수 있다. 근대국어 안에서 이와 같이 전기와 후기로 나뉘는 것은 국어사에서와 비슷한데, 이전부터 불안하던 'ᆞ'가 그 음소성을 잃게 되어 음운 체계상 커다란 변화가 일어나는 18세기 중엽을 앞뒤로 하여 국어사에선 대개 전·후기 근대국어를 설정하고 있다.

'ᆞ' 음운의 소실은 형태론적인 면에서도 변화를 일으키는 등 문법 체계에도 영향을 미치게 된다. 이 시기엔 이 밖에도 활용 어미의 어순이 바뀌고, 어미나 접사 목록이 늘어나며 높임법, 시제 체계에 변화가 나타나는 등 문법 부문에도 적지 않은 변화가 생겨, 18세기 후기를 넘어선 18세기 말부터를 국어 문법사에서도 후기 근대국어로 설정하는 것이다. 이러한 후기 근대국어는 1894년 갑오경장 때까지 지속된다.

이제부터 후기 근대국어에서 보이는 형태론적 특징을 들어 본다.

'ᆞ'가 음소성을 잃게 되면서 'ᆞ'와 'ᅳ'로 대립하던 조사나 어미들의 형태가 'ᅳ'로 통합되어 간다. 물론 후기 근대국어 초기의 문헌에 나타나는 표기에는 'ᆞ'가 우세하나 계속 'ᅳ'형이 늘어가는 것이다.[4]

---

4) 각 시대별로 양성 모음과 음성 모음 가운데 어떤 형태가 우세한가? 이는 문법 형태에 따라 반드시 일관성을 갖는 것은 아닌 듯하다. 중세국어에서 양성 모음형이 우세하다가 근대국어에 들어 음성 모음형이 더 많이 쓰이는 문법소도 있고(예 : '-고나'(감탄형) 등), 그 반대의 경우도 있다(예 : '-녀'(의문형), '-고져'(접속어미) 등).
  적어도 19세기 이후에는 '양성모음형>음성모음형'이라 변화가 뚜렷하다. 예를 들어 보조사 'ᄃᆞ려 > 다려 > 더러, ᄆᆞᄌᆞ/ᄆᆞ자 > 마자 > 마저'의 변화에서 '더러, 마

후기 근대국어에서 격조사들은 'ㆍ'의 음가 소실로 그 이형태들이 많
이 줄어들게 된다. 일부의 격에서는 높임을 나타내는 조사들이 출현하고,
보조사가 확대되는 발달을 보인다. 중세국어 말기에 나타난 주격 조사
'가'는, 전기 근대국어 시기에 일부 문헌 외에서는 그리 널리 쓰이지 않았
으나 이 시기에 들어서는 상당한 분포와 빈도를 가지며 확대되며, 18세기
이후엔 '이가'라는 과도기적 형태도 많이 쓰이다가 19세기 후반에 들어
줄어든다. 중세국어의 처격 'ᄭᅴ셔'는 근대국어에 와서 높임을 갖는 주격
조사 '겨오셔/계오셔/계옵셔/께옵셔' > 'ᄭᅴ셔/ᄭᅵ셔'로 쓰인다. 대격 조사의
이형태들은 '올/롤'에서 점차 '을/를'로 단일화하는 경향을 갖는다. 이와
같이 음성 모음의 형태가 늘어가는 것은 처격이나 관형격 조사에서도 마
찬가지이다. 관형격 조사로 쓰이던 'ㅅ'은 근대국어에 들어 그 쓰임이 줄
어들어 후기에 와서는 용례가 아주 드물게 보인다. 여격 조사로 '의손ᄃᆡ'
는 사라졌으나 'ᄃᆞ려'는 현대국어 이전까지는 쓰임을 지속한다. 인용의 부
사격 조사 '라고'는 18세기 후반에 나타나기 시작하지만, 존칭 호격의 조
사 '하'는 이제 거의 사라진다.

동사에서 기원한 보조사들 상당수가 이 시기에 동사적인 속성에서 완
전히 벗어나 보조사로 문법화하는 현상을 보인다.

> (1) ㄱ. ᄯᅩ 남은 반을 ᄆᆞ자 담아 젼쳐로 다은 후의 <자초, 5b>
>   ㄴ. 울흘 즈음쳐 블러 나맛는 잔올 ᄆᆞ즈 머구리라 <두중, 22 : 6a>
> (2) ㄱ. 토ᄭᅵ 죽은 後ㅣ면 ᄀᆡᄆᆞᄌᆞ 숨기이ᄂᆞ니 <악학습령, 김천택 시조>
>   ㄴ. 젹즁이 좌우로 ᄃᆡ덕ᄒᆞ매 ··· 젹즁ᄆᆞ자 죽으니 남은 거시 약간이라
>   <낙선재 소설, 낙무십 : 203>

17세기 문헌의 용례 (1)에서 'ᄆᆞ자/ᄆᆞ즈'는 '마저'라는 뜻을 갖는 동사

저'형의 출현은 19세기 이후이다.

파생 부사이다. 그러나 18세기 후반에 만들어진 문헌에 나오는 (2)의 용례에서 'ᄆᆞᄌᆞ/ᄆᆞ자'는 부사라기보다 보조사로 해석하는 것이 더 자연스러울 것이다.[5] 즉 'ᄆᆞ자/ᄆᆞᄌᆞ'는 18세기 후반에 와서 부사로서의 용법 외에 보조사의 쓰임을 더 갖게 된 것이다.

　이 시기를 전후하여 이와 같이 조사로서의 용법을 더욱 뚜렷이 보이는 문법화 변화를 겪거나 조사로서의 쓰임이 확대된 형태들은 이 밖에도 '드려, 더브러, 부터, 조차, 보다가/보다' 등이 있다. 이들은 문법화하는 과정에서 1차로 '～롤'로 나타나는 목적격을 지배하는 서술어의 부사형으로 쓰이다가, '롤' 외에 '로, 와' 등과 결합하는 복합 조사 형태로 발전하고, 드디어 단독적인 조사로 정착하는 경우가 많다. 이러한 조사로의 문법화 현상은 명사에서 비롯된 '밧긔, 텨로, ᄀᆞ치, 흔테' 등에서도 일어난다.

　후기 근대국어에서 용언의 선어말 어미들은 변화가 비교적 많은 편이다. 과거 시제의 '-앗-'이 자리를 잡고, 미래의 의지나 추정적인 표현에 나타나는 '-겟-'이 나타나며, 객체 높임의 '-ᄉᆞᆸ-'이 그 기능을 잃고 자리을 바꾸어 상대 높임에 가담하는 변화를 겪고, 서법적인 기능을 보이던 '-거-'가 어말 어미로 재구조화하는 현상 등이 나타난다. 이로 인해 선어말 어미들의 결합 어순에서도 변화가 생기는데, 대체로 전기 근대국어에서 (3)과 같은 어순을 보이던 선어말 어미들이 18세기에는 (4ㄱ), 19세기에서는 (4ㄴ)과 같이 바뀌게 된다.

　　(3) 어간 - 숩1 - 시 - 앗 - 숩2 - 더//거 - ᄂᆞ - 오 - 리 - 도 - 니 - 이

---

5) 예문 (2ㄴ)에서 '적줌ᄆᆞ자 죽으니'를 '적줌(이) ᄆᆞ자 죽으니'로 해석할 수도 있지만, 바로 앞에 쓰인 '적줌이 좌우로 디덕ᄒᆞ매'에서 보듯이, 이 글에서는 주격 조사 '이'가 잘 실현되고 있으므로 'ᄆᆞ자'를 부사가 아닌 보조사로 해석하는 것이 좋을 것이다.

(4) ㄱ. 어간 - 앗 - 습%시 - 더//리//거 - ㄴ - 리 - 도 - 니 - 이

　　ㄴ. 어간 - 시 - 앗 - 겟 - 습(옵) -더//리//ㄴ - 리 - 도 - 니 - 이6)

(3)과 (4)를 비교할 때 나타나는 두드러진 변화로는, 과거 시제 '-앗-'과 주체 높임 '-시-'의 어순이 바뀌고, 미래 추측과 의지의 '-겟-'이 등장하며, 높임법 '-습(옵)-'이 계속 뒤로 밀리고, 서법의 '-거-'가 사라지는 등을 꼽을 수 있다. 원래 높임법 '-습-'이 중세국어에서 객체 높임으로 쓰였을 때는 어간에 가장 가깝게 놓였으나, 이러한 기능이 약화 소멸해 가는 전기 근대국어 (3)에서는 객체 높임의 '-습1-'과 상대 높임의 '-습2-'가 공존하였으나, 후기 근대국어에서는 상대 높임 형태만 '-습/옵-'으로 남은 것이다.

　어말 어미에서도 그 목록이나 용법에 변화가 많이 생긴다.

　종결형에서는 '-라 > -다'의 변화가 매우 뚜렷하고, 전기 근대국어의 역학서 등에서 많이 보이던 '-뇌, -늬, -쇠, -롸' 등의 쓰임이 아주 준다. 선어말 어미 '-ㄴ-'의 기능이 약화되면서 '-ㄴ이다'가 어말 어미화하는 인식이 생기는데, 이는 '-니다'로 축약되다가 '-습니다'라는 상대 높임의 어말 어미 형태를 갖게 된다. 2인칭 의문형 종결 어미 '-ㄴ다, -ㄹ다'가 근대국어에 들어서 크게 줄어 후기 근대국어에서는 거의 사용되지 않는다. 의문형 종결형에는 또한 하라체의 '-니오/뇨', '-리오/료'가 쓰이는데, '-뇨'와 '리오'형이 문헌에 많이 나타난다. 청유형으로는 '-쟈' 외에 '-시, -새' 등이 새로 쓰이는데, '-시, -새'는 현대국어에서 '-세'로 바뀐다. '-어라'형 명령형 어미는 18세기 문헌에서부터 나타난다. 이는 중세국어의 확인법 '-거/어-'에 명령형 어미 '-라'와 결합한 형태가 명령형 종결 어미로 재구조화한 것이다. ㅎ쇼셔체의 '-쇼셔'는 단모음화형 '-소서'로 변하기 시작한다. 청유

---

6) '%'은 통합에서 그 순서가 서로 바뀔 수 있음을 말하고, '//'은 두 선어말 어미가 계열 관계에 있음을 말한다.

형에서도 ᄒᆞ라체 종결형 '-쟈'의 단모음화형 '-자'로 변해 간다. 감탄형으로는 '-구나'가 18세기 후반부터 문헌에서부터 나타나기 시작한다.

평서문에서 시작된 종결형 '-오'는 18세기 중엽 이후의 문헌에서부터 나타나서, 점차로 평서법 외의 다른 종결법 어미로 확대되어 온다. '-어'와 '-지' 역시 후기 근대국어에 들어서 평서법으로 시작하여 다른 문말 어미로도 쓰임이 넓어진다. 이들은 특히 구어에서는, 당시의 문헌에 나타나는 문어적 출현보다 훨씬 이른 시기부터 광범위하게 많이 쓰인 것으로 보인다. '-오' 외에도 '-니, -리'에 '-오'가 결합한 '-뇨, -료'의 용례도 나타나며, '-니'가 구어체 문장에서 보이기 시작한다.

연결형에서도 후기 근대국어에 들어 사라지거나 새로 생기는 어미들이 있다. '-ᄂ뎡, -디록'은 17세기까지, '-도록, -과뎌'는 18세기까지 쓰이다 사라진다. '-디록, -도록'의 기능은 '-ㄹ 수록'으로 이어진다. 전부터 쓰이던 어미에 보조사가 결합하여 어미화하거나(예 : '-고서, -니ᄭᅵ, -려고, -면서, -지만' 등), 선어말 어미 '-거-' 등이 결합하여 어말 어미로 재구조화한 형태(예 : '-거니, -거든, -ᄂ라고, -어서' 등)가 많다. 이 시기의 연결 어미 가운데에 '-아/어'와 '-니'의 출현이 압도적이어서 이들이 담당하는 의미 기능도 매우 다양한데, 이는 이전 시기에서보다도 좀더 확대된 용법으로, 19세기 말에 들어서야 그 쓰임이 줄어든다.

전성 어미에서는 변화가 비교적 적다. 중세국어에서 동명사형이나 관형사형에 들어가던 '-오/우-'는 전기 근대국어에서도 이미 결합 여부가 문란해졌는데, 후기 근대국어에서는 전혀 그 기능이 없어졌다. 부사절을 이끄는 부사형 어미로 파생 부사 접미사 '-이'가 쓰이던 용법은 많이 줄어들고 대신 '-게'형이 더욱 일반화하는 현상도, 어휘적 파생보다 통사적 구조화로 국어의 표현이 발달해 가는 문법사적 경향 가운데 하나일 것이다.

후기 근대국어에서 단어 파생법은 이전 시기에 비해 다소 다양해지는데, 특히 19세기 후반의 문헌에서는 매우 많은 파생 접사와 파생어를 보인다. 명사파생 접사로 아직은 '-옴/음/ㅁ'이 가장 활발하지만, '-기'형의 생산성과 분포가 크게 늘어나 당시의 '-기'형이 현대국어에 들어서 '-음'형으로 바뀌는 경우도 있다. 동사나 형용사를 파생하는 '-ㅎ-'는 이전 시기에 비해 전혀 생산성이 줄지 아니 한다. 19세기 'ㅢ > ㅣ'의 모음 변화에 따라 '킈, 노픠 ……' 등의 형용사 어간 파생 명사들이 '키, 노피 ……'와 같이 재구조화 형태를 갖는다. '-스럽-'은 18세기 중엽 이후부터 보이기 시작하여 '-답-'과 함께 곧바로 형용사 파생을 주도한다. '-오/우, -아/어' 등이 접미하는 부사 파생은 생산성이 약해지지만, 조사에서 비롯된 '-로, -에' 등이 결합하는 부사 파생은 늘어난다.

이 시기에 합성어 형성은 이전 시기에 비해 늘어나고, 19세기 신문화 도입 이후엔 새로운 어휘가 필요함에 따라 합성어 생산이 더욱 활발해진다. 그러나 현대국어에서 종종 보이는 비통사적인 합성어의 형성은 이 시기엔 아직 매우 드물다. 사이시옷이 근대국어에 들어서는 통사적인 기능을 대개 상실해 가고 합성 명사에서만 주로 쓰이게 되어, 후기에 이르러는 통사적인 용례가 아주 드물다. 합성 동사에서는 동사 어간에 바로 동사의 어간이 결합하는 합성법의 생산력이 매우 미약해지고, 이러한 형태어 합성어 목록도 전기 근대국어 시기보다 많이 줄어든다. 대신에 '동사 어간 + -아/어 + 동사' 형태의 동사 합성법은 크게 늘어난다. 특히 '-어ㅎ-'형 동사(/형용사)가 매우 많이 생긴다.

4. 마무리

후기 근대국어는 17세기 초 임진란 이후 18세기 중·후엽까지 지속된 전기 근대국어에 뒤이은 시기로, 18세기 말엽부터 1894년 갑오경장 때까지에 해당한다. 위에서 후기 근대국어의 문법의 변천을 형태론적인 변화 위주로 간략하게 살피었다. 대부분의 언어에서 통시적인 변화는 고대에서 현대로 내려오면서 후대에 이를수록 큰 폭을 가지며 다양하게 전개되는 양상을 갖는다. 국어도 역시 마찬가지인데, 특히 19세기 중반을 전후하여 서는 신문화의 도입과 함께 한국어에 많은 변화가 생긴다.

그러나 19세기 이전에도 후기 근대국어에 들어와서 격조사와 보조사 그리고 용언 활용 어미들에서 문법화나 어미 재구조화 등의 절차를 거치 며 그 목록이 늘어나는 발달을 보인다. 또한 파생 접사 목록도 늘고 파생 법이나 합성법도 좀더 다양해진다. 이것은 곧 국어에서 어휘를 늘리고 언 어 표현을 풍부하게 할 수 있도록 형태론적으로 장치를 마련한다는 의의 를 갖는다.

이와 같은 고찰 결과는, 근대국어 시기에 여러 종류의 문헌이 나오므 로 여기에 등장하는 훨씬 다양해진 언어 표현들을 문헌에서 살필 수 있다 는 요인이 없는 것은 아니지만, 사회의 빠른 변화에 따라 국어의 발달과 변화가 더욱 많아진 때문으로 해석할 수 있다. 이는 중세국어에서 정연한 체제를 갖추었던 문법 체계가 여러 군데에서 흐트러짐을 보인다는 사실에 서도 알 수 있다. 그러나 이러한 변화는 또 다른 문법 질서를 향해 움직이 는 현상이라고 보아, 현대국어와의 연계성 속에서 근대국어에 대한 면밀 한 고찰이 계속 이루어져야 할 것이다.

참고문헌

강은국. 1993. 「조선어 접미사의 통시적 연구」 서광학술자료사.

고영근. 1997. 「표준 중세국어문법론」 집문당.

권인영. 1992. "18세기 국어의 형태 통어적 연구." 연세대 박사논문.

권재일. 1998. 「한국어문법사」 박이정.

기주연. 1991. "근대국어의 파생어 연구." 한양대 박사논문.

김영욱. 1995. 「문법형태의 역사적 연구」 박이정.

김유범. 2001. "15세기 국어문법 형태소의 형태론과 음운론." 고려대 박사논문.

김창섭. 1997. "합성법의 변화." 「국어사연구」 태학사.

김형규. 1962. 「국어사연구」 일조각.

류성기. 1993. "국어 사동사에 관한 통시적 연구." 전주대 박사논문.

류 렬. 1990, 1992. 「조선말력사(1), (2)」 평양 : 사회과학출판사.

리의도. 1990. 「우리말 이음씨 끝의 통시적 연구」 어문각.

박병채. 1989. 「국어발달사」 세영사.

박영준. 1994. 「명령문의 국어사적 연구」 국학자료원.

서태룡. 1997. "어말어미의 변화." 「국어사연구」 태학사.

송철의. 1997. "파생법의 변화." 「국어사연구」 태학사.

염광호. 1998. 「종결 어미의 통시적 연구」 박이정.

유성기. 1995. "국어 사동사에 관한 통시적 연구." 전주대 박사논문.

이광호. 2004. 「근대국어 문법론」 태학사.

이기문. 1961. 「국어사개설」 민중서관.

이태영. 1997. "국어 격조사의 변화." 「국어사연구」 태학사.

이현희. 1994. "19세기 국어의 문법사적 고찰." 「한국문화」 15.

임동훈. 2001. "'-겠-'의 용법과 그 역사적 해석." 「국어학」 37.

장경희. 1977. "17세기 국어의 종결 어미 연구." 서울사대 「논문집」 16.

전광현. 1971. "18세기 후기 국어의 일고찰." 「전북대 논문집」 13.

전광현. 1991. "근대국어 연구의 현황과 과제." 제21회 동양학학술회의강연초록. 단국대 동양학연구소

조일규. 1997. 「파생법의 변천1」 박이정.

한용운. 2003. 「언어 단위 변화와 조사화」 한국문화사.

허 웅. 1975. 「우리옛말본」 샘문화사.

홍윤표. 1994. 「근대국어 연구(1)」 태학사.

홍윤표. 1995. "국어사의 시대구분." 「국어학」 25.

홍윤표·송기중·정광·송철의. 1995. 「17세기 국어사전」 태학사.

홍종선 엮음. 1998. 「근대국어 문법의 이해」 박이정.

홍종신 외. 2000. 「현대국어의 형성과 변천(1,2,3)」 박이정.

홍종선. 2005. "국어 문법사의 시대 구분." 「한국어학」 29.

후기 근대국어의 조사

|김서형|

1. 서론

본고에서는 후기 근대국어에서의 격조사 체계를 세우고 더불어 이 기간 동안의 변천을 살피기로 한다. 후기 근대국어의 격조사 연구는, 이 시기에 간행된 문헌을 대상으로 철저하게 표현 양상들을 조사함으로써 이루어질 수 있을 것이다. 우선 기존의 연구에서 보이는 격조사의 목록을 비교하고, 각각의 격조사가 갖는 형태와 문법 기능을 살핀다. 필요에 따라서는 사용 빈도 등 사용 실태도 조사하는데, 사용 빈도상의 차이도 그 시대의 언어적 특성과도 관련이 있기 때문이다.

본고는 2장에서 18세기 중엽부터 19세기 말기까지의 문헌을 통해 나타나는 격조사를 학교 문법의 체계에 따라 체계화한다. 3장에서는 2장에서 세운 후기 근대국어의 격조사 체계를 바탕으로 격조사들의 용법을 보고, 전기 근대국어 및 개화기 국어의 격조사와 비교하면서 그 변화 양상을 살핀다.

2. 후기 근대국어의 격조사 체계

근대국어의 격조사는 중세국어의 격조사에 비해 모음조화의 문란이나 ' · '음의 소실 등의 음운론적 이유로 음성모음 또는 양성모음을 가진 형태로 단일화하는 경향을 보인다. 또한 같은 형태이지만 역시 문장에 따라서 다른 격표지로 사용되는 현상은 중세국어에 이어 근대국어에서도 나타나며, 문법화 과정에 있는 것들도 있어 격조사의 기능을 보여주는 것인지는 단정하기 어려운 형태들도 있다. 이 외에도 주격조사 '가'의 출현, 존칭을 나타내는 '끠셔, 겨셔' 등의 새로운 형태가 등장하는 등 근대국어에서 격조사는 이전의 중세국어 시대의 그것과는 차이를 보인다.

근대국어의 격조사에 대한 기존의 연구들은 주로 중세국어의 격조사와 비교하여 새로운 형태와 기능을 나타내는 내용들을 중심으로 근대국어의 격조사 체계를 보여주고 있다. 그러나 근대국어 안에서도 전기와 후기를 나눌 때, 전기는 중세국어에 가깝고 후기는 개화기 국어 나아가 현대국어의 모습과 많은 유사점을 가지고 있을 것이다. 따라서 이 장에서는 근대국어의 격조사 체계 안에서 변화된 양상을 있을 것이라는 가정 아래 후기 근대국어의 격조사에 대해 살펴본다. 근대국어 전체에 대한 격조사 체계는 홍윤표(1994)를 근거로 하고, 학교 문법의 체계에 따라 후기 근대국어의 격조사 체계를 세우고 그 기능도 살펴보기로 한다.

근대국어 격조사는 문헌의 성격이나 문헌의 제작 배경에 따라 동일한 기능의 격조사이지만 형태상의 차이를 보이기도 하고, 같은 시기나 후대의 문헌이라도 표기상의 보수성 등으로 인해 오히려 중세국어 시기에 더 가까운 형태가 나타나기도 한다. 이러한 형태상의 혼동에도 불구하고 전기와 후기 근대국어는 다른 모습을 가진다. 가령, 후기 근대국어에서는 격조사 목록에서도 현대국어와 거의 비슷하게 나타나기 때문에 전기의 모습과는 사뭇 구별된다.

근대국어의 주격조사에는 '이, ㅣ, Ø'와 '가'가 쓰이지만, '가'는 18세기에 이르러야 주격조사로서의 기능이 안정된다. 또한 근대국어에서는 '이'와 '가'가 혼합된 형태인 '이가'가 문헌에서 나타나는데, 특히 18세기 문헌에서 자주 보인다. 결국 근대국어의 주격조사 형태는 '이, ㅣ, 이가/ㅣ가, 가, Ø'으로 나타난다고 말할 수 있다. 그러나 더 정확하게 말하자면 이것은 후기 근대국어의 주격조사라 할 것이다. 전기 근대국어에서 나타나지 않았던 '이가/ㅣ가'의 형태가 후기 근대국어에 등장하고, 근대국어의 주격조사 목록에 이들 형태를 포함하기 때문이다.

근대국어에 들어서면서 특히 존칭 표현의 주격조사가 다양하게 나타나기 시작한다. 중세국어에서부터 사용되었던 '끠셔'는 근대국어에서도 나타난다. '끠셔'의 경우 중세국어에서 이미 처격의 기능으로 나타나기도 하는데, 이러한 기능은 19세기 성경 자료에서도 나타난다. 이 조사는 18세기에는 '쎠셔'로, 19세기에는 '끠셔'의 형태로 나타난다. 용언 어간의 활용형이 문법화된 주격조사의 '겨셔, 겨오셔, 겨읍셔' 등도 근대국어 주격조사의 큰 특징이다. 그런데 이태영(1997 : 708)에서는 '겨오셔, 겨읍셔'를 격조사로 보지 않고 동사의 활용형이 문법화한 특수조사로 보고 있다. 그러나 '겨시다'의 활용형인 '겨셔'의 경우는 주격조사로 보고, 같은 기원을 가진 '겨오셔'와 '겨읍셔'를 특수조사로 보는 것은 문제가 있다. 더욱이 '겨오셔'에서 파생된 '계오셔'가 주격 조사 기능으로 18세기 문헌에서 나타난다는 점을 고려하면 굳이 17세기에는 '겨오셔, 겨읍셔' 등이 격조사로 쓰이는 경우가 없다는 이유로 특수조사로 구분하는 것은 무리라고 본다. 비록 이들이 문법화 과정 중에 있는 형태이지만 17세기 문헌에서 주격의 기능이라든지, 특수조사 기능이라든지 하는 해석들이 분명하지 않음도 고려해야 할 것이다. 이태영(1997 : 708~709)에서는 19세기에 '겨오샤/계오샤'가 주격조사로 쓰이기 시작한다고 하였는데, 이미 다음 (1ㄱ)의 18세기 문헌

에서 '겨오샤'는 주격조사의 기능으로 하는 예가 나타나며, '계오샤'의 경
우는 (1ㄴ)의 19세기 문헌에서 나타난다.

> (1) ㄱ. 신이 그윽이 희연흐야 흐느이다 희라 우리 <u>셩샹겨오샤</u> 깁히 종
> 샤의 큰 계교롤 싱각흐오샤 우흐로 즈지롤 밧즈오샤 져ᄉ롤 칙
> 뎡흐오시니 <천의, 1:55>
> ㄴ. 인현의 교화를 이어 아름다온 풍쇽과 어질게 가르치미 그 오직
> 오랜지라 크시다 우리 <u>셩죠계오샤</u> 하놀 밝그신 명을 밧즈와 비
> 로소 구우롤 지으샤 <윤음(팔도), 2a>

이 밖에도 19세기에는 '계ᄋᆸ셔/게ᄋᆸ셔, ᄭᅴᄋᆸ셔, ᄭᅦᄋᆸ셔'도 보인다. 이태
영(1997:709)에서는 'ᄭᅴ셔'가 18세기에 와서 형태상으로 'ᄭᅵ셔, ᄭᅧ셔, 긔
셔, ᄭᅨ셔' 등으로 변화하고 19세기는 '겨ᄋᆸ셔'도 'ᄭᅦᄋᆸ셔/ᄭᅴᄋᆸ셔' 등으로
혼태되어 나타나고 'ᄭᅴ셔'도 'ᄭᅦ셔'로 일반화되는 것으로 보았다. 그러나
19세기에도 'ᄭᅴ셔'는 존칭체언 뒤에서 주격으로 기능하는 예가 많이 나타
난다. 1894년 문헌인 「천로역정」에서는 'ᄭᅵ셔'의 형태도 나타나는데 다음
의 (2)에서 찾아볼 수 있다.

> (2) 긔독도ㅣ 굴ᄋᆞ디 그대로 흐매 하느님 아바지ᄭᅵ셔 그더의 ᄆᆞ움과 눈
> 을 붉게 흐야 예수롤 알게 흐시더뇨 미도ㅣ 굴ᄋᆞ디 여러 번 긔도흐
> 여도 하느님 <u>아바지ᄭᅵ셔</u> 내 ᄆᆞ음과 눈을 붉게 흐샤 예수롤 알게 흐
> 심이 업더라 <천로, 하:175b~176a>

(2)의 '아바지ᄭᅵ셔'는 모두 주격으로 기능하는 것인데, 이들은 주체 존칭의
'-시-'와 호응하고 있음을 알 수 있다.

이상과 같이 전기 근대국어에서 쓰이던 주격조사 가운데에는 사라진
경우가 없고 오히려 후대에 갈수록 '가'의 출현과 함께 '이'와 '가'가 결합

한 '이가/ㅣ가'가 사용되어 주격조사의 목록이 늘어날 뿐만 아니라 특히 존칭의 주격조사는 그 이형태가 무수히 증가되었다. 또한 이중모음이었던 'ㅕ'가 19세기 후반에 가서 단모음화가 되면서 '겨-' 계열의 조사는 주로 '계-'로 이중모음의 'ㅖ'가 그것을 대신하게 되며 점차 'ㅔ'계열로 변화되어 현대국어와 같은 양상을 가진 것으로 보인다. 이밖에 19세기는 '께옵서'의 형태도 나타나는데 여격의 '께'는 나타나지 않는 것으로 보아 주격에서 먼저 'ㅆ'이 'ㄲ'로 경음화되는 것으로 볼 수 있지만 역시 좀더 살펴보아야 할 문제이다.

이제까지 살펴본 후기 근대국어의 주격조사의 형태를 모두 들면, '이/ㅣ/Ø/ㅣ가/가, 씌셔/끠셔, 겨셔/게셔, 씌로셔, 쩨옵셔/계옵셔, 계옵서/계옵서, 계오셔/계ᄋ셔, 계셔/게셔, 겨오셔, 게옵서, 끠옵셔, 끠셔, 꺼셔, 긔셔, 께셔, 끠옵셔, 쩨셔/께셔, 겨오샤/계오샤, 께옵서'가 될 것이다.

근대국어의 목적격 조사에는 '올, 을, 롤, 를'이 쓰이는데, 18세기에 들어서 '올'의 사용빈도가 줄어들어 '을'로 단일화되면서 19세기 문헌에서는 거의 '을'로 나타난다. 이태영(1997 : 711)에서는 19세기에 체언 말음이 'ㅅ, ㅈ, ㅊ'인 경우를 제외하고 '을'로 통일되는 것으로 보았다. 특히 성경류 문헌인 「예수셩교젼셔(1887)」에서는 유독 '올'이 자주 나타나는데, 다음 (3)의 예와 같다.

   (3) 예수가 우리 죄롤 위ᄒ여 몸올 버리고 우리롤 건져 이 악흔 세샹올
       버서나게 ᄒ여스니 우리 아밤 하나님의 ᄯᅳᆺ올 좃차 <셩교 1 : 4>

이태영(1997)은 모음조화 문란과 연관 있는 현상으로, 모음 아래에서 쓰이던 '롤/를'의 경우 '롤'이 우세하게 사용되다가 역시 18세기 후반에 '를'로 통일되어 간다고 보았다. 그러나 문헌에서는 18세기까지는 '롤'이 우세하며 이러한 현상은 19세기까지 이어지는데, 19세기에는 모음조화는

거의 무시된 채 '룰/를'이 혼용된다. 그런데 근대국어에서 중세국어 목적
격 조사의 이형태인 'ㄹ'도 여전히 19세기 문헌에서 나타나는데 주로 후
대에 들어 인칭대명사 뒤에서만 찾아볼 수 있다.

근대국어의 관형격 조사로 홍윤표(1991)에서는 '이, 의, ㅣ, 에, ㅅ, ㄷ'
을 설정하고 있다. '이'의 경우 17세기 중엽 이후 용례가 매우 적다고 보
아 17세기에 이미 대부분 '이'가 '의'로 통합되었다고 하였다. 그러나 이러
한 혼용 형태는 18세기와 19세기에도 많이 나타나며, 19세기 말에 거의
'의'로 단일화된 것으로 보인다.

관형격 'ㅣ'는 유정체언과 특히 인칭대명사 뒤에서만 사용된다고 보았
는데, 문헌에서도 후기 근대국어에 들어서면서 인칭대명사를 제외하고 점
차 '의'로 실현되는 경우가 많았다. 다음 (4ㄱ)의 예는 18세기 문헌이고, (4
ㄴ)의 예는 19세기 문헌이다. 이와 같이 후기 근대국어에서는 인칭대명사
뒤에서 흔히 'ㅣ'가 관형격으로 실현된다.

> (4) ㄱ. 이는 姓이 趙가ㅣ니 이 내 이웃이라 네 이믜 져 姑舅의게 난 弟
>   兄이면 누구는 이 舅舅의 아들이며 누구는 이 姑姑의게 난 아들
>   고 나는 이 姑娘의게 난 이오 <노걸(중), 상 : 14b>
>   ㄴ. 송나라 두우균은 오더시의 간의디부라 년이 삼십의 무즈ㅎ더니
>   쑴의 그 부친이 니르되 네 팔지 무즈ㅎ고 쏘흔 단슈ㅎ니 일죽이
>   착흔 힝실을 닷그라 ㅎ거눌 <태상, 1 : 10b>

또한 처격형인 '에'가 '의'와 동일한 환경에서 관형격 조사로 실현되었
다고 보았는데, 후기 근대국어에서도 이와 같은 예들이 발견되기 때문에
'에'가 관형격 조사로 실현된 것으로 보인다.

> (5) ㄱ. 반두시 간 짜홀 알ㅇ실이라 ㅎ고 올래 울며 여러을 싱각ㅎ야 보
>   옵써니 문득 공듕에 소리올 드르니 니르되 <지장, 상 : 9b>

ㄴ. 후한 셩길이 뎡위되야 미양 동졀의 니르면 옥에 죄인을 맛당히
결단홀디라 체 밤의 츅을 들고 길이 블근 붓을 가져 부체 서로
더흐야 눈물을 드리오더라 <종덕, 하: 1a>

위의 (5ㄱ)에서 밑줄 친 부분은 '공중의 소리' 혹은 '공중에서(부터) 나는
소리'로 해석될 수 있고, (5ㄴ)의 경우는 '옥에 있는 죄인'으로 풀이할 수
있을 것이다. 즉, 관형격의 의미와 처소의 의미로 해석될 수 있다. 이것은
'에'를 관형격 조사로 설정을 할 것인가 아니면 처격 '에'로 설정하고 예
외적으로 '에'의 관형격 용법으로 논의할 것인가의 문제이다. 그러나 (5ㄴ)
의 경우 '옥의 죄인'이라고 해석되기보다는 '옥에 있는 죄인'으로 해석되
는 것이 더 타당하다고 본다. 또한 이들 문헌에서 보이는 '에'가 후기 근
대국어의 문헌이라는 점에서 현대의 그것과 그 기능과 형태가 더 근접할
것이라는 점을 바탕으로 하여 본고에서는 '에'를 관형격 조사의 목록에 포
함시키지 않을 것이다.

'ㅅ'에 대해 이태영(1997 : 715~716)에서는, 17세기에 이르러 관형격
기능이 거의 약화되고 복합어 표지의 기능으로만 사용되었으며 18세기에
이르러 복합어 표지로서만 기능한다고 보았다. 그런데 사실상 'ㅅ'은 18세
기와 19세기에 처소격 뒤에 결합되어 (6)의 예에서 보이듯이 관형격 조사
로서도 기능을 한다.

(6) ㄱ. 이 흔 말이 곳 부도엣 말이로다 공ᄉ흐되 태갑동궁말은 과연 샹
셔문의롤 인흐야 흐엿습ᄂ니이다 <속명, 2 : 11a~b>
ㄴ. 쥬인이 이 불의엣 집사롤 칭흐문 그 힝흐미 공교흐미라 <셩교,
16 : 8>

또한 홍윤표(1991)에서는 근대국어의 관형격 조사에 'ㄷ'을 설정하고,
중세국어에서 'ㄷ'이 체언 말음이 'ㄴ'인 경우에만 사용되었으나 근대국어

에서는 모음 아래에서만 사용되었고 주로 복합어 표시로서 기능을 보이며 17세기 문헌 이후에서 나타난다고 하였다. 그러나 후기 근대국어에서 'ㄷ' 이 복합어 표시이든 관형격 조사 기능을 하는 예는 나타나지 않은 것으로 보아 본고에서 'ㄷ'은 관형격 조사에 포함하지 않는다. 따라서 후기 근대국어의 관형격 조사는 '의/의/ㅅ, ㅣ'로 나타난다고 말할 수 있다.

근대국어의 처격 조사로, 홍윤표(1991)에서는 '애/에, 예, 의/의' 등이 쓰인다고 보았다. 후기 근대국어에서 '에'가 양성모음 아래에서 사용되어 '에'로 일반화되며, '의'는 19세기에는 동명사형 어미와 ㅎ종성 체언 아래에서 사용되거나 체언 말음이 치찰음이 경우에 사용된다고 하였다. 그러나 이것은 다음의 (7)의 예처럼 위와 같은 환경에서만 나타나는 것은 아니다.

(7) ㄱ. 그 이튿날 <u>아참의</u> 이웃 사람을 못기ᄒᆞ고 영접ᄒᆞ여 드리더라 <여수, 28b>
　　ㄴ. <u>뉵지의</u> 이제 오십삼 셰 되고 ᄯᅩ 아들을 나ᄒᆞᆺ더라 <태상, 5 : 44a>

다만 ㅎ종성 체언 뒤나 동명사형 어미 뒤에서 주로 '의'나 '의셔'가 쓰인다. '의셔'의 경우 다음 (8)의 예처럼 '압ᄒᆞ, 안ᄒᆞ'처럼 ㅎ종성 체언 뒤에서 사용되는 예가 거의 대부분이다.

(8) ㄱ. 텬희 <u>압희셔</u> 챵셜ᄒᆞ고 티운이 뒤희 미즈니 금번이 아니면 엇디 ᄡᅥ 이룰 알니오 희라 혼갓 내 ᄆᆞ음이 통박홀 ᄲᅮᆫ이 아니라 <천의, 3a>
　　ㄴ. 미여시되 원컨대 이 ᄯᅩᆯ을 프라 ᄡᅥ 갑하디라 ᄒᆞ얏거늘 승상이 크게 불샹히 너겨 부인의게 당부ᄒᆞ야 ᄀᆞᆯ오디 원컨대 내 ᄌᆞ식ᄀᆞᆺ티 ᄒᆞ야 <u>안희셔</u> 길너 부덕을 ᄀᆞ르텨 셩인ᄒᆞ기룰 기ᄃᆞ려 비우룰 구ᄒᆞ야 혼인ᄒᆞ게 ᄒᆞ라 ᄒᆞ고 <종덕, 상 : 22b>

기존의 연구에서 유정 체언 뒤에서 나타나는 여격 조사라고도 불리는 처소격 조사에는 '인게/의게, 끠/게, 드려'만이 있다고 보았다. 특히 이미 17세기에 '인게'는 '의게'로 통일되고 19세기에 다시 '에게'로 통일되는 것으로 보았지만, 18세기 중엽 이후의 문헌에서는 '인'가 출현하는 데도 '인게'의 형태는 발견되지 않는다.

18세기 전기에 간혹 '인게'가 발견되기는 하지만 양성모음 체언 뒤에서 이미 '의게'로 실현되는 빈도가 아주 많다. 그러므로 17세기에 거의 '인게'는 '의게'로 단일화되었다고 볼 수 있으며, 홍윤표(1991)에서 언급했듯이 일반명사의 경우 '-개'처럼 이미 '애'라는 이중모음을 가진 체언에서 이와 같은 현상이 일어나는 것 같다. '이게'의 형태를 다음의 예처럼 발견할 수 있는데, 이것은 관형격 조사의 '인/의' 이외에 'ㅣ'가 실현되는 현상과 관련이 있는 것으로 보인다. 다음 (9)의 밑줄 부분이 인칭대명사 뒤에서 'ㅣ게'가 붙은 현상으로 분석될 수 있기 때문이다.

> (9) 제 어미 샤곡을 신호야 샹녜 삼보을 업슈이 너기거든 셩녜ㅣ 방변을 너비 펴 제 엄미을 권호야 졍견을 <u>내게</u> 호야도 그 엄미 오오로 신을 내디 몯호더니 안이오라 <지장, 상 : 8b>

19세기 이르러는 '에게'가 나타나기 시작하는데, 다음 (10)의 예와 같다.

> (10) 시셔와 쥬역을 슉독호며 겸호야 고문과 시쳬 지조을 잘호면 반다시 젼 스룸에서 빗남도 볼 거시요 도르혀 혜틱이 <u>후손에게</u>신지 밋치믈 볼지니라 <조군, 30b>

후기 근대국어에서 '의손딕'는 이미 18세기 중엽 이후 문헌에서도 나타나지 않아서 전기와 후기 근대국어의 여격 조사의 목록에서 차이를 보여준다. 그러나 아직 '드려'나 '더러'의 형태는 19세기 문헌에서도 종종 나타나며, 이 밖에도 존칭의 의미를 보여주는 '끠/끠/쎄/께' 등이 있다.

후기 근대국어의 처격 조사에는 지금까지 기술한 것 이외에도 보조사 '셔'와 결합하여 출발점을 표시하는 '이셔/의셔/에셔/에셔'가 있고, 지향점을 표시하는 '으로/으로/로/ㄹ로'가 있다. 특히 처격 조사와 '셔'의 결합이 18세기 후반에는 (11)의 예처럼 '에셔'의 형태가 나타나고 '애셔'의 형태를 발견할 수 없었는데, 이것은 이미 '에'로 단일화된 처격 조사에 '셔'가 셜합한 형태가 후기에 생성된 것과 관련지을 수 있을 것 같다.

(11) 내 엄미 일혼 후의 밤나줄 그려 엄의 간 짜홀 무러 알녀호더 업시다 그제 <u>공듕에셔</u> 다시 니르오되 내 네 녜수ᄒᆞ는 과거엣 각화뎡 즈지왕 여러로니 <지장, 상 : 9b>

지금까지 살펴본 것을 토대로 후기 근대국어의 처격 조사에는 '의게/ㅣ게/게' 끠/끠/쎄, ᄃᆞ려, 더러, 에, 예, 에게, 이셔/의셔/에셔/예셔/에셔, 으로 /으로/로/ㄹ로' 등이 있다.

근대국어의 도구격 조사에는 '로/노, 으로/으로, 오로/우로' 등을 설정할 수 있다. 대체로 자음 아래에서는 '으로/으로'가 사용되고 모음 아래에서는 '로'가 사용된다. 18세기에는 '으로'가 18세기에는 '으로'로 일반화되었다고 이태영(1997 : 727)에서는 보았으나, 사실상 다음의 (12)예처럼 '으로'도 18세기 중엽 이후 문헌에서 종종 나타난다.

(12) ᄒᆞ마 명종홀 제 권속둘히 악연디은 <u>타스로</u> 쏘 이 명종호 사ᄅᆞᆷ미 앙화의 버믈어 더ᄒᆞ야 마초 뼈 됴혼 짜히 늣끠 나게 ᄒᆞ리니 <지장, 중 : 16b>

후기 근대국어에서도 '오로/우로'가 도구격 조사로 사용된 예가 나타나는데, 다음 (13)의 예와 같다.

(13) 불의에 직물을 취ㅎ는 자는 비컨디 <u>누포(물어 마른 포육이니 먹으면 죽는 거시라)로</u> 요긔ㅎ고 짐독훈 슐노 히갈ㅎ는 것 ㄳ희여 잠시 비부른 듯ㅎ나 필경 죽기의 니르느니라 <태상, 10b>

'ᄋ로/우로'는 명사형 어미 뒤에서 나타나는데, '이러모로, 그러모로'와 같이 '이러하다, 그러하다'의 용언어간의 명사형이 접속사로 기능하는 곳에서 주로 발견된다. 다음의 (14)는 '그러모로'가 접속사로 기능하는 예이다.

(14) 비록 언문으로 번역ㅎ야 반포ㅎ야시나 서어훈 하교롤 설게 번역홀 제 엇지 주세ㅎ며 ᄎᄎ 벗겨 뵐 제 쏘 엇지 ᄲᅡ진 거시 업ᄉ랴 <u>그러모로</u> 이 번은 교셔관으로 박아 반포ㅎ니 글ᄌㅣ 분명ㅎ야 <경민, 7b~8a>

이상에서 보듯이 후기 근대국어의 도구격 조사에는 'ᄋ로/으로/로/ᄅ로, ᄋ로뼈/으로뼈/로뼈, 으로써' 등을 설정할 수 있다.

지금까지 살펴본 부사격 조사에 이외에도 비교를 나타내는 '와/과, 이, 두곤, 보다가/보다, 에서, 에, 의게, 끠와, ㅎ고' 등이 있다. 동반의 부사격 조사에는 '와/과'가 있고 변성의 부사격에는 'ᄋ로/으로/로'가 있다. 다음의 (15)는 '와'가 동반의 의미로 나타나는 예이다.

(15) 셩경에 닐넛ᄉ디 사롬이 <u>쪅과</u> 고기롤 위ㅎ야 괴독을 싱각ㅎ는 거시 올치 아니ㅎ다 ㅎ엿ᄉ니 <천로, 하:125b>

인용의 부사격 조사에는 '고'를 설정할 수 있다. 다음 (16ㄱ)의 예처럼 주로 '-다 ㅎ-'의 형태로 나타나거나 또는 (16ㄴ)의 '-라고 ㅎ-'로 나타나는데, 특히 '라고'의 형태는 18세기 후반에 처음으로 나타나는 것으로 인용의 조사라고 볼 수 있다.

(16) ㄱ. 밍지 굴 ㅇ샤ᄃᆡ 셩은은 인뉸의 <u>지극ᄒ오시다</u> ᄒ니 <천의, 3 : 3a>
ㄴ. 위는 샹을 ᄇᆞ라 겹틱ᄒᄂᆞᆫ <u>도적이라고</u> ᄒ야 옥아젼이 뇌물을 밧고
<종덕, 상 : 31a∼b>

근대국어의 호격 조사에 대해, 기존의 연구에서는 주로 존칭의 '하'를 그 기능이 사라진 것으로 보아 '아/야'만을 설정하고 있다. 그러나 '하'는 존칭의 의미가 약화되었을 뿐만 아니라 호격 조사로서의 기능도 많이 약화되었다고 볼 수 있다.

(17) 비오데 구위 교종이 다시 <u>보텬하</u> 셩교회 대쥬보로 뎡ᄒ니라 셩녀 더리 사ᄉᆞ 닐ᄋᆞᄃᆡ 셩 요셉의게 구ᄒ면 엇던 은혜를 의론치 말고 반ᄃᆞ시 응ᄒᄉ신다 ᄒ니라 <주년, 51b>

위의 '보텬하'의 '하'는 존칭의 대상이 아닌 '보천' 뒤에서 호격의 기능을 한다. 따라서 후기 근대국어의 호격 조사에는 '아/야, 하, 이여/여'를 설정할 수 있다.

기존의 연구에서는 근대국어의 접속격 조사로 '와/과, ᄒ고, 로드려, 로더브러' 등을 꼽고 있다. 그러나 '로더브러, 로드려'의 경우는, 체언을 연결하는 통사적 기능보다는 문장에서 동반의 의미로 기능하는 것으로 보아 부사격 조사로 쓰이는 것으로 보고 접속격 조사에서 제외하는 것이 좋을 것이다.

(18) ㄱ. 또 <u>타방 국토</u>와 사바셰계예 힝신 강신하신 슈신 산신 디신 쳔틱신 묘가신 듀신 야신 공신 텬신 음식신 초목신 이리톤ᄒ 신이 다 와 모ᄃᆞ며 <지장, 상 : 5a∼b>
ㄴ. 신튝 십월 초이일 초혼에 신이 샹검의 집의 가니 샹검이 ᄇᆞ야ᄒ로 ᄒᆞᆫ <u>사ᄅᆞᆷ으로더브러</u> 문좌편 마루의 안자 밀밀히 서로 말ᄒ거ᄂᆞᆯ 신이 굴ᄋᆞᄃᆡ 네 <u>눌로더브러</u> 밤드도록 서로 말ᄒᄂᆞᆫ다 샹검이 굴ᄋᆞᄃᆡ <천의, 2 : 50b>

(18ㄱ)은 '와'가 '타방 국토'와 '사바세계'를 연결하는 접속의 기능을 보이고, (18ㄴ)의 '사람으로더브러'와 '눌로더브러'는 각각 '사람과 같이', '누구와 함께'라는 의미로 해석될 수 있으므로 동반의 부사격 조사로 볼 수 있다.

　　지금까지 근대국어의 격조사에 대해 기존의 연구를 검토하면서 후기 근대국어에서 나타나는 격조사의 체계에 대해서도 살펴보았는데, 이것을 표로 정리하면 아래와 같다. 물론 조사가 격기능을 담당하기도 하지만, 부사격 조사의 경우 문맥에 따라 달리 나타나는 의미 기능을 고려하여 다음과 같이 세분하였다.

〈표 1〉 후기 근대국어의 격조사

격조사			목　록
주격			이/ㅣ/∅, 이가/ㅣ가, 가, 끠셔/끠셔/긔셔, 겨셔, ꪜ셔, 쎄셔/꼐셔/계셔, 계셔/게셔, 끠옵셔/끠옵셔/쎄옵셔/꼐옵셔/계옵셔/계옵셔/게옵셔/계옵셔, 계오셔/계ᄋ셔/계오샤, 겨오셔/겨오샤
서술격			이라/ㅣ라/라, 이다
목적격			올/을/롤/를/ㄹ
보격			이/ㅣ/가
관형격			익/의/ㅅ, ㅣ
부사격	처소		의게/ㅣ게/게, 끠/꾀/쎄, 두려, 더러
			애, 에, 예, 익/의, 에게
			익셔/인셔/의셔/애셔, 에셔, 에셔/에셔
			으로/으로/로/ㄹ로, 오로/우로
	도구		으로/으로/로/ㄹ로, 으로뻐/로뻐, 으로써
	비교		와/과, 이
			두곤, 보다가/보다, 에셔, 에,
			에, 의게, 와/과, 끠와, 흐고,

격조사		목 록
부사격	동반	와/과, ᄒ고, 로ᄃ려, 로더브러
	비교	와/과, 이 두곤, 보다가/보다, 에셔, 에, 에, 의게, 와/과, 끠와, ᄒ고,
	동반	와/과, ᄒ고, 로ᄃ려, 로더브러
	변성	ᄋ로/으로/로
	인용	고
호격		아/야/여/이여, 하
접속격		와/과, ᄒ고/하고

3. 격조사의 변천

3.1 주격

후기 근대국어의 주격 조사에는 '이/ㅣ/Ø', '가', '이가/ㅣ가'가 실현된다. '이'계열의 주격 조사가 혼동이 일어나는 시기로 '가'의 출현 배경이 될 수 있을 것이다. 또한 이것은 '이가'라는 형태가 주격을 표시하는 것과 연관이 있는 것으로 보인다.

'이'의 분포 환경은 중세국어와 마찬가지이다. 중세국어에서는 'i'계로 끝나지 않은 모음 아래에서는 'ㅣ'로, 'i'계 모음 뒤에서는 zero형으로 실현되었다. 다음 (19)은 모음 아래에서 주격 'ㅣ'가 실현된 예이다.

(19) <u>내</u> 븍녁 빅셩으로 ㅎ여금 <윤음(함경), 3b~4a>

근대국어에서 가장 큰 변화를 보여주는 것은 주격 조사 '가'의 출현일 것이다. '가'는 18세기 초엽 문헌에서부터 주로 발견되는데, 그 예가 주로 중세국어의 zero형으로 실현되는 환경과 모음으로 끝나는 한자어의 'ㅣ'가 실현되는 환경에서 보인다. 이는 '가/ㅣ가' 주격 조사로서 실현되는 필연적 이유와 관련이 있을 것이다. 그런데 'i, y'계열의 모음으로 끝나는 대명사와 '가'의 결합형은 18세기 후기 문헌에서 나타나는 예가 많다.

18세기 중엽의 문헌에서는 특히 인칭대명사 뒤에서 사용된 'ㅣ가'의 형태를 쉽게 찾을 수 있다는 점과 대명사 뒤에서 어느 정도 규칙성을 가지고 나타난다는 점에서 이미 '가'는 18세기에 주격 조사로서의 기능을 어느 정도 담당하였을 것이다. (20ㄱ)은 인칭대명사 뒤에서 'ㅣ가'가 나타난 예이고, (20ㄴ)은 의문대명사 뒤에서 'ㅣ가'가 나타난 경우이다.

(20) ㄱ. 신이 힛ᄃᆞ려 무러 ᄀᆞᆯ오ᄃᆡ <u>네가</u> 알고뎌 ᄒᆞᆫ ᄆᆞ슴 ᄠᅳᆮ고 <천의, 3 : 20a>
　　ㄴ. 너희 죽기에 당ᄒᆞᆫ 목숨을 구ᄒᆞ엿더니 <u>뉘가</u> 오늘날 이러ᄒᆞᆫ 흉년을 만나 내 븍녁 빅셩으로 ㅎ여금 <윤음(함경), 3b~4a>

그런데 현대국어까지 복합 형태인 'ㅣ가'의 흔적이 남아있는 인칭대명사와는 달리 일반명사의 뒤에서 나타나던 'ㅣ가'는 18세기 후반에 보이다가 19세기에는 찾아보기 어렵다. 이경희(1998 : 117)에서는 홍윤표(1994)를 따라, 18세기 중엽 이후의 주격 조사 'ㅣ가'의 예들은 주격으로서의 기능이 'ㅣ'에서 주격 '가'에게로 넘어가는 과도기에서 보이는 현상으로 보고 있다. 이후 '가'가 주격 조사로서의 자리를 확고하게 잡아 이중의 주격표시는 잉여적이었기 때문에 'ㅣ가'의 'ㅣ'가 소멸된 것으로 보고 있다.

근대국어에서는 특히 존칭의 주격 조사가 여러 가지 이형태로 나타난다. '끠셔/겨셔/께셔, 끠로셔, 쎄읍셔/계읍셔, 계읍셔/계읍셔, 계오셔/계♀셔, 계셔/계셔, 겨오셔' 등으로 나타난다.

(21) ㄱ. <u>셩후겨오셔</u> 고판셔 민딘후 형뎨 입시ᄒ야실 <천의, 2a>
　　ㄴ. <u>裁判계셔ᄂ</u> 進上宴을 爲先經行ᄒ신다 ᄒ오매 그러ᄒ여야 兩國
　　　　間 公幹이 自然順成ᄒ올 꺼시니 果然 公私之幸이읍도쇠 <인어,
　　　　1 : 34a>
　　ㄷ. <u>公계셔ᄂ</u> 有才ᄒ시매 尋常 汎然이 아지 아니ᄒ읍더니 <인어, 1 :
　　　　34b>
　　ㄹ. 이번 貿鐵은 官家의 係關ᄒ 일이온디 大船 두 칙의 마치 生銅
　　　　五十稱分載出來ᄒ단 말을 듯ᄌ오시고 <u>使道계셔</u> 우리가 代官니
　　　　끠 預爲催促을 아니ᄒ 타스로 이러ᄒ가 시보다 ᄒ셔 <인어, 4 : 18b>

위의 예처럼 18세기 중엽과 후반의 문헌에서 존칭의 주격 조사는 차이를 보이는데, 대표적으로 중엽의 문헌에서는 '겨오셔' 형태만 나타날 뿐이다. '겨오셔'는 존칭의 주격 조사 이외에도 다음 (22)의 예처럼 용언의 활용형으로도 나타난다. 따라서 (21ㄱ)의 예와 (22)의 예가 동일 문헌에서 보이는 예라는 점에서 '겨오셔'는 18세기에 존칭의 주격 조사로서 문법화가 진행되고 있음을 알 수 있다.

(22) 혹 냥궁이 병환이 <u>겨오셔</u> 탄휵ᄒ오시기의 방해로온즉 보호ᄒᄂ 따히
　　잇ᄂ 재 진실노 맛당히 졍셩을 다ᄒ야 의티ᄒ오믈 극진히 아니티 못
　　홀 거시어놀 <천의, 1 : 9>

그런데 18세기 후반대의 문헌인 「인어대방」에서는 '계셔, 꼐셔, 계오셔' 등의 다양한 이형태가 나타난다. 이것은 점차 존칭의 조사가 17세기 「첩해신어」에서 '끠셔'를 시작으로 하여 점차 그 기능의 안정성을 찾

아가기 때문일 것이다.

　하지만 18세기 후반에는 '끠셔, 쎄옵셔, 끠로셔'가 사실상 문헌상 나타
나지 않는다. '끠셔'의 경우 18세기 전기 문헌인 「오륜전비언해」와 「개수
첩해신어」에서 상당히 자주 나타나지만, '쎄옵셔'는 나타나지 않는다. '끠
로셔'의 경우는 「개수 첩해신어」에서 나타난 후 이후의 문헌에서는 나타
나지 않는다. 다음의 (23)은 각각 「오륜전비언해」와 「개수 첩해신어」에서
'끠셔'가 나타난 예이다.

　(23) ㄱ. 뎌의 禮롤 밧디 말라 台틉룰 領호리이다 別로 사롬이 업스되 그
　　　　　저 일쯕에 혼 客人이 잇셔 包袱롤 찍고 와 니룩되 老夫人끠셔브
　　　　　터 왓다 호고 두고 곳 가더이다 <오젼, 6 : 31a>
　　　　ㄴ. 〔客〕 對馬島主 술오문 信使끠셔 니룩시지 아닌 젼의 奉行네끠로
　　　　　셔 이 쯉을 술오라고 닐너 왇던디 몬져 이리 니룩시기예 숣기 어
　　　　　렵숩거니와 <개쳡 8 : 6b~7a>

　존칭의 주격 조사에서 '쎄옵셔'와 '끠셔'의 경우만 18세기 후기부터 19
세기까지 존속되어 사용되었는데, 특히 '끠셔'의 경우는 19세기 후반 문헌
인 성경전서에서 자주 나타난다. (24ㄱ)은 18세기 문헌에 나타난 예이고,
(24ㄴ)과 (24ㄷ)의 예는 성경전서에 나타난 '끠셔'의 예이다.

　(24) ㄱ. 신명이 그 졍셩을 감동ㅎ야 그 쳥빈헌걸노쎠 텬조의 쥬문ㅎ미 샹
　　　　　뎨 쎄옵셔 긍측히 역이스 닉년 과거의 쟝원홀 쥴노 뎡ㅎ시니라 <조
　　　　　군, 20b>
　　　　ㄴ. 두 사롬 즁에 ㅎ나히 도리롤 위ㅎ야 츙셩을 다ㅎ다가 죽을 터이
　　　　　니 쥬끠셔 영싱ㅎ는 거슬 주샤 영화로온 면류관을 머리에 씨여
　　　　　주시리라 <천로, 하 : 105a>
　　　　ㄷ. 사롬의 혼은 이에 령혼 물건이니 坯혼 하느님끠셔 특별이 티오신
　　　　　거시니라 <진리, 18b>

19세기 문헌에서는 '쎄옵셔, 끠셔' 이외에 '계옵서/예옵서/계욥셔/계옵서, 계오셔/계ᄋ셔, 계셔/계서, 겨오셔'가 나타난다. 다음의 (25)는 19세기 문헌에서 보이는 '계옵셔'의 예이다.

> (25) ㄱ. <u>샹뎨계옵셔</u> 이의 그 ᄂ흘 쎗고 그 관녹을 쇼쇽ᄒ시고 <조군, 12a>
> ㄴ. 大君主 <u>陛下계욥셔</u> 建陽 元年 前 四十四年(壬子 開國 四百六十
> 一年)에 誕生ᄒ사 <신심, 1b>

'계옵셔'는 19세기의 문헌 중에서 몇 개의 예만 나타나며, '계ᄋ셔, 계옵서'도 별로 발견되지 않는다. '겨셔'는 18세기 후기, 19세기 문헌에서는 거의 보이지 않으며, '계셔'는 다음의 (26)의 예처럼 19세기 문헌에서 나타난다.

> (26) <u>죠군계셔</u> 권션문이 잇셔 날노 ᄒ여곰 디신 쓰라 ᄒ시노라 곤화 권션
> 문을 두어 번 외오며 외오는 디로 ᄯ라 젹어 모든 스룸이 보니 <조
> 군, 13a>

이상에서 후기 근대국어의 주격 조사에 대해 살펴보았다. 이 시기 주격 조사의 특징은 우선, '가'가 주격 조사로서 어느 정도 쓰인다는 것이다. 물론 과도기적 형태인 '이가'의 형태가 그 이전 시기에 나타나지만, 이들 형태가 동일한 문헌에서 나타난다는 점에서 후기 근대국어에서 '가'가 주격조사로서 자리매김을 하였다고 볼 수 있을 것이다. 또한 존칭 주격 조사의 이형태가 많이 존재한다는 것도 이 시기의 특징이 될 수 있을 것이다. 용언의 활용형이 조사로서 문법화하는 과정에서 그 형태에 혼란을 겪기 때문일 것이다.

3.2 서술격

중세국어의 서술격 조사에는 '이라/ㅣ라/ø라'가 있었는데 근대국어에서도 '이라/ㅣ라/ø라'가 있다.

(27) ㄱ. 敬天 하늘을 공경호미라 <어록, 3b>
   ㄴ. 이예 고금령험을 키야 훈 칙을민들고 일홈ㅎ야 굴오디 <u>죠군령젹지라</u> ㅎ고 <조군, 2b>

근대국어의 서술격 조사에 '이다'를 설정할 수 있으나 19세기 문헌에 다음과 같이 '이다'형과 '이라'형이 동 문헌에서 사용되고 있다. 이는 19세기로 내려오면서 '이다'형이 점점 그 세력을 넓혀 가면서 그 형태가 모두 사용된 것으로도 볼 수 있으나, '이다'형이 주격 조사와 평서형 종결 어미와의 결합으로도 볼 수 있을 것이다.

(28) 널니 스랑ㅎ고 챡훈 일을 힝훈단 <u>말이다</u>/쳔지와 군친과 수우와 의식 쥬는 <u>스룹이라</u> <삼셩, 11b>

3.3 목적격

중세국어의 목적격 조사는 체언의 끝소리와 체언의 모음의 종류에 따라 '올/을/롤/를/ㄹ'로 실현된다. 그러나 16세기에 들어서면서 모음조화의 규칙이 붕괴됨에 따라 '올/을, 롤/를'이 혼돈을 일으킴에 따라 '올/을'에서는 '을'이, '롤/를'에서는 '롤'이 우세한 경향을 보인다. 문헌의 예를 살펴본 결과 홍윤표(1994)에서 지적한 것처럼 '올'의 사용은 다른 목적격 조사보다 그 빈도에서 사용이 적어짐을 확연히 알 수 있었다. 19세기에서는 특히 중성모음 뒤에서는 '을/를'의 선택이 보편적인 현상이었다.

다음은 '올/을, 롤/를'이 혼돈하여 사용되는 예 (29)와 '이' 모음 뒤에서 '올/를'이 우세하게 쓰인 예 (30)이다.

> (29) ㄱ. 네 이제 큰 즈비 ᄀ자 중싱과 <u>텬뇽 팔부을</u> 어엿비 녀겨 <지장, 하 : 10b>
>
> ㄴ. <u>사ᄅᆞᆷ을</u> 악담ᄒᆞ며 편벽되이 믜워ᄒᆞ고 편벽도이 ᄉ랑ᄒᆞ며 먹는 우 물과 솟건 <u>붓ᄃ막을</u> 타고 ᄃ니며 <태상, 9a~b>

(29ㄱ)은 '를'이 예상되는 환경인데 '을'이 나타난 예이고, (29ㄴ)은 '올'이 쓰이지 않고 '을'이 나타난 예로 중세국어와 비교할 때, 목적격 조사가 혼란스럽게 사용되고 있음을 알 수 있다.

> (30) ㄱ. 이ᄀ치 세 번 ᄒᆞ고 左手로 <u>허리롤</u> 씨고 右手 右脚으로 앏흘 向ᄒᆞ 야 ᄒᆞᆫ 번 티고 <무예, 23b>
>
> ㄴ. 삿기 빈 즘싱의 상히 우고 안는 시알을 ᄱᅵ치오며 사ᄅᆞᆷ의 <u>잘못ᄒ 기롤</u> 조이며 <태상, 5a>

또한 'ㄹ'의 경우는 15세기에는 모음 아래에서 나타나는데, 점차 줄어 17~18세기부터는 현대국어와 마찬가지로 다음의 (31)의 예처럼 인칭대명사에서 보인다.

> (31) 셰존하 날 위ᄒᆞ야 니르쇼셔 부톄 염나 텬ᄌᄃ려 니르샤디 <지장, 중 : 21a>

19세기 문헌에서는 '널, 눌'과 같이 인칭대명사에 'ㄹ'이 붙은 형태가 거의 보이지 않으나, 다음의 (32)의 예처럼 간혹 발견되기도 한다.

(32) ㄱ. 졔 이에 날 나흔 쟈로뻐 육신부모라 ㅎ고 <윤음(중외), 5a~b>
ㄴ. 쥬가 너의 마암에 이셔 은춍이 널과 함끠 ㅎ시리라 <셩교, 4 : 22>

3.4 보격

근대국어 초기의 보격 조사는 중세국어와 마찬가지로 '이/ㅣ 되다/아니
다'의 구성이었다. 18세기에는 주격 조사의 변화와 마찬가지로 '이/ㅣ/∅'
가 혼용되어 쓰이다가 18세기 말에 주격 조사 '가'의 세력이 확대된 이후
보격의 '이/ㅣ'의 자리에도 쓰이게 되었다.

(33) ㄱ. 네 녁올 니버 슈셩ㅎ야 늣고 쳔ㅎ 사룸미 되야시되 쏘 단명ㅎ야
목수미 열셰히면 다시 악도애 덜러디리니 <지장, 상:2 6b>
ㄴ. 故로 쪄넘띠고 만일 生前에 마자 氣絶ㅎ던 면 피 모혀 샹쳐가 되
니 대개 사룸의 피ㅣ 긔운에부터 行ㅎ눈디라 <무원, 1 : 33a>
ㄷ. 음힝ㅎ던 사룸은 죽어 도야지가 되고 살인ㅎ던 사룸은 죽어 호랑
이가 된다 ㅎ니 음힝ㅎ 죄로 더러온 즘승이 되여 더욱 음힝ㅎ게
ㅎ고 <주교, 20a>

위 (33ㄱ)의 '사룸미'과 (33ㄷ)의 '즘승이'는 모두 '이 되다'의 구성을 보이
는 예이고, (33ㄴ)의 '샹쳐가'와 (33ㄷ)의 '도야지가'는 모두 '이' 대신에
'가'가 '되다' 앞에서 나타나서 보격의 기능을 하는 것이다. 보격의 '가'가
나타나는 환경은 주격조사 '가'가 나타나는 환경과 크게 다르지 않는데,
'ㅣ'나 'i' 계 모음 뒤에서 나타난다.
'이/ㅣ 아니다'의 구성은 다음의 (34)예에서 보인다.

(34) ㄱ. 皇天이 나롤 命ㅎ샤 님금을 사므시믄 나롤 爲ㅎ시미 아니오 진실
노 빅셩을 爲ㅎ시미니 <어록, 8b>

　　　ㄴ. 내가 八字 險惡ᄒ여 이리 굿기오되 모다 아ᄅ시ᄃ시 내 <u>罪가</u> 아
　　　　　니오매 未久의 謀免홀 道理가 아니 읻ᄉ올가 <인어, 3 : 19b>

(34ㄱ)은 'ㅣ 아니다'의 구성으로 'ㅣ'가 보격 기능을 하며, (34ㄴ)은 주격
의 '가'가 나타나는 환경처럼 한자어 뒤에서 보인다. 이것은 '아니다' 앞에
서 보격 기능을 한다.

　지금까지 보격 조사의 '가'가 등장하는 것은 18세기 후반 문헌인 「인
어대방」에서 찾아볼 수 있었다. 19세기에 들어가면서 '가 되다/아니다' 구
성은 18세기에 비해 늘어나기 시작한다. 근대국어에서 보격 조사는 특히
생략되는 경우가 많은 편인데, 이것은 문헌의 성격이 대중을 교화하는 윤
음류나 성경류 문헌에서 특히 많이 나타난다. 그러나 '이가/ㅣ가'의 형태
는 보격의 표지로 거의 보이자 않는다.

3.5 관형격

　중세국어의 관형격 조사는 체언으로 하여금 부속 성분이 되게 하는 격
조사인데, 앞에 오는 선행 체언의 유정성 여부에 따라 '의/의/ㅣ'와 'ㅅ'으
로 나타난다. 관형격 조사에서 16세기 모음조화의 붕괴에 따라 '의/의'의
혼란이 나타나고 17세기까지 이러한 혼동은 계속된다. 관형격 조사 '의'는
17세기까지 많이 쓰였는데, 인칭대명사에 주로 쓰이다가 후기 근대에 오
면서 '의'로 통합되었다.

　　(35) ㄱ. 경ᄌ 이후의 우리 <u>황형의</u> 션왕 뜻과 일을 계슐ᄒ오샤 졍ᄉ와 호
　　　　　령의 ᄒ나흘 고티오시미 업ᄉ시니 <천의, 4a>
　　　　ㄴ. 부쳐을 <u>인간의</u> 도로 ᄒ야 기틴 명이 셜혼희어을 <염불, 왕랑반혼
　　　　　전 : 6a>

위 (35)의 예는 '익'가 유정 체언 뒤에서 사용되었으나 모음조화가 지켜지지 않고 혼돈되어 사용되고 있는 예이다.

'익'가 '의'로 통합되는 현상은 18세기 중엽 이후에 예들에서 점차 증가하여 19세기에서는 초엽의 문헌의 경우 동일 문헌에서도 이들의 혼동 현상이 자주 발견된다. 또한 후기에 들어서면서 '익'의 사용은 현격하게 줄어들면서 '의'의 사용은 그만큼 늘어나고 있음을 알 수 있다. 다음의 (36)은 동일한 문헌의 예인데, '의'의 사용이 더 빈번하게 나타난다. (36ㄱ)은 선행 어간의 모음과는 상관없이 '의'가 사용되는 경우이고, (36ㄴ)은 모음조화를 지켜 '익'가 실현되는 예이다.

> (36) ㄱ. 우흐로 공경대부로부터 아리로 녀항 필셔가지 밋쳐 호마다 슌소
> 의 공ᄌ 스르시던 짜히라 힝실을 입고 집마다 락민의 뎡ᄌ 쥬ᄌ
> 스시던 짜히라 <윤음(중외), 2b>
> ㄴ. 셩ᄌ와 신손이 경계흐물 게을니 아니흐샤 크게 능히 하ᄂᆞᆯ의 더흐
> 시미 아름다온 운이 길히 밋부고 유현이 무리로 나셔 <윤음(중
> 외), 2a>

그러나 다음 (37)의 예처럼 19세기 문헌에서 '익'가 간혹 나타나기도 하는데 성경류 문헌에서 보인다.

> (37) 집에 돌아가 녀익 상에 누으믈 보니 귀신이 이무 나왓ᄂᆞᆫ지라 <셩교
> (마가), 7 : 30>

위의 (37)에서는 '익'가 유정 체언인 '녀(여자)' 뒤에서 나타났지만, 모음조화는 지켜지지 않았다.

중세국어에서 무정체언과 존칭 유정 체언 뒤에서 관형격으로 사용되었던 'ㅅ'은 후기 근대국어에서는 다음의 예 (38)처럼 무정체언 뒤에서 아

주 드물게 사용되었다.

> (38) ㄱ. 그 흔적에 <u>口齒ㅅ</u> 자곡과 밋 갓과 술히 ᄀ죽디 아니훈 곳이 잇ᄂ
> 니라 <무원, 3 : 24b>
> ㄴ. 반다시 닙어셔 기달일쩌니라 <u>사사ㅅ</u> 지물 업스며 사사ㅅ 기루는
> 바이 업스며 <여수, 6a>

위의 예처럼 중세국어에서 존칭의 체언 뒤에서 사용되던 용법은 사라지고
다음의 예처럼 주로 복합어 표지로서 기능한다.

> (39) 明星 새ㅅ별 <방언(신부), 2b>

근대국어에서는 '의'가 사용되어야 할 환경에서 '에'가 나타나 관형격
으로 해석될 수 있는 예가 다음의 예에서 보이기도 한다.

> (40) <u>불의에</u> 지물을 취ᄒᄂ 자ᄂ 비컨디 누포(물어 마른 포육이니 먹으면
> 죽ᄂ 거시라)로 요긔ᄒ고 <태상, 10b>

위의 '불의에 지물을'은 '불의의 재물'이라고 해석할 수 있는데 이것은 처
격 '에'의 기능이 아닌 관형격의 기능을 한다. 그러나 후기 근대국어 문헌
에서 '에'가 관형격 기능을 보이는 예들은 극히 소수만 발견될 뿐이다. 이
러한 예를 근거로 홍윤표(1994)의 견해를 따라 '에'를 근대국어의 관형격
조사의 범주에 포함시킬 수도 있으나 아직은 그 예가 적을뿐더러 표기의
혼돈에서 기인한 것일 수 있기 때문에 본고에서는 '에'를 관형격 조사로
분류하지는 않는다.

'ㅅ'이 접속격이나 처소격 조사, 또는 활용 어미 등의 아래에 결합하던
중세국어에서의 용법은 근대국어에서도 드물게 보인다. 'ㅅ'이 접속격

'과'나 처소격의 '예'뒤에서 사용되어 복합격을 이루기도 하고, 종결 어미 'ㄴ다' 아래나 서술격 조사의 종결형 '이라' 아래에서 사용되기도 한다. 'ㅅ'이 복합격을 나타내는 예들은 18세기 중엽 이후와 19세기 문헌에 자주 나타나는데, 특히 성경 문헌에서 처소격 뒤에 'ㅅ'이 나타난 구성이 자주 발견된다. 또한 서술격 조사의 종결형 뒤에서 'ㅅ'이 나타나는 예는 18세기 후반의 '윤음'류 문헌에서 그 예를 발견할 수 있다. 그러나 다음의 (41)의 예처럼 접속 조사 뒤나 종결형 뒤에서의 사용된 'ㅅ'의 예는 18세기 중엽과 19세기 문헌에서 거의 발견되지 않는다.

> (41) ㄱ. 이 혼 말이 곳 <u>부도엣</u> 말이로다 공스호되 태갑동궁말은 과연 샹
> 셔 문의롤 인호야 호엿습느니이다 <속명, 2:11a~b>
> ㄴ. 군신과 부즈의 도리 진실노 부부의게 근본호엿는지라 <u>부부랏</u> 거
> 슨 사롬의 큰 륜긔오 텬디의 덧덧혼 법이라 <윤음(경대), 2a>

관형격 조사 'ㅣ'는 주로 유정 체언 어휘나 대명사 '나, 너, 누, 저' 등의 아래에서 쓰인다.

> (42) ㄱ. 이는 姓이 <u>趙</u>가ㅣ니 이 <u>내</u> 이웃이라 네 이믜 져 姑舅의게 난 弟
> 兄이면 <노걸(중), 상:14b>
> ㄴ. 곳 길 北녁 져 人家에 가 잘 곳을 엇쟈 그러면 우리 가쟈 만일 다
> 가면 져 <u>人家</u>ㅣ 사롬 만흐믈 보면 즐겨 재오지 아닐까 저프니 둘
> 로 ㅎ여 行李롤 보게 ㅎ고 <노걸(중), 상:42b~43a>

(42ㄱ)은 대명사 '나'와 '너' 뒤에서 'ㅣ'가 나타나 관형격으로 실현된 예이며, (42ㄴ)은 유정 체언은 뒤에서 실현된 것인데, '人家ㅣ 사롬'가 '人家의 사람'으로 해석되어 관형격으로 실현되었다고 볼 수 있을 것이다. 물론 '인가에 있는 사람'으로 해석할 수 있으나 결국 '-에 속하다'는 것은 '소

유'의 의미로 관형격으로 기능한다고 본다.

기존의 연구에서 'ㅣ'는 유정체언, 특히 인칭대명사 뒤에서 사용된다고 보았는데, 문헌에서도 후기 근대국어에 들어서면서 인칭대명사를 제외하고 관형격은 점차 '의'로 실현되는 경우가 많았다.

> (43) 내 귀에 들니디 나는 홀노 죽지 아니홀 줄노 아느니 엇지 눕 죽는 소문은 내 귀에 들니고 나 죽은 소문은 눕의 귀에 들니지 아니ᄒ랴 <주교 86b>

(43)의 '내'는 인칭대명사 뒤에서는 'ㅣ'가 관형격으로 실현되었으나, 명사 '눕' 뒤에서는 관형격 '의'가 나타나고 있다.

19세기에서는 관형격 조사 '의' 대신 '에'의 쓰이는 경우를 발견할 수 있는데, 이는 '의'가 관형격과 처격에서 같이 쓰임으로 인해 처격 '에'와 혼용한 것으로 보인다. 그러나 처격의 '에'가 'ㅣ'로 끝나는 체언에서는 '예'로 발견되지 않는다.

3.6 부사격

중세국어의 부사격 조사는 우선 처소격으로 지칭되는 조사들이 있는데, 이들에는 다시 낙착점 처소의 부사격을 나타내는 '애/에/예'와 '익/의'가 있다. '익/의'는 특히 시간을 표시하는 체언에 주로 나타나는데, 그 단어가 대체로 고정되어 있어 '특이 처격어'라고도 불린다. 이외에 여격 조사라고도 불리는 것으로 '끠, 익/의, ㅅ, 그에, ᄃ려'가 있다.

근대국어의 처격 조사는 그 의미적 차이를 고려하여 구분하면, 출발점을 나타내는 '익셔/의셔/에셔/예셔/에서'가 대표적이고, 이외에도 '브터, 로셔'가 있다. 중세국어와 전기 근대국어에서의 처격 조사로 출발점을 나타내는 조사에는 이/의, 애/에/예가 있다.

'이'는 다음의 예처럼 장소와 시간의 체언 뒤에서 처소격 조사로 기능한다.

> (44) ㄱ. 이 살롬이 반두시 훈 디위 삼십삼텬에 나 기리 <u>악도이</u> 쩌러디디
>   안 나흐리라 <지장, 상 : 7b>
>   ㄴ. 그 이틋날 <u>아참의</u> 이웃 사람을 못기흐고 영졉흐여 드리더라 <여
>   수, 28b>

(44ㄱ)의 '이'가 장소를 나타내는 '악도' 뒤에서 나타나며, (44ㄴ)의 '이'는 시간을 나타내는 '아참' 뒤에서 처소의 의미를 나타낸다.

다음의 (45)에서 나타나는 '의'는 처소나 공간의 의미를 가지는 명사 뒤에서 역시 처소격으로 실현되는 예이다. 밑줄 친 '우리 집의'는 '우리 집에'로, '네 집의 괴 업느냐'는 '너의 집에 고양이가 없느냐'로 해석할 수 있어 이는 관형격의 '의'가 아닌 처소의 '의'로 보았다.

> (45) 그저 스러여 사롬의게 기개이지 말라 <u>우리 집의</u> 쥐 ᄀ장 만흐니 엇지
>   흐여야 됴흐료 <u>네 집의 괴 업느냐</u> 우리 집이 업세라 <박신, 3 : 2a>

다음은 '애'가 처소격으로 쓰이는 예인데, 이것은 'i'모음 아래에서 '예'로 실현되기도 하여 '에/예'가 서로 혼용되어 나타난다. '애'의 경우 주로 명사형 어미와 ㅎ종성 체언 아래에서 자주 나타난다.

> (46) ㄱ. 싱각이 이에 <u>미촘애</u> 실로 너희롤 디홀 늧치 업스니 더욱 엇지 다
>   룬 날 도라가 뵈올 늧치 이시리오 불러 쓰여 <u>의예</u> 니롬애 소리
>   ᄯ롸 눈물이 느리니 <계주, 31a~30b>
>   ㄴ. 됴문홰 다시 군수를 거느려 칠 시 군식 샹쥐 <u>ᄯᅡ애</u> 지나다가 군중

에 또 보니 데군이 현령ᄒᆞ옵시미 가홍과 ꭓ트신지라 <과화, 17b>

(46ㄱ)의 '예'는 'i'모음 뒤에서 실현된 것이며, (46ㄴ)의 '애'는 ㅎ종성 체언인 'ᄶᅡ' 뒤에서 나타난 것이다.

다음의 '에'는 장소와 시간의 체언 뒤에서 처소격으로 실현되고 있다.

> (47) 헌쟝 문무를 법밧단 말이라 ᄒᆞ신 후에 송나라 <u>군현에</u> 이르히 그 텬리를 발키며 인심을 말킨 재 오직 이 ᄶᅡ름이라 <윤음(중외), 1b~2a>

(47)에서는 '에'가 시간을 나타내는 체언 '후'와 장소 체언 '군현' 뒤에서 처소의 의미 기능을 한다.

'ᄋᆡ'는 주로 18세기에 들어서면서 '의'로 통일화하는 현상이 있는 것으로 보이는데 'ᄋᆡ게'의 경우 18세기 중엽 이후 나타나지 않는다. 그에 비해 'ᄋᆡ셔'는 주로 '압ㅎ, ᄶᅡㅎ, 안ㅎ' 등의 ㅎ종성 체언 뒤에서 처격 조사로 기능한다.

> (48) ㄱ. 텬희 <u>압희셔</u> 창셜ᄒᆞ고 타운이 뒤희 미즈니 <천의, 3a>
> ㄴ. 홍무 년간의 강셔 <u>ᄶᅡ희셔</u> 사는 뇨덕명이 디슐이 신이ᄒᆞ더니 <태상, 5 : 65b>

(48)에서 'ᄋᆡ셔'는 각각 ㅎ종성 체언인 '압ㅎ, ᄶᅡㅎ'뒤에 나타나 처격 기능을 한다.

'의셔'도 처격 조사로 사용되는데, (49)처럼 18세기 후반 문헌인 『천의소감언해』에서는 ㅎ종성 아래에서 'ᄋᆡ셔'와 '의셔'가 혼용되어 사용되는 예가 발견된다. ㅎ종성 뒤에서는 주로 'ᄋᆡ' 계열의 격조사가 실현되다가 후기 근대국어에 들어 점점 '의'로 단일화하는 것 같다.

(49) 난역으로 ᄒ여곰 <u>압희셔</u> 챵ᄒ고 <u>뒤희셔</u> 웅ᄒ야 자최롤 니어 니러나기
롤 니뢰니 <천의, 1b>

그런데 '애'가 처격 조사의 기능을 한 예는 나타나지만 '애셔'의 예는
나타나지 않는다. 다만, '에셔'는 (50)의 예처럼 처격 기능으로 사용됨을
알 수 있다.

(50) ㄱ. 원근이 슬허 들히셔 울고 <u>골에셔</u> 졔ᄒ야 슌월이로되 마디 아니ᄒ
더라 <종덕, 중 : 39a>
ㄴ. 만약 희셕ᄒ는 쟈 업스면 <u>교회에셔는</u> 잠잠ᄒ고 오직 자긔과 밋
하나님의게 말ᄒ고 <셩교(고린), 14 : 28>

또한 다음의 (51)처럼 'i'모음 아래에서는 '예셔'의 형태로 나타난다.

(51) ㄱ. 새 폐단이 쏘 나 이제는 스이의 더디며 틈에 더디니 <u>네예셔</u> 비티
못ᄒ니 <조훈, 19a>
ㄴ. 예수 <u>뒤예져</u> 그 옷단올 민지고 뜻ᄒ되 오직 그 옷만 민져도 낫갓
다 ᄒ다니 <셩교(마태), 9 : 20~21>

18세기 후반에 이르러서는 점점 보조사 '셔'가 '서'로 단모음화 경향을
따라 처격 조사 '에'와 결합형인 '에서'의 형태가 나타나기 시작한다.

(52) ㄱ. 믈읫 사롬의 몸에서 나는 피와 다뭇 믈이 다 뿐 故로 달히면 소금
이 되ᄂ니 <무원, 3 : 63b>
ㄴ. 방덕공이 언덕 우에서 밧 가든 것을 근치고 안해 와 아달이 압픠
셔 기음 밀식 부체 서로 공경홈을 손 갓치 하더라 <여수, 19b>

위의 예 (52)에서는 선행 체언의 모음 성격과 관계없이 모두 '에서'가 나타

나며, 모두 처격의 기능을 한다.

다음의 (53)은 처격 조사가 생략되고 '셔'가 단독으로 처격 기능을 나타내는 예로, 19세기 후반에는 단모음화한 '서'로 나타난다.

> (53) ㄱ. 녯 喬木의 후예 혼갓 싀골셔 늙는 者 ㅣ 만흐나 <어록, 14b~15a>
>
> ㄴ. 그윽이 뻐 군신의 분은 실노 이 눈을 잡은 딕셔 나고 의리의 볼 그믄 귀흥미 근본을 거스로기의 잇ᄂᆞ니 <천의, 1a~b>
>
> ㄷ. 셔울셔 팔십 여 리라 엇던 쇼경이 길가회 안자 빌어먹더니 <성직, 3 : 2b>

18세기 후반 문헌인 (53ㄱ)과 (53ㄴ)의 예는 '셔'가 단독으로 나타나 처격 기능을 하며, (53ㄷ)에서는 '서'로 나타나는데, 이것은 19세기 문헌이다.

이제 유정 체언 뒤에 사용되어 여격이라고도 불리는 부사격 조사에 대해 살펴보기로 한다. 18세기 중엽 이후의 문헌에서는 '의'가 출현하지만 '이게'의 형태는 발견되지 않는다

'의게'는 18세기 중엽 이후 그 빈도가 늘어난다. 다음의 예는 '의게'가 여격으로 실현되는 예이다.

> (54) ㄱ. 샹셔에 골오더 크신 샹데 하민의게 츔을 나리오시미 슌히 흐야 <윤음(중외), 1a>
>
> ㄴ. 이에 만민의 무든 바 원죄 원조의게셔 남은 더로온 물이 더러온 쉼에셔 나고 쓴 실과 ㅣ 쓸 뿔희에셔 남과 굿흐니라 <성절, 8a>

(54ㄱ)에서는 '하민에게'라는 의미로 '의게'가 여격으로 실현된 예이고, (54ㄴ)은 '의게'가 보조사 '셔'와 결합하여 '원조에게서'의 의미를 나타내며 여격으로 실현된 예이다.

'이게'는 다음의 (55)예에서 보이는 바와 같이 관형격 조사의 '이/의'

이외에 'ㅣ'가 실현되는 현상과 관련이 있는 것으로 보인다.

> (55) 성녜ㅣ 방변을 너비 펴 제 엄미을 권ᄒᆞ야 졍견을 <u>내게</u> ᄒᆞ야도 그 엄
> 미 오오로 신을 내디 몯ᄒᆞ더니 안이오라 <지장, 상: 8b>

위의 (55)예에서 '내게' 형태에서 보이듯이 18세기 중엽에는 대명사 '나'와 주격 조사 'ㅣ'는 하나의 단어로 정착되는 것으로 생각할 수도 있다. 위의 예는 인칭대명사 뒤에서 'ㅣ게'가 붙은 현상으로 분석될 수 있기 때문이다. 그런데, 19세기 문헌에서는 다음의 (56)의 '에게'가 나타나기 시작한다.

> (56) 도르혀 혜튁이 <u>후손에게ᄭᅡ지</u> 밋치믈 볼지니라 <조군, 30b>

18세기 중엽에는 '게'가 'i'모음 뒤에서 단독으로 나타나서 여격 조사로 기능한다.

> (57) <u>우리게</u> 吩咐ᄒᆞ여 가져 와 老爺네끠 뵈야 驗過ᄒᆞ고 즉시 가 술을 가
> 져가라 ᄒᆞ더이다 <박신, 1: 3b>

(57)의 '우리게'는 '우리에게'라는 의미로 해석될 수 있는데, '게'가 단독으로 여격의 기능을 한다.

후기 근대국어에서 '의손ᄃᆡ'의 경우는 이미 18세기 중엽 이후 문헌에서도 나타나지 않아서, 전기와 후기 근대국어의 여격 조사의 목록에서 차이를 보여준다. '의손ᄃᆡ'의 형태는 아직 18세기 전기 문헌에서만 발견되었다.

> (58) <u>사ᄅᆞᆷ의게</u> 嫁ᄒᆞ면 媳婦ㅣ 되ᄂᆞ니 임의 丈夫을 嫁홈애 맛당히 婦禮롤
> 行홀디라 집의 이셔 爹孃의손ᄃᆡ ᄒᆞ간양홈애 比티 못ᄒᆞ리라 <오전, 3
> : 36a>

그러나 여격 조사 'ᄃ려'나 '더러'의 형태는 다음의 예처럼 19세기 문헌에서도 종종 나타난다.

(59) ㄱ. 공이 도라가 그 <u>아ᄃᆯᄃ려</u> 닐너 왈 니 비록 긔이훈 공과 너그러운
　　　　치젹이 업스나 일죽 사롬의 착흠을 가리우지 아니 ᄒ며 <태상, 1
　　　　: 38a>
　　ㄴ. 시모 ᄌ리의 안ᄌ 진믹ᄒ여 보기을 이윽히 ᄒ다가 <u>쥬씨더러</u> 일너
　　　　굴오ᄃ 연믹탕을 쓰면 즉시 나흐리라 ᄒ거늘 <조군, 22a>

'더러'는 성경류 문헌에서 많이 나타나는데, 'ᄃ려'는 역시 '더러'보다 훨씬 빈도가 높으며 19세기 후기 문헌에서 많이 나타난다.

이 밖에도 존칭의 의미를 보여주는 '끠/ᄭ/쎄/께' 등이 있다. '끠'는 18세기에서 19세기 후기 문헌에서 모두 나타나는데 (60)의 예에서 확인할 수있다.

(60) ㄱ. 面聖 <u>님금끠</u> 뵈옵다 <방언(신부), 27a>
　　ㄴ. 내가 <u>하ᄂ님끠</u> 긔도ᄒ노니 우리 밋ᄂ 사롬 중에 누구던지 <천로,
　　　　하 : 101b>

'ᄭ'는 18세기 후기 자료에서는 거의 「인어대방」에서 'ᄭ'가 나타나지만 다음 (61)의 예처럼 19세기 문헌에서는 자주 보인다.

(61) ㄱ. 舘守꼐셔ᄂ 舘中惣執으로 계시매 <u>당신ᄭ</u> 가셔 懇請ᄒ여 볼 받ᄀ
　　　　홀일 업ᄉ외 <인어, 5 : 15b>
　　ㄴ. 두 뎨ᄌ롤 보내여 <u>예수ᄭ</u> 무른디 혹이 무른디 요안은 대션지쟈 l
　　　　오 대셩인이라 <성직, 1 : 19b>

19세기 문헌 중에서 'ᄭ'는 「천로역정」 등의 성경류 문헌에 많이 나타

나는데 이것은 문헌의 표기에 있어 보수적인 형태를 보이기 때문이다.

다음은 '쎄'가 여격조사로 사용되는 예이다.

> (62) ㄱ. 그 <u>어마님쎄</u> 아로더 내 극낙의 가셔 보니 아바님과 형님과 나와
>   논 년화 곳지 니시니 <염불, 14b>
> ㄴ. 그 사룸이 드러 가셔 <u>쥬인쎄</u> 통긔ᄒ니 조곰 후에 나아 와 무어슬
>   구ᄒ랴는가 뭇거눌 <천로, 상:26a>

주로 19세기 문헌에서는 '쎄'가 쓰이지 않은 문헌에서는 '씌'가 쓰이며 그 사용 빈도도 훨씬 많은데 「천로역정」의 경우 '씌'가 우세하나 '쎄'가 나타 나기도 한다.

다음의 예는 단체의 의미를 가진 명사 뒤에서 '쎄셔'가 주격 조사의 기능하는 것으로, 현대국어에서 '에서'와 동일한 기능이다.

> (63) 긔독도ㅣ 굴ᄋ디 이거시 나의 원ᄒ는 바니 <u>여러분쎄셔</u> 이런 말슴 ᄒ 심을 내가 미우 조화ᄒᄂ이다 <천로, 상:51b>

19세기 문헌에서는 '쎄'로 나타나는 존칭의 여격 조사는 보이지 않고 다음의 (64)예처럼 주격조사 기능을 하는 '쎄옵서'만이 보인다. 'ㅆ'이 'ㄲ' 으로 표기한 예는 보이지 않는다.

> (64) 서울을 漢陽이라 稱ᄒ며 大君主 <u>陛下쎄옵서</u> 계시는 데니 크고 繁華 ᄒ기는 <신심, 23a>

후기 근대국어의 처격 조사에는 지금까지 기술한 것 이외에도 보조사 '셔'와 결합하여 출발점을 표시하는 처소격 조사 '익셔/의셔/에셔/에서'가 있고, 지향점을 표시하는 'ᄋ로/으로/로/ㄹ로'가 있다. 특히 처격 조사와

'셔'의 결합에서 18세기 후반에서는 '애셔'의 형태를 발견할 수 없었는데, 이미 '에'로 단일화된 처격 조사에 '셔'가 결합한 형태가 후기에 생성된 것인지는 좀더 살펴보아야 할 것이다.

근대국어의 도구격 조사에는 '로/노, 으로/으로, 오로/우로, 으로뼈/로 뼈, 으로써' 등이 있다. 대체로 자음 아래에서는 '으로/으로'가 사용되고 모음아래에서는 '로'가 사용된다. 그러나 19세기 문헌에서는 '으로'의 형태가 거의 나타나지 않는다.

> (65) ㄱ. 이ᄀ치 세 번 ᄒ고 左手로 허리롤 ᄢ고 右手 右脚으로 앎흘 向ᄒ
>   야 ᄒᆫ 번 티고 <무예, 23b>
>   ㄴ. 문득 이웃 사룸미 ᄯᅩ 죠고만 거슬 더 부티면 이 타스로 더옥 무거
>   워 곤홈굳ᄒ리니 <지장, 중: 16b>
>   ㄷ. 우흐로 공경대부로부터 아릭로 녀항 필셔가지 밋쳐 호마다 슈슈
>   의 공ᄌ 스르시던 짜히라 <윤음(중외), 2b>

보조사 '샤'와 결합한 '으로셔/로셔'도 나타나는데, '으로셔'의 형태는 보이지 않는 것으로 보아 결합형인 경우에는 주로 '으'가 '으'로 단일화를 거쳐 이후 '셔'가 결합한 것으로 보인다. '으'는 18세기 이미 '으'로 상당히 단일화된 것으로 보인다.

> (66) 사룸이므르디 이 말을 드르니 과연 환도홀 리가 업거니와 혹 사룸으
>   로셔 즘승된 거슬 본 이가 잇스니 이는 엇진 일이고 디답ᄒ디 <교민,
>   20b>

위의 (66)의 '사룸으로셔'는 '으'가 '으'로 단일화를 거쳐 이후 '셔'가 결합한 것으로 자격/도구의 의미를 나타난다.

위에서 언급한 바와 같이 '으로뼈'의 경우는 보이지 않고 '으로뼈/로

뻐'의 예만 도구격 조사로 나타난다.

(67) 밋 임오년의 니르러는 이 지극호오신 <u>효도로뻐</u> 주셩을 셤기오시니 <천
의, 2a>

위 (67)의 '효도로뻐'는 '효도로'라고 해석될 수 있는데, 수단의 의미로 사
용된 것이다.

18세기 중엽부터 이미 '<u>으로뻐</u>'는 다음의 (68)의 예처럼 '으로써'의 형
태로 나타나기 시작한다.

(68) 미리 셰오믄 종샤룰 듕히 너긴 배라 회회라 내 어디디 <u>못호므로써</u> 이
믜 셜흔이 디나되 <천의, 1 : 7b>

(67ㄴ)의 예와 (68)은 1756년 문헌인 「천의소감언해」의 것이다. 여기에서는
'로써'와 '로뻐'가 혼기되어 쓰이는데, 명사형 아래에서 주로 '로써'의 형
태가 보인다.

18세기에는 '<u>으로</u>'가 18세기에는 '으로'로 일반화되었다고 이태영(1997
: 727)에서는 보았으나, 사실상 다음의 예처럼 '으로'도 18세기 중엽 이후
문헌에서 종종 나타난다.

(69) ㄱ. 호마 명죵홀 제 권쇽둘히 악연디은 <u>타스로</u> 또 이 명죵호 사룸미
앙화의 버믈어 더호야 <지장, 중 : 16b>
ㄴ. 션녀인의 디장보살 형샹을 귀경 공양호야 찬탄호야 절호거든 보
고 혹 <u>망량오로</u> 긔롱호야 공덕과 니익 일이 업다 호야 <지장, 중 : 8b>

후기 근대국어에서도 '오로/우로'가 도구격 조사로 사용된 예가 나타
난다.

(70) 쏘 닐오디 그 슉질이 우리 <u>집으로</u> 더부러 본디 죠하 아니ᄒ니 뎌해 미리 알으쇼셔 ᄒ거놀 내 심히 의심ᄒ야 ᄆ암의 <u>뼈</u> 닐오디 비록 제 <u>집오로</u> 더부러 부러 친치 아니ᄒ나 엇지 미리 날노 ᄒ여곰 친그치 말나 ᄒ눈고 <명의, 상 : 12b>

'오로/우로'는 명사형 어미 뒤에서 나타나는데, '이러모로, 그러모로'와 같이 '이러하다, 그러하다'의 용언어간의 명사형이 접속사로 기능하는 예가 많다.

(71) 츠츠 벗겨 뵐 제 쏘 엇지 ᄶ진 거시 업ᄉ랴 <u>그러모로</u> 이 번은 교셔관으로 박아 반포ᄒ니 글ᄌ ㅣ 분명ᄒ야 <경민, 7b~8a>

이상과 같이 후기 근대국어의 도구격 조사에는 'ᄋ로/으로/로/ㄹ로, ᄋ로뼈/으로뼈/로뼈, 으로써' 등이 있다.

지금까지 살펴본 부사격조사에 이외에도 비교를 나타내는 '와/과, 이, 두곤, 보다가/보다, 에셔, 에, 의게, ᄭᅴ와, ᄒ고' 등이 있다.

비교의 의미는 구체적으로 동등비교와 차등비교로 구분된다. 동등비교를 나타내는 표지에는 '과/와/ㄹ와', '과로', '이'가 있으며, 차등비교에는 '두고/두곤', '(으)라와', '이/ㅣ라와', 'ᄋ론/으론'이 있다.

다음의 (72)예는 '국토와'의 '와'가 차등비교의 의미로 쓰인 예이다.

(72) 이 <u>국토와</u> 다른 국토의 오놀와 도리텬에 모닷눈 일을 네 수을 알니로 손야 문슈스리 스로샤디 셰존하 내 신녁으로 ᄌ몬 거에 혜아려도 몯 알리로쇠다 <지장, 상 : 6a>

동반의 부사격 조사에는 '와/과, ᄒ고'가 있고 변성의 부사격에는 'ᄋ로/으로/로'가 있다.

(73) 셩경에 닐넛스디 사룸이 썩과 고기롤 위호야 괴독을 싱각호는 거시
     올치 아니호다 호엿스니 <천로, 하 : 125b>

인용의 부사격 조사에는 '고'를 설정할 수 있는데, 다음의 예 (74)처럼 주
로 '-다 호-'의 형태로 나타나거나 또는 '-라고 호-'로 나타난다. 특히 '라고'
의 형태는 18세기 후반에 처음으로 나타나는 인용의 조사라고 볼 수 있다.

(74) ㄱ. 밍지 굴으샤디 셩은은 인눈의 지극호오시다 호니 <천의, 3a>
     ㄴ. 위는 샹을 브라 겹틱호는 도적이라고 호야 옥아젼이 뇌물을 밧고
         <종덕, 상 : 31a~b>

위의 예처럼 인용을 나타내는 부사격 조사가 18세기에는 없었다고 하는
기존의 연구와는 달리, 실제로 문헌에서는 종결 어미 뒤에 등장하는 인용
의 조사 '-고'를 설정할 수 있다.

3.7 호격

호격 조사는 문장에서 독립성분이 되게 하는 기능을 담당하는데, 자음
과 모음에 상관없이 낮춤의 자질을 가지고 있는 명사의 뒤에서는 '아'로
나타나고, 다만 '야'는 모음으로 끝나는 체언 뒤에서만 나타난다. 다만 높
임의 대상이 아니거나 격식의 의미가 동반되는 경우 '여/이여/ㅣ여'로 나
타난다. 호격 조사도 관형격 조사와 같이 선행체언의 높임의 자질이 있을
때에는 '하'로 나타난다. 그러나 후기 근대국어에서는 '하'의 경우, 특히
19세기 말에 존칭의 대상이 아니라도 '하'가 쓰인 예가 여럿 나타난다.

18세기 문헌에서 간혹 존칭의 체언 뒤에 사용되었던 '하'가 나타난다.
그러나 다른 예를 보면 18세기 중엽 이후의 문헌에서도 '하'는 존칭 체언

뒤에서 나타나는 예보다는 평칭 체언 뒤에서 나타남을 알 수 있다.

(75) ㄱ. <u>셰존하</u> 내 신녁으로 ᄌᆞ몯 거에 혜아려도 몬 알리로쇠다 <지장, 상 : 6a>

ㄴ. 열채ᄂᆞᆫ 너비다 화향ᄒᆞ미니라 션지술와 니 로ᄃᆡ <u>대셩하</u> 므어시 네 경이며 내디 회향이닛고 보현보살이 션지ᄃᆞ려 니르샤ᄃᆡ <보현, 2a>

ㄷ. 비오뎨 구위 교종이 다시 <u>보텬하</u> 셩교회 대쥬보로 뎡ᄒᆞ니라 셩녀 더릐사ㅣ 닐ᄋᆞᄃᆡ <주년, 51b>

(75ㄱ)과 (75ㄴ)은 각각 18세기 중엽의 문헌인데 (75ㄱ)에서는 존칭 체언인 '세존'의 뒤에서 '하'가 나타나고, (75ㄴ)은 평칭 체언 뒤에서 '하'가 나타나 호격 기능을 한다. 즉 18세기 중엽에서 '하'가 높임의 대상과 관계없이 사용되기 시작하여 '하'의 실현 환경이 변화되고 있음을 알 수 있다. 이러한 변화는 19세기 문헌에서 나타나는 (75ㄷ)처럼 후대에 올수록 점점 자주 발견된다.

평칭의 호격 조사 '야'는 모음 뒤에서 쓰이고, '아'는 자음 뒤에서 나타나지만 18세기까지는 모음 뒤에서도 '아'가 혼기 현상을 보인다.

(76) ㄱ. <u>셰존아</u> 나ᄂᆞᆫ 과거에 오래 션근을 닫가 무애디을 증훌 ᄉᆡ 부텻 말ᄉᆞᆷ 듯ᄌᆞᆸ고 <지장, 상 : 6a~b>

ㄴ. 홀연이 크게 소릐 ᄒᆞ여 왈 <u>됴변아</u> 어이 무례ᄒᆞᆫ고 ᄒᆞ며 급히 사ᄅᆞᆷ을 보ᄂᆡ여 그 군ᄉᆞ를 도로 부르니 <태상, 2 : 33b>

ㄷ. 집쥬인이 닐어 문올 다드ᄆᆡ 너희 밧게 셔서 문올 ᄯᅱ다려 갈오ᄃᆡ <u>쥬아</u> 문올 열으소셔 ᄒᆞᆫ 즉 <셩교(누가), 13 : 25>

(76ㄱ)은 18세기 문헌에서 나타난 예이고 (76ㄴ)은 19세기 문헌으로 모두 자음 뒤에서 호격 조사 '아'가 실현되었다. 특히 (76ㄱ)의 '셰존아'는 존칭

체언 뒤에서 '하'가 아닌 '아'가 실현된 예로 이미 '하'의 실현 양상이 변화하고 있음을 알 수 있다. (76ㄷ)은 모음 뒤에서 '야' 대신에 '아'가 실현된 예이다.

18세기 '아'의 혼기 현상은 18세기 중엽의 「논어율곡」 등에서 자주 발견되고, 19세기 문헌에서도 나타나기는 하였으나 그 수가 적다. 18세기 중엽까지의 전기 근대국어의 다른 문법형태에서도 '이아'가 쓰인 점과 18세기 중엽부터 19세기 이후에 발견되는 혼기 현상을 고려한다면, 19세기에 들어서 호격 조사는 자음 아래의 '아', 모음 아래서의 '야'가 거의 정착되었을 것이다.

'ㅣ'모음 뒤에서 '여'가 쓰이며 다른 모음 뒤에서는 'ㅣ여', 자음 뒤에서는 '이여'의 형태가 쓰인다. 이들은 이후 'ㅣ'의 소실로 '여'로 통합되고, 자음의 경우에는 '이여'로 계속 쓰인다.

> (77) ㄱ. <u>문슈스리여</u> 이 보살의 위신 셰원이 블가스으니 미러 세계에 션남
>   션녀인이 이 보살엣 일홈 듯고 <지장, 상 : 7a>
> ㄴ. 피득이 예수롤 붓드러 멈추며 닐ᄋ디 우리 <u>쥬여</u> 이런 일이 쥬끠
>   림흐지 아니흐기롤 원흐ᄂ이다 흐니 <훈아, 23b>

(77ㄱ)의 '문슈스리여'의 '여'는 'ㅣ'모음 뒤에서 호격 기능을 하고, 19세기 문헌에서는 (77ㄴ)의 '쥬여'처럼 다른 모음 뒤에서 '여'가 실현되는 예를 발견 할 수 있다.

4. 결론

본고에서는 후기 근대국어 격조사의 양상을 문헌 조사를 통해 그 특성

을 검토하였다. 그 결과 기존의 연구에서 보이는 목록과는 달리 형태상의 차이와 격조사의 수에서 적잖이 차이를 발견할 수 있었다.

후기 근대국어의 격조사는 음운론적 환경과 형태의 변화를 보이는데 이를 정리하면 아래와 같다.

첫째, '가'가 주격 조사의 쓰임에 '가'의 분포가 뚜렷하게 자리를 잡았다는 사실이 우선 주목할 만하다. 주격조사로 안정되는 과정에서 ' ㅣ가/이가'라는 중간형이 나타나는 것도 후기 근대국어의 특징일 것이다.

둘째, 존칭의 주격 조사와 여격 조사의 발달이 활발하여 후기 근대국어의 주격 조사의 목록은 아주 많이 팽창하는데, 이것은 현대국어에 '께', '께서'의 확립을 이루는 중간 단계인 것이다.

셋째, 용언의 활용형이 문법화하여 조사로 굳어진 경우가 많은데, 특히 존칭의 주격 조사에서 많이 보인다. 다만, 아직 문장에 따라 문법화 과정 중으로 보이는 것도 있어 그 해석에 있어 주의를 요구한다. 여격의 '드려'나 '더러'도 문법화의 결과로 이루어진 격조사들이다.

넷째, 모음조화의 문란으로 인해 대칭을 이루고 있던 격조사들이 단일화되는 과정에 있음을 알 수 있었다. 특히 보조사와의 결합형에서는 이미 18세기 중엽 이후에는 음성모음을 가진 형태가 우세한 것으로 나타났다.

다섯째, 격조사 중에서는 그 기능이 약화되는 것도 있는데, 존칭의 '하'와 관형격의 'ㅅ'이다. 이들은 전기 근대국어보다는 후기 근대국어에서 거의 고유한 기능이 사라지고, 19세기 후기에 들어서면 그 형태도 보이지 않는다.

이상으로 후기 근대국어 격조사의 특성을 정리하여 보았으나 격조사의 단일화 과정의 모습을 구체적으로 살피지 못하였다. 전기 근대국어와 개화기 국어를 비교하여 좀더 세밀한 후기 근대국어 격조사의 특성을 다루지 못한 점도 아쉽다. 이는 다음을 기약한다.

참고문헌

고석주. 2000. "한국어 조사의 연구-'가'와 '를'을 중심으로-." 연세대 박사학
         위 논문.
고영근. 1997. 「개정판 표준국어중세문법론」 집문당.
김귀화. 1994. 「국어의 격 연구」 한국문화사.
김승곤. 1978. 「한국어 조사의 통시적 연구」 대제각.
김영희. 1999. "보족어와 격표시." 「한글」 244. 한글학회.
김종명. 1985. "19세기 국어의 격연구." 단국대 석사학위 논문.
남기심. 1993. 「국어조사의 용법」 서광학술자료사.
서종학. 1995. 「이두의 역사적 연구」 영남대 출판부.
성광수. 1979. 「국어 조사의 연구」 형설출판사.
성광수. 1999. 「격표현과 조사의 의미」 월인.
안병희·이광호. 1990. 「중세국어문법론」 학연사.
이광호. 1972. "중세국어의 대격 연구." 「국어연구」 29.
이광호. 2004. 「근대국어문법론」 태학사
이기문. 1998. 「개정 국어사개설」 탑출판사.
이기백. 1975. "국어조사의 사적 연구Ⅱ." 「어문논총」 15.
이남순. 1983. "'에'와 '로'의 통사와 의미." 「언어」 8-2. 언어학회.
이남순. 1998. 「격과 격표지」 월인.
이태영. 1997. "국어 격조사의 변화." 「국어사연구」 태학사.
이현희. 1994. 「중세국어 구문연구」 신구문화사.
한재영. 1996. 「16세기 국어 구문의 연구」 신구문화사.
허 웅. 1975. 「우리 옛말본」 샘문화사.
허 웅. 1989. 「16세기 우리 옛말본」 샘문화사.
홍윤표. 1969. "15세기 국어의 격연구." 「국어연구」 21.
홍윤표. 1994. 「근대국어연구(Ⅰ)」 태학사
홍종선 외 지음. 2000. 「현대국어의 형성과 변천 1-3」 박이정.
홍종선. 1998. 「근대국어 문법의 이해」 박이정.

후기 근대국어 접속어미의 양상
-형태와 분포에 대한 계량적 연구-

|고 경 태|

1. 서론

접속어미는 현대국어에 이르는 동안 몇몇 형태가 소멸하거나 생성되며, 복잡한 교체형이 사라지고 단순화되는 등의 비교적 적은 통시적 변화를 입은 문법 범주의 하나로 알려져 있다.[1] 그리고 이런 변천상은 근대국어에서 관찰할 수 있으리라는 생각이 우세해 보인다. 필자는 이전 「현대국어의 형성과 변천」에서 격조사를 중점적으로 관찰하면서, 사실상 초기 현대국어의 모습은 근대국어에 보다 더 가깝다는 것을 경험한 바 있다. 그 당시의 개인적인 체험과 동학들의 논의들을 종합해 보면 접속어미의 경우도 이와 무관하지 않으리라 생각된다.

---

[1] 서태룡(1998 : 435)의 지적처럼 우리말의 접속어미는 그 목록도 확정하기 어렵기도 하지만, 그에 앞서 소위 부사절 내포문과 종속절의 구분이 모호하기 때문에 접속어미 자체의 문법적 지위도 확고하지 않다. 이에 대한 논의는 본고의 범위를 벗어나거니와, 여기서는 다만 학교문법에서 일컫는 연결어미 범주에서 보조적 연결어미를 제외한 대등적·종속적 연결어미를 접속어미로 일컫기로 한다.

본고는 특히 18세기 후반부터라 할 수 있는 후기 근대국어에서의 접속어미를 살피고자 한다. 후기 근대국어는 갑오경장 이전까지의 약 150여 년 정도의 시기에 걸치는 국어이다. 그러나, 이 시기의 국어 연구에 있어서 몇 가지 난점이 지적될 수 있다.

무엇보다도 당시 문헌 사료에 대한 서지적인 연구가 아직 충분히 이루어져 있지 않다는 점을 들 수 있다. 당대 문헌에 반영된 언어가 간행 연대 당시의 언어라고 단정할 수는 없다. 일부 교과서나 종교 문헌의 경우 보수적 색채를 띠고 있어 기록된 언어는 간행 연대보다 더 이른 시기의 언어일 가능성은 더욱 높다. 이와 관련된 문제로서 논의를 18세기 후반에서 갑오경장에 이르는 150여 년의 시기에 한정하게 되면 자연스럽게 연대 미상의 여러 문헌들에 대한 취사선택의 문제와 마주하게 된다는 점도 지적될 수 있다. 일부 문헌들은 서지적으로 대략 어느 시기에 간행되었다는 점을 유추할 수 있지만, 150여 년이라는 짧은 시기에 포함시킬 수 있을지를 결정하기 어려운 문헌들도 상당수 존재한다.

이런 문제들로 인해 본고에서는 간행 연대와 장르가 분명한 사료 문헌들을 중심으로 논의를 진행하고자 한다. 이 정도의 자료만으로 후기 근대국어 전반을 다룰 수 있는지는 필자 스스로도 의심스럽다. 다만 이들 문헌을 코퍼스로 구축된 전산 자료로 접근해 본다면, 적어도 해당 문헌으로 보는 근대국어의 특징들을 살필 수 있다는 의의는 획득할 수 있으리라고 본다. 코퍼스 기반 접근법은 다음 장에서 간단하게 소개하도록 한다.

다른 한편으로 후기 근대국어의 접속어미를 살피기 위해 초기 현대국어의 제양상을 살피기보다는 오늘날 국어의 특징들을 더 중점적으로 고려해 보고자 한다. 이러한 방법은 우선 초기 현대국어의 접속어미에 대한 연구가 부족한 상황에서 다소 궁색한 면이 없지 않다.[2] 그러나, 근대국어 시

---

2) 초기 현대국어의 모습을 조명하고 있는 홍종선(2000)에서는 현대국어가 언문일치를 경험한 시기 이후에도 근대적인 양상을 더러 갖고 있었음을 논하고 있다. 실

기의 끝단에서 보이는 접속어미의 제 양상을 오늘날과 대비하여 보면, 이 시기까지 접속어미가 경험한 변천상은 무엇이고, 초기 현대국어에서 오늘날에 이르는 동안 접속어미가 경험한 변천상은 어떤 것이었는지를 짐작하는 데 도움이 될 수 있다. 요컨대, 본 연구는 '오늘날의 국어'와는 다른 후기 근대국어의 모습을 살피는 데 역점을 둘 것이다.

또한, 연구 방법에 있어서는 계량적인 방법에 기대고자 한다. 세종 역사 자료 등을 이용하여 세기별 코퍼스를 만들고, 개별 접속어미들의 형태와 빈도를 찾아봄으로써, 전기 근대국어로부터 오늘날의 국어와의 대조되는 모습을 살피는 것이다. 이러한 작업을 통해 계량화된 접속어미들은 당시의 근대국어를 가늠하는 데에도 도움이 될 수 있을 것으로 기대한다. 다음 장에서 이 방법론에 대해 구체적으로 논해보고자 한다.

2. 코퍼스의 구축과 활용

후기 근대국어에 대한 계량적 연구는 곧 18세기 후반부터 19세기 말까지의 문헌 사료들을 본고의 목적에 맞추어 코퍼스로 만들고, 그 안에서 유의미한 자료를 추출하는 작업이다. 이렇게 구축된 코퍼스는 통시적인 흐름을 살필 수 있도록 제작돼야 하는데, 본고의 목적에 비추어 볼 때 이 코퍼스는 두 가지 요건을 만족해야 할 것이다. 그 첫 번째는 접속어미의 통시적 변천을 가늠할 수 있도록 시기별로 적당히 나누어져야 한다는 점이고, 둘째로는 각 시기별 코퍼스는 어느 정도 비슷한 수준의 어절수를 가지고 있어야 한다는 것이다.

로 초기 현대국어의 모습에 대해서는 아직 잘 알려지지 않은 것들이 상당할 것이라고 생각되거니와, 본 연구에서 초기 현대국어보다 더 후기의 국어, 즉 오늘날의 국어를 염두에 두는 것에는 이러한 궁색한 변명도 포함돼 있다.

이 두 요건을 만족시키는 일은 생각보다 쉽지 않다. 일단, 세기별로나 혹은 반세기별로 코퍼스를 만드는 데 난관이 따른다. 모든 근대국어 사료 문헌들이 각 세기별로 골고루 비슷한 분량을 갖고 있는 것은 아니므로, 세기별로 코퍼스를 구축할 때에는 사료 문헌의 취사선택의 문제가 따른다. 더욱이 19세기의 문헌들은 주로 후기에 간행된 것들이 많아서, 반세기별로 코퍼스를 구축하려면 19세기 전반기 자료를 별도로 만들어야 하는 부담이 따른다.

하지만, 본고가 다루려는 것이 후기 근대국어인 만큼, 전·후기 근대국어를 나눌 때에 부득이 18세기 중반을 기점으로 나눌 수밖에 없다. 결국, 전체적으로 18세기 전·후기에 해당하는 코퍼스를 만든 후에, 그 분량과 비슷한 수준의 17~19세기의 코퍼스가 작성돼야 할 것이다.

18세기의 문헌 사료는 17세기나 19세기에 비해 비교적 풍부하고 분량도 많은 편에 속한다. 본고에서는 18세기 전·후기별로 약 11만 어절 정도를 구축해 보았다. 그러나 17세기와 19세기 문헌 사료들은 18세기에 비해 분량이 적기 때문에, 약 11만 4천 어절을 기준으로 각각 하나의 코퍼스를 제작하였다. 그러나 19세기 문헌 사료는 대부분이 후대에 간행된 것들이어서 어쩔 수 없이 19세기 후반의 속성을 가지게 될 수밖에 없는 한계가 있다.

각 코퍼스는 각 세기별, 혹은 반세기별로 해당 시기의 문헌 자료들을 가급적 골고루 안배되도록 하였다. 장르 역시 비교적 골고루 담으려 했고, 어절 수도 비슷하게 안배하였다. 이와는 별도로 비교적 기록 당시의 현실어가 가장 잘 반영돼 있을 것으로 추정되는 언간 자료들을 별도의 코퍼스로 만들었다. 이를 앞서 구축한 코퍼스와 비교해 보는 것도 좋으리라는 판단에서이다. 이상을 요약하여 보이면 아래와 같다.

(1) 각 코퍼스별로 반영된 사료 문헌

　　ㄱ. 17세기 - 433,927글자 / 114,676개 어절

　　　　1605 신증유합, 1606 삼강행실도 중간본

　　　　1612 연병지남, 1613 시경언해, 1617 동국신속 삼강열녀

　　　　1617 동국신속 충신도, 1630 보현행원품, 1632 두시언해 중간본

　　　　1635 화포식언해, 1637 권념요록, 1656 경민편언해

　　　　1670 노걸대언해, 1676 첩해신어, 1677 박통사언해, 1690 역어유해

　　ㄴ. 18세기 전기 - 471,379글자 / 114,652개 어절

　　　　1703 삼역총해, 1721 오륜전비언해, 1728 청구영언(일부)

　　　　1735 어제내훈언해, 1736 여사서언해, 1745 어제상훈언해

　　　　1748 개수첩해신어, 1749 맹자율곡선생언해

　　ㄷ. 18세기 후기 자료 437,933글자 / 114,553개 어절

　　　　1752 지장경언해, 1762 어제경민음, 1764 어제조훈언해

　　　　1765 박통사신석언해, 1776 염불보권문, 1777 소아론

　　　　1777 팔세아, 1777 명의록언해, 1778 속명의록언해,

　　　　1783 어제유원춘도영동영서대소사민윤음, 1783 자휼윤

　　　　1784 효유윤음, 1787 병학지남, 1790 무예보통지언해

　　　　1795 중간노걸대언해,

　　ㄹ. 19세기 자료 443, 182글자 / 114,234개 어절

　　　　1839 유중외대소민인등척사윤음, 1865 주년첨례광익

　　　　1869 규합총서, 1875 이언언해, 1882 경석자지문

　　　　1887 예수성교전서경성문광서원활판, 1894 천로역정

　　　　1895 국민소학독본, 1895 소학독본

　　　　1896 신정심상소학, 1897 국문정리

　　ㅁ. 2002년 제작 고려대 코퍼스 - 115,000어절

※ 총 5개 코퍼스, 563,115어절
※ 16~19세기 언간자료 코퍼스 53,673어절 별도

　접속어미의 분류와 목록은 허웅(1975)을 참고하여 중세국어의 어미 목록을 모으는 한편, 현대국어의 접속어미를 고려하여 코퍼스 검색에 사용하여 추스르는 방식을 취했다. 이렇게 해서 하나의 형태를 추출하여 그

빈도를 측정하면, 각 세기별로 그 쓰임이 어떠했는가를 살피기가 용이해진다.

그러나 이는 고빈도 어미에 해당하는 것이고, 전체 11만 어절 가운데에서도 1~2회만 발견되는 어미들에 대해서는 해석상의 문제가 발생한다. 즉, 당시 이 어미들이 소멸 단계에 들어선 것인지 혹은 이미 소멸한 것인지, 아니면 원래 이 정도의 빈도를 보이며 현대국어로 이어지는지에 대한 해석의 문제가 남는 것이다.

빈도의 탐구는 단지 하나의 형태가 생성·발달·사멸하는 것만을 시사하는 것만은 아니다. 접속어미들은 일정한 양태 의미를 갖고 있으므로, 최근 현대국어의 빈도와 비교하면, 그 빈도에 따라 전반적인 후기 근대국어의 문체상·내용상 특성도 읽을 수 있다. 이상에서 소개한 코퍼스와 방법론을 통해 뒤이은 3장에서는 후기 근대국어를 개관하고, 4장에서는 계량화된 자료를 갖고 후기 근대국어 접속어미의 전체적인 양상에 대해서 간략히 살펴보도록 하겠다.

3. 후기 근대국어 접속어미 개관

3.1 제약법

3.1.1 '-니', '-ᄂ니', '-더니', '-ㄹ디니'

원인, 조건, 가정, 반응, 설명 등을 나타내는 데 쓰이는 '-니'는 용법상에 있어 큰 변화 없이 쓰이고 있음이 확인된다. 접속어미 전반 체계를 놓고 고려해 보아도 상당히 높은 빈도를 보여주는 '-니'는 근대국어 당시의 만연체적 특징을 잘 드러내 주는 어미 중의 하나이다. 아래 (2ㄱ)은 18세기 후기, (2ㄴ)은 19세기 후기의 용례이다.

> (2) ㄱ. 의논컨대 호머리과 두 느래의 지나디 아니 ᄒ니 중군이 심이 되니
>   긔롤 잡으미 된디라 <병학, 1a>
>   ㄴ. 절반이나 올나 가셔 뒤롤 도라 보니 엇던 사롬이 셩화ᄀᆞ치 ᄯᄅᆞ
>   오더니 뎡즈에 니ᄅᆞ매 그 사롬이 ᄯᄅᆞ 올나오더라 <천로, 상:
>   81b>

근대국어 전·후기를 불문하고 '-니'의 빈도는 무척 높은데, 후기 근대국어에서는 다소 줄어든다. 17세기에는 3,625회, 18세기 전기에는 4,386회가 쓰인 반면, 18세기 후기에는 3,365회, 다시 19세기에는 3,476회로 집계되어, 전·후기 사이에 수 백여 개의 차이가 보인다. 그러나, 이를 두고 후기 근대국어가 전대에 비해 단문화 되었다고 논하기는 어려워 보인다. 동일 어절수로 보았을 때 오늘날의 국어가 약 200여 개 미만으로 나타나고 있는 것을 보면 여전히 근대국어는 장문 위주라고 할 수 있다.

한편, '-거니'는 기원적으로 '-니'에 강조의 '-거-'가 통합된 형태로서, 후행절로 수사 의문을 취하는 어미이다. 근대국어에서 발견되는 이 어미는 빈도가 무척 낮은 데다가, 주로 시가류에 한정돼 있어 실제로 활발하게 쓰였다고 보기는 어렵다.[3] 필자가 삼은 자료에서는 18세기 후반에서 4회, 19세기에서는 (3ㄴ)에서 보이는 단 한 개의 용례만이 나타났다. 아마도 이 어미는 후기 근대국어 이전 시기에 사멸화의 길을 걷고 있었을 것으로 보인다.

> (3) ㄱ. 쳔만가짓 시롬 슈괴어니 ᄒ믈며 악쥐둘희 쩌러디미ᄯᆞ녀 <지장, 중
>   : 18a>

---

3) 전기 근대국어 자료로 삼은 「청구영언」에서 나타난 '-거니'가 대다수이고, 그 외 동시대 문헌에서 이러한 용법의 '-거니'는 발견하기 어렵다.

ㄴ. 져의 나라에셔 임의 힝호엿거니 즁국에션들 엇지 홀노 힝치 못호
리오 <이언, 1 : 18b>

한편, 이와는 별도로 나열의 양태를 보여주는 '-거니'도 나타나지만,
필자의 용례에서 19세기의 것은 찾지 못했다.

(4) ㄱ. 니르거니 디답거니 날을 져믈롤 쑨으로는 公容은 되지 아니코 이
민망은 限업손 일이옵도쇠 <개첩, 4 : 33a>
ㄴ. 목 버히며 혀 쌔며 굽거니 뿜거니 켜거니 씨거니 가지가지로 다
스리니 아야아야 우는 소리는 오뉴월 가온대 억머구리 소리로다
<염불, 32b>

이밖에, '-니'에 선어말 어미 '-ᄂ-'가 결합된 형태인 '-ᄂ니'는 전 시기
에 걸쳐 300~400여 회 정도 발견될 만큼 꾸준한 빈도를 보이고 있다. 이
형태에 선어말 어미 '-오-'가 결합된 형태 '-노니'는 전기 근대국어 시기만
해도 '-ᄂ니' 대비 약 1/4의 빈도를 보였지만, 18세기 후반부터는 점차 '-ᄂ
니'에 자리를 내 주면서 그 빈도가 1/10으로, 다시 19세기에는 1/40으로 줄
어들고, 대신 '-ᄂ니'의 빈도가 상대적으로 증가되는 현상을 보인다. 과거
'-노니'가 쓰였을 자리에 '-ᄂ니'가 대신하는 현상은 이전 시기에도 간헐적
으로 나타나기도 했지만, 18세기 후반부터는 더욱 두드러진 것으로 보인
다. 아래의 (5)는 '-ᄂ니', (6)에서는 '-노니'의 예를 보이도록 한다.

(5) ㄱ. 이러면 나도 아ᄂ니 네 ᄀᄅ치지 말라 우리 돌려 니러 ᄀ장 브즈
러니 물 먹이쟈 <노걸(중), 상 : 29a>
ㄴ. 도는 공즈롤 힘닙어 발명이 되엿ᄂ니 녯 젹의 밍지 양쥬믁덕을
믈니치신 공이 하우 시 아러 잇지 아니 ᄒ시고 <이언, 跋 : 7b>
(6) ㄱ. 다숫 가지 경계ᄒᆞ믈 뼈 졍녕이 너롤 훈ᄒ노니 그 조목이 무엇고
<조훈, 2b>

ㄴ. 글을 싁여 이 아리 숨가 긔록ᄒ노니 셰샹 스롭을 거ᄂ려 써 빌고
  졔ᄉᄒ야 복만 마즈려 ᄒ미 아니라 <조군, 23b>

기원적으로 '-더-' + '-니'의 결합형인 '-더니'는 중세국어로부터 접속
어미의 지위를 갖고 있었던 것으로, 전기 근대국어나 후기 근대국어 모두
에서 300여 회 이상의 일정한 빈도를 갖고 있다.[4]

(7) ㄱ. 져기 마리 알프고 골치 더옴이 잇더니 어졔 몸에 虛汗이 流水
    ᄒ가지 ᄀᆞᆺᄒ여 <박신, 2 : 23b>
  ㄴ. 승텬ᄒ실 말ᄉᆞᆷ을 셩경에 ᄌᆞ셰히 긔록ᄒ엿더니 강싱ᄒ신 후에 ᄒ
    갈 ᄀᆞᆺ치 서로 디ᄒ야 <셩백, 27b>

'-더니'에서 과거의 의미를 갖고 있는 '-더-'의 영향이 감소하여, 'ᄒ엿
더니' 꼴과 같이 과거의 선어말 어미를 대동하여 나타나는 경우는 근대국
어 전반적으로 고르게 나타나지만, 여전히 '-더니'의 강세가 두드러진다.
전체적인 빈도에 있어서는 18세기 중·후반, 19세기 두루 걸쳐 300~400

---

4) 다만, '-더니'와 관련하여 18세기 전기 문헌에는 주체존대의 '-시-'와의 결합 관계
   상으로 볼 때, '-더니'를 하나의 형태소로 간주하는 데 부담이 되는 예들이 다수
   존재한다.
   예) ㄱ. 敢히 陰后ᄭᅴ 몬져 니ᄅᆞ디 아니ᄒ더시니 帝后의 ᄆᆞᄋᆞᆷ을 슈고로이 ᄒ시
       며 <내훈(중), 2 : 58a>
     ㄴ. 桓公이 管仲의게 敢히 브르디 몯 ᄒ더시니 管仲도 ᄯᅩ 오히려 可히 브
       ᄅᆞ디 <맹자(율), 2 : 53a>

   순수하게 빈도로만 보면, '더시니'가 '시더니'보다 약 5배 많이 나타나지만, 이
   러한 용례는 「어제내훈」과 「맹자율곡선생언해」에서 주로 발견될 뿐이다. 전기 근
   대국어 시기인 17세기 국어에서도 이와 비슷한 빈도가 발견되지 않은데다가, 비
   교적 구어에 충실했을 것으로 보이는 17세기 언간 자료에서는 '-더시니'의 꼴을
   거의 찾아볼 수 없다. 따라서, 18세기에 있어 '-더니'의 형태소적 지위를 부인하
   기는 어렵다고 하겠다.

여 개의 고른 빈도를 보여주고 있다. 이러한 현상은 비교적 구어와 현실어가 많을 것으로 추정되는 언간만을 추려 놓고 봐도 마찬가지다.

'-ㄹ지니'는 19세기 후기 문헌에서 부쩍 증가한 것으로서, 18세기 전기에까지 '-ㄹ찌니'가 상당히 많이 쓰였으나, 후기 근대국어에서는 대체로 '-ㄹ지니'로 통일돼 가는 양상이 보인다. 이 어미가 전기 근대국어에서는 비교적고르게 나타나는 반면, 19세기에는 「쥬년첨례광익」 등의 종교서와 「소학언해」에서만 집중적으로 등장하고 있는 것은 흥미롭다.

> (8) ㄱ. 너름과 계교의 교밀홈을 좃차 가히 알지니 이제 니ᄅ히 조초 싱
> 각ᄒ면 엇지 늠연치 아니ᄒ리오 <명의, 2 : 34b>
> ㄴ. 可히 書를 讀ᄒ며 古를 學홀지니 그럿치 못ᄒ고 一善을 行ᄒ야
> 私를 濟ᄒ려 ᄒ며 <소독, 14a>

한편, 19세기에 등장했던 것으로 보이는 '-니까', '-니ᄭᅡ' 꼴은 당대에존재했을 것으로 여겨지지만, 필자의 용례에서 발견되지 않았다.[5]

3.1.2 '-면'

가정이나 조건을 뜻하는 '-면'은 근대국어 각 세기별 12만 어절 중 1천여 회 이상의 고빈도 어미이다. 하지만, 여전히 동일 어절 대비 현대국어의 500여 회에 비하면 여전히 두세 배 높다.[6]

---

5) '-니ᄭᅡ'의 용례는 19세기 말엽 『독립신문』에서 보인다(리의도 1990 : 162).
　예) 본샤 보고원이 … 드러간니ᄭᅡ 판스 검스가 좌우에 안자는더
6) 16~19세기 사이의 언간 자료 5만 4천여 어절을 놓고 보면, 중세국어 이후부터 '-면'의 빈도가 꾸준히 낮아지고 있음이 확인된다. 언간 자료 중에서도 18~19세기의자료 수가 상대적으로 적기 때문에 단정짓기는 어렵지만, 전체 어절 대비 '-면'의빈도를 단순 산술평균으로 보면 각 세기별로 약 20~30% 정도의 비율로 줄어들고 있음이 관찰되었다.

(9) ㄱ. 영으로뻐 방식을 난호고 혼 영의 이시면 스로뻐 방식을 난호고
　　　혼스의 이시면 쏘 쵸로뻐 방식을 눈호ᄂ니라 <병학, 9a>
　　ㄴ. 텬국을 향ᄒ야 셩모끠 구ᄒ면 그 보호ᄒ심을 엇지 못홀 바ㅣ 업
　　　ᄂ니 <쥬년, 26b>

중세국어에서 보였던 의존 명사 'ᄃ' + 계사 '-이-'의 결합한 꼴인 '-ㄹ
디면'은 근대국어 전반에 걸쳐 필자의 사료 문헌에서는 발견되지 않은 것
으로 보아, 이미 이전 시기에 소멸한 것으로 보인다.

3.1.3 '-ㄹ신'

뒷말에 대한 원인을 나타내던 접속어미인 '-ㄹ씬'는 전기 근대국어에
서부터 거의 예외 없이 '-ㄹ신' 형태로만 나타난다.

(10) ㄱ. 샹애 셔방울 존히 ᄒ니 이 공덕을 브틀신 그러모로 졔불 졔텬이
　　　미샹애 호디홀디니라 <염불, 왕랑반혼젼 : 7b>
　　ㄴ. 혼 마리롤 물고 나무 가지에 안저서 먹으랴 홀신 여호가 보고 慈
　　　心을 닉여 그 生鮮을 쎄서 <신심, 24b>

필자의 용례에서 이 어미는 전기 근대국어 전반적으로 평균 16회의 빈도
를 보였으나, 18세기 전기에는 8회로 줄고, 다시 19세기에는 65회로 크게
증가하는 것이 관찰되었다. 그런데, 이렇게 빈도가 증가한 '-ㄹ신'는 전반
적으로 뒷말에 대한 '이유'나 '원인'을 나타내는 기능보다는 현대국어의 '-는
데'와 같은 설명이나 계기의 의미가 더욱 강한 것이 특징이다.[7] 이런 점에

---

7) 이 때의 '-ㄹ신'를 기원적으로 관형형 어미 'ㄹ' + '스이'(間)의 문법화로 볼 가능
　성도 없지 않지만, 이 경우 '스이' 본래의 의미를 가진 용례가 더 이른 시기에 발
　견된다는 점이 담보돼야 한다. 필자가 살핀 바로는 19세기 이전의 용례에서 이를
　뒷받침할 만한 증거를 발견하기가 어려웠다.

서 (10ㄱ)에서 '그러모로'라는 접속 부사가 후행절에 위치해 있는 것을 '-ㄹ 시'의 의미 기능 약화와 연관시켜 볼 수도 있다. '-ㄹ시'는 의미 기능적인 면으로만 보면 전술한 '-니'나 후술될 '-아/어', '-고', '-되' 등과도 유사하 다고 할 수 있다.

'-ㄹ시'의 빈도가 19세기에 들어 높아진 것은 다소 이례적이기는 하지 만, 이 어미가 「이언언해」 등 4군데 자료에서 매우 집중적으로 분포하고 있 음을 볼 때 이들 문헌의 문체적 특징으로 볼 가능성이 있다. 다른 한편으로, '-ㄹ시'의 의미 기능이 약화로 인해 언중들에 의해서 계기적인 의미 기능을 나타내는 어미로 전용되었을 가능성도 조심스럽게 점쳐 볼 수 있다.

3.1.4 '-아/어', '-아셔/어셔', '-아야/어야'

'-아/어'는 무척 높은 빈도를 보이는 어미로서, '-니'를 상회하는 빈도 를 보여준다.[8] 대부분의 '-아/어' 용례를 현대역으로 하면 '-아서/어서'로 무난히 대치될 수 있으며, 후행절에 대한 원인, 조건, 수단, 상황, 설명 등 을 나타낸다.

> (11) ㄱ. 내 엇지 금쥬령을 범ㅎ여 이 디경에 니르뇨 <경민, 5a>
>   ㄴ. 인현의 교화를 이어 아름다온 풍쇽과 어질게 가르치미 그 오직
>   오랜지라 <윤음(즁외), 2a>

---

8) '-아/어'와 관련하여, 중세국어에서는 접속어미 '-아/어'에 보조사 '도'가 결합한 형태로 보이는 '-아도/어도'가 보이는 것으로서 '제약법'의 부분으로 다룰 수 있 는 용례가 있다.(허웅 1975 : 536 재인용).

   예) 世尊이…柳山에 겨샤도 說法ㅎ시며 <석보 6 : 41>

   그러나, 후기 근대국어에서 '-아도/어도'는 그 의미 기능이 오늘날과 같은 '구 속법'에 속한다.

한편, '잇-'(有)에 기원을 두고 있는 '셔'와 이 어미의 결합형인 통합형 어미 '-아셔/어셔'는 전기 근대국어까지만 해도 '-아셔/어셔'가 주로 쓰인 가운데, '-ㅇ셔', '-ㅇ서' 등이 간간이 눈에 띄었으나, 후기 근대국어로 들어서면 표기상으로는 '-아셔/어셔'로 통일돼 가는 경향을 보인다.

> (12) ㄱ. 혼 거롬 믈너가 埋伏勢 되고 니러셔 몸을 뒤집어 滾牌勢 되고 <무예, 52b>
> ㄴ. 글을 읽는 소리 나니 자 나도 어셔 이러나셔 그 수롬의게 지지 안 케 읽깃소 <신심, 7a>

현대국어와 같은 꼴인 (12ㄴ)의 '-아셔/어셔' 형태는 필자의 19세기 용례에서 33개가 발견되나, 같은 시기 빈도에 있어서는 '-아셔/어셔'가 여전히 약 4배가량 많은 118개로 나타났다.

'-아셔/어셔'의 빈도는 전체 '-아/어'의 빈도에 비해서는 훨씬 작은 편으로, 16~19세기 근대국어 각 세기별로 평균 200여 회를 밑도는 수준이다. 오늘날 동일 어절 수 대비 '-아/어'의 빈도는 대략 4,000여 회로 근대국어와 비슷하지만, 현대국어의 '-아셔/어셔'는 근대국어보다 훨씬 많은 800여 개에 이른다. 그만큼 19세기에서도 '-아셔/어셔'는 그다지 활발하게 분화된 것은 아니라고 생각된다.[9] 현재의 국어처럼 '-어셔' 뒤에 다양한 '만', '도' 등의 보조사가 붙는 모습은 후기 근대국어에서도 역시 보이지 않는다. 요컨대, 이 어미가 오늘날과 같은 지위를 얻는 것은 적어도 현대국어에 들어선 이후로 볼 수 있을 것이다.

---

9) 17세기 언간에서는 현대국어와 비슷한 빈도의 '-아셔/어셔'가 발견되었다. 언간의 자료적 특성을 감안한다면, 이미 이 어미가 활발하게 쓰이고 있었다고 볼 수도 있지만, 자료의 한계로 단정하기 어렵다.
  예) 내안 사는 덥퍼리라 ᄒᆞᄂᆞᆫ 사롬을 ᄎᆞ자셔 우리 논 짓ᄂᆞᆫ 사롬을 다 츄심ᄒᆞ여 <곽씨언간, 13>

3.1.5 '-아야/어야'

선행절의 내용이 후행절의 내용에 대해 필수적인 조건이나 필요가 됨을 의미하는 이 어미들은 기원적으로 '-거-'나 '-아/어' + 보조사 '사'의 결합형이며, 현대국어의 '-아야/어야'와 거의 동일한 의미 기능을 갖는다. 이 중에서 중세국어에서 보였던 '-거야'는 전기 근대국어 시기부터는 볼 수 없으며, 대부분 '-어야'의 형태로 나타나고 있다.10)

> (13) ㄱ. 엇지 네게 갑하야 올흐료 즈름이 네 니르라 나그니들 네 만히 바
> 드려 ㅎ는 것도 부졀 업스니라 <노걸(중), 하 : 10b>
> ㄴ. 부강을 홈긔 뼈야 능히 셔로 건져 성공ㅎ미 잇슬 거시니 <이언, 1
> : 32a>

필자가 추출한 문헌 사료에서는 이들 어미의 빈도가 전반적으로 매우 낮게 나타난다. 비교로 삼은 오늘날의 동일 어절의 국어 자료에서는 '-아야/-어야'의 빈도가 400회가 넘을 정도로 높은 활용도를 보이는 것과는 대조적이다. 전기 근대국어에서 16회 정도의 빈도를 보였던 이 어미는 18세기 후반에는 25회, 19세기에는 40개로 나타나고 있어, 그 쓰임이 조금씩 늘어나고 있음을 볼 수 있다. 하지만, 이 정도의 수치로는 당대에 점차 '-아야/어야'의 쓰임이 확대되는 경향이 있다고 단정하기 어렵다.

---

10) 당시의 현실어가 가장 잘 반영돼 있다는 언간의 경우, 16세기에도 '-거야'의 용례를 보기 어렵다. 필자가 살핀 18세기 전기국어 용례에서 중세적인 용법을 가진 '-거야'의 용례는 아래와 같다.
  예) ㄱ. 曹操ㅣ 이슥이 오래거야 니로되 先生끠 비는 거시 江東의 믈러가셔 黃公覆과 혼가지로 날을 졍ㅎ고 <삼역, 6 : 18a>
    ㄴ. 편안홈을 골오로 ㅎ야 ㄱ장 不得已커야 비로소 쑤지즈믈 더을 찌니라 <내훈(중), 2 : 13a>

3.1.6 '-ㄴ대', '-ㄴ디', '-건대', '-건디', '-ㄹ딘대', '-ㄹ딘디', '-논디'

후행절에 어떤 일에 대한 반응을 오게 하는 이 어미는 기원적으로 '-ㄴ 디'에 강조의 '-거-', 그리고 관형형 어미 'ㄹ' + 형식 명사 'ᄃ' + 계사 'ㅣ' 가 결합하여 형성된 것들이다. 이들 어미 낱낱은 근대국어 전 시기에 걸쳐 활발하게 쓰이고 있지만, 후기 근대국어에서 '-ㄴ대'나 '-ㄴ디'의 대부분은 주로 용언 'ᄒ다'나 동사파생 접사 '-ᄒ다'와 어울려서 'ᄒ대, ᄒ디', 그리 고 주체 존대의 '-시-'와 어울린 '신대, 신디' 꼴로 나타난다.

다음의 (14)에서는 '-ㄴ대'의 예를, (15)에서는 '-ㄴ디'의 예를 보인다.

(14) ㄱ. 마야부인끠 가 술오신대 마야부인이 그 말 드르시디 져지 흘러나 거눌 <지장, 상 : 2b>
ㄴ. 가챤ᄃ려 닐너 ᄒ여곰 즈진ᄒ게 ᄒ믈 쳥ᄒ대 샹이 쏘 허티 아니 ᄒ시니 <속명, 2 : 7a>

(15) ㄱ. 차반를 이밧고 가옵새다 ᄒ디 지아비 고디 듯지 아니ᄒ다가 아모 커나 괴이타 <염불, 19a>
ㄴ. 긔독도의게 말ᄒ라 ᄒ디 그 사름이 굴ᄋ디 밤에 꿈을 꾸니 <쳔로, 상 : 36a>

근대국어 당시 표기법에 있어서 'ㄴ디'꼴과 'ㄴ대'꼴은 서로 혼용돼 쓰였다. 전기 근대국어에서는 '-ㄴ대'꼴이 훨씬 우세하게 나타나는 편이었 다. 그 빈도에 있어서도 '-ㄴ디'보다는 4~5배 정도 많이 나타나고 있으며, 이러한 경향은 18세기 후기에서도 이어진다. 그러나, 19세기에서는 거의 모든 형태가 '-ㄴ디'로 표기가 통일돼 가는 것으로 보인다. 19세기 후반 자료를 집계해 보면, 'ㄴ대'꼴이 총 38회에 불과한 반면, 'ㄴ디'꼴은 274회 로 매우 높은 빈도로 나타나고 있음을 관찰할 수 있었다.

'-건대/건디'나 '-ㄹ딘대/ㄹ딘디' 등은 19세기 후대까지도 활발하게 사용되고 있지만, 주로 '싱각건대' 등과 같이 특정 어휘와 어울려서 화석화되는 모습이 두드러진다. '-ㄹ딘대'는 전기 근대국어, 특히 17세기에는 '-ㄹ쩐대', '-ㄹ쩐디'의 꼴이 많았지만, 18세기 후반에는 '-ㄹ딘대'가 우세하고, 19세기 후반에는 '-ㄹ진디'가 더 우세하게 쓰이고 있음이 확인됐다. 아래 (16)에서 '-건대', '-건디'를, (17)에서 '-ㄹ딘대', '-ㄹ딘디'의 예를 보이도록 한다.

> (16) ㄱ. 우리 다 ᄀᄅ치믈 領ᄒᆞ여다 請컨대 잠깐 니별ᄒᆞ쟈 임의 一位 光
>   顧홈을 닙어시니 <박신, 3:59a>
>   ㄴ. 외국이 준힝ᄒᆞ야 쟝구히 셔로 편ᄒᆞ리로다 샹고컨디 셔국에 송ᄉᆞ
>   를 니ᄅᆞ혀미 <이언, 3:17b>
> (17) ㄱ. 만일 졔단 근원을 무롤딘대 젼녜예 견인ᄒᆞ야 젹은 은혜예 구애ᄒᆞ
>   야 그러ᄒᆞ미라 <조훈, 11a>
>   ㄴ. 君德을 施行ᄒᆞᄂᆞ 萬一 失道缺德의 일을 홀진디 天命이 스스로
>   定ᄒᆞ실 바ㅣ 잇ᄂᆞ니라 <소학, 36b>

한편, 후기 근대국어에서는 오늘날의 '-는데'에 해당하는 어미 '-ᄂᆞᆫ디'가 비교적 졍연하게 나타나고 있어 주목된다.

> (18) ㄱ. 여듧 가지 죠건을 뻐 신의게 보내엿ᄉᆞᆸᄂᆞᆫ디 여듧 죠건에 각각 혼
>   두 ᄌᆞ와 <속명, 2:20a>
>   ㄴ. 여러 사롬이 ᄭᅳ을고 얇히 彩亭을 메웟ᄂᆞᆫ디 혼 小童子를 민ᄃᆞ라
>   芒兒ㅣ라 부ᄅᆞ고 <박신, 3:46b>

(18)은 과거 시제성을 띠고 있었던 '-ᄂᆞ-'의 의미 기능은 퇴색되어 과거 시제의 '-엇-'과 어울렸으리라 생각해 볼 수 있다. 이러한 경향은 전기 근대국어 시기보다는 18세기 후반에서 두드러지고, 19세기 후반에는 더욱 뚜렷하게 나타나고 있다.[11] 사료 문헌들이 대부분 당대의 현실어에 비해

다소 보수적인 경향을 띠고 있음을 고려해 보면, 이 어미는 이전 시기부터 독립된 형태소로 자리잡고 있었을 가능성이 높다고 하겠다.

3.1.7 '-건댄', '-ㄹ딘댄'

이들 어미들은 앞 절에서 다룬 어미들과 마찬가지로 조건과 가정을 뜻하는 '-ㄴ댄', '-ㄴ딘'에 선어말 어미 '-거-'가 결합하거나, 관형형 어미 'ㄹ' + 형식 명사 'ᄃ' + 계사 'ㅣ'의 결합으로 형성된 것들이다.

이미 전기 근대국어 시기에서 30회 남짓 쓰이던 이 어미들은, 17세기에는 36회, 18세기 전기에만도 65회 정도 나타났지만, 18세기 후기에는 고작 10개 남짓 나타나며, 아예 19세기에는 보이지 않았다. 앞 절에서 논한 '-건딘'나 '-ㄹ진딘'가 19세기까지 활발하게 쓰인 것으로 보아, 이미 이들 어미들은 늦어도 19세기 이전에 조건과 가정을 뜻하는 다른 어미들과의 경쟁에서 소멸하는 단계에 들어섰다고 생각된다. 아래 (19)~(20)에서 각각 '-건댄'과 '-ㄹ딘댄'의 예를 보이도록 한다.

> (19) ㄱ. 北海를 건너뛰음은 어려오니 일로 뻐 보건댄 몸 닷굴 道ᄂ 너희 둘희 어려워 <내훈(중), 서 : 6b>
> ㄴ. 중영 일지 안영이 될디니 헤아리건댄 대뢰 세 층이라 각 중군은 각 영 모 안히 잇고 <병학, 9a>
> (20) ㄱ. 君子ㅣ 그 政을 平홀딘댄 行홀 제 人을 辟호미 可ᄒ니 <맹자(율), 4 : 42b>
> ㄴ. 사룸이 주글 째에 정토에 가고져 홀딘댄 브디 몬져 압길흘 술펴디 주검을 저허 <염불, 37b>

---

11) '-ᄂ디'와 관련하여, 의문형 종결 어미 '-ᄂ가'는 이미 '-ᄂ-'의 시제성이 소멸한 것으로 보이는 예들이 많다.
예) 賢友ㅣ 일쯕 別로 章疏룰 나왓ᄂ가 아녓ᄂ가 일쯕 나왓노라 <오전, 5 : 43b>

3.1.8 '-관터'

원인, 조건을 나타내는 접속어미인 '-관터'는 이 어미를 포함하는 선행절에 의문형이 나타나는 것이 특색인데, 이러한 용법은 근대국어 시기에 걸쳐 변함이 없다.

빈도에 있어서는 17세기에 단 4회, 19세기에는 1회만이 발견될 정도로 쓰임이 별로 없다. 그러나, 18세기 전·후기별로는 각각 11회, 19회로 비교적 적지 않은 빈도를 보이고 있는데, 이마저「오류전비언해」,「명의록언해」 등에서만 집중적으로 발견될 뿐이고 동시대 문헌에 걸쳐 고른 분포를 보이지는 않는다. 빈도가 낮은데다가 그 시기별 분포 역시 고르지 못하지만, 이미 근대국어 이전 시기나 전기 근대국어에서 이미 생산성이 대폭 줄었을 것으로 보인다.

> (21) ㄱ. 오늘 무슴 일이 잇관터 긔식의 엇지 불평ㅎ시뇨 <명의, 하, 존현
> 각일긔 : 52b>
> ㄴ. 나ㅣ 엇던 사룸이완터 감히 오 쥬의 모친이 멀니 와 도라 보심을
> 당ㅎ오릿가 <쥬년, 16b>

3.1.9 '-거든'

조건, 반응, 상황, 가정을 나타내는 '-든'은 보통 '-거-', '-아/어-', '-더-'를 앞세워 나타나는 게 보통이었다. 또한, 이렇게 결합된 형태의 어미들은 음운론적인 이형태를 가지고 있었는데, /ㅣ/, /j/ 와 /ㄹ/ 아래에서 '-어든'으로 교체되고, '-더든'의 경우에는 계사 'ㅣ' 앞에서 '-러든'으로 교체되는 양상 등이 그것이었다. 그리고 용언 '오-'(來)와 '-거든'이 결합되면 '오나든'과 같은 꼴로 나타났던 바 있다.

이러한 교체형들은 17세기 전기 근대국어 시기만 해도 종종 나타나지 만,12) 후기 근대국어로 갈수록 급격히 줄어들고 대신 '-거든'으로 점차 단 일화되어 가는 경향이 뚜렷하다. 특히 18세기 후기부터 그 경향이 두드러 지는데, 19세기 말에 이르면 '-거든'의 형태가 기타의 교체형에 비해서 7 배 정도 많은 166회가 발견된다.

이 정도의 빈도는 동일 어절의 요즘 국어가 10회 정도로 나타나는 것 과 비교할 때 무려 20배에 가깝다. '-어든'이 소멸하고 그 쓰임새가 대폭 축소되는 것은 적어도 현대국어 시기에 들어선 후의 일로 보는 것이 합당 해 보인다.

> (22) ㄱ. 즁싱들히 이᠐툰 습이 잇거든 명죵홀 제 부모 권쇽기 위ᄒ야 복 을 베프러 <지장, 중 : 15a>
> ㄴ. 평판에 건져 기오려 꿀 즙이 ᄲᅡ지거든 쓰고 네모지게 허려면 반 죽을 되게ᄒ야 써을고 <규합, 17b>

3.1.10 '-거눌', '-거늘'

기원적으로 '-거-' 어미가 포함된 형태소와 마찬가지로, 후기 근대국어 에서 '-거눌', '-거늘'은 '-어눌', '-어늘'이라는 교체형과 더불어 나타나고 있다. 그렇지만, '-어눌', '-어늘'의 빈도는 사실상 매우 낮으며 그나마도 화석화된 형태로 남은 것 몇몇뿐이다.

---

12) 앞서 언급했던 '-더니'와 같이, '-거든'은 18세기 전반만 해도 주체 존대의 '-시-' 와 결합하는 양상에서 (19)와 같이 '시거든'과 '거시든'의 두 형태를 모두 보여준다.
예) ㄱ. 밥 먹으실 제 님금이 祭ᄒ거시든 몬져 자시더시다 <내훈(중), 1 : 8b>
ㄴ. 닉일이라도 연고 업스시거든 서어훈 거슬 가져 오옵새 <개첩, 9 : 7a>

이러한 형태 역시 「어제내훈」과 「맹자율곡선생언해」에 한정된 용례로서, '-거 든'의 독립적인 지위를 부인할 수는 없을 것이다.

(23) ㄱ. 四書六經을 사미 쏘 됴커늘 엇지 그저 뎌 小說을 사 보려 ᄒᄂ뇨
        <박신, 3 : 21a>
    ㄴ. 셔로 즈뢰ᄒᄂ는 비 다 이에 잇거늘 곳 무삼 연고로 이 ᄂ라 혼 가
        지 말미암ᄂ는 바 평탄혼 길을 놋코 <윤음(중외), 8a>

표기상으로 '-거늘/어늘'의 형태는 근대국어 시기 전반에서 보아도 빈도
가 매우 낮고, 후대로 갈수록 점차 '-거늘/어늘'이 일반화된다. 본고에서 구
축한 문헌 사료에서, 전기 근대국어 및 18세기 후반과 19세기에서의 '-거늘/어
늘' : '-거늘/어늘'의 비율은 각각 1 : 6.8, 1 : 7.6, 1 : 21로 19세기에는 '거늘'이
매우 압도적으로 쓰이고 있음을 확인할 수 있었다.

(24) ㄱ. 요동흠이 업게 흠이 올커늘 흉도들은 셩후를 엄휘ᄒ기로뻐 능소
        를 삼고 <명의, 상 : 51a>
    ㄴ. 좁은 문으로 향ᄒᆞ야 가는 길이어늘 웨 힝인이 돈니기 조케 곳치
        지 아니ᄒᄂ냐 <천로, 상 : 10a>

3.1.11 '-고셔', '-고서'

이 어미는 나열을 뜻하는 '-고'에 '잇-'(有)에서 유래한 '셔'의 결합형으
로서, 나열의 뜻보다는 시간적 계기와 관련되는 의미를 담고 있다.

(25) ㄱ. 잇부면 줌을 들고셔 ᄭᅵ야시면 글을 보싀 <악학습령>
    ㄴ. 左脚과 右手로 奔衝勢로 앏흘 向ᄒ고셔 거러 擧鼎格을 ᄒᄂ니라
        <무예, 21a>

이 어미는 중세국어 이후에 생성된 것으로 보이지만, 근대국어에서 출
현하는 횟수는 매우 적다. 더욱이, 17세기 문헌에서는 8회가 발견되었지
만, 후기로 갈수록 오히려 더 줄어드는 경향마저 보이는데, 필자의 19세기

사료에서는 단 한 건도 발견할 수 없었다.

그렇다고 이 어미의 쓰임이 한시적으로나마 위축됐다거나 문헌상의 특성으로 인해 나타나지 않았다고 보기도 어려울 것 같다. '-고서'가 동일 어절의 최근 현대국어 코퍼스에서도 12만 어절 중에 고작 10여 회 정도로 나타나는 저빈도 어미임을 감안한다면, '-고서'의 빈도를 문제삼을 수 없을 것 같다.

3.2 불구법

3.2.1 '-나'

앞 절의 내용과 뒷 절의 내용이 서로 다름을 나타내는 접속어미로서, 근대국어 전반에 걸쳐 고른 빈도를 보여주며 활발하게 쓰이고 있다. 그 용법이나 특징 역시 오늘날과 크게 다르지 않다.

> (26) ㄱ. 샹을 의논훈 즉 비록 젹으나 반ᄃ시 긔록 ᄒ여ᄡ 나의 즐거오믈 ᄒᆞᆫ가지로 ᄒᆞᄂ 뜻을 뵈고 <윤음(왕세), 3b>
> ㄴ. 궁곤훈 날의 이르러 비록 뉘웃치나 문득 더딘 거슬 혐의ᄒ리라 <조군, 33a>

전반적으로 근대국어 시기 두루두루 걸쳐 평균 370회 이상이 관찰되는데, 이는 현대국어의 57회에 비해서 무척 높은 수치에 속한다. 이렇게 상이한 빈도 차이가 보이는 까닭은, 현대국어가 '그러나' 등의 접속 부사를 통해 각 단문 간의 연결을 꾀하는 반면, 근대국어는 접속어미에 의해 장문화하려는 경향이 있기 때문으로 볼 수 있을 것이다.

3.2.2 '-어도'

양보 혹은 불구의 의미를 갖는 어미로서, '-아도/어도'의 용법은 현대
국어에서도 거의 변함이 없다. 이 어미는 근대국어 전반에 걸쳐 고루 쓰이
고 있으며, 빈도 역시 오늘날과 비슷한 평균 100여 회 이상이다. 당시의
표기의 혼란상을 보면 '-으도'도 나타날 법하지만, 필자의 용례에서는 단
세 개만이 발견되었다.

> (27) ㄱ. 아모 사롬이라도 아미타불 일홈을 어더 듯고 무움애 즐겨ᄒᆞ면
> <염불, 2b>
> ㄴ. 빅반물 너흐면 누르고 븕어지니 잠간 긔운 만ᄒᆞ거나 아니 녀허도
> 죠흐니라 <규합, 26b>

한편, 이 어미가 중세국어에서는 주체 존대의 '-시-'가 결합되면 '-샤도'
로 나타난 바 있다. 몇몇 문헌을 제외하면 근대국어 시기 내내 대개 '-셔도'
형태가 훨씬 많이 쓰이는 것이 확인된다. 본고에서 사용한 18세기 이후의
문헌 자료에서는 후기 근대국어에 들어서 '-샤도'는 단 한 개도 발견되지
않았다. 그와 더불어, 오-'(來) 용언 뒤에서 '오나도' 꼴로 나타났던 용법은
후기 근대국어는 물론 전기 근대국어에서도 발견되지 않는다.

3.2.3 '-고도'

불구의 뜻을 나타내는 것은 현대국어의 모습과 다르지 않다. 중세국어
에서는 /ㄹ/과 /ㅣ/ 뒤에서 '-오도'로 나타난 바 있지만, 근대국어 시기에는
이러한 용법이 보이지 않는다.

(28) ㄱ. 내 이제 몬져 이 두가지롤 던당ㅎ고도 또 혼 볼 頭面을 가져가 던
당ㅎ려 ㅎᄂ니 <박신, 1 : 23b>
ㄴ. 勤誠 二字가 쉽고도 어려우니 初學ㅎᄂ 샤람들은 勉之勉之홀지
어다 <소학, 4b>

3.2.4 '-거니와'

이 어미는 전대에서 음운론적 환경에 따라 '-어니와'로 바뀌는 이형태
를 갖고 있던 어미이다. 기원적으로 '-거-'를 갖는 어미처럼 근대국어 시기
에서는 이러한 규칙이 잘 지켜지지 않는다.

그나마 특기할 만한 것은 '-어니와' 꼴이 19세기 말에 거의 2회 정도로
거의 쓰이지 않은 반면, 모음 뒤나 'ㅎ-' 용언 뒤에서는 '-려니와'가 '-거니
와' 형과 거의 비슷한 빈도로 사용되고 있다는 점이다.

(29) ㄱ. 一百낫 돈에 혼 말 쏠을 밧고거니와 내 본디 밧괴일 쏠이 업스되
<노걸(중), 상 : 49b>
ㄴ. ᄆ옴이 잇고 고희ᄒ면 죄의 샤홈을 닙으려니와 만일 고희치 아니
ᄒ면 <성백, 25a>

이 어미는 오늘날 현대국어에서도 6~7개만이 발견될 정도로 적게 쓰
이지만, 17세기에는 173회, 18세기 전기에는 이보다 많은 217회가 쓰였고,
18세기 후기에는 대폭 줄어든 107개, 다시 19세기 말에는 54회가 관찰되
어 여전히 출현 빈도가 높은 편이다. 이런 점은 필자가 살핀 언간 자료의
경우에서도 크게 다르지 않았다. 이런 사정들을 고려해 볼 때 오늘날 국어
에서 '-거니와'처럼 화석화의 길을 밟는 것은 현대국어 시기 이후로 봐야
할 것 같다.

3.2.5 '-ㄹ만정', '-ㄹ씨언정'

이들 형태들은 접속어미 '-ㄴ덩'과 관련된 것으로, '-ㄹ시언덩', '-ㄹ션 덩'의 형태로 가정이나 조건을 나타낸 바 있었다. 근대국어에서는 이밖에 도 '-ㄹ시만정', '-ㄹ만정', '-ㄹ찌언정' 등이 더 추가된다.[13] 그러나, 이들 낱낱의 어미들은 그다지 높은 빈도를 보이지 않으며, 그 의미도 서로 구별 될 만큼 뚜렷하지는 않다.

이들 어미의 빈도가 워낙 낮은 까닭에, 각 형태들이 세기별로 출몰하 는 현상만 가지고는 어미들의 소멸을 논하기가 어렵다. 필자가 참고한 12 만 어절의 오늘날 국어에서 '~ㄹ망정', '~ㄹ지언정'의 경우도 그 빈도는 1~2회 정도로 무척 낮으므로, 어쩌면 이들 어미들이 이미 근대국어 시기 이전에 활용도가 낮아졌을 수도 있다.

후기 근대국어 문헌자료에서는 이들 형태 중에서 18세기 후기에는 '-ㄹ만 정'과 '-ㄹ지언정'을, 19세기에는 '-ㄹ지언정'만을 볼 수 있었다. '-만정'의 용례는 19세기에서 발견하지 못했지만, 오늘날 '-ㄹ망정'을 볼 때에 분명 히 존재했을 것으로 추정된다. 아래 (30)~(31)에서 각각 '-ㄹ만정', '-ㄹ지 언정'의 용례를 보인다.

> (30) 나도 이럴만정 세상애 인재러니 무샹을 무샹은 사롬이 오래 사지 못
> 흐는 말이라 <염불, 29a>
> (31) ㄱ. 출하리 져궁끠 죄롤 어들지언정 감히 흉도의 식이는 거술 어그릇

---

13) 18세기 전기에서만 소수 보이는 것으로 '-ㄹ쑨이언뎡'을 접속어미로 인정하는 견
해도 있으나, 공시적으로 ㄹ + 쑨 + 이 + -언뎡으로 분석될 수 있기도 하고, 그
용례가 「어제내훈」과 「맹자율곡선생언해」에만 한정돼 있어 하나의 형태소로 보기가
어렵다.
예) 귀예 可히 시러곰 들을 쑨니언뎡 입에 可히 시러곰 니로디 못흐과뎌 흐노
라 <내훈(중), 1 : 30a>

지 못ㅎ는 <명의, 2 : 56b>
ㄴ. 君子ㅣ 차라리 身에 風霜을 積할지언정 엇지 남의 鷹犬이 되리오
　　<소학, 21a>

3.2.6 '-ㄴ둘', '-ㄴ들'

양보의 뜻을 갖는 '-ㄴ들'은 최근의 현대국어에서도 평균 12만 어절
중 10개 미만으로 쓰이는 접속어미이다. 근대국어 안에서도 출현 회수가
고르게 나타나지는 않지만, 표기상으로는 대체로 '-ㄴ둘'보다 '-ㄴ들'이 점
차 우위를 점하는 양상을 띠고 있다.

(32) ㄱ. 스스로 뵈지 못홀 쟈는 집에셔 굴머 죽은들 뉘 알니 이시리오 <윤음
　　　　(경기), 8b>
　　 ㄴ. 만일 자지 아니ㅎ엿던둘 시방 한창 길 가며 즐거워홀지라 <천로,
　　　　상 : 47a>

이 어미는 17세기에 12회 나타나지만, 18세기에는「청구영언」과「어제
내훈」에서, 그리고 18세기 후기에는「명의록언해」와「염불보권문」에서 무
척 높은 빈도를 보여 각각 38회, 53회가 나타났는데, 다시 19세기에는 9회
로 줄었다. 현대국어 시기 안에서의 변화 양상이 함께 관찰돼야만 이 어미
의 소멸 시기를 논할 수 있을 것으로 보인다.

3.2.7 '-ㄴ마는'

양보의 의미를 갖는 '-ㄴ마는'은 17세기와는 별 차이가 없지만, 이 시
기에서 어미로서의 용례는 그다지 많지 않다. 19세기의 용례에서는 발견
되지 않았다.

(33) 억겁을 디내야 잠간도 나디 몯ᄒ건마는 ᄒ마 명죵홀 제 ᄂ미 위ᄒ아 부텨 일홈 칭념훈 타ᄉ로 이 죄 듕의 쏘 졈졈 쇼멸ᄒ리니 <지장, 중 : 31b>

3.3 나열법

3.3.1 '-고'

나열과 첨가를 뜻하는 '-고'는 중세국어에서 /ㄹ/이나 /ㅣ/ 뒤에서는 '-오' 형으로 나타난 바 있다. /ㄹ/ 뒤 '-오'형으로 나타나는 것은 빈도가 적어 확인할 수 없었으나, /ㅣ/ 뒤에서 '-오'로 바뀌는 현상은 비교적 잘 지켜지고 있다. 출현 빈도도 역시 고른 편으로 근대국어 전반적으로는 평균 4,000여 회 정도 쓰이고 있다. 근대국어의 문체적 특성상 현대국어 자료에서의 3,600여 회보다는 다소 많은 편이다.[14)]

(34) ㄱ. 셰ᄉ만 탐챡ᄒ고 번노 즁에 줌겨셔 인연션죵 부모효양 념불동참 불공보시 우이 너겨 <염불, 31b>
ㄴ. 믈에 헤워 즙을 죄 ᄯᅳ고 계피 갈오 만히 섥거 모밀ᄀ로 츌ᄀ로 각각 훈 ᄌᆞ밤식 너허 <규합, 18b>

3.3.2 '-며'

나열, 첨가, 되풀이 등을 의미하는 '-며'는 현대국어에서는 11만 어절

---

14) 엄밀한 의미에서 '-고'는 단순한 나열만을 나타내지 않고 선·후행절 간의 시간적 순행관계를 나타내기도 하지만, 여기서는 나열의 속성에 더 초점을 맞추어 다루고자 한다. 시간적 순행 관계는 문장의 선형성(linearity)에 의해 나타나는 경우도 있으나, 그 역은 성립하지 않기 때문에, '-고'가 갖는 의미를 나열로 잡는 것은 무리가 없다.

중에서 대략 500여 회의 빈도를 나타내는 특징이 있는 반면, 이 시기에서
는 18세기 전・후반, 19세기에 걸쳐 1,135~1,992개까지 폭넓게 쓰이고 있
는 것이 관찰되었다. 이는 앞서 들었던 '-고'와 마찬가지로 근대국어의 문
체를 보여주는 일면이라 할 수 있다.

> (35) ㄱ. 혹 죠희 사름을 민들며 혹 우믈믈을 기르며 혹 믈형을 그려 **뼈** 져
> 　　　주ᄒᆞᄂᆞᆫ 일을 힝ᄒᆞ고 <속명, 1 : 27b>
> 　　ㄴ. 新元을 致賀ᄒᆞ고 讌樂ᄒᆞ며 男子ᄂᆞᆫ 鳶도 날니며 여자ᄂᆞᆫ 널도 **뛰**
> 　　　ᄂᆞ니 <신심, 37b>

언간 자료에서는 '-고'가 여전히 근대국어에서 높은 비율로 쓰이는 것
이 관찰되는 것과는 달리, '-며'의 빈도는 그에 비해 2~3배가 낮다는 점
은 특징적이다. 이런 점에서 '-며'의 일부 기능을 '-며서', '-면서' 등이 분
담하는 양상을 의심해 볼 수 있지만, 후기 근대국어 전반적으로 '-면서'의
빈도가 증가되는 것을 확인할 수는 없었다.[15]

3.4 의도법

3.4.1 '-고져', '-고쟈', '-고자'

이들 형태들은 현대국어의 '-고자'에 해당하는 것으로 희망, 의도, 목
적 등의 의미를 갖는다. 형태상으로는 전기 근대국어부터 '-고져'가 거의
대부분을 차지하며, 후기 근대국어로 가면 차츰 '-고쟈'와 '-고자' 형태가
나타나지만, 그 빈도는 매우 낮다.
현대국어에서 '-고자'는 반드시 '하다' 용언을 수반할 필요는 없는데

---

15) 이는 이 장의 3.5.6에서 후술한다.

반해, '-고져'가 대부분 '흐다' 용언을 후행하는 특징이 있는 것은 중세국
어와 동일한 용법이다.

> (36) ㄱ. 或 毬毬 門 앒희 니르러 그치고져 흐거든 다시 티고 돌녀 毬 門
>   으로 나감이 쏘호 해롭지 아니 흐니라 <무예, 68b>
> ㄴ. 텬쥬ㅣ 모든 죄악의 뿔희롤 빼고져 흐시매 가난을 갈희여 우리
>   탐흠을 물니치시고 <성백, 12b>

/ㄱ/으로 시작되는 접속어미들이 그러하듯, 이들 형태들도 음운론적 이
형태들이 나타날 법하나, '-오더'나 '-오져' 등은 발견되지 않았다. 기타 /ㄱ/으
로 시작되는 접속어미들이 비해서 '-고져'의 경우에는 전기 근대국어 시기
에서부터 이미 단일한 형태로 굳어지고 있는 것으로 추측된다.

전반적인 빈도로 보면, 이 어미는 근대국어 내내 무척 높은 빈도를 보
여준다. 특히 이 양상은 18세기에서 두드러진다. 즉, 17세기에는 98회, 18
세기 전·후기 각각 257회, 233회가 급격히 증가하고, 19세기에는 절반 이
상 줄어 101개로 나타나고 있었다. 그 분포 역시 한두 문헌에 집중돼 있지
않고 전체적으로 고른 편이다. 이와 비슷한 의미 기능을 담당하는 '-려' 역
시 18세기 문헌에서 유독 빈도가 매우 높다.[16]

각 세기별로 '-고쟈'와 '-려'의 상대적인 출몰 빈도를 살피면, 그다지
특기할 만한 사실이 포착되지 않는다. 여전히 '-고쟈'는 '-려'에 비해서 압
도적으로 많이 사용되고 있는데, 이는 현대국어가 '-려'를 이용한 의도법
표현이 많은 것과 대조적이다.

---

16) 이러한 결과는 필자의 코퍼스에서 19세기와 18세기의 사료 간에 장르상 차이에
서 연유하는 것으로 보인다. 다시 말해, 18세기에는 의도법 표현이 필요한 장르
가 더 많고, 19세기에는 상대적으로 적기 때문일 수도 있는 것이다. 후술하겠지
만, 비례법의 '-수록'이 의도법의 '-려'와는 정반대로 19세기에 더욱 많이 나타나
는 것도 이러한 장르상의 차이에서 오는 결과라고 생각된다.

근대국어 시기 전체를 통틀어, '-고져'가 '-려'보다 더욱 우세하게 나타나고 있는 것은 본 연구에서 사용한 18세기 코퍼스 문헌들이 전반적으로 의도법 표현을 많이 필요로 하는 내용을 담고 있기 때문으로 봐야 할 것 같다. 더욱이, 19세기에도 '-고쟈'의 의도법 표현이 '-려'보다 많은 사실에 비추어 볼 때, 오늘날과 같이 '-려'가 우세한 쓰임을 보이게 되는 것은 적어도 현대국어 시기 이후로 보는 게 온당할 것으로 보인다.

3.4.2 '-려', '-려고', '-랴', '-랴고'

앞서 살핀 '-고쟈'와 마찬가지로 의도의 '-려', '-려고', '-랴', '-랴고'는 뒤에는 대부분 'ᄒ다' 용언이 뒤따른다.

표기 면에서는 근대국어 내내 '-려'가 거의 30~40배 이상 '-랴'보다 우세하지만, 19세기 후반에는 거의 '-려'와 '-랴'가 거의 동등한 빈도로 나타나고 있다. 대개의 접속어미들이 후기 근대국어로 갈수록 경쟁 관계에 있는 여러 형태들 중에서 하나의 형태로 단일화 돼 가는 경향이 보이는 것과는 대조적이라 하겠다. 다음 (37)은 '-려', (38)은 '-랴'의 용례이다.

(37) ㄱ. 이곳 나의 우익을 전졔ᄒ려 ᄒᄂ는 흉심이라 이런 고로 <명의, 하, 어졔윤음 : 4a>
　　 ㄴ. 목젼에 급ᄒ믈 잠시 구졔ᄒ려 ᄒ면 더옥 모로미 윈판국을 통합ᄒ야 료량ᄒᄃᄃ <이언, 4 : 58a>
(38) ㄱ. 궁뇨를 졔거ᄒ고 버거 내 몸의 밋츠랴 ᄒ나 우흐로 하늘이 겨시고 <명의, 상 : 30b>
　　 ㄴ. 萬里 皮濤롤 지나랴 ᄒ면 所賴ᄂ 다만 한 羅針盤이니 <소독, 10a>

'-랴고', '-려고' 형태가 보이기 시작한 것은 필자의 자료에서 후기 근대국어 시기의 「염불보권문」이다. 19세기까지 포함하여 총 8회밖에 나타나지 않지만, 이 어미는 현대국어처럼 반드시 '하다' 용언을 후행할 필요는 없었던 것 같다. 「염불보권문」에서 발견된 (39)의 용례에서도 이러한 양상을 확인할 수 있다.

> (39) ㄱ. 초로 인싱 구디 너겨 쳔셰밧게 사릇랴고 무훈탐심 닐와드니 <염불, 44a>
> ㄴ. 친견ᄒᆞ야 ᄆᆞ옴을 불키려고 쳔경만론을 낫낫치 츄심ᄒᆞ야 <염불일, 29a>

19세기에 들어서면 전반적으로 '려' 형태보다도 '랴' 형태가 더 많이 눈에 띈다. 따라서, 오늘날의 '-려'로 표기상 변화가 일어나는 것은 현대국어 어느 시기에 '-랴'보다 '-려'가 다시 우위를 점하게 된 시기와 맞물려 있을 가능성이 높다고 하겠다.

아울러, 최근의 국어에서 '-려'와 '-려고'의 빈도가 거의 비슷하게 나타나는 것으로 볼 때, '-려고'는 현대국어 시기에 들어서면서 꾸준한 빈도의 증가를 경험했을 것으로 보인다. '-려고'는 'ᄒᆞ-' 용언을 후행할 필요가 없으므로, 상대적으로 '-려 ᄒᆞ-' 구성으로 나타나는 '-려'에 비해 통사적 부담이 덜하여 점차 높은 빈도를 가지게 됐다는 해석도 조심스럽게 해 볼 수 있다.

한편, '-려', '-랴'가 'ᄒᆞ-' 용언을 후행한다는 논의와 관련하여, 'ᄒᆞ다' 용언을 반드시 후행하지는 않더라도 어미 그 자체로 목적이나 의도를 나타내는 통합형 어미가 보여 아래에 소개한다.

> (40) ㄱ. 처음에 무어슬 구ᄒᆞ랴다가 이 모양이 되엿ᄂᆞ냐 <쳔로, 상 : 35a>
> ㄴ. 나히 만흔 스룸의 오슬 ᄒᆞ랴면 밋ᄒᆡ 옥식을 드려야 아름ᄃᆞ오니라 <규합, 25b>

3.4.3 '-라'

이 형태는 현대국어의 '-러'에 대응되는 어미로서, 후기 근대국어 코퍼스에서 발견되는 빈도가 무척 낮게 나타났다. 허웅(1975 : 600)에서도 지적된 바 있지만, 의도의 '-라'는 문맥을 충분히 검토해도 종종 인용의 종결어미와 구별하기가 어렵다. 현대형과 같은 '-러'꼴은 필자의 용례에서 발견되지 않았다.

> (41) ㄱ. 친히 지게롤 닷즈오시고 계신을 밧비 물으라 ᄒ시며 또 굴으샤디
>   오눌 죠졍일을 가히 경등으로 더부러 의논ᄒ랴 <명의, 하, 존현
>   각일긔 : 20a>
>   ㄴ. 국왕 혜로더ㅣ 본디 어둡고 용렬ᄒ야 이 일을 듯고 버히라 ᄒ니
>   셩인이 법장에 나가실 때에 <쥬년, 95b>

3.5 기타

3.5.1 '-도록'

어떤 상황에 다다름을 의미하는 것으로서, 근대국어 내내 고른 빈도를 보여주는 어미이다. 빈도상으로도 오늘날과 큰 차이를 보이지 않는 것으로 보아, 근대국어로부터 오늘날에 이르기까지 비교적 변화가 적은 어미라 할 수 있다.

> (42) ㄱ. 맛당이 돗토록 봉힝ᄒ야 밧사롬으로 ᄒ여곰 요동홈이 업게 홈이
>   올커눌 <명의해, 상 : 50b>
>   ㄴ. 그르시 너코 독고마리 닙ᄒ로 덥허 틈이 ᄂ도록 숙여 말뇌오
>   고 <규합, 20b>

필자의 코퍼스에서는 17세기에 '-디록' 형태가 발견되지만, 18세기부터는 대부분 '-도록'으로 통일돼 가는 경향이 나타났다. 이 점은 언간에서도 동일하게 관찰된다.

3.5.2 '-ㄹ스록'

현대국어의 '-ㄹ수록'으로 이어지고 있는 어미로, 앞 절 내용의 정도가 되어가는 정도에 따라, 뒤 절의 내용도 어떤 정도가 더해지거나 덜하게 되는 조건이 됨을 나타내는 비례법의 연결 어미이다.

필자가 구축한 용례에서는 18세기 후반에 6개, 19세기에 15개를 찾을 정도로 다소 낮은 빈도를 보였다. 18세기에 비해 19세기에서 빈도가 더 높은 것은 언간 자료만을 대상으로 한 코퍼스를 검토한 결과와도 동일하다.

표기상으로는 19세기 후반까지도 여전히 '-스록'이 우세한 가운데 현대국어와 같은 꼴인 '-ㄹ수록' 형태가 간간히 쓰인 것으로 보인다. '-수록'의 용례는 필자의 19세기 코퍼스 중 「천로역뎡」과 언간에서 찾을 수 있었다.

> (43) 믈 우희 진 치는 법을 죠련ᄒᆞ야 슓힐스록 더옥 슓히며 졍홀스록 더옥 졍ᄒᆞ게 ᄒᆞ면 <이언, 3 : 46b>
> (44) ㄱ. 빅셩 즁에 나롤 ᄲᅡ니 시험을 밧을수록 새로워 가ᄂᆞ도다 <천로, 상 : 87a>
> ㄴ. 그런 싱각을 ᄒᆞ올수록 더옥 罪롭기 측량ᄒᆞ야 <추사언간, 25>

18세기에는 거의 전무하다시피한 이 어미가 19세기에 많이 나타난 것은 앞서 의도법의 '-려'가 18세기에 유난히 많은 현상과 대조적이다.

3.5.3 '-다가', '-락'

한 동작·상태에서 다른 동작이나 상태로 전환함을 의미하는 접속어미
로서 그 형태와 용법 모두 현대국어와 대동하다. 이 시기에 '-다가'가 중세
국어에서처럼 '-리-' 뒤에서 '-라가'로 교체되는 현상도 보이지 않는다.

> (45) ㄱ. 슬프다 이 몸이 주것다가 다시 올가 사롬 어더 디신홀가 <염불,
>   31a>
>   ㄴ. 水朴을 담아 억기에 메이고 오다가 이 두 아희더러 曰 이 水朴을
>   너의게 주리라 ㅎ거놀 <신심, 10a>

빈도에 있어서 이 어미는 근대국어 전반에 걸쳐 안정적으로 나타나며,
오늘날에 비해 약 두 배가 높은 평균 254회 정도가 발견됐다.

한편, '-락'의 경우 첩어적인 구성으로 나타나고 끝에 'ㅎ다'를 수반하
는 용법은 중세국어와 동일한데, 특히 시가류에서 두드러진다. 현대국어에
서는 '오르락내리락', '오락가락'에서 거의 흔적으로 남아 있다.

> (46) ㄱ. 太醫 니르되 네 믹이 浮ㅎ락 沈ㅎ락 ㅎ니 冷物을 먹어 傷혼 돗ㅎ
>   다 <노걸(중), 하 : 38b>
>   ㄴ. 비눌이 니러느락 붓트락 ㅎ기롤 디엿 번 혼 후 발기 깃스로 걱구
>   로 집어 <규합, 10a>

3.5.4 '-되'

앞의 말에 이어 계속 설명을 해 나가거나 인용할 때에 쓰이는 어미로
서, 당대 문체적 특징과 맞물려 상당히 활발하게 쓰이는 어미 중의 하나이
다. 중세국어와 마찬가지로 이 어미는 '-오/우-'를 선행하는 꼴로 나타나는

데, 이러한 형태의 대부분은 말하는 행위와 관련이 있는 것이 특징이다.

> (47) ㄱ. 대중이 이 말 듣줍고 흔소뢰로 닐오되 일쳬 즁싱이 다 하탈을 득
>   과댜 원ᄒ니다 <지장, 상 : 3b>
>   ㄴ. 環視者ㅣ 如堵ᄒ야 모다 일오되 我等이 今日을 보기는 實노 元
>   帥의 賜ㅣ라 <소독, 56a>

'-오되' 형태는 후기 근대국어 19세기 코퍼스에서는 대부분 '-ᄋ되'로 나타나는 것을 볼 수 있었다. 필자의 문헌 코퍼스에서 '-되'는 18세기 후기에는 892회가 쓰이고 19세기에는 고작 239회만이 검출된 반면, '-되'는 전기 근대국어에서 18세기 후기에 180여 회였다가 19세기에 793회로 빈도가 급격히 증가하는 것을 볼 수 있었다.

18세기의 코퍼스에서는 17세기나 19세기에 비해 '-오되'의 빈도가 무척 높다. 흥미롭게도 18세기 상당수 문헌에서 '-오되'는 위에서 예로 든 (46)처럼 거의 대부분 말하는 행위와 관련된 동사와 결합하고 그 뒤에 대화 내용이 뒤따르는 형식으로 나타난다. 이러한 유형이 반복되어 나타나기 때문에, 마치 '-오되'가 말하고 듣는 사람의 역할이 바뀜을 나타내는 표지로 보일 만큼 무척 빈번하게 쓰이고 있음이 관찰됐다.

그러나 근대국어 전체적으로 놓고 볼 때, 18세기 후기부터는 대체로 용언의 어간에 바로 '-되'가 붙어 단순한 설명을 나타내는 용례가 부적 증가하고, 19세기에는 일반적으로 말하는 행위를 지칭할 경우에도 '-ᄋ되'의 형태가 더 우세하게 나타나는 특징을 보인다. 빈도상으로도 '-오되' 형태가 18세기 전기에 468회에서 후기로 넘어가면서 53회로 줄고, 19세기에는 고작 15회만이 나타나는 것도 이런 현상을 방증한다.

아래에 '-되'와 '-되'의 용례를 보이도록 한다.

(48) ㄱ. 엄미 업슨 날에 복을 부터 구완ᄒ야 ᄲᅡ혀되 내 엄미 아모디 난는
　　　즐 몰내다 <지장, 상 : 25a>
　　ㄴ. 自主의 權을 保全케 ᄒ기에 잇스되 英王은 오히려 奪코ᄌ 하니
　　　至今에 拒絶치 아니ᄒ면 <소독, 51b>
(49) ㄱ. 손을 놉히 들어 인ᄒ야 白猿拖刀勢룰 ᄒ더 左手룰 ᄂ초고 右手
　　　룰 놉혀 槍을 쓰으러 <무예, 4b>
　　ㄴ. 각각 다 태양이 온전이 나타나디 실노 태양은 ᄒ나 뿐이오 ᄂ호
　　　이지 아니홈과 ᄀᆺᄒ니라 <성백, 26b>

3.5.5 '-듯', '-ᄃᆺ', '-듯이'

비유할 때에나 비슷함을 나타낼 때 쓰이는 어미로서, 현대국어와 대동
소이한 형태와 용법을 보여준다. 중세국어에서는 '-ᄃᆺ'이 우세하고 '-듯'이 흔
치 않은 형태였지만, 후기 근대국어부터는 주로 '-듯'이 활발하게 쓰이고
있다. 이 점은 언간을 검토해 보아도 마찬가지이다.

빈도상으로는 근대국어 각 세기별로 통틀어 오늘날 국어 수준인 40여 개
정도이다. 대략 17, 19세기가 현대국어와 비슷한 70여 개 수준이지만, 18세기
에는 전·후반 각각 28개, 30개로 빈도가 낮다. 앞서 논했던 '-ㄹ스록'처럼 18
세기의 문헌들의 특성상 이 어미가 많이 반영되지 않았을 것으로 생각된다.

한편, '-듯이'는 18세기에 2회, 19세기에 1회 정도로 발견되는 것으로 보아,
'-듯이'가 어느 정도 세력을 확장하는 것은 현대국어 이후의 시기로 추정된다.

(50) ㄱ. 큰형아 禮룰 바드라 네 나히 만흔듯 ᄒ니 엇지 禮룰 바드리오 <노
　　　걸(중), 상 : 58a>
　　ㄴ. 일국이 밋친듯 ᄒ고 노는 사룸이 답ᄲᅢᆺ는지라 <이언, 4 : 23b>

3.5.6 '-며셔', '-면셔', '-면서'

나열의 '-며'에서 비롯된 '-며셔'나 '-면셔'는 동시법의 어미에 속하는 것으로서, 선·후행절의 내용이 거의 비슷한 시기에 일어남을 의미한다. 이 중 '-며셔'는 전기 근대국어에서도 쓰이던 것이었으나, '-면셔'는 18세기 전반에, 그리고 '-면서'는 19세기에 나타나는 것으로 관찰됐다. 아래 (51)은 '-면셔', (52)에서는 '-면서'의 예를 보인다.

> (51) 거즛말ᄒᆞᄂᆞᆫ 놈들로 ᄒᆞ여 노리 ᄒᆞ면셔 거즛 여러 소리로 브르되 <노걸(중), 하 : 51a>
> (52) ㄱ. 가마귀는 까악까악 울면서 수풀에서 나오고 <신심, 6b>
> ㄴ. 영익이가 낙밧ᄒᆞ얏다 ᄒᆞ면서 일변 긔별ᄒᆞ야 원슈을 갑은다 ᄒᆞ얏스니 <김일근, 補49>

전기 근대국어와 비교해 볼 때, 후기 근대국어 당시에도 '-며셔'가 쓰였을 것으로 보이지만, 필자의 용례에서는 (51)과 같이 '-면셔, -면서'만이 발견되었고, 빈도도 2∼10회 밖에는 보이지 않는다. 최근의 국어가 12만 어절당 200회 남짓 하는 것에 비하면 무척 낮은 수치이다. 한편, (52ㄴ)처럼 19세기 후반의 언간 자료에서 '-며셔'나 '-면셔' 꼴은 발견되지 않은 반면, 현대의 '-면서'와 같은 꼴이 발견된 점은 흥미롭다. 이런 이유로 당대에서 '-며셔'와 '-면셔'가 얼마나 활발히 유통되었는가를 결정하기가 쉽지 않다.

3.5.7 '-암즉/엄즉'

가치나 자격을 나타내는 어미로서, 보통 뒤에 'ᄒᆞ다' 용언을 수반하고, '-아/어'와 마찬가지로 'ᄒᆞ다' 뒤에서는 '-엄즉'으로 나타난 바 있다. 빈도는 그리 높지 않으나, 18세기에 집중돼 있고, 19세기에는 보이지 않았다.

(53) 自然 결단ᄒ염즉 호되 그저 뎌 寃家 둘이 쇼쳥ᄒ여 사롬을 식여 情
을 니룬가 <박신, 3 : 5a>

4. 후기 근대국어 접속어미의 양상

후기 근대국어의 접속어미는 형태는 같더라도 그 빈도에 있어서 큰 폭
의 변화를 경험한 것도 있는 반면, 거의 꾸준히 쓰이면서 현대국어로 이어
지는 것들도 있고, 오히려 그 쓰임이 위축돼 보이는 형태들도 보였다. 자
료의 한계가 있기는 하나, 빈도의 측면에서 오늘날의 국어와 비교해 보는
것은 퍽 의미 있는 일이 될 것이다.

우선 본고에서 나눈 시기별 구분에 따라 접속어미의 형태소들을 정리
하면 아래와 같다.

(54) 18세기 후기의 접속어미

의미	형 태	빈도 합계
제약	-니, -ᄂ니, -노니, -ㄹ디니, -ㄹ지니 -면, -ㄹ신, -아/어, -아셔/어셔, -아야/어야	9122
제약	-ㄴ대, -ㄴ디, -건대, -건디, -ㄹ딘대, -ᄂ디 -건댄, -ㄹ딘댄, -관디, -거든/어든, -거눌/어눌, -거늘/어늘 -고셔	9122
불구	-나, -아도/어도, -고도, -거니와/려니와/어니와, -ㄹ만뎡, -ㄹ만졍, -ㄹ디언졍, -ㄹ지언졍, -ㄴ둘, -ㄴ들, -ㄴ마논	579
나열	-고, -며	5664

의미	형 태	빈도 합계
의도	-고져, -고쟈, -과뎌, -과져, -려, -랴, -려고, -랴고, -라	588
미침	-도록	40
비례	-ㄹ스록	6
전환	-다가, [?]-락	361
설명	-되, -오되, -으되	1253
비유	-듯, -둧, -듯이	31
동시	[*]-며셔, -면셔	16
가치	[?]-암즉/엄즉	9

(55) 19세기(후기)의 접속어미

의미	형 태	빈도 합계
제약	-니, [*]-니쩐, -ᄂ니, -노니, -ㄹ지니 -면, [*]-랴면, -ㄹ식, -아/어, -아셔/어셔, -아야/어야 -건대, -건디, -ㄹ진디, -ᄂ디 -관디 -거든/어든, -거늘/어놀, -거늘/어늘 [*]-고셔, [*]-고서	9826
불구	-나, -아도/어도, -고도, -거니와/려니와, [*]-ㄹ만졍, -ㄹ지언졍, -ㄴ둘, -ㄴ들, [*]-ㄴ마는, [*]-ㄴ무눈, [*]-ㄴ만은	499
나열	-고, -며	6344
의도	-고져, -고쟈, -려, -랴, -려고, -랴고, -라, -랴다가	313
미침	-도록	36
비례	-ㄹ스록, -ㄹ수록	17
전환	-다가	244

의미	형 태	빈도 합계
설명	-되, -오되, -ᄋ되	1266
비유	-듯, -ᄃ, -듯이	65
동시	?-며셔, -면셔, -면서	11

※ 표에서 *는 존재했을 것으로 여겨지나 발견하지 못한 형태를, ?는 존재했는지 의심스러운 형태를 뜻함.

먼저 빈도상으로 볼 때에, 위 표에서 무엇보다 두드러진 것은 제약법과 나열법, 설명법의 어미들이 무척 많은 빈도로 나타난다는 점이다. 이는 18세기나 19세기 말까지도 근대국어 문헌에서 장문의 성격이 매우 짙었음을 보여준다. 바꿔 말하면, 근대국어의 장문은 대부분 이들 어미에 의해 접속되는 문장이라고 추정할 수 있다.

그러나 이를 제외한 나머지 의도법, 미침법, 비례법, 전환법, 비유법, 동시법 등의 어미 부류들의 경우, 이것의 세기별 빈도만으로는 후기 근대국어에서 어떤 변천상이 있었는지를 포착하기 어렵다고 할 수 있다.

무엇보다도 이들 어미들은 양태적 의미가 뚜렷하고, 그 목록도 적은 편에 속한다. 전술한 바 있듯이, 의도법 어미 '-고쟈'나 '-려고'가 18세기에는 무척 높은 빈도를 보인다는 점과 그 반대로 비례법의 '-ㄹ스록'이 18세기에 주춤해 보이는 듯한 것은 해당 시기별 자료가 갖는 내용상의 특징으로도 볼 수 있다. 즉, 18세기에는 상대적으로 19세기보다 더 많은 교조적·교훈적 내용을 담고 있기 때문에 상대적으로 의도법의 쓰임이 많은 반면, 19세기 문헌에서는 비유법의 '-듯'이나 전환법의 '-ㄹ스록' 등이 조금이나마 우세하게 나타났을 것이라는 추정이 가능하다는 것이다.

18세기 후반과 19세기 후반에서 보이는 차이는 음운적으로 ㅣ모음 앞 구개음화에 의해 전반적으로 /t/음을 가진 어미들이 /c/로 바뀌는 형태가 단일화되는 양상으로 인해, '-ㄹ딘대' 등이 '-ㄹ진대' 등과 같이 바뀌는 현상들이 두드러진다. 또한, 특별히 의미 변별이 되지 않는 제약법의 다수 어미들의 목록이 줄어들어 전체적으로 간략화되는 경향이 뚜렷하다.

몇몇을 제외하면, 대부분 어미 목록은 큰 변화가 없어 보인다. 전환의 '-락'이나 가치의 '-암즉/엄즉' 등의 어미들이 이미 18세기 말에 화석화된 형태로 남고 어미로서의 기능을 상실한 것으로 판단된다. 그러나 여전히 어미의 목록이 많고 다채로운 것은 19세기 말까지도 접속어미에 의해 연결된 문장의 빈도가 현대국어에 비해 월등히 높음을 시사한다.

한편, 19세기 말에는 의도법의 '-려'가 반드시 'ᄒ-' 동사를 후행하여 나오던 용법이 '-려고'의 쓰임에 따라 'ᄒ-'를 대동하지 않고 나타남으로써 통사적으로 더 단순해지는 양상을 일부 확인할 수 있었다. 그러나 이러한 관찰이 타당한지는 현대국어 시기에서 보다 면밀히 살펴야 할 과제라고 생각된다. 또한, 19세기 말에는 빈도는 낮지만 기존 어미들과의 통합형인 '-랴다가', '-랴면' 등의 어미가 일부 목격되었다. 오늘날에서처럼 다양한 통합형 어미들이 선보이게 되는 것은 적어도 현대국어 시기에 들어선 이후로 보는 것이 좋으리라 생각한다.

5. 결론

간단하게 지금까지 접속어미의 형태적인 측면을 위주로 후기 근대국어 각 세기별 분포와 양상을 간략히 살펴보았다. 언간 문헌 자료를 포함하여 약 60만 어절을 대상으로 어미들을 관찰한 결과는 다음과 같다.

첫째, 주로 근대국어의 문체적 특징이라고 할 수 있는 장문의 형성에 있어서 여전히 '-니', '-아/어' 계열의 제약법 어미들의 빈도가 매우 높았다. 순수하게 빈도만 놓고 보면, 근대국어의 장문은 제약법의 '-니', '-아/

어' 계열과 나열법의 '-고', '-며', 그리고 설명법의 '-되'에 의해 형성돼 있다고 할 만하다.

둘째, 18세기에서 19세기 후반에 이르면서 몇몇 어형들이 소멸하고 표기상으로 단순화된 것을 제외하면, 전반적으로 접속어미가 경험한 변천의 폭은 매우 작다는 것이다.

셋째, 단순히 문장 전후의 계기적 나열이나 인과 관계 정도를 나타내는 어미에 비해 상대적으로 양태적 의미가 강한 의도법, 미침법, 비례법, 전환법, 비유법, 동시법 등의 어미들은 그 어미 목록도 적고 쓰임에 있어서 뚜렷한 변화의 징후를 포착하기 어려웠다.

아울러, 이 논의가 갖는 한계를 밝히면 다음과 같다. 그 첫 번째로 코퍼스의 신뢰성 문제를 들 수 있다. 이상의 논의는 비교적 해당 시기 자료들을 골고루 채록한 코퍼스와 그 검색 결과를 통해 얻어낸 사실들로 기록돼 있다. 언뜻 접속어미들이 문헌의 성격과 크게 관련 없을 것이라고 생각할 수 있지만, 의도법 등의 양태적 의미가 강한 어미들을 설명하는 데 빈도는 큰 도움이 되지 못하였다. 이를 극복하기 위해서 코퍼스를 구축하는 과정에서 문헌 자료의 균질성을 보장하는 것이 중요하지만, 그것은 개별 문헌 자료에 대한 서지학적인 연구까지 아우르기 때문에 필자의 힘이 못 미치는 문제였음을 고백한다. 이런 한계로 인해 후기 근대국어 당시 새로 형성됐을 법한 통합형 접속어미들에 대한 목록이 미비한 점은 본고의 한계이다.

이 서지학적인 문제와 관련하여 거론할 수 있는 두 번째 문제점은, 해당 문헌 자료가 당대의 현실어와 얼마나 가까웠느냐 하는 것과 관련된다. 서론에서도 잠깐 지적했듯이 19세기 말 천주교 관련 종교 문헌들이 과연 당대의 현실어를 충실히 반영하고 있는지는 자못 의심스럽다. 오늘날 교회에서 주로 사용되는 성경의 언어가 오래 전의 것임을 고려해 볼 때, 당시의 천주교 경서들이 보수적으로 기록돼 있을 가능성도 무시할 수 없는 것이다.

이 논문을 작성하면서 필자는 많은 자료 속에서도 오히려 적당한 문헌 자료를 찾지 못하는 아이러니한 상황을 경험하였다. 졸고는 그런 상황 속에서 빈천한 관찰로 작성된 연구였음을 고백하면서, 부족한 점에 대한 보완은 후고를 기약하고자 한다.

참고문헌

고영근. 1997. 「국어형태론연구」 서울대학교 출판부.

고영근. 1997. 「표준중세국어문법론」 개정판. 집문당.

남기심 편. 1994. 「국어 연결어미의 쓰임」 서광학술자료사.

남기심. 2001. 「현대국어 통사론」 태학사.

남기심·고영근. 1993. 「표준국어문법론」 개정판. 탑출판사.

리의도. 1990. 「우리말 이음씨끝의 통시적 연구」 건국대 박사학위논문.

박병채. 1989. 「국어발달사」 세영사.

서태룡. 1998. "접속어미의 형태." 「문법 연구와 자료」 이익섭 선생 회갑기념 논총.

윤평현. 1989. 「국어의 접속어미 연구 - 의미론적 기능을 중심으로」 한신문화사.

이동혁. 2000. "현대국어 연결어미의 형성." 「현대국어의 형성과 변천」 박이정.

이은경. 1995. 「국어의 연결어미 연구」 서울대 박사학위논문.

근대국어 후기의 종결 어미

|김태훈|

1. 서론

종결 어미는 문장의 끝에 결합되어 문장을 종결하는 기능과 문장의 종류를 나타내는 기능, 청자에 대한 화자의 태도를 나타내는 기능을 나타내는 어미이다. 문장 성분의 체계상 종결 어미는 문장 종결의 기능 여부에 따라 비종결 어미와 구분되고, 어간과 결합되는 위치에 따라 선어말 어미와 구분된다.[1] 문장에서 종결 어미를 정확히 분석하기 위해서는 한 문장의 단위를 파악하여 비종결 어미와 구분하고, 어간과 결합된 어미 가운데에서 선어말 어미의 기능을 하는 형태소를 분석해야 할 것이다.

본 연구의 목적은 17~19세기까지의 근대국어 시기 가운데, 후기에 해당하는 18세기 중엽부터 19세기까지의 문헌에 나타나는 종결 어미의 형태

---

[1] 문장을 구성하는 각 성분은 다음과 같은 체계로 볼 수 있다.
문장-구-어휘, 어휘 : 실질 형태소/문법 형태소, 문법 형태소 : 조사/어미, 어미 : 선어말 어미/어말 어미, 어말 어미 : 종결 어미/비종결 어미, 비종결 어미 : 연결 어미/전성 어미

와 기능의 변화를 살펴보려는 것이다. 최근 근대국어에 대한 연구가 이뤄지고 있으나, 중세국어와 현대국어의 차이가 적지 않다는 점과 근대국어 시기에 비교적 많은 변화가 이뤄졌다는 점을 고려할 때 근대국어 시기 가운데 현대국어 시기와 가까운 150여 년 간의 국어 자료를 보다 면밀히 살펴볼 필요가 있는 것이다.

근대국어 후기는 1750~1800년대 말까지로 볼 수 있는데, 1750~1700년대 말까지를 제1기로, 1800~1800년대 말까지를 제2기로 구분한다. 제2기가 100년으로 설정된 것은 1801~1850년까지의 자료가 거의 없다는 점 때문이다.

(1) 근대국어 후기의 시기 구분
제1기 : 1750년대~1799년
제2기 : 1800년~1899년

본 연구는 통합형 한글 자료 처리기(SynKDP)를[2] 이용하여, 21세기 세종 계획에 의해 구축된 역사 자료 말뭉치를 검색하는 방법으로 진행되었다. 종결 어미의 분류 기준이 되는 문장 종결법과 상대 높임법은 현대국어와의 통시적 비교를 위하여 이른바 학교 문법의 체계를 기준으로 하였다. 그리고 필요에 따라 근대국어 전기 문헌이나 중세국어 문헌을 참고하고, 선행 연구에 제시된 근대국어 전기나 중세국어, 현대국어의 자료를 참조하여 근대국어 후기 전후 시기와의 관련성을 살펴볼 것이다.

---

[2] 전주대학교 소강춘 팀에서 개발하였으며, 1.5버전을 이용하였다.

2. 종결 어미의 변화 양상

2.1 평서형 종결 어미

근대국어 후기에 쓰인 평서형 종결 어미는 (2)와 같다.

(2) ㄱ. ᄒ라체 : -다/라, -이, -리, -마
ㄴ. ᄒ소체 : -네, -이다, -노다, -오, -소
ㄷ. ᄒ쇼셔체 : -ᄂ이다

2.1.1 ᄒ라체 종결 어미

종결 어미 '-다'는 15세기로부터 그 쓰임이 크게 달라지지 않았다. '-다'는 이형태 '-라'로 교체되어 쓰였다.3) 종결 형식4) '-는다'는 현재 시제 선어말 어미 'ᄂ'의 'ㆍ' 음가 변화로 인하여 형성된 선어말 어미 '-는-'과 종결 어미 '-다'가 결합된 것으로 근대국어 후기 문헌에서 두 번 발견된다. 현대국어에 쓰이는 종결 어미 '-는다'가 근대국어 후기에 처음 나타난 것으로 보인다.

(3) ㄱ. ᄯ로 날노뼈 셔연의 궁관 아모와 아모의 말을 듯고 이 말을 ᄒ야 저를 막는다 ᄒ야 원망ᄒ고 <명의, 상, 008b>
ㄴ. 먹으라 ᄒ는 거슨 아니 먹는다 ᄒ고 <명성, 030a>

---

3) 이유기(2001 : 86)에서 제시한 17세기 '-다'의 이형태 '-롸'는 제1기와 제2기에 발견되지 않았다.
4) 종결 형식은 '문장 종결 형식'의 줄임말인데, 선어말 어미와 종결 어미의 결합형을 의미하는 것으로 종결 어미와 구별되는 용어이다. '문장 종결 형식'이라는 용어는 임홍빈·장소원(1995)에서 사용되었다.(이유기 2001 : 13~14 참조)

　　근대국어 시기에 새로 등장하는 것은 아니지만, 기존 연구에서 근대국
어 종결 어미로 설정하지 않았던 '-이'를 종결 어미로 분석할 가능성을 검
토해 보기로 하자. 종결 어미 '-이'는 고영근(1981 : 8-9)에서 분석 가능성이
언급된 뒤 허웅(1989), 서태룡(1996), 장윤희(1997), 이유기(2001)에서 다루
어졌다.

　　종결 어미 '-이'는 어간에 직접 결합하여 쓰이는 단독형과 선어말 어미
와 결합하여 쓰이는 선어말 어미 결합형으로 나눌 수 있는데, 단독형은 현
대국어에서 형용사 어간에 '-이'라는 형태를 유지하여 결합되어 쓰이고 있
다.5) 그러나, 중세국어와 근대국어에서는 종결 어미가 단독으로 쓰이는
예가 많이 발견되지 않는다. 허웅(1989 : 179-180)에서는 15세기 종결 어미
와 16세기 종결 어미의 차이점으로 높임과 낮춤의 중간에 들 수 있는 '반
말'이 발달하는 것을 특색으로 들고, 새로운 종결 어미 '-의'가6) 분석될 수
있다고 하였다. 허웅(1989 : 143-144)에서는 1571년부터 1603년 사이의 편
지와 1570년 경 자료로 추정되는 순천 김 씨 묘 출토 간찰에서 발견되는
예를 제시하였다.

　　(4) ㄱ. 나도 이버닉 가려 ᄒ다가 ᄆ죵 쳔쳔터 아녀 몯개 <편지, 4>
　　　　ㄴ. 양이 얼운답디 아니힉 <김씨 편지, 6>
　　　　ㄷ. 나는 쪼 ᄃᆞ니올(?) 이론 어히 업신 <김씨 편지, 51>

---

5) 다음의 예는 『표준국어대사전』에 제시된 종결 어미 '-이'의 예이다.
　　예) 자네 솜씨가 정말 대단하이. / 요사이 날씨가 꽤 차이. / 이 늙은 가슴이 미
　　　어지는 듯 아프이. / 용하이, 정말 좋은 생각을 했네. / 이 방은 너무 좁으
　　　이. / 자네 말이 옳으이. / 그런 짓은 이제 싫으이. / 과연 좋으이.
6) 종결 어미 '-이'는 허웅(1989)에서 제시한 '-의'와 같은 것으로, 모음 뒤에서는 '-이'로
　　쓰이지만 자음 뒤에서는 매개 모음 '-으-'가 쓰였기 때문에 허웅(1989)에서 '-의'로
　　제시하였다. 근대국어 후기 자료에서는 매개 모음이 쓰인 예가 발견되지 않았으
　　므로 '-이'로 표시하였다. 매개 모음을 고려하여 형태를 표시한다면, '-의'보다
　　는 '-으이'나 '-(으)이'가 더 적절할 것으로 생각된다.

ㄹ. 나는 너일사 갈가 시브 <김씨 편지, 118>

이유기(2001 : 137)에서는 어간에 바로 결합된 '-이'가 17세기 자료에서 많이 확인되지 않는 점을 지적하고, (5)를 제시하였다. 16~17세기에 발견되는 예가 모두 편지글이라는 점에서 종결 어미 '-이'는 구어에서 쓰이던 종결 어미였음을 짐작할 수 있다. 종결 어미 '-이'는 현대국어에서도 주로 구어에서 쓰인다.

(5) ㄱ. 가문이 대되 블힝ᄒᆞ니 제 집 ᄲᅮᆫ일가 인는 ᄃᆡ 이리 머러 긔별도 이 후ᄂᆞᆫ 드롤 길히 업ᄉᆞ니 지극 섭섭히 이만 <李朝親筆諺簡, 137> (이유기 2001 : 137)
ㄴ. 셔울은 일본 쇼식이 극히 블길ᄒᆞ니 소요훈가 시브니 자내도 게 잇다가 즐리면 이내 소글 거시니 쉽사리 출혀 와야 올흘가 시브 사롬 갈식 잠 덕니 <李朝親筆諺簡 : 補5>(이유기 2001 : 137)

제1기 자료에서는 어간에 결합된 종결 어미 '-이'를 발견할 수 없었고, 제2기 자료에서 1회 발견되었다. (6)에서 문맥상 '아니이'를 '아니니'로 해석하여, '-이'를 연결 어미 '-니'로 해석할 가능성도 있으나, '아니다'로 해석할 가능성도 있어서 종결 어미로 해석하였다. 「조군영적지」는 편지글이 아니어서 구어체 종결 어미가 쓰이기 어렵다는 점 때문에 종결 어미가 아닐 가능성도 있으나, 구어체에서 주로 쓰이던 종결 어미가 문어에 표기된 것으로 볼 수 있다고 판단된다. 종결 어미로 보는 것이 옳다면 종결 어미 '-이'가 현대국어에서 쓰이는 형태로 처음 나타난 것으로 보인다. 종결 어미 '-이'는 구어체에서 주로 쓰이던 종결 어미이기 때문에 문어 자료에서는 발견되기 어려워서 근대국어 후기 자료에서 거의 발견되지 않은 것으로 보인다.

(6) 시웅에 말어든 거시 원리 복이 아니의 강북이 엇지 강남에 세 나흐랴
  뜻과 갓지 못혼 일은 항샹 팔구요 가히 남다려 헐 말은 두셋도 업스
  리라 <조군, 033a>

선어말 어미 결합형은 기존 연구에서 종결 어미로 보았던 '-스외', '-외',
'-니'에서 분석된다.7) 먼저 '-스외'를 살펴보자. 염광호(1998 : 187)에서는
17세기 종결 어미로 '-외'를 분석하고, '-외'는 독자적으로 쓰이거나 감탄
토 '스'와 어울려 쓰인 것으로 설명하고 있다. 또, 염광호(1998 : 237)에서는
18세기 종결 어미 '-스외'를 설정하고, 감탄토 '소'의 변종인 '스'가 종결
어미 '-외'에 결합되어 형성된 것으로 보았다.

(7) ㄱ. 더옥 더옥 아름답스외 <첩해 1, 14>(염광호, 1998 : 187)
  ㄴ. 올스외 <첩해 5, 13>(염광호, 1998 : 187)
  ㄷ. 어와 어와 ᄀ장 됴쓰외 <첩해 9, 1>(염광호, 1998 : 187)
  ㄹ. 無事히 묻ᄌ오니 됻스외 <중간첩해신어 4, 8>(염광호, 1998 : 237)
  ㅁ. 御禮 술올양도 업스외 <중간첩해신어 7, 4>(염광호, 1998 : 237)

그런데, (7ㄹ)에서 '됻스외'를 단순히 '-스외'라는 종결 어미가 결합된
것으로 분석할 경우, '묻ᄌ오니'에 '-ᄌ오-'가 들어 있기 때문에 존대법 상
어색하게 된다. 그래서, 염광호(1998 : 237)에서는 "제한된 용례지만 '묻ᄌ오
니' 또는 '御禮' 등 존대 표현의 단어와 조응되어 쓰인 점이 특히 주목된
다"고 지적하였다. 이 점은 '-스외'에서 선어말 어미 {-ᅀᆞᆸ-}의 이형태 '-스오-'와
종결 어미 '-이'를 분석함으로써 설명이 가능하다. 종결 어미 '-이'에는 존
칭의 의미가 없기 때문에 선어말 어미 '-스오-'를 사용하여 존칭의 의미를

---

7) 이유기(2001 : 40)에서는 17세기 ᄒᆞ소체 종결 어미로 '-이'를 설정하고, 선어말 어
  미와 결합된 형태로 평서법 '-니, -데, -게, -스외/외', 약속법 '-옴새', 청유법 '-옵
  새'를 제시했다.

전달하는 것이다. 따라서, '-스외'를 종결 어미로 분석하기보다는 종결 어미 '-이'로 분석하는 것이 보다 설명력이 있는 것으로 생각된다.

　이러한 분석은 근대국어 시기에 사용된 선어말 어미 '-스오-'를 일관성 있게 분석할 수 있어서 선어말 어미에 대해 일관된 설명을 할 수 있게 된다는 장점도 있다. 또, 종결 어미를 '-스외'로 분석하게 되면, 제2기 이후에 거의 발견되지 않아서 근대국어 이후 종결 어미 '-스외'가 사라지는 것으로 보게 된다. 하지만, '-스외'를 종결 어미로 보지 않고, 선어말 어미 '-스오-'와 종결 어미 '-이'의 결합으로 보게 되면, 중세국어부터[8] 쓰인 종결 어미가 근대국어에도 사용되다가 현대국어에까지 이어온 것으로 설명할 수 있게 된다는 장점이 있다. '-스외'는 근대국어 전기 자료인 「개수 첩해신어」에서 13회 발견되고, 제1기 자료에서는 「인어대방」에서 다수 발견되는데, 73회 발견된다. 제2기 자료에서는 '-스외'가 발견되지 않는다.

(8) ㄱ. 〔客〕御念比ᄒᆞ 御使＊ᆸ도쇠 어와 옵시니 아ᄅᆞᆷ답스외 <개첩, 1,002b>
(9) ㄱ. 진심 악상 눗치 올라 딕면ᄒᆞ기 놀납스외 <보권, 044a>
　　ㄴ. 그런 긴치 아닌 일ᄭᅡ지 枚擧ᄒᆞ려 ᄒᆞ다가는 견딀 낄이 업스외 <인어, 1,013a>

　종결 어미 '-이'는 기존 연구에서 종결 어미로 분석하기도 하는 종결 형식 '-외'에서도 분석된다. '-외'는 허웅(1989 : 146)에서 16세기에 새로 나타나는 것으로 제시되었고, 인칭법 선어말 어미 '-오-'와 종결 어미 '-의'가

---

8) 장윤희(1997)에서는 중세국어 문장 끝에 사용된 '-니', '-리'에서 종결 어미 '-이'를 분석하였다. 선어말 어미와 종결 어미 '-이'가 결합한 형태로 15세기 자료에서 '-니(니+이), -리(리+이), -뇌(ᄂᆞ+오+이)'가 제시되었고, 16세기 자료에서 '-리(리+이), -뇌(ᄂᆞ+오+이), -닉(ᄂᆞ+이), -뇌(오+이), -데(더+이), -왜(아+이), -에(어+이), -예(어+이), -게(거+이), -도쇠(돗+이), -로쇠(롯+이), -을쇠(롯+이), -새(사+이)'가 제시되었다.

결합된 것으로 분석하여 반말로 보았다. 그리고 염광호(1998 : 187)에서는 17세기에 발견되는 '-외'를 제시하고 대등의 종결 어미로 보았다. '-외'를 종결 어미로 분석할 경우, '-외'에는 공손의 의미가 없는 것으로 생각되는 데, (10ㄱ)을 보면 '-습-'과 '말숨'을 쓰고 있는 상황이다. 따라서 종결 형식 '-외'는 선어말 어미 '-습-'의 이형태 '-오-'와 종결 어미 '-이'가 결합된 것으로 보는 것이 타당하다. '-습-'의 이형태 '-오-'는 16세기부터 발견되기 때문에 16세기에는 '-습-'의 이형태 '-오-'와 인칭법 선어말 어미 '-오-'가 공존하였다. 16세기에 사용된 '-외'에 어느 선어말 어미가 결합된 것인지에 대해서는 좀더 연구가 필요하다. 최소한 근대국어에는 인칭법 선어말 어미가 사용되지 않으므로 근대국어의 '-외'는 '-습-'의 이형태 '-오-'와 종결 어미 '-이'로 분석된다. '-외'는 제1기에 발견되지만, 제2기에는 발견되지 않는다.

(10) ㄱ. 나는 소임으로 왓숩거니와 처음이옵고 또는 싱소혼 거시오니 各各 답답이 너기실가 氣迫ㅎ오니 萬事의 두로 쓰리시믈 미들 쏘름이옵도쇠 인스댱의 말숨이어니와 말숨겻치 들엄즉ㅎ외 <첩해 1, 4>(염광호 1998 : 187)

ㄴ. 正官을 반가이 보올가 녀겻숩더니 병드러 몯 난다ㅎ니 ᄀ장 섭섭ㅎ외 <첩해 2, 2>(염광호 1998 : 187)

(11) ㄱ. 一杯薄酒롤 勸ㅎ옵더니 너모 과도이 인스 ㅎ옵시니 도로혀 慘愧ㅎ외 <인어, 1,009b>

ㄴ. 비록 졔가 교만혼 말을 홀지라도 부터 노호여 마옵쇼셔 (중략) 네 부터 貞烈혼 계집은 만치 아닌가 시보외 <인어, 1,019a>

이유기(2001 : 142-143)에서는 '-ㅅ외'와 '-외'가 음운적 조건에 따라 교체되어 쓰인 것으로 보고, 종결 어미 '-이'가 결합된 것으로 보았다. 그런데, (12)와 같은 예를 제시하고, '-외/ㅅ외'가 공시적으로 분석하기 어려울 정도로 융합한 종결 형식이라고 설명하였다. '계시-'는 본래 {-습-}과 통합하지 않는 동사인데, {-습-}을 포함하고 있는 '-ᄉ외/외'가 '계시-'와 결합할 수 있게 된 것은 종결 형식인 '-외'가 종결 어미로 굳어지는 과정에 있기 때문이라고 해석한 것이다. 그러나 '계시-'와 '-외'가 결합된 원인을 '-외'가 종결 어미로 굳어진 것으로 설명하기보다는 선어말 어미 '-오-'의 기능 변화로 보는 것이 타당할 것이다. (13)은 같은 문헌에서 '계시-'와 '-오-'가 결합된 예이다.

(12) 어와 어와 어히업시 아라 계시외 <첩해, 4,23a>(이유기 2001 : 142)
(13) ㄱ. 싱각ᄒ야 禮ᄒᆞᆯ 제 술오려 ᄒᆞᄂᆡ 쟝쉬 돈돈이 분부ᄒ야 계시오니 젓ᄊᆞ오나 범남을 술왓더니 <첩해, 7, 8b>
   ㄴ. 이번은 우리 差備官으로 ᄂᆞ려오시매 오래건만의 이리 뵈오니 든든ᄒᆞ외 우리 所幹事ᄂᆞᆫ 東萊府의셔 볼셔 狀聞ᄒᆞ여 계시오되 至今 黑白을 모로오니 이런 답답ᄒᆞᆫ 일은 업ᄉᆞ외 <인어, 10,016b>

'-ᄂᆡ' 역시 16세기에도 쓰였던 종결 형식으로 선어말 어미 '-ᄂ-'와 종결 어미 '-이'가 결합된 것이다. '-ᄂᆡ'는 제1기에 발견되지만, 제2기에서는 발견되지 않는다.

(14) ㄱ. 分別허물 아니될가 言語道 ᄭᆞᆫ이인ᄃᆡ 戲論허물 절노 되ᄂᆡ <존설, 참선곡, 002a>
   ㄴ. 風雨가 暴至ᄒᆞ오매 들어올 셰업ᄉᆞ와 不得已 失約을 ᄒᆞ엳ᄉᆞ오니 애둘니 너기옵ᄂᆡ <인어, 3, 015b>

그런데, 제1기에 종결 어미로 쓰인 '-ᄂᆡ'가 발견된다. (15)에 쓰인 '-ᄂᆡ'는 선어말 어미 '-ᄂ-'와 종결 어미 '-이'로 분석될 수 없다. 왜냐하면, 과거 시제 선어말 어미 '-엇-'이나, 형용사 '업-'과 결합되었기 때문이다. 제2

기에는 '-네'로 쓰인 예가 발견되는데, 제1기와 제2기 사이에 '-니'에서 '-네'
로 교체가 완성된 것으로 보인다. 제2기에 발견된 '-네'는 종결 어미로 분
석된다. '-니'는 'ᄒ라체'로 쓰였지만, 종결 어미 '-네'는 'ᄒ라체'보다 높은
'ᄒ소체'로 생각된다.

> (15) ㄱ. 종시 아니 오시기의 하 답답ᄒ여 이리 드러왓습니 <인어, 1,004a>
> ㄴ. 악형 귀신 되야 나셔 농혈 흉상 남 보히며 샹징 샹살 그디 업니
> <존설, 005b>
> (16) 거룩ᄒ다 진츙형을 통곡홀 것 전혀 업네 <천로, 하, 117a>

종결 어미 '-이'의 상대 높임 등급에 대해서는 크게 나누어 'ᄒ라체'로
보는 견해와 'ᄒ라체'보다는 조금 높은 등급을 나타낸다고 보는 견해로 나
뉜다. 허웅(1989)과 서태룡(1996)에서는 16세기에 'ᄒ라체'로 보았고, 장윤
희(1997)에서는 상대 높임 형태소 '-이-'와 문장 종결 형태소 '-이'가 화합
한 것으로 보고, 15세기와 16세기에 'ᄒ쇼셔체'와 'ᄒ라체'의 중간 정도의
상대 높임 등급인 'ᄒ야쎠체'로 보았다. 이유기(2001)에서는 'ᄒ소체'로 보
았는데, 'ᄒ소체'는 'ᄒ라체-ᄒ소체-ᄒᆞ소체-ᄒ쇼셔체'의 4분지 체계에 속
하는 것으로 대체로 장윤희(1997)과 같은 견해라고 할 수 있다. 근대국어
후기의 종결 어미 '-이'는 높임 선어말 어미와 주로 결합되어 쓰이는 것으
로 볼 때, 'ᄒ라체'로 판단된다.

'-리'는 중세국어부터 쓰였는데, 제1기와 제2기에 발견되고, 현대국어
에도 쓰이고 있다.

> (17) ㄱ. 건국 관피는 녯적 부인의 관과 오시리 <가체, 007b>
> ㄴ. 賢弟는 어진 사롬임으로 반두시 잘 되기롤 므슴 니롤 곳이 이시
> 리 <첩몽, 1,019a>
> ㄷ. 임의 그롣된 後는 破器相准ᄒ기곧ᄒ여 거즐 거시 되오리 <인어,

3,022b>

　ㄹ. 巧者는 拙之奴ㅣ라 ᄒᆞ니 너모 공교로오면 일 아는 사름은 도로
　　혀 野俗히 너기오리 <인어, 8,017b>

　ㅁ. 그 사름쳐로 열업시 잡ᄉᆞ셜 만ᄒᆞ다가난 힝혀 妄發이 나오리 <인
　　어, 10,014b>

　ㅂ. 마음 가지기을 이 갓치 ᄒᆞ면 텬디가 ᄒᆞ가지 깃거ᄒᆞ시리 <삼성,
　　교유문, 002b>

'-마'는 현대국어에서도 쓰이는 종결 어미로, '약속형'으로 분류되기도
한다.

(18)　ㄱ. 쟉도룰 비러오라 이러면 내 빌라 가마 <노걸(중), 상, 017a>

　　ㄴ. 져긔 ᄒᆞᆫ 벗이 나를 기ᄃᆞ리니 내 도라올 제 네 집의 들러마 너를
　　　기ᄃᆞ리마 <첩몽, 4,012b>

　　ㄷ. 다 피ᄒᆞ지라 셩뎨ᄭᅴ셔 ᄌᆞ원ᄒᆞ셔 공을 셰우마 ᄒᆞ시고 <명셩,
　　　018a>

　　ㄹ. 만일 ᄒᆞ눌이 명을 조ᄎᆞ면 나ㅣ 곳 밋으마 ᄒᆞ니라 <셩직, 3,062b>

2.1.2 ᄒᆞ소체 종결 어미

종결 어미 '-이다'는 종결 형식 '-ᄂᆡ다', '-ᄂᆈ다', '-외다'에서 분석된다.
종결 어미 '-이다'는 선어말 어미 '-이-'와 종결 어미 '-다'의 결합형인 '-이
다'에서 'ㅇ'의 탈락으로 나타나는 종결 형식 '-이다'와 구별된다. 왜냐하
면, 종결 어미 '-이'에 종결 어미 '-다'가 결합되어 형성된 종결 어미이기
때문이다. '-ᄂᆡ다, -ᄂᆈ다, -외다'는 '-ᄂᆡ, -ᄂᆈ, -외, -쇠'보다 나중에 나타나는
형태이기 때문에 종결 어미 '-이'에 종결 어미 '-다'가 결합되어 새로운 종
결 어미 '-이다'가 형성된 것으로 보는 것이 타당할 것이다.

종결 어미 '-이'에 종결 어미 '-다'가 다시 결합된 이유는 중세국어 이

중 모음의 단모음화로 인하여, 종결 어미 '-이'가 인식되지 않았기 때문이다. 단모음화로 종결 어미 '-이'가 따로 발음되지 않게 되어 종결 어미에서 '-이'가 종결 어미로 잘 인식되지 않게 되었고, 종결 어미 '-다'를 결합하여 종결 어미임을 더 확실히 표현하게 된 것으로 보인다.

'-니다'를 보면, 18세기 전기까지는 발견되지 않다가 제1기부터 발견된다. 근대국어 전기에 '이[ʌj]'는 하향 이중 모음이었으나, '-의'가 'ᄋ'의 변화와 함께 '의'와 '애'에 합류하고 18세기 후반에 하향 이중 모음 '에, 애' 등이 단모음화 하였다(전광현, 1997 : 39). '-니'가 이중 모음으로 발음될 때에는 '-ᄂ-'와 '-이'가 따로 발음되기 때문에 종결 어미 '-이'를 인식할 수 있었으나, '-니'의 발음이 변화함에 따라 '-니'에서 '-이'라는 발음이 나타나지 않게 되었다. '-니'에서 '-이'가 발음되지 않아서, 종결 어미 '-이'를 인식하기 어렵게 되자, '-니'에 종결 어미 '-다'를 결합하여 '-니다'를 사용하게 된 것이다. 제1기의 '-니다'는 선어말 어미 '-ᄂ-'와 종결 어미 '-이'와 '-다'로 분석된다.

> (19) ㄱ. 일체 즁싱이 다 하탈을 득과댜 원ᄒ닉다 <지장, 상, 003b>
>
> ㄴ. 비록 안니 여러날이라도 아모 고대 간디 모로닉다 <지장, 상, 013a>
>
> ㄷ. 내 부톄님 말슘을 약간 써 내야 알게 ᄒ고 극낙세계로 ᄒᆞᆫ가지로 가게 지극 권ᄒ닉다 <보권, 004b>

제2기에서 '-니다'는 '이'의 단모음화와 선어말 어미 '-ᄂ-'의 기능 약화의[9] 영향으로 점차 종결 어미로 인식된 것으로 보인다. '-니다'는 「신정

---

9) 선어말 어미 '-ᄂ-'의 기능 약화는 근대국어 전기에 이미 나타나고 있다. 이유기 (2001 : 138)에서도 17세기 자료에서 상태 동사에 '-ᄂ-'가 결합된 경우가 많이 관찰된다고 지적하였다. 다음 예문을 보면, 형용사 '없-'과 '-ᄂ-'가 결합되고 있는데, 형용사와 선어말 어미 '-ᄂ-'는 결합될 수 없기 때문에 선어말 어미 '-ᄂ-'를

심상소학」에서만 확인되는데, (20)을 보면, 형용사와 결합되거나 과거 시제 선어말 어미 '-엇-'과 결합되고 있다.[10] 「신정심상소학」에서 확인되는 '-니다'는 어간에 직접 결합되지 않고, '-습니다, -읍니다, -옵니다'로 쓰이고 있어서 종결 어미로 분석될 수 있다. (21ㄴ)과 (21ㄷ)을 보면, 매개 모음 '-으-'가 결합되었는데 선어말 어미 '-습-, -읍-, -옵-'은 매개 모음 '-으-'를 결합시키지 않고, 결합 환경에 따라 선택적으로 사용되었기 때문에 선어말 어미의 기능을 잃은 것으로 볼 수 있다. '-습니다'와 '-읍니다, -옵니다'는 결합 환경에 따라 상보적 분포를 가지고, '-읍니다'와 '-옵니다'는 '·'의 음가가 흔들림에 따라 수의적으로 선택된 것으로 보인다. (22)를 보면 '읍'과 '옵'이 'ㅂ'으로 대표되고 있어서 '-습네다'와 '-ㅂ네다'가 상보적 분포를 이루는 것으로 보인다. (22)에서는 '-니다'가 '-네다'로 쓰이고 있는데, 제2기에 '-니다'를 점차 종결 어미로 인식하게 된 결과로 보인다.

(20) ㄱ. 故로 스룸이 비홀만혼 算術과 讀書와 習字룰 專心으로 工夫ᄒ면
　　　　得力ᄒ야 道通치 못홀 일이 업습니다 <신심, 014a>

　　ㄴ. 時針이 II롤 指點혼 則 두시오 III을 指點ᄒ면 셰시가 된 거시라
　　　　갈으쳣습니다 <신심, 026a>

(21) ㄱ. 魚類롤 짜서 믄든 것과 또 石油가 잇습니다 <신심, 08a>

　　ㄴ. 또 닉 힘을 혜아려 남을 救濟홈을 仁이라 일으옵니다 <신심, 09a>

　　ㄷ. 이 아리 쁜 軍歌롤 큰 소리로 불으옵니다 <신심, 018b>

(22) 어토명목
　　　과거 ᄒ엿숨네다 ᄒ엿쇼 ᄒ엿다

분석할 수 없고, 종결 어미 '-ᄂ이다'로 분석된다.
　　예) 뎨 네 父母의게 順티 아니ᄒ냐 내 父母* 업ᄂ이다 <오전, 5,016a>
　　　아롬다오미 그지업ᄂ이다 <개첩, 8,039a>
10) '-니다'가 종결 어미로 쓰인 예는 제1기 자료에서도 확인된다.
　　예) 보권믄판을 새로 색겨 합쳔 희닌ᄉ의 대장경각의 유치ᄒ엿숨니다 <보권,
　　　051a>

미리 ᄒᆞ겟슴네다 ᄒᆞ겟쇼 ᄒᆞ겟다
현지 홈네다 ᄒᆞ오 혼다 <국문, 009b>

한편, 18세기 전기에는 '-늬'와 '-늬이다'가 쓰였는데, '-늬'를 선어말
어미 '-ᄂᆞ-'와 종결 어미 '-이'로 분석하는 것과 비교하여, '-늬이다'를 어
떻게 분석해야 하는지에 대해 지적할 필요가 있겠다. '-늬'와 '-늬이다'는「개
수 첩해신어」에서만 발견되는데, 선어말 어미와의 결합 관계, 출현 횟수를
정리하면 (23)과 같다.

<blockquote>
(23) ㄱ. 어간 + 늬이다   16회

ㄴ. 어간 + {-숩-} + 늬이다   7회

ㄷ. 어간 + {-숩-} + 늬   77회

ㄹ. 어간 + {-숩-} + '-시-' + 늬   2회

ㅁ. 어간 + 늬   1회
</blockquote>

'-늬이다'가「개수 첩해신어」에서 많이 발견되는 것은 초간본의 영향으로
보인다. (24ㄴ)은 유일하게 어간과 직접 결합된 '-늬'의 예이다. (25)를 보면,
「첩해신어」의 '-ᄂᆞᆼ이다'가「개수 첩해신어」의 '-늬이다'와 대응하고 있고,
(26)과 (27)을 보면, '-ᄂᆞ이다'와 '-늬이다'가 대응하고 있다. 따라서,「개수 첩해
신어」에서 발견되는 '-늬이다'는 종결 어미 '-이'와 관련이 없고, 선어말 어
미 '-ᄂᆞ-'의 이형태 '-늬-', 선어말 어미 '-이-', 종결 어미 '-다'가 결합된 것으
로 분석된다. (30)은 제1기에 1회 발견된 '-늬이다'의 예이다.「개수첩해신어」
에 쓰인 '-늬이다'와 같은 것으로 보인다. '-늬이다'는 제2기에 발견되지 않
았다.

(24) ㄱ. 자네 일홈은 무어신고 싱각ᄒᆞ야 禮홀 제 술오려 ᄒᆞᄂᆡ <첩해, 7,
8b>

ㄴ. 자니 일홈은 무어시라 니르는고 싱각ᄒ여 禮홀 제 술오려 ᄒ니
<개첩, 7, 012a>

(25) ㄱ. 비들토 도로 시과댜 問安ᄒ시덩이다 예까지 使者* 감격키 너기뇸
이다 <첩해, 5, 18a>

ㄴ. 비들도 도로시과쟈 問安ᄒ시더이다 [主] 예ᄭᅵ지 使로쎠 무르시니
감격히 너기니이다 <개첩, 5, 026a>

(26) ㄱ. 이 盞을 보쇼셔 하 젓소이 너기ᄋᆞ와 다 먹습ᄂᆞ이다 <첩해, 2, 7b>

ㄴ. 이 盞을 보쇼셔 하 젼소이 너기오와 다 먹습니이다 <개첩, 2,010b>

(27) ㄱ. 엇디 남기링잇가 본더 먹디 못ᄒᆞᆸ것마는 다 먹습ᄂᆞ이다 <첩해,
3, 6a>

ㄴ. 엇디 남기리잇가 본더 몯ᄒᆞᆸ것마는 다 먹습니이다 <개첩,
3,008a>

(28) ㄱ. 三使 아희돌의 웃옷슬 ᄒ여 니피려 ᄒ오니 그리 아르시게 잘 쥬
션ᄒ시소 <첩해, 5, 24a>

ㄴ. 三使 小童의게 욷온슬 ᄒ여 닙피려 ᄒ오니 그리 아ᄅ시게 잘 쥬
션ᄒ심을 밋습니 <개첩, 5,035b>

(29) ㄱ. 져기 아라 듯ᄌᆞ올쏜가 ᄀᆞ장 츰히 通ᄒ옵시니 <첩해, 1, 19b>

ㄴ. [主] (중략) 져기 아라 듣ᄌᆞ올쏜가 [客] ᄀᆞ장 잘 通ᄒ옵시니 <개
첩, 1,029a>

(30) 이싱애 힉온 공덕은 후싱애 슈ᄒᄂᆞ니 디옥 션악 보응과 보ᄉᆞ는 다 이
롤 체 업ᄉᆞ와 대강만 술소와 젼ᄒ니이다 <보권, 033a>

'-뇌다'는 선어말 어미 '-ᄂᆞ-'와 선어말 어미 '-오', 종결 어미 '-이'가
결합된 종결 형식 '-뇌'에 '-다'가 결합되어 형성된 것으로 보인다. '-뇌'에
'-다'가 결합된 원인도 '외'의 음가 변화에 의한 것으로 보인다. 중세국어
에서 하향 이중 모음인 '외[oj]'는 현대국어에 와서 단모음 [ö]와 이중 모
음 [we]로 분화되었는데, '외'의 음가 변화로 인하여 종결 어미 '-이'를 인
식할 수 없게 되어 종결 어미 '-다'를 결합한 것이다. '-뇌'와 '-뇌다'는 모
두 16세기 자료에 나타나지만, 자료의 연대가 모두 명확하지 않고, 추정

연대도 16세기 말이라는 점에서 '외'의 음가 변화를 원인으로 볼 수 있을 것이다. '-뇌'는 근대국어 후기 자료에서 발견되지 않고, '-뇌다'도 제1기 자료인 「지장경언해」와 「염불보권문」에서만 확인된다. 「지장경언해」에서 6회, 「염불보권문」에서 7회 발견되었다. 이유기(2001 : 139)에서는 17세기 전기 자료인 「현풍곽씨언간」에 '-뇌'의 예가 많이 나타난다는 사실을 지적하였다. 그러나 다른 문헌에서는 '-뇌'가 쓰일 환경에서도 '-니'가 나타나는 사실을 근거로 17세기에는 '-오-'의 기능 상실에 따라 '-노이다'와 '-ᄂᆞ이다'의 대립이 소멸하여, '-뇌'가 '-니' 쪽에 합류하기 시작하였다고 보았다. 17세기 중기 이후로 '-뇌'가 쓰이지 않은 점과 근대국어 전기에 선어말 어미 '-ᄂᆞ-'의 기능 약화가 나타나는 점을 고려한다면, 근대국어 후기의 '-뇌다'를 종결 어미로 볼 수도 있을 것이다.

(31) ㄱ. 先師ㅣ 날 爲ᄒᆞ야 說破티 아니샤몰 重히 너기뇌다 ᄒᆞ시니 <선가, 62-3>(허웅 1989 : 360)

ㄴ. 익 이제 잠깐 와 서르 알외뇌다 ᄒᆞ야눌 <권념, 28b>(이유기 2001 : 139)

(32) ㄱ. 마야부인이 보살끠 다시 ᄉᆞ로샤디 아딕 염부 죄보로 감ᄒᆞᆫ 악취을 듣고져 원ᄒᆞ뇌다 <지장, 상, 017b>

ㄴ. 념불 동참ᄒᆞ야 셔방극낙셰계 가게 권ᄒᆞ뇌다 <보권, 020a>

'-외다'와 '-ᄉᆞ외다'는 선어말 어미 '-ᅀᆞᆸ-'의 이형태인 '-오-', '-ᄉᆞ오-'와 종결 어미 '-이'가 결합된 '-외', '-ᄉᆞ외'에 종결 어미 '-다'가 결합되어 형성된 것이다. '-외', '-ᄉᆞ외'에 '-다'가 결합된 이유는 '-뇌다'와 마찬가지이다.

(33) ㄱ. 이 옥시 원간시급ᄒᆞᆫ 일이 아니오니 뎡국이 과듕ᄒᆞ외다 ᄒᆞ고 <천의, 1,062a>

ㄴ. 태딩은 곳 신의 외삼촌이오 티운은 ᄌᆞ쇼로 친밀ᄒᆞ외다 <천의,

4,067b>

ㄷ. 신도 엇지ᄒᆞ야 편지ᄒᆞᆫ 줄을 아지 못ᄒᆞ오니 일만번 죽어도 앗갑지 아니ᄒᆞ<u>외다</u> <명의, 2,018b>

ㄹ. 방셩대곡ᄒᆞ던 사롬이 네가 아니냐 딕답ᄒᆞᄃᆡ 그러ᄒᆞ<u>외다</u> <천로, 상, 016a>

ㅁ. 그 시름들이 위퇴ᄒᆞᆫ 곳에 잇스니 그ᄃᆡ가 ᄀᆞᄅᆞ쳐 주는 거시 올을 ᄯᅳᆺ ᄒᆞ<u>외다</u> <천로, 상, 056b>

'-노다'는 제1기에 발견되지만, 제2기 이후에 발견되지 않아서 임시로 사용된 것으로 보인다. 15세기부터 '-ᄂᆞ-'와 '-오-', '-다'가 결합되면, '-노다' 가 아니라 '-노라'로 쓰였다. '-다' 앞에 선어말 어미 '-이-'가 결합된 경우에 는 '-노이다'와 같이 쓰였다. 그런데, 근대국어 시기에도 '-노라'가 많이 쓰 이고 있기 때문에 '-다'가 '-라'로 변하지 않고 쓰인 것은 '-노다'에서 선어 말 어미 '-ᄂᆞ-'와 '-오-'를 분석할 수 없음을 의미한다. 따라서 '-노다'는 종 결 어미로 처리하는 것이 타당하겠다. 한편, 15세기부터 쓰인 종결 형식 '-노 라'는 근대국어에도 쓰이고 있으며, 현대국어까지 이어져 쓰이고 있다.

(34) ㄱ. 이제 악취예 이셔 지극 슈고ᄒᆞ<u>노다</u> <지장, 상, 025b>

ㄴ. 내 … 이제 ᄯᅩ 드르니 더욱 그 허망ᄒᆞᆫ 줄을 알<u>노다</u> <천의, 2,059b>

ㄷ. 엇디 이런 허무ᄒᆞᆫ 무망을 당ᄒᆞ리오 비록 죽어도 항복디 아닐<u>노다</u> ᄒᆞ니 <종덕, 하, 065a>

ㄹ. 오늘 어티로셔 온다 ᄀᆞ장 여러 날을 보지 못ᄒᆞᆯ<u>노다</u> <박신, 1,037a>

ㅁ. 저희 ᄯᅩ ᄲᅧ ᄒᆞ되 오늘 시ᄉᆞᄒᆞ심을 보올진대 셩후의 님문ᄒᆞ심이 어렵지 아니ᄆᆞᆯ 가히 알<u>노다</u> ᄒᆞ야 <명의, 하, 어제윤음, 006b>

ㅂ. 너는 삼일을 안자시되 ᄒᆞᆫ 가지 망념도 닐으혀믈 보지 못ᄒᆞᆯ<u>노다</u> ᄒᆞ야늘 <경신, 027b>

지금까지 종결 어미 '-이'에 종결 어미 '-다'가 결합하여 '-이다'라는 종결 어미가 형성되었음을 설명하였는데, 근대국어 후기에 종결 어미 '-다'의 쓰임이 확대되면서 '-다'를 결합한 종결 어미의 생성이 활발했음을 보여준다고 하겠다.

염광호(1998 : 234)에서 '-오'는 17세기와 마찬가지로 체언전성토 '이' 아래에서의 '-고'의 변종이고, 18세기에도 여전히 전성토 뒤에만 쓰였다고 하였는데, 반례가 확인되었다. (35ㅁ)을 보면, 어간 '아니-'에 결합되어 있음을 확인할 수 있다. '-오'는 제1기에 평서형 종결 어미로 쓰이는 것으로 보인다. 평서형 종결 어미 '-오'는 현대국어에도 쓰이고 있다.

(35) ㄱ. 코 아래 上下牙齒 속칭 똬는 아금니오 <무원, 1,062b>
　　 ㄴ. 흔 번 노호믄 이는 도적이 져그미오 <병학, 019a>
　　 ㄷ. 그 날은 오쥬의 슈난ᄒ시는 날이오 그 칼은 십ᄌ가ㅣ오 <성직, 4,114a>
　　 ㄹ. 사롬이 보기롤 ᄀ쟝 적게 홈은 디구에셔 극히 멀니 잇는 연고ㅣ 오 <훈아, 007a>
　　 ㅁ. 이제 역적 괴슈는 네 아니오 <천의, 4,071a>

종결 어미 '-소'는 주로 명령형으로 쓰이다가 제2기에 평서형의 쓰임이 발견된다. 평서형 종결 어미 '-소'에 대해서는 명령형 'ᄒ쇼체' 종결 어미와 함께 다루도록 하겠다.

2.1.3 ᄒ쇼셔체 종결 어미

종결 어미 '-ᄂ이다'에 대해 살펴보자. 종결 어미 '-ᄂ이다'는 현대국어의 종결 어미 '-나이다'에까지 이어져 쓰이고 있는데, 근대국어 전기부터 종결 어미의 쓰임이 나타난 것으로 보인다. 과거를 나타내는 선어말 어미 {-엇-} 뒤에 '-ᄂ이다'가 결합되어, '-ᄂ이다'의 '-ᄂ-'를 현재 선어말 어미로 분석하기 어렵기 때문이다. 선어말 어미 {-엇-}이 최소한 근대국어 후기에는 과거 시제를 나타낸 것으로 볼 수 있기 때문에, 근대국어 후기에 {-엇-}과 함께 쓰인 '-ᄂ-'는 현재 시제를 담당하지 않는 것으로 보인다.

(36) ㄱ. 다믄 相公의 賞賜棍을 어드면 小子의 醉醺醺흠이 방해롭디 아니ᄒ다 刑房令史* 왓ᄂ이다 <오전, 1,041a>
　　ㄴ. 永安아 收拾ᄒ엿ᄂ다 못ᄒ엿ᄂ다 다 齊備ᄒ엿ᄂ이다 <오전, 2,030a>
　　ㄷ. 일이 急ᄒ엿ᄂ이다 <오전, 6,021a>
　　ㄹ. 前日 八百媳婦國의셔 象을 나와 왓더니 사름의 도적ᄒ여 다히라 감을 닙엇ᄂ이다 <오전, 8,004a>
　　ㅁ. 經이 刑을 臨ᄒ야 울어 굴ᄋ디 兒* 母를 累ᄒ얏ᄂ이다 <여사, 4,033a>

{-엇-}에 결합된 '-ᄂ이다'는 18세기 전기에 「오륜행실도」에서 주로 나타나는데 60회 발견된다.

(37) ㄱ. 인신이 이믜 이 말을 듯줍고 감히 좌긔롤 참예티 못ᄒ와 즉시 나가더 명ᄒ엿ᄂ이다 <천의, 1,061b>
　　ㄴ. 내 다른 사름이 다시 볼가 저허 이믜 죽여 므덧ᄂ이다 <종덕, 상, 001a>
　　ㄷ. 各位 老爺 데음을 기ᄃ려 즉시 통ᄒ라 各位 老爺* 다 왓ᄂ이다 <박신, 1,006a>
　　ㄹ. 즈샹으로 하문ᄒ오시는 고로 아니 알외지 못ᄒ얏ᄂ이다 <명의, 상, 035b>
　　ㅁ. 八歲兒ㅣ 갓가이 가 엿ᄌ와 니로되 小人이 젼일에 皇上이 聖딥ᄂ리오심으로 글 겻구라 왓ᄂ이다 <팔세, 003b>
　　ㅂ. 두 번 들기롤 쇠ᄒ다가 ᄆ촘내 군포 군ᄉ의게 잡힌 배 되엿ᄂ이다 <속명, 1,007b>

ㅅ. ᄉᆞᆫ인이 ᄉᆞᆯ오ᄃᆡ ᄇᆞᆯ셔 주엇ᄂᆞ이다 ᄒᆞ더라 <오륜, 붕, 019a>

(38) ㄱ. 신은 짐쟉ᄒᆞ야 그 ᄒᆡ의 집의셔 어ᄃᆞᆫ 바로 ᄒᆞᆫ가ᄃᆡᆫ 줄 아랏ᄉᆞᆸᄂᆞ이다 <천의, 3,018b>

ㄴ. 다만 쇼론이 노론을 죽이고져 ᄒᆞᆫ단 말을 드럿ᄉᆞᆸᄂᆞ이다 <명의, 2,002a>

ㄷ. 신이 일일히 왕복ᄒᆞ야 지휘ᄒᆞ엿ᄉᆞᆸᄂᆞ이다 <속명, 2,009a>

ㄹ. 어제ᄂᆞᆫ ᄃᆡᆨ의 갇ᄉᆞ오나 萊府의 가 계시기 몯뵈ᄋᆞᆸ고 空往空來ᄅᆞᆯ ᄒᆞ엳ᄉᆞᆸᄂᆞ이다 <인어, 3,024a>

{-엇-}에 결합된 '-ᄂᆞ이다'는 제1기에 와서는 다양한 자료에서 발견되는데, 「천의소감언해」에서 34회, 「종덕신편언해」에서 14회, 「박통사신석언해」에서 3회, 「명의록언해」에서 16회, 「팔세아」에서 1회, 「속명의록언해」서 8회, 「오륜행실도」에서 1회 발견된다. 제1기에 와서는 {-엇-}에 {-숩-}이 결합되고, 그 뒤에 '-ᄂᆞ이다'가 결합되어 쓰이기도 했다. 「천의소감언해」에서 3회, 「명의록언해」에서 10회, 「속명의록언해」에서 1회, 「인어대방」에서 1회 발견된다. 18세기 전기에는 어간에 직접 결합되거나, {-엇-} 뒤에서만 쓰였는데, 제1기에 {-숩-} 뒤에도 결합된 것은 그 분포가 확대된 것으로 볼 수 있다. 제1기의 다양한 자료에서 그 쓰임이 발견되고, 분포가 확대되는 것은 종결 어미 '-ᄂᆞ이다'가 확립되어 가는 경향으로 해석할 수 있겠다. 한편 {-엇-}과 결합되지 않은 '-ᄂᆞ이다'도 활발히 쓰이고 있다.

제2기 자료에서는 '-ᄂᆞ이다'의 현대국어 형태인 '-나이다'가 발견된다. '-나이다'는 「조군영적지」에서 처음 발견되는데, 1회 사용되었다. 「예수성교전서(문광서원)」에는 92회, 「훈아진언」에서 1회, 「신정심상소학」에서 8회 발견된다. 「조군영적지」를 제외한 나머지 자료에서는 '-ᄂᆞ이다'와 '-나이다'가 함께 사용되고 있다.

(39) ㄱ. 하민이 무지ᄒᆞ와 온젼이 신령의 도으시물 비나이다 <조군, 025a>

ㄴ. 너가 늘근 사롬이오 너의 쳐 나이 쏘한 늘것나이다 <셩교, 누가
복음 01 : 18절>
ㄷ. 예수ㅣ 머리롤 들고 닐♀샤더 아바님 임의 나롤 드릭시니 감샤ᄒ
웁ᄂ이다 나ㅣ 아바님이 흥샹 나롤 드릭시ᄂ 줄을 아나이다 ᄒ시
니 <훈아, 025b>
ㄹ. 이제 나ᄂ 時計보ᄂ 法을 잘 빅왓습나이다 <신심, 026b>

'-ᄂ이다'와 마찬가지로 {-엇-} 뒤에 '-ᄂ-'가 결합되기 때문에 평서형
종결 어미로 분석되는 것으로는 '-ᄂ니라, -ᄂ니이다, -노라, -노이다'가 있
다. 의문형 종결 어미로는 '-ᄂ냐, -ᄂ뇨, -ᄂ니잇가, -ᄂ니잇고'가 있고, 연
결 어미로는 '-ᄂ니'가 있다. 이들 종결 어미에 대해서는 별도의 연구가 필
요하다.

'-습너다, -습네다, -웁너다, -웁너다, -ㅂ네다'에 대해서는 ᄒ소체 종결
어미에서 '-너다'와 함께 다루었으므로 참조하기 바란다.

2.2 의문형 종결 어미

의문형 종결 어미는 모두 근대국어 이전부터 쓰였다. 종결 어미의 목
록은 (40)과 같다. '-고, -오'는 중세국어 이전부터 쓰였고, 다른 어미는 중
세국어부터 쓰였다. 중세국어에서 쓰인 어미 가운데, '-냐, -랴, -니, -리'는
16세기 자료에서 발견되는 어미이다.

(40) ㄱ. ᄒ라체 : -냐, -랴, -뇨, -료, -니, -리
ㄴ. ᄒ소체 : -ㄴ가/ㄴ고, -가/고, -ㄴ다/ㄹ다, -ㄹ가/ㄹ고
ㄷ. ᄒ쇼셔체 : -잇가/잇고, -ㅁ닛가

2.2.1 ᄒ라체 종결 어미

15세기에서는 '-냐'는 나타나지 않고 '-녀'는 흔히 보이는 어형이었는데, 16세기 초기 문헌에는 거의 모두 '-녀'가 쓰이고, 16세기 후기 문헌에는 주로 '-냐'가 주로 나타나서 16세기는 '-녀'와 '-냐'의 갈음시기였음을 짐작하게 한다(허웅 1989 : 165). 근대국어 후기 문헌에서 의문형 종결 어미 '-녀'를 발견할 수 없어서, 16세기 후기에 시작된 '-녀'와 '-냐'의 교체가 근대국어 후기에 완성된 것으로 보인다. (41)은 근대국어 전기 문헌에서 발견되는 '-녀'의 예이다. (42)는 근대국어 후기 문헌에서 발견되는 '-냐'의 예이다.

> (41) 무로디 이 惑온 ᄯᅩ 理롤 ᄀᆞ리ᄂᆞ녀 事롤 ᄀᆞ리ᄂᆞ녀 對答ᄒᆞ디 <永嘉, 下, 27b>
> (42) ㄱ. 噫라 人慾을 좃고 天理롤 좃디 아니미 可ᄒᆞ냐 <훈서, 性道敎, 005a>
> ㄴ. 밥 먹으며 숨 쉬단 말이라 지 아니 ᄒᆞ얏ᄂᆞ냐 이 ᄂᆞ라 풍쇽은 <윤음(즁외), 008a>

의문형 종결 어미 '-뇨', '-료'와 종결 형식 '-니오', '-리오'는 중세국어 자료에서도 발견된다. '-니오'와 '-리오'는 각각 선어말 어미 '-니-'와 '-리-'가 결합된 것이다. '-니오'는 근대국어 후기 자료에서 일부 발견되고, 주로 '-뇨'로 쓰이고 있어서 근대국어 후기에 '-뇨'로 통일되는 경향을 보인다. '-리오'와 '-료'는 '-료'보다 '-리오'가 널리 쓰이고 있다. '-뇨'와 '-리오'가 널리 쓰이는 것은 현대국어에서 쓰이는 의문형 종결 어미 형태로 굳어지는 경향을 보여준다고 할 수 있다. '-니오'와 '-뇨', '-리오'와 '-료'를 축약의 관계로 보는 경우가 있는데, 축약의 관계로 보기 어려운 것으로 판단된다. '-리오'와 '-료'의 기능이 다르기 때문이다. 이기갑(1978 : 31-32)에서는 15세기 이래

로 '-리오'는 반어적으로 쓰이고, '-료'는 정상적인 의문문에 쓰인다고 하였
는데, 근대국어 후기에도 마찬가지이다. 다만, '-니오'와 '-료'의 쓰임이 점
점 줄어들고 있기 때문에, 근대국어 후기에는 정상적인 의문문에 쓰이는
'-뇨'와 반어적인 의문문에 쓰이는 '-리오'로 구별되는 것으로 판단된다.

(43) 홀긔도 오히려 그러ᄒ거든 ᄒ믈며 금쪅의 문안이ᄯ녀 밤 들매 드러가
    싱각이 이에 미ᄎ매 누어 능히 자디 못ᄒ니 이 엇디 과ᄒ리오 ᄒ 사
    롬을 튜늍ᄒ매 ᄯ라 법을 쓸 재 몃 사롬이며 응좌ᄒ미 ᄯᅩᄒ 몃 사롬
    이료 <천의, 눈음, 003a>
(44) ㄱ. 엇디 玉食이 돌니오 <훈서,稼穡篇, 003b>
    ㄴ. 엇디 가히 홀 닌들 살니오 <속명, 2,007b>
    ㄷ. 驛站에 人役들이 어디 잇ᄂ뇨 엇지 ᄒ나 聽事ᄒ리 업ᄂ뇨 <박신,
       2,015b>
    ㄹ. 무슨 病이 잇나뇨 <노걸(중), 하, 018a>
    ㅁ. 어디 감히 날과 對敵ᄒ리오 무서슬 더ᄂ료 <박신, 1,026a>
    ㅂ. 언머 돈에 ᄒ 번 목욕ᄒ료 <박신, 1,050b>
    ㅅ. 너희 ᄆ옴이 홀노 엇더ᄒ료 <경민, 005b>
    ㅇ. 태 아니면 어디 가리오 ᄒ니 <종덕, 하, 017b>
    ㅈ. 엇지 드러 가리오 <박신, 2,011a>
    ㅊ. 곳 져롤 만나도 관계치 아니ᄒ다 져 도적들이 우리롤 ᄒ여 무엇
       ᄒ료 <노걸(중), 상, 024b>
(45) ㄱ. 텬쥬의 춤ᄉ랑이 엇지 능히 들니오 <성직, 8,019b>
    ㄴ. 엇지 긔계가 스스로 능히 믄돌니오 <성교절, 003a>
    ㄷ. 너희가 나롤 쳥ᄒ문 무삼 연고뇨 ᄒ니 <셩교, 사도행전 10:29절>
    ㄹ. 웨 혐훈 길노 가ᄂ뇨 <천로, 상, 014a>
    ㅁ. 그 구혁을 치는 거슨 엇더ᄒ미뇨 <이언, 1,049b>
    ㅂ. 뎌 귀신을 품어 밋쳐스니 엇지 드러료 ᄒ고 <셩교, 요한복음 10 :
       20절>
    ㅅ. 다ᄅᆫ 셩소ㅣ 엇지 비기리오 <성직, 8,061a>
    ㅇ. 엇지 크게 어긔미 아니리오 <이언, 4,025a>

'-니', '-리'는 구어체에 속하는 의문형 어미로 구어체 문장이 쓰인 제1
기 문헌에서 발견된다. 현대국어에도 구어체에서 쓰이므로 제2기에도 쓰
였을 것이다. 제2기 문헌에서 발견되지 않았는데, 구어체 표현이 쓰인 문
헌이 부족해서 발견되지 않은 것으로 판단된다.

> (46) ㄱ. 네 아오의 나히 언머니 <첩몽, 3,002a>
>   ㄴ. 가면 언제 오리 去則何時來 <국한, 002>

2.2.2 ᄒᆞ소체 종결 어미

의문형 종결 어미 '-ㄴ고', '-ㄴ가'는 '-ᄂᆞ-', '-더-', '-시-', {-습-}과 같은
선어말 어미와 함께 쓰이는 경우가 많았다. '-ㄴ가'는 선어말 어미와 결합
하여 '-는가', '-으신가', '-던가', '-ᄉᆞ온가' 등으로 쓰였다. 제1기 자료에서
'-런가', '-ㄹ넌가', '-ㄹ손가'가[11] 발견된다.

'-런가'는 종결 형식 '-던가'의 이형태이다. '-ㄹ넌가'는 선어말 어미 '-리-'
의 이형태 '-ㄹ-'과 '-던가'의 이형태 '-런가'가 결합된 것이다. 종결 어미 '-ㄹ
손가'는 (47)과 같이 16세기 자료에서 확인된다. (48)은 발견된 '-ㄹ넌가'의
예를 모두 제시한 것이고, (49)는 '-ㄹ손가'의 예이다. '-ㄹ손가'는 「염불
보권문」에서 4회, 「존설인과곡(지경영험전)」에서 17회 발견된다.

> (47) 오늘 근사니 나디 몯홀손가 <김씨 편지, 45>
> (48) ㄱ. 혼 돌도 셜혼 날애 일만 번을 주기시고 일만 번을 사로시니 홀니
>   런가 잇ᄐᆞ리런가 <보권, 032b>
>   ㄴ. 뫼혜 가 ᄂᆞ믈을 키야 가히 ᄆᆞ른 수뤼박회 자곡에 든 고기를 구호
>   넌가 <사기, 003b>
>   ㄷ. 빅셩의 먹을 거슬 넉넉히 ᄒᆞ는 도리에 혹 만분지 일이나 도으미

---

11) 현대국어에서 '-런가, -ㄹ런가, -ㄹ쏜가'로 사용된다.

이실넌가 업술넌가 <윤음(호남), 013a>

(49) ㄱ. 건곤이 넙다훈돌 이 ᄆᆞ옴애 미쵿손가 <보권, 030a>
　　ㄴ. ᄉᆞ상이 원공 후에 무슴 피촛 다톨손가 <존셜, 권션곡, 002b>

'-가', '-고'는 체언에 직접 결합되는 경우가 있는데, 이러한 결합은 석독구결 자료에서 발견된다. 석독구결 자료에 나타나는 의문문 가운데에는 의문법 어미에 의한 의문문이 매우 드물고, 의문 보조사나 의문 첨사로 불리는 '-ㅁ(고)/ㅎ(오), -ㅣ(아)'에 의한 명사문적인 의문문이 일반적이었다 (장윤희, 2002 : 56).[12] 중세국어에서도 '-가, -고'에 의한 명사적 의문문이 생산적으로 사용되었다. 선행 명사가 말음으로 'ㄹ'이나 'ㅣ'를 가졌을 경우에는 '-가, -고'가 '-아, -오'로 교체되었고, 용언의 명사형에도 결합될 수 있었다(장윤희, 2002 : 195-197 참조). '-가, -고'와 직접 결합한 체언의 끝음절이 중성 'ㅣ'로 끝나는 경우에는 계사 '-이-'가 결합된 것으로 볼 수 있지만, 그렇지 않은 경우에는 계사 '-이-'가 결합된 것으로 볼 수 없다. 따라서, 체언에 직접 결합된 '-고'를 첨사로 처리하기도 하고(김완진, 1957 : 48, 이승욱, 1963/1973 : 253, 258, 이기문, 1961/1972 : 169, 안병희, 1965 : 65), 물음 토씨로 처리하기도 한다(허웅, 1975 : 367-370). 이유기(2001 : 178 -179)에서는 분포 상 차이점이 있지만, 형태나 의미면에서 완전히 동일하다는 점과 현대 경상도 방언에서 체언과 '-가', '-고' 사이의 계사가 수의적으로 삭제될 수 있다는 점을 들어 종결 어미로 보는 것이 타당하다고 하였다. 이 연구에서는 이유기(2001)의 견해를 받아들여 체언에 직접 결합되어 의문문을 형성한 '-가'와 '-고'를 종결 어미로 본다. 어미 '-고'는 근

---

12) 석독구결보다 후대의 자료인 음독구결 자료에서는 1인칭, 3인칭 직접 의문의 '-ㅌㅏ/ㅌㅏ(니아), -ㅌㅜ(니오), -ㅋㅏ/ㅣㅏ(리아), -ㅋㅜ/ㅣㅜ(리오)', 2인칭 직접 의문의 '-ㄱㅜ/ㄱ底/ㄱㅡ(ㄴ다)', 간접 의문의 '-乙可(ㄹ가), -ㄱ可/卩可(ㄴ가)', 상대 높임의 의문형 어미 '(ㅌ)ㅣㅌㅁ[(니)잇고], -(ㅌ)ㅅㅌ可[(니)잇가], -ㅋ(ㅅ)ㅌㅁ(리잇고)' 등 다양한 의문형 어미가 나타난다(장윤희 2002 : 58 참조).

대국어에서 연결 어미와 종결 어미로 쓰이고 있다. (50)은 체언에 직접 결합된 '-가, -고'의 예이다.

(50) ㄱ. 또흔 아니 삼한에 딩험흐미 잇느냐 튜모흐믄 므슴 것고 <경문, 042b>
　　ㄴ. 답 왈 금일은 어느 날고 <경속, 001a>
　　ㄷ. 뎨이 어디 人氏고 <박신, 3,041a>
　　ㄹ. 네 져 人蔘이 이 어딋것고 <노걸(중), 하, 002b>
　　ㅁ. 소리 질너 왈 이 쥬식은 엇지흔 것고 흐며 <태상, 2,018b>
　　ㅂ. 글이 스스로 글이오 내 스스로 내니 흐믈며 흔 째 명독흐는 것가 <경속, 036b>

　의문형 종결 어미 '-ㄴ다, -ㄹ다'(이하 '-ㄴ다'계 어미로 통칭함)에 대하여 장윤희(2002 : 329)에서는 15세기까지 2인칭 직접 의문을 표시하였으나, 16세기 이후 그 기능이 현저히 약화된 것으로 보았다. 1인칭과 3인칭 의문을 표시하던 '-녀'계 어미가[13) 2인칭 어미까지 표시하게 되었기 때문이다. 16세기와 17세기에도 '-ㄴ다'계 어미가 2인칭 의문으로 사용된 경우가 있기는 하지만 15세기에 비하여 그 세력이 매우 약화된 것으로 보았다. 그러나 이유기(2001 : 182-184)에서는 '-ㄴ다'계 어미가 17세기에도 상당히 생산적으로 쓰였고, 17세기에 그 기능이 소실되어 가는 과도기에 처한 것으로 보았다. 안병희(1965 : 77-79)에서는 '-ㄴ다'계 어미의 소멸의 원인을 의도법 선어말 어미 {-오-}의 기능 상실과 평서법 종결 형식 '-ㄴ다'가 '-ㄴ다'로 변화한 사실에서 비롯된 것으로 설명하였다. 그러나 이유기(2001 : 182-184)에서는 의문법의 '-ㄹ다'가 존재하는 한 이에 대립하는 '-ㄴ다'도 어느 정도 생산성을 유지할 수 있었다고 보았고, '-ㄴ다'계 의문법의 소멸에 또 하나의 큰 영향을 미친 것으로 17세기에 평서법의 '-(으)리로다'가 '-(으)ㄹ다'로 변화한 사실을 들었다. 평서법의 '-(으)ㄹ다'가 등장하여 의문법의 '-(으)

---

13) '-녀'계 어미는 대표형 '-녀, -려, -뇨, -료' 어미를 통칭하는 것이다.

ㄹ다'조차 위협받게 되자 '-ㄴ다'계 의문법 어미의 기능 상실이 가속화된 것으로 보았다.

그런데 18세기 자료를 검토해 보면, 평서형 어미 '-ㄹ다'가 의문형 어미 '-ㄹ다'에 영향을 미친 것으로 보기 어렵다. 평서형 어미 '-ㄹ다'의 쓰임이 먼저 사라지기 때문이다. 다음의 예는 근대국어 후기 자료에서 발견되는 평서형 '-ㄹ다'와 의문형 '-ㄹ다'의 예를 모두 나열한 것이다. (51)은 평서형으로 쓰인 예이고, (52)는 의문형으로 쓰인 예이다. 제1기에 평서형에 비하여 의문형 종결 어미로 쓰이는 예가 많은 것을 알 수 있고, 제2기에는 의문형의 예만 2회 발견된다.

(51) ㄱ. 오희라 전왕을 닛디 못홀다 ᄒ니 <천의, 1,027a>
　　ㄴ. 李小兒*란 뎌 놈을 이 여러 날을 내 아조 더롤 보지 못홀다 <박신, 1,033b>
　　ㄷ. 부톄님이 닐오샤디 아미타불 공덕과 극낙세계 죠호믄 다 니르지 못홀다 ᄒ시니라 <보권, 004b>
　　ㄹ. ᄯㅗ ᄢ여 호되 풍쇽이 됴치 아니ᄒᆞ야 비위롤 뎡치 못홀다 ᄒ고 <명의, 2,026b>
　　ㅁ. 게으르면 즁훈 벌이 이실쩌니 슬플다 <윤음(호남), 015a>
(52) ㄱ. 닐너 닐으되 남즈아 얻던 일을 위ᄒᆞ야 이 길의 든ᄂ다 얻더훈 다론 슐을 두언과더 능히 한독을 이긜다 <지장, 중, 022a>
　　ㄴ. 네 엇던 대교을 내여 면겨홀다 <지장, 상, 026b>
　　ㄷ. 태죄 문왈 네 감히 부언경이 다른 ᄯᅳᆺ이 업스믈 보젼홀다 <종덕, 중, 017b>
　　ㄹ. 내 이지 ᄯㅗ 金剛山 松廣 等 處에 그이여 가 降香ᄒ리라 노형아 네 언지 ᄶᅥ날다 <박신, 1,008b>
　　ㅁ. 衆人이 다시 뎌 듕ᄃ려 구르되 日後에 다시 敢히 계집을 도젹홀다 <박신, 1,036b>
　　ㅂ. 네 곳 니ᄅᆞ라 네 날ᄃ려 니ᄅᆞ라 ᄒ여 므슴 홀다 <박신, 3,055a>
　　ㅅ. 네 감히 지만을 아니홀다 <명의, 2,061a>

ㅇ. 네 내 뭇는 일을 다 잘 디답호<u>다</u> <소아, 003a>

ㅈ. 쟈근 아히 네 나히 쟈그니 므슴 일을 잘 디답호<u>다</u> <팔세, 004a>

ㅊ. 무러 굴오디 네 아비 디신호여 죽기롤 원호니 이믜 명호샤 허호
여시나 칼과 톱이 심히 두려오니 혜아리건대 능히 죽<u>을다</u> <오륜,
효, 039b>

ㅋ. 너롤 일만 조각에 죽이실 거시니 엇디 날을 더러<u>일다</u> 호대 금 댱
쉬 대노호여 죽이니라 <오륜, 충, 050b>

ㅌ. 문 왈 엇마나 호면 가난을 면호<u>다</u> <태상, 1,028b>

ㅍ. 진실이 네 원슈롤 용셔호<u>다</u> 아닐<u>다</u> <셩직, 6,016a>

'-ㄹ고', '-ㄹ가'는 중세국어 이후로 계속 쓰인 어미이다. '-ㄹ가'와 함께
'-ㄹ까, -ㄹ짜'도 사용되었는데, '-ㄹ까'는 16세기 자료에서 확인되고, '-ㄹ짜'
는 17세기 자료부터 확인된다. 근대국어 후기의 자료에서 출현하는 빈도로
판단할 때, '-ㄹ짜'가 '-ㄹ까'보다 더 널리 쓰인 것으로 판단된다. 하지
만, '-ㄹ가'보다는 덜 쓰이는 형태였다. '-ㄹ까'는 제1기 자료 「증수무원록
언해」에서만 2회 발견되고, '-ㄹ짜'는 여러 자료에서 발견되는데, 제1기에
21회, 제2기에 29회 발견된다. 한편, '-ㄹ가'는 제1기 자료에서 218회 발견되
어서 '-ㄹ까', '-ㄹ짜'보다는 더 널리 쓰이고 있음을 알 수 있다. '-ㄹ가'는 제
1기에 내포문의 어미로 181회 사용되었는데, 내포문의 상위문 술어로는 '권
호다, 근심호다, 起호다, 넉이다, 넘녀호다, 到此호다, 두려워호다, 萬分憂悶
호다, ᄇᆞ르다, 시브다, 원호다, 젏다, 호다, 쯧호다'가 쓰였다. '-ㄹ까'는 내포
문 구성에 쓰인 예만 발견되고, '-ㄹ짜'도 주로 내포문에 쓰였지만 내포문
이 아닌 곳에 쓰인 예도 발견된다. '-ㄹ까'는 상위문 술어로 '젏다'가 쓰였
고, '-ㄹ짜'는 상위문 술어로 '보다, 시브다, 젏다, 넘녀호다, 호다'가 쓰였다.
(53)은 근대국어 이전에 쓰인 '-ㄹ까'와 '-ㄹ짜'의 예이고, (54)~(56)은 근대
국어 후기에 쓰인 예이다. (54)는 '-ㄹ까'의 예를 모두 제시한 것이고, (55)는
내포문에 쓰인 '-ㄹ짜'의 예이다. (56)은 주절에 쓰인 '-ㄹ짜'의 예이다.

(53) ㄱ. 나는 季孫의 憂ㅣ 顓臾에 잇디 아니ᄒ고 蕭墻ㅅ 內예 이실까 저
　　　허ᄒ노라 <논어 4,20aʹ>

　　ㄴ. 死亡에 免티 몯게 ᄒᄂ니 이는 오직 死를 救ᄒ더 瞻티 몯홀까 恐
　　　ᄒ거니 <맹자 1,34aʹ>

　　ㄷ. 이 류쳥 비단이 자히 언머고 ᄒ 오슬 ᄌ래 지을짜 네 므슴 말을
　　　니르ᄂ는다 <노걸 下 : 25b>

　　ㄹ. 京으로셔 返禮의 返書ㅣ 올 거시니 自然 더딜짜 너기ᅌᆞ니 그러
　　　커니와 <첩해 3,22b>

(54) ㄱ. 干證人이 바로 송ᄉ홀까 저허 짐즛 곱초아 숨게 ᄒ고 <무원,
　　　1,018b>

　　ㄴ. 覆檢官이 或 前官이 초검관이라 怨恨홀까 저허 <무원, 1,057b>

(55) ㄱ. 네 감히 죵시 볼만히 굴짜 시브냐 <속명, 2,011a>

　　ㄴ. ᄯᆺ에 닐으되 ᄀ을 농ᄉ가 보리 농ᄉ에셔 나을짜 ᄒ엿더니 이제는
　　　벼농ᄉ의 흉년이 도로혀 <윤음(호서), 005b>

　　ㄷ. 誠心으로 힘써 날ᄒ다 비화 말ᄒ면 아지 못홀짜 ᄒ여 므슴ᄒ라
　　　근심ᄒ리오 <첩몽, 1,004b>

　　ㄹ. 覆檢官吏ᄂ 검험이 ᄀᆺ디 아니홀짜 저허 <무원, 1,003a>

　　ㅁ. 후에 의빙ᄒ미 업슬짜 저허 <노걸(중), 하, 016b>

　　ㅂ. 디왈 다른 ᄉ롬이 보고 죽을짜 염녀ᄒ야 죽여 뭇더ᄂ니다 <삼셩,
　　　011a>

　　ㅅ. 오직 형졔의 됴흔 마ᄋᆷ을 일을짜 저허ᄒ며 <여ᄉ, 020b>

　　ㅇ. 그디둘의 것도 예비ᄒ 거시 잇ᄂ나 다른 사롬이 ᅋᅵ아살짜 ᄒ니
　　　<쳔로, 하, 104a>

　　ㅈ. 世上에 소경이 잇슴은 兒孩들도 다 알짜 보오 <신심, 04b>

(56) 네 이 둘 금음의 能히 北京 갈짜 가지 못홀짜 이 말을 내 능히 혜아
　　리지 못ᄒᄂ니 <노걸(중), 샹, 001b>

2.2.3 ᄒ쇼셔체 종결 어미

ᄒ쇼셔체로는 근대국어 이젼부터 쓰인 '-잇가/잇고'가 쓰였다. 제1기에

는 (57ㄷ)과 같이 '올ᄉᆞ온잇가'가 발견되고, (58ㄱ, ㄴ)과 같이 '-닛가, -릿
가'가 발견된다. '올ᄉᆞ온잇가'는 이전에 쓰이던 '-니잇가'에서 변화된 것으
로 '-닛가'로 발전하는 중간 형태로 보인다. '-닛가, -릿가'는 제1기에 처음
발견된다. (58ㄱ, ㄴ)에 쓰인 종결 어미는 현대국어의 '-니까, -리까'로 연
결된 것으로 보인다. (58ㄷ)은 고경태(1998 : 197)에 제시된 것으로 현대국
어의 '-ㅂ니까'의 초기 형태이다.

> (57) ㄱ. 져기 신ᄌᆞ의 ᄆᆞ음이 이시면 엇디 감히 이러투시 방ᄉᆞ무엄ᄒᆞ리잇
>   가 <천의, 2,022b>
>   ㄴ. 텬명이 돕디 아니ᄒᆞ거눌 엇디 죠곰도 곳치디 아니ᄒᆞᄂᆞ니잇가 <오륜,
>   츙, 002a>
>   ㄷ. 디옥기 가온뒤 일다 ᄒᆞ노니 이실시 올ᄉᆞ온잇가 무독기 뒤답ᄒᆞ뒤
>   <지장, 샹, 011b>
> (58) ㄱ. 근 쓸히 무루뒤 이 엇뎐 ᄯᅡ히닛가 무독이 뒤답ᄒᆞ되 <지장, 샹, 011a>
>   ㄴ. 명종ᄒᆞᆫ 사름미 큰 니익과 하탈을 득ᄒᆞ릿가 몯ᄒᆞ릿가 디장이 뒤답
>   ᄒᆞ샤뒤 <지장, 즁, 017b>
>   ㄷ. ᄯᅡ님이 싱겻으니 얼마나 죠ᄒᆞ십닛가 <혈의 루, 26>(고경태 1998 :
>   197 재인용)

2.3 명령형 종결 어미

명령형 종결 어미는 (59)와 같이 쓰였다. 근대국어 후기의 명령형 종결 어
미는 제1기에 '-ㄹ져'가 나타나고, 제2기에 '-쇼셔'의 단모음화가 진행되었다.

> (59) ㄱ. ᄒᆞ라체 : -라, -아라/어라,
>   ㄴ. ᄒᆞ소체 : -소, -오, -고려, -려므나
>   ㄷ. ᄒᆞ쇼셔체 : -쇼셔/소셔, -옵, -ㄹ져

2.3.1 ᄒᆞ라체 종결 어미

'-라'는 중세국어부터 대표적인 명령형 종결 어미로 쓰였다. '-라'의 이형태로 '-롸'도 나타난다. '-롸'는 제2기에 발견되지 않는다.

(60) ㄱ. 行李를 아직 옴겨 가지 말고 샷과 집지즁 퍼기를 기ᄃᆞ려 다시 옴겨 가라 <노걸(중), 상, 063a>

ㄴ. 네 싹시나 가지고 가라 <셩교, 마태복음 20 : 14절>

ㄷ. 친션은 물너가라 <쳔로, 상, 086a>

(61) ㄱ. 돗 둘흘 가져 ᄒᆞ나흔 죽이고 ᄒᆞ나흔 살롸 <죵덕, 하, 069a>

ㄴ. ᄒᆞ롯밤 머므러 곳 하직ᄒᆞ고 도라오롸 <박신, 3,040b>

ㄷ. 내 中國ㅅ 사롭의 學堂에셔 글을 빈호롸 <노걸(중), 상, 002b>

'-어라'는 중세국어와 근대국어에 명령형 종결 어미로 쓰였다.

(62) ㄱ. 져기 닙흘 짜 내게 보닉여라 <박신, 3,004a>

ㄴ. 큰형아 네 나를 위ᄒᆞ여 긔걸ᄒᆞ여라 <노걸(중), 하, 062a>

ㄷ. 너희 날노 말무암아 편안ᄒᆞ물 엇게 ᄒᆞ라 셰샹에셔는 너희 신고ᄒᆞ믈 바드나 글어나 굿셰여라 닉 셰샹올 이기엿다 ᄒᆞ더라 <셩교, 요한복음 16 : 33절>

ㄹ. 이에 텬신을 보내여라 팔을 가지고 크게 소릭ᄒᆞ야 <셩직, 7,123a>

2.3.2 ᄒᆞ소체 종결 어미

명령형 종결 어미 '-소', '-오'는 16세기부터 쓰이기 시작하였는데, 근대국어 후기에도 발견된다. (63)은 명령형 종결 어미이고, (64)는 평서형 종결 어미의 예이다. 명령형 종결 어미로 쓰이던 '-소'가 제2기에서는 평서형에도 쓰이기 시작했음을 보여준다. 현대국어에서 '-소'는 명령형 이외에 평서형과 의문형으로 쓰이는데, 평서형 종결 어미의 쓰임이 근대국어 후기에 시작된 것으로 보인다. (65)는 제2기에 발견되는 것으로 '-오'가 선어말 어미 '-시-'와 결합되어 명령형으로 쓰인 예이다. '-시-'와 결합되지 않은 '오-'가 명령형에 쓰인 예는 발견하지 못하였다.

> (63) ㄱ. 또 부모 ᄌᆞ식기나 주글 쌔예 슬퍼 말고 모다 넘불 나무아미타불 ᄒᆞ다가 주근 후에 곡셩을 ᄒᆞ시소 또 ᄌᆞ식기나 죽쩌든 셜워 말고 슬퍼 마시소 경에 닐오디 부모 몬져 죽ᄂᆞᆫ ᄌᆞ식은 다 원슈 가프러 온 ᄌᆞ식기라 ᄒᆞ시니 부터 슬퍼 마소 <보권, 035b>
> ㄴ. 이 보소 어로신네 이 내 말ᄉᆞᆷ 드러 보소 <보권, 031a>
> ㄷ. 통달 진실 명리ᄒᆞ면 대ᄒᆡ탈을 득ᄒᆞᄂᆞ니 지혜 군ᄌᆞ 노디 마소 <존설, 007b>
> ㄹ. 무릇디 네가 유대인의 왕이뇨 디답ᄒᆞ여 ᄀᆞᆯᄋᆞ샤디 방빅이 말ᄒᆞ엿ᄂᆞ이다 ᄒᆞ시니 졔ᄉᆞ장이 여러 가지로 하소 ᄒᆞ거늘 <훈아, 032b>
> ㅁ. 무지훈 인싱들아 졔가 져롤 속이도다 졍도밧게 또 잇ᄂᆞᆫ가 모호지 심을 업시 ᄒᆞ소 <쳔로, 하, 153a>
> (64) ㄱ. 刻針은 大端히 먼저 도라갓소 ᄒᆞ니 <신심, 025b>
> ㄴ. 경건이 ᄀᆞᆯᄋᆞ디 쩌나오다가 효시의 집을 찻지 아니ᄒᆞ엿소 <쳔로, 상, 052b>
> (65) ㄱ. 너롤 쳥ᄒᆞ던 쥬인이 와셔 너ᄃᆞ려 닐ᄋᆞ디 벗아 우흐로 오르시오 ᄒᆞ면 <셩직, 7,060a>
> ㄴ. 긔독도ㅣ ᄀᆞᆯᄋᆞ디 내가 무롤 말이 잇ᄉᆞ니 엇지 아지 마시오 <쳔로, 하, 118b>
> ㄷ. 여러분도 自己 일만 힘쓰고 남을 웃지 마시오 <신심, 021b>
> ㄹ. 여긔 回水가 잇습ᄂᆞ이다 자 보시오 <신심, 022b>

'-고려'는 중세국어에도 쓰인 명령형 종결 어미이다. '-고려'는 근대국어 후기까지 발견되고, 현대국어에서 '-구려'로 이어진 것으로 판단된다. 근대국어 후기 자료에서 '-구려'를 발견할 수는 없었다. 박진완(2000 : 269)

에서는 현대국어 종결 어미로 '-구려'를 제시하였는데, '-고려'는 제시되지 않아서 근대국어 후기에 '-고려'에서 '-구려'로 변화되었음을 짐작할 수 있다.

(66) ㄱ. ᄆᆞᆷ 됴혼 각시아 네 나ᄅᆞᆯ ᄀᆞᆯᄎᆞ 혼 볼 슬갑을 민ᄀᆞ라 주<u>고려</u> <박신, 1,045b>
　　 ㄴ. 큰형아 네게 비ᄂᆞ니 나ᄅᆞᆯ ᄀᆞᆯᄎᆞ 혼 쟝 집 세 내는 글월을 쓰<u>고려</u> <박신, 2,044a>
　　 ㄷ. 네 그저 四百五十낫 돈을 주<u>고려</u> <노걸(중), 상, 021a>
(67) 아씨 드러 오시거든 엿주어 보<u>구려</u> <"舊家庭의 엿날" 1막(1925) 「조선문단」 권5, 62면> (박진완 2000 : 271 재인용)

한편, 현대국어에서 '-렴'이나 '-려무나'로 사용되는 명령형 종결 어미는 근대국어 전기에서 발견된다. 후기에는 제1기 자료 「첩해몽어」에서 '-려므나'가 발견되지만, 다른 문헌이나 제2기 자료에서 발견되지 않았다. 하지만, 현대국어에서 쓰이는 것으로 보아 근대국어 후기에도 널리 사용되었을 것으로 생각된다.

(68) ㄱ. 張子布의 말을 조차셔 갑옷슬 ᄇᆞ리고 쟝기롤 더지고 ᄂᆞᆺ출 븍으로 두루혀셔 항복ᄒᆞ<u>렴으나</u> <삼역, 5,013b>
　　 ㄴ. 승상이 다 밋분 사롬을 어더 보내<u>렴으나</u> <삼역, 6,019a>
(69) ㄱ. 너는 主人 사롬이니 젹이 직촉ᄒᆞ<u>려므나</u> <첩몽, 2,020a>
　　 ㄴ. 或 술믄 거시나 쵸혼 거시나 아모것 시방 잇거든 셜리 가져와셔 우리게 먹이<u>려므나</u> <첩몽, 3,010b>
　　 ㄷ. 네 보는 거시 므슴 글고 놉흔 소리로 닑<u>으려므나</u> <첩몽, 4,008b>

'-옵'은 제1기에 발견되는데, 높임의 대상에게 사용된 것으로 보아 높임의 등급이 낮지 않았던 것으로 보인다. 일반적으로 '-시옵'을 종결 어미로 보고 있는데, 제1기 자료에서 '-시-'가 결합되지 않고 쓰인 것으로 볼 때, 선어말 어미 '-시-'를 분석하고, 종결 어미는 '-읍'으로 보는 것이 타당할 것이다. 제2기에는 같은 문헌에서 '-읍'과 '-시읍'이 발견되는데, 제1기에 비하여 '-읍'의 높임 등급이 약간 낮아진 것으로 보인다. '호오'체를 쓰는 대상에게 '-시읍'을 쓰고 있기 때문이다. 현대국어에서도 '-시압'으로 쓰이고 있다.

(70) ㄱ. 彩畵ᄂᆞᆫ 대단치 아니ᄒᆞ매 水墨 그림을 求ᄒᆞ여 주시되 아모커나 내 이실 스이의 ᄂᆞ려 오게 ᄒᆞ여 주읍 <인어, 9,002a>
ㄴ. 이 둘 念間의 어더 주셔야 미츳 쓰게 ᄒᆞ엿스오니 어련치 아니케 긔별ᄒᆞ여 주읍 <인어, 10,003b>
ㄷ. 문장 꿈이ᄂᆞᆫ 거슨 문법으로 쓰ᄂᆞᆫ 거시 올흐니 샹량ᄒᆞ읍 <국문, 008b>
ㄹ. 이 여ᄃᆞᆲ ᄌᆞᄂᆞᆫ 엽붓침이 업고 경셔언희를 보아도 분명 제 몸 붓침을 ᄒᆞ엿시니 짐작ᄒᆞ오 한문 글ᄌᆞ도 획수를 ᄀᆞ감ᄒᆞ야 변졔ᄒᆞ엿기로 그 리치를 좃ᄎ ᄒᆞ엿시니 짐작ᄒᆞ시읍 <국문, 006b>
ㅁ. 명목법의 붓ᄂᆞᆫ 말을 다 ᄒᆞ려 ᄒᆞ면 한량이 업기로 대강 투에 리치를 내여 짐작ᄒᆞ게 ᄒᆞ오니 쳔만 말에 규법을 가량ᄒᆞ여 보면 이 속에 다 잇스읍 <국문, 010b>
ㅂ. 여러 군ᄌᆞᄂᆞᆫ 깁히 싱각 ᄒᆞ시기를 바아읍 <국문, 서문, 002a>

제1기에 명령형 종결 어미로 판단되는 '-ㄹ져'가 발견된다. 염광호(1998 : 256)에서는 이두나 향찰 문헌의 '薺'에 기원이 있는 것으로 추정하고, 15세기의 '-ㄹ지어다'의 축약형으로 '-ㄹ져'가 형성되었을 가능성이 높은 것으로 보았다. 최전승(1992 : 551)에 19세기 후기 전라방언에서 '-졔'가 두루 반말형태로 명령에 쓰인 것이 나타난 것을 근거로, 18세기에 명령형으로 쓰이다가 이후 일부 방언에 잔존한 것으로 보고 있다. '-ㄹ져'는 선어말 어미 '오'와 함께 '올져'의 형태로만 발견된다. 따라서 높임 명령으로 볼 수 있을 것이다. 제2기에는 발견되지 않는다.

(71) ㄱ. 인가의 연혼 소용이오니 금단치 마올져 <가체, 009b>

ㄴ. 쏜 머리 밋머리로 언는 졔도롤 일절이 금지 ᄒᆞ올져 <가체, 009a>

ㄷ. 풍흉에 거리끼지 말고 졀목대로 시힝ᄒᆞ올져 <자휼, 005a>

2.3.3 ᄒᆞ쇼셔체 종결 어미

'-쇼셔'는 15세기에도 사용되었고, 16세기에 '-슈셔'가 발견된다(허웅, 1989 : 172). '-쇼셔'는 근대국어 후기에 단모음화가 진행되어 '-소서'로도 사용되었고, 현대국어에서 '-소서'로 사용되고 있다. '-슈셔'는 (74)와 같이 근대국어 전기까지 발견되었으나, 근대국어 후기 자료에서 발견되지 않는다.

(72) ㄱ. 뎨셕이 셰존쯰 쳥ᄒᆞᄉᆞ오ᄃᆡ 도리텬에 가 어마님 보쇼셔 <지장, 상, 001a>

ㄴ. 텬신이 디답ᄒᆞ야 굴ᄋᆞᄃᆡ 텬쥬ㅣ 스스로 무궁ᄒᆞᆫ 능이 계시니 넘녀치 마옵쇼셔 <주교, 051a>

(73) ㄱ. 慈心 만흔 兒孩 곳 兩手롤 너며 나만 다 쥬옵소셔 ᄒᆞ니 <신심, 010a>

ㄴ. 갈오ᄃᆡ 저 兒孩와 갓치 平均히 分給하소셔 ᄒᆞ고 <신심, 011a>

(74) 그ᄃᆡ ᄒᆞ다가 련화국의 나든 우리 믈을 넘ᄒᆞ야 귀보을 벗게 ᄒᆞ쇼셔 = 君이 若生蓮花國어든 念吾輩을 脫鬼報케 ᄒᆞ슈셔 <권념 6a>(이유기 2001 : 201 재인용)

2.4 청유형 종결 어미

청유형 종결 어미는 '-쟈', '-새', '-식', '-사이다' 등이 쓰였다. '-쟈', '-새', '-사이다'는 근대국어 후기 이전부터 쓰여 왔고, '-식'는 제1기에 처음 등장하는 것으로 보인다.

(75) ㄱ. ᄒᆞ라체 : -쟈/자
ㄴ. ᄒᆞ소체 : -새, -시, -셰, -세
ㄷ. ᄒᆞ쇼셔체 : -사이다, -ᄋᆞᆸ시다/ᄋᆞᆸ시다

2.4.1 ᄒᆞ라체 종결 어미

'-쟈'는 현대국어에 '-자'로 쓰이는 청유형 종결 어미이다. 제1기에 '-쟈'로 쓰였으나, 제2기에는 '-쟈'와 단모음화한 '-자'가 같이 쓰였다.

(76) ㄱ. 廚子를 블러 오라 내 저와 의논ᄒᆞ쟈 <박신, 1,004a>
ㄴ. 衣冠ᄒᆞ고 ᄯᅴ ᄯᅴ고 휘와 보션 신고 다ᄅᆞᆫ 듸 가쟈 <첩몽, 4,011a>
ㄷ. 우리 뎌 컨 두던에 건너 가쟈 ᄒᆞ며 <셩교, 마가복음 04 : 35절>
ㄹ. 피츠 조흔 니야기나 ᄒᆞ야 조롬을 ᄭᅵ우쟈 ᄒᆞ거늘 <쳔로, 하, 168a>
(77) ㄱ. 모괴죵이 굴오ᄃᆡ 냥시의 형벌 더ᄒᆞ쟈 ᄒᆞᄂᆞᆫ 의논이 비록 힝티 아니 ᄒᆞ엿시나 <태상, 2,011a>
ㄴ. 서로 닐ᄋᆞᄃᆡ 이ᄂᆞᆫ ᄶᅩᆺ지 말고 뉘가 가지기로 져비ᄲᅩᆸ아 뎡ᄒᆞ쟈 ᄒᆞ니 <셩직, 4,066b>
ㄷ. 그 사ᄅᆞᆷ이 나롤 권ᄒᆞ야 저와 홈ᄭᅴ 도라가쟈 ᄒᆞ며 굴ᄋᆞᄃᆡ <쳔로, 상, 083b>

2.4.2 ᄒᆞ소체 종결 어미

'-새', '-시', '-셰', '-세'는 현대국어에 쓰이는 '-세'로 이어진 것으로 보인다. 제1기에 발견되는 '-시'의 경우, 종결 어미로 쓰인 것보다는 '-ㄹ시'로 쓰여 의존 명사 '때'로 쓰이는 경우가 더 많았다. 제2기에는 '-셰'와 '-세'가 발견된다.

(78) ㄱ. ᄌᆞ조 ᄌᆞ조 념불ᄒᆞ야 불국으로 어셔가새 <보권, 043a>

ㄴ. 아마 來日도 몯느려오게 ᄒᆞ엳숩니 그 ᄉᆞ이 젹이 낟숩거든 보와가며 就舘ᄒᆞ여 반가이 보옵싀 <인어, 6,020b>

ㄷ. 노래ᄒᆞ야 ᄀᆞᆯᄋᆞᄃᆡ 싱명슈 몱은 물에 노다가셰 <천로, 하, 134a>

ㄹ. 길게 쁴여 ᄀᆞᆯᄋᆞᄃᆡ 도심을 자아내여 조음을 ᄶᅵ처 보셰 <천로, 하, 168b>

ㅁ. 膽氣 勇略 奮發ᄒᆞ야 敵兵 萬若 잇슬 ᄯᅢ는 목숨 슬기 不顧ᄒᆞ고 一段 忠義 힘써 보셰 <신심, 019a>

2.4.3 ᄒᆞ쇼셔체 종결 어미

'-사이다'는 ᄒᆞ쇼셔체 종결 어미로 근대국어 전기 자료에서도 확인된다. 제2기에 쓰인 것으로 보아, 제1기에서도 쓰였던 것으로 추측된다.

(79) ㄱ. ᄀᆞ장 됴ᄊᆞ오니 그리ᄒᆞ옵싸이다 <첩해, 3,10a>(고경태, 1998 : 188 재인용)

ㄴ. 뎌 둘히 서ᄅᆞ 보디 못홈을 기ᄃᆞ리사이다 <오전, 2,146b>(고경태, 1998 : 188 재인용)

ㄷ. 예수ᄭᅴ 닐너 ᄀᆞᆯᄋᆞᄃᆡ 여긔 잇서 즐거오니 오쥬ㅣ 만일 허락ᄒᆞ시면 쳥컨대 세 쳐소롤 비셜ᄒᆞ야 오쥬 ᄒᆞ나 모이서 ᄒᆞ나 에리아 ᄒᆞ나 거ᄒᆞ게 ᄒᆞ사이다 <주년, 009b>

'-옵시다', '-읍시다'는 현대국어에서 '-ㅂ시다'로 쓰인다. '옵'과 '시'가 결합되지 않고 쓰인 예가 발견되지 않기 때문에 선어말 어미 '-옵-', '-시-'를 분석할 수 없다.

(80) ㄱ. 東萊令監이 近間의 新舊交龜ᄒᆞ옵시다 <인어, 1,007a>

ㄴ. 그러나 엇지 ᄒᆞ야 이 글ᄌᆞ가 깃 우ᄠᆡ와 흰 빅ᄠᆡ로 合ᄒᆞ야 되얏는 잇가 서로 生覺ᄒᆞ야 보옵시다 <신심, 013b>

ㄷ. 우리들도 ᄯᅩᄒᆞᆫ 智信과 ᄀᆞᆺ치 그 方法을 生覺ᄒᆞ옵시다 <신심, 037b>

ㄹ. 두 눈이 잇스면서 보지 못ᄒᆞ는 소경이 되지 말고 힘쓸 것시라 우
리들은 暫時도 게어르게 마시옵시다 <신심, 05b>

ㅁ. 우리들은 此後에 이 法더로 地圖롤 그려보옵시다 <신심, 030b>

2.5 감탄형 종결 어미

감탄형 종결 어미로는 '-쇠', '-로셰', '-ㄹ셰', '-고나', '-구나', '-ㄴ뎌/ㄴ
져', '-어라', '-네' 등이 쓰였다. 감탄형 종결 어미는 높임 등급에 따라 구
분하기 어렵기 때문에 모두 'ᄒᆞ라체'로 보았다. 감탄형 종결 어미의 높임
등급이 잘 구분되지 않는 것은 감탄형 종결 어미가 평서형에 포함될 가능
성을 보여준다고 하겠다.

'-쇠'는 선어말 어미 '-도-'나 '-로-', '-오-'와 결합하여 '-도쇠'나 '-로
쇠', '-올쇠'로 쓰였는데, 제2기에 발견되지 않는다. 제2기 문헌에서 '-로셰'
가 발견되는데, 제1기의 '-로쇠'가 '-로셰'로 변화한 것으로 보인다. '-로셰'
가 다시 줄어서 '-ㄹ셰'로 쓰인 것으로 보인다.

(81) ㄱ. 老丈님계오셔는 져리 확샥ᄒᆞ여 뵈옵시니 一喜一悲옵도쇠 <인어,
3,028a>

ㄴ. 극락으로 못 가올 줄 분명이 알니로쇠 <존셜, 016a>

ㄷ. 말만 곱게 ᄒᆞ고 안무옵은 謀陷ᄒᆞ려 ᄒᆞ는 뜻이 이시니 丈夫의 所
意는 아니올쇠 <인어, 3,004a>

(82) ㄱ. 여러 가지 보비엣 말 ᄀᆞᄅ침도 분명ᄒᆞ다 시시째째 싱각ᄒᆞ니 명심
불망ᄒᆞ리로셰 <천로, 샹, 038a>

ㄴ. 노래ᄒᆞ야 굴ᄋᆞ디 디식 연단 이 글ᄌᆞ는 목인들의 일홈일셰 어렵도
다 깁흔 리치 졔가 능히 희셕ᄒᆞ네 ᄒᆞ더라 <천로, 하,1 50b>

ㄷ. 음침ᄒᆞᆫ 악귀혈에 셩도가 나쑨인가 함정과 텰라디망 죄인을 위홈
일셰 <천로, 샹, 075b>

ㄹ. 노래ᄒᆞ야 굴ᄋᆞ디 로졍긔 품에 품고 혹한ᄌᆞ롤 ᄯᆞ룻셔셔 정로롤 비

반ᄒ고 고난 즁에 ᄃ럿더니 광명ᄒᆫ 저 ᄎᆡᆺ직이 쥬은일셰 ᄒ더라 <천
로, 하, 164b>

'-고나'는 15세기 자료에서는 보이지 않던 종결 어미이다(허웅 1989 :
139). 16세기 문헌부터 발견되는 '-고나'는 근대국어 후기까지 쓰이고 있는
데, 근대국어 후기 자료에서 '-구나'가 발견된다. 따라서 근대국어 후기에
는 16세기 이후로 쓰이던 '-고나'가 현대국어에 쓰이는 '-구나'로 교체되는
과정에 있는 것으로 보인다. (83)과 (84)는 근대국어 후기 문헌에서 발견되
는 '-고나'와 '-구나'의 예를 모두 제시한 것이다.

(83) ㄱ. 이ᄂᆫ 이 寶塔이로다 애 네 다 아ᄂᆞ고나 <박신, 1,041a>
    ㄴ. 모든 사ᄅᆞᆷ이 혀 ᄎᆞ고 니ᄅᆞ되 佛家* 法力이 크다 이긔엿고나 <박
       신, 3,027b>
    ㄷ. 兄아 왓고나 <첩몽, 4,006b>
    ㄹ. 굴ᄋᆞ샤ᄃᆡ 슬프다 우리 무리 셰상에 잇슬 제 악ᄒ고 죽을 길희 곤
       ᄒ며 어렵고 빗곤 길흘 향ᄒ다가 쥬의 길흘 아지 못ᄒ엿고나 <성
       직, 3,005a>
    ㅁ. 굴ᄋᆞ디 뎌ᅵ 에리아롤 부ᄅᆞᄂᆞ고나 <성직, 4,072b>
    ㅂ. 닐너 굴ᄋᆞ디 저 쇼년이 우리와 멀니 ᄶᅥ러지지 아니ᄒ엿고나 <천
       로, 하, 178b>
(84) ㄱ. 무셔온 옥졸들이 쇠롤 다롸서 디지니 초통스롤 닐을손가 이빅셰
       후 사ᄅᆞᆷ 되나 벙얼 언청 되거구나 <존설, 009a>
    ㄴ. 雀이 나올 수 업셔 그 속에서 혼자 擾亂이구나 <신심, 025b>

'-ㄴ뎌'는 근대국어 이전부터 감탄형 종결 어미로 쓰였다. 제1기와 제2
기에는 '-ㄴ뎌'와 '-ㄴ져'가 쓰였다.

(85) ㄱ. 반ᄃᆞ시 ᄒ여곰 訟이 업게 ᄒ린뎌 ᄒ시니 <오전, 1,043b>
    ㄴ. 시름 업스니ᄂᆞᆫ 그 오직 文王이신뎌 <맹자(율), 020b>

(86) ㄱ. 셰샹의 얼신과 난젹이 그 쏘흔 가히 뻐 두리온 줄을 알던뎌 <천
　　　　의, 4,052a>
　　　ㄴ. 본듸시 느즌 뎌로브터 ᄒᆞᄂᆞᆫ 혼 도음이 될진져 <백행, 020b>
　　　ㄷ. 셰샹의 공교로이 계교ᄒᆞ고 추피ᄒᆞ는 재 쏘흔 가히 뻐 경계ᄒᆞᆯ진져
　　　　<명의, 2,017b>
　　　ㄹ. 나 과인이 결단코 빅셩의 바라는 거슬 져ᄇᆞ리지 아니ᄒᆞᆯ 거시니
　　　　너희 등은 그 미들진뎌 <사기, 005a>

'-어라'는 감탄형 종결 어미로도 쓰였다. 허웅(1989 : 402)에서는 강조
와 영탄을 나타내는 선어말 어미 '-아/어-'와 종결 어미 '-라'로 분석하고,
16세기에 공시적으로 '-어이다'가 존재하므로 분석하지만 '-어이다'가 사
라지면 분석하지 않는 것이 좋겠다고 하였다. 이유기(2001 : 109)에서는
대체로 '-어라'가 동사에 쓰이면 명령법을 나타내고, 상태 동사에 쓰이면
평서법을 나타낸다고 하였다. 이유기(2001)에서는 종결 어미를 평서, 의
문, 명령, 청유, 약속으로 나누었으므로 감탄형은 평서형에 포함된 것이
다. 그러나 '-어라'를 종결 어미가 아니라 종결 형식으로 언급하고 있으
므로 선어말 어미와 종결 어미의 결합으로 보았다. 장경희(1977 : 125)에
서는 '-어라'를 평서형 종결 어미로 보고, '-어라'는 종결 어미 '-라'의 변
이형으로 보았다. 제1기에 발견되는 다음의 예는 감탄형 종결 어미로 보
인다.

(87) ㄱ. 내 너와 ᄒᆞᆫ가지로 닙츈노롯ᄒᆞ는 양 보라 가쟈 내 가지 아니ᄒᆞ리
　　　　라 쏘 보기 슬희여라 <박신, 3,046a>
　　　ㄴ. 홀연 혼 로인이 니르러 특별이 날을 명ᄒᆞ야 집으로 도라오게 ᄒᆞ
　　　　니 ᄭᅮᆷ이 처음 ᄭᅬᆫ듯ᄒᆞ여라 ᄒᆞ고 <경신, 055b>

'-네'는 평서형 종결 어미로 쓰이는데, (88)은 감탄형으로 해석될 가능

성이 있어서 제시하였다. 감탄형 종결 어미로 확신할 수는 없고, 평서형으로 보아도 무방한 것으로 보인다. 현대국어에서도 '-네'는 감탄의 의미가 드러나는 데 쓰이기도 한다. 종결 어미 '-네'에 대한 『표준국어대사전』의 풀이 ②를 보면,[14) 흔히 감탄의 의미가 드러난다고 풀이하고 있다. 종결 어미를 네 가지 유형으로 나누고, 감탄형 종결 어미를 평서형 종결 어미에 포함시키면 문제가 없겠지만, 감탄형 종결 어미를 별도의 종결 어미 유형으로 설정하는 경우에는 '-네'를 감탄형 종결 어미에 포함시켜야 할 것으로 보인다.

(88) ㄱ. 산 우희로 올나가며 글을 읇흐니 흐엿스디 산이야 놉다마는 어려운 줄 모로겟네 <천로, 상, 043b>

ㄴ. 글을 읇허 굴ᄋ디 거룩ᄒ다 진츙형을 통곡홀 것 전혀 업네 슈졀 스의 <천로, 하, 117a>

ㄷ. 우리 쥬 예수 긔독 내 몸을 벗겨 주네 ᄒ더라 <천로, 상, 076a>

지금까지 살펴본 근대국어 후기 종결 어미를 시기별 표로 정리하면 다음과 같다.

		근대국어 전기	근대국어 후기 제1기	근대국어 후기 제2기	현대국어
평서형	ᄒ라체	다/라 이 리 마	다/라 이 리 마	다/라 이 리 마	다/라 이 리 마

---

14) 「어미」('이다'의 어간, 용언의 어간 또는 어미 '-으시-', '-었-', '-겠-' 뒤에 붙어) ① 하게 할 자리에 쓰여, 단순한 서술의 뜻을 나타내는 종결 어미. ¶자네 차례네./집이 참 넓네./나 지금 가네./여긴 눈이 많이 왔네./그러다 병나겠네. ② 해 할 자리나 혼잣말에 쓰여, 지금 깨달은 일을 서술하는 데 쓰이는 종결 어미. 흔히 감탄의 뜻이 드러난다. ¶우리 아이 노래도 잘 부르네!/집이 참 깨끗하네.

		근대국어 전기	근대국어 후기 제1기	근대국어 후기 제2기	현대국어
평서형	ᄒ소체	× × 오 × ×	이다 노다 오 닉(ᄒ라체) ×	이다 × 오 네 소	이다 × 오 네 소
평서형	ᄒ쇼셔체	ᄂ이다 × ×	ᄂ이다 습니다 ~	ᄂ이다/나이다 습니다/습네다 ᄋᆞᆸ(옵)니다/ㅂ네다	나이다 습니다 ㅂ니다
의문형	ᄒ라체	녀/냐 뇨 (니오) 랴 료 (리오) 니 리	냐 뇨 (니오) 랴 료 (리오) 니 리	냐 뇨 (니오) 랴 료 (리오) ~ 리	냐 뇨 × 랴 × (리오) 니 리
의문형	ᄒ소체	ㄴ가 ㄴ고 ㄹ가 ㄹ고 가 고 ㄴ다 ㄹ다	ㄴ가 ㄴ고 ㄹ가 ㄹ고 가 고 ㄴ다 ㄹ다	ㄴ가 ㄴ고 ㄹ가 ㄹ고 가 고 ㄴ다 ㄹ다	ㄴ가 ㄴ고 ㄹ까 ㄹ꼬 ×* ×* ㄴ다 ×
의문형	ᄒ쇼셔체	잇가 잇고 ×	잇가 잇고 ×	잇가 잇고 ㅁ닛가	잇가 잇고 ㅂ니까

		근대국어 전기	근대국어 후기 제1기	근대국어 후기 제2기	현대국어
명령형	ᄒᆞ라체	라 어라	라 어라	라 아라/어라	라 아라/어라
	ᄒᆞ소체	소 오 고려 렴으나 × ×	소 오 고려 려므나 옵 ㄹ져	소 오 고려 ~ 옵 ×	소 오 구려 려무나 시압 ×*
청유형	ᄒᆞ라체	쟈	쟈	쟈/자	자
	ᄒᆞ소체	새 × ×	새 시 세	× × 셰/세	× × 세
	ᄒᆞ쇼셔체	사이다 × ×	~ 옵시다 ~	사이다 옵시다 옵시다	× ㅂ시다 ㅂ시다
감탄형	ᄒᆞ라체	쇠 로쇠/ㄹ쇠 고나 ㄴ뎌 어라 ×	쇠 로쇠/ㄹ쇠 고나/구나 ㄴ뎌/ㄴ져 어라 ×	× 로셰/ㄹ셰 고나/구나 ㄴ뎌/ㄴ져 어라 네	× 로세/ㄹ세 구나 × 어라 네

× : 발견되지 않음.

~ : 발견되지 않았으나 존재했을 것으로 추정됨.

* : 현대국어 방언에 남아 있는 경우.

( ): 종결 형식임을 표시함.

3. 결론

본 연구는 근대국어 후기를 제1기와 제2기로 나누어 종결 어미의 형태
와 기능 변화를 살펴보았다. 대체로 근대국어 후기의 종결 어미는 근대국
어 전기에 쓰이던 종결 어미가 그대로 사용되고 있었다. 그리고 제1기와
제2기의 종결 어미 형태 변화는 종결 어미가 제2기에서 점차 현대국어에
쓰이는 형태로 변화하고 있다는 점을 관찰할 수 있었다.

평서형 종결 어미에서는 '-다'를 결합하여 종결 어미로 쓰는 경향이 두
드러졌는데, 이전 시기부터 사용된 종결 어미 '-이'에 '-다'를 결합하는 형
태가 사용되었다. 이는 일부 이중 모음이 단모음화 하여 종결 어미 '-이'가
인식되지 않았기 때문이다. 종결 어미 '-이'가 결합된 '-니'는 제1기에 종
결 어미로 쓰이기도 하였는데, 제2기에 '-네'로 변화되었다. 제1기에 쓰인
종결 어미 '-니'는 종결 어미 '-이'의 영향으로 'ㅎ라체'로 생각되나, 형태
가 변화한 종결 어미 '-네'는 'ㅎ소체'로 판단된다. '-네'가 종결 어미로 굳
어지면서 높임 등급이 변화한 것으로 보인다. 평서형에서는 'ㅎ쇼셔체' 종
결 어미의 변화가 두드러졌는데, 선어말 어미와 종결 어미의 결합으로 쓰
이던 '-ᄂ이다'가 선어말 어미 '-ᄂ-'의 기능 약화로 인하여 점차 종결 어
미로 인식되어 제2기에 '-나이다'라는 형태가 나타났고, 현대국어의 종결
어미 '-나이다'로 정착되는 과정을 관찰할 수 있었다. 제1기부터 쓰이기 시작
한 종결 형식 '-니다'는 제2기로 오면서 점차 종결 어미로 인식되었고, 제2
기에는 '-습니다, -옵니다, -옵니다'의 형태로 쓰이게 되어 현대국어 종결
어미 '-습니다, -ㅂ니다'가 형성되는 과정에 있음을 관찰하였다. 종결 어
미로 인식된 '-니다'는 하소체로 판단되나 제2기에 '-습니다'형으로 굳어
지면서 'ㅎ쇼셔체'로 높임 등급이 변화되었다.

의문형 종결 어미는 근대국어 후기에 큰 변화가 관찰되지 않았다. 이

전 시기에 쓰이던 종결 어미가 그대로 사용되고 있기 때문이다. ㅎ라체 종결
어미로 '-뇨', '-료'가 사용되었는데 '-뇨'의 쓰임이 점차 강화되는 반면 '-료'
의 쓰임은 약화되는 경향이 관찰되었다. '-뇨'는 '-니오'와 같이 쓰였지만
'-니오'보다는 '-뇨'의 사용 빈도가 높고, '-료'는 '-리오'와 같이 쓰였지만
'-료'보다는 '-리오'의 사용 빈도 높아서 현대국어에서 쓰이는 의문형 종결
어미 형태로 굳어지는 경향을 관찰할 수 있었다. 'ㅎ소체' 종결 어미 '-ㄹ가'
는 중세국어 이후로 계속 쓰인 종결 어미이다. '-ㄹ가'의 이형태로 '-ㄹ짜,
-ㄹ까'가 쓰였는데, 근대국어 후기의 사용 빈도를 보면 '-ㄹ가'가 가장 널
리 쓰이고, '-ㄹ짜'가 그 다음으로 널리 쓰였다. 현대국어에 쓰이는 '-ㄹ까'
는 '-ㄹ짜'보다 덜 쓰이는 형태였음을 관찰할 수 있었다. 'ㅎ쇼셔체'에서는
이전 시기부터 쓰인 '-잇가, -잇고'가 쓰였는데, '-잇가'의 경우 선어말 어
미와 결합하여 '-니잇가', '-리잇가'의 형태로 쓰였다. 제1기에 선어말 어미
축약형인 '-ㄴ잇가', '-닛가', '-릿가'의 형태가 발견되었다. 이는 종결 형식
'-니잇가', '-리잇가'가 근대국어 후기에 와서 점차 종결 어미로 인식되어
형태 변화가 일어난 것으로 보인다. 제2기에는 '-ㅁ닛가'의 형태가 관찰되
었는데, 현대국어에서 쓰이는 '-ㅂ니까'로 발달하는 과정에 있는 것으로
보인다.

명령형 종결 어미에서는 제1기에 'ㅎ소체' 종결 어미 '-읍'이 쓰였다.
종결 어미 '-읍'은 제2기에 높임 등급이 약간 낮아져서 선어말 어미 '-시-'
와 함께 쓰이기도 하였다. 현대국어에서는 종결 어미 '-시압'으로 쓰인다.
ㅎ쇼셔체 종결 어미 '-쇼셔'는 중세국어에서도 쓰였는데, 제2기에 단모음
화 하여 '-소서'가 같이 쓰였다. 현대국어에서는 '-소서'가 쓰이고 있다.

청유형 종결 어미에서는 이전 시기부터 쓰인 ㅎ라체 종결 어미 '-쟈'가
제2기에 '-자'와 함께 사용되었다. '-쟈'는 점차 '-자'로 정착되어 현대국어
에서 '-자'로 쓰이고 있다. ㅎ소체 종결 어미에서는 이전 시기부터 쓰인 '-새'
가 제1기에 '-싀, -세'와 같이 쓰였고, 제2기에는 '-새, -싀'가 쓰이지 않게

되었다. 제2기에 '-셰'는 단모음화된 형태인 '-세'와 함께 사용되었고, 현대국어에서는 '-세'로 쓰이고 있다. ᄒ쇼셔체 종결 어미에서는 제1기에 '-옵시다'가 쓰이다가 제2기에 '-옵시다'와 같이 사용되었고, 현대국어에 와서 '-ㅂ시다'로 쓰인다.

감탄형 종결 어미에서는 이전 시기부터 쓰인 '-쇠'가 제1기까지 발견되나 제2기에 쓰이지 않게 되었다. 근대국어 전기에도 쓰였던 종결 형식 '-로쇠, -ㄹ쇠'는 제1기까지 쓰였으나, 점차 종결 어미로 인식되어 제2기에는 그 형태가 '-로세, -ㄹ세'로 변화하여 쓰였다. '-로세, -ㄹ세'는 현대국어의 '-로세, -ㄹ세'로 이어지고 있다. '-고나'는 이전 시기부터 쓰였으나, 제1기에 '-구나'형이 등장하였고 제2기까지 '-고나'와 '-구나'가 공존하였다. 현대국어에서는 '-구나'로 쓰이고 있다. 제2기에 평서형 종결 어미로 쓰인 '-네'는 감탄형 종결 어미로 쓰이기도 하였는데, 현대국어에도 그 기능이 이어지고 있다.

근대국어 후기 종결 어미는 본 연구에서 확인한 사항 외에도 많은 변화가 있을 것으로 생각된다. 그러나 본 연구자의 능력 부족으로 인하여 논의에 포함시키지 못한 변화 양상이 있고, 많은 자료를 한꺼번에 다루다보니 각 자료를 세밀하게 관찰하지 못하여 미처 발견하지 못한 사항이나 잘못 관찰한 사항도 있을 것이다. 문법 형태의 변화는 형태의 변화뿐만 아니라 기능의 변화를 동반하는 것이기 때문에 기능의 변화를 기술하고, 형태와 기능이 변화한 원인에 대해서도 세밀하게 관찰하여 기술하려고 노력했으나 부족한 점이 많은 것으로 생각된다. 본 연구 결과가 완벽하지는 않지만, 최소한 다른 연구자의 연구에 최대한 도움이 될 수 있도록 자료를 제시하려고 노력하였다.

참고문헌

고경태. 1998. "근대국어의 어말어미." 「근대국어 문법의 이해」(홍종선 편). 서울
    : 박이정.

고영근. 1965. "현대국어의 서법체계에 대한 연구." 국어연구 15.

고영근. 1981. 「중세국어의 시상과 법에 대한 연구」 서울: 탑출판사.

고영근. 1997. 「표준 중세국어문법론」(개정판). 서울 : 집문당.

고창운. 1995. 「서술씨끝의 문법과 의미」 서울 : 박이정.

김유범. 1998. "근대국어의 선어말어미 : 형태와 통합순서를 중심으로." 「근대국
    어 문법의 이해」(홍종선 편). 서울 : 박이정.

김태엽. 1998. "국어 비종결 어미의 종결 어미화에 대하여." 「언어학」 22.

남기심·고영근. 1989. 「표준 국어문법론」(6쇄). 서울 : 탑출판사.

류성기. 1997. "근대국어 형태." 「국어의 시대별 변천 연구 2 : 근대국어」 국립
    국어연구원.

박종희. 1995. "중세국어 이중모음의 통시적 발달." 「국어학」 26.

박진완. 2000. "현대국어 종결 어미의 변천." 「현대국어의 형성과 변천 1」(홍종
    선 편). 서울 : 박이정.

서태룡. 1988. 「국어 활용어미의 형태와 의미」 서울: 탑출판사.

서태룡. 1996. "16세기 청주 간찰의 종결 어미 형태." 「정신문화연구」(한국정신문
    화연구원) 19-3.

염광호. 1998. 「종결 어미의 통시적 연구」 서울 : 박이정.

윤평현. 1989. 「국어의 접속어미 연구」 서울 : 한신문화사.

이광호. 2004. 「근대국어문법론」 서울 : 태학사.

이동혁. 2000. "현대국어 연결 어미의 형성." 「현대국어의 형성과 변천 1」(홍종
    선 편). 서울 : 박이정.

이 용. 2003. 「연결 어미의 형성에 관한 연구」 서울 : 역락.

이유기. 2001. 「중세국어와 근대국어 문장종결형식의 연구」 서울 : 역락.

장경희. 1977. "17세기 국어의 종결 어미 연구." 「서울사대논총」 16.

장윤희. 1997. "중세국어 종결 어미 '-(으)이'의 분석과 그 문법사적 의의." 「국어학」
    30.

장윤희. 2002. 「중세국어 종결 어미 연구」 서울 : 태학사.

전광현. 1997. "근대국어 음운." 「국어의 시대별 변천 연구 2 : 근대국어」 국립 국어연구원.

한 길. 1991. 「국어 종결 어미 연구」 춘천 : 강원대학교 출판부.

허 웅. 1983. 「우리 옛말본」(중판). 서울 : 샘문화사.

허 웅. 1989. 「16세기 우리 옛말본」 서울 : 샘문화사.

홍종선 외. 2000. 「현대국어의 형성과 변천 1」 서울 : 박이정.

홍종선 편. 1998. 「근대국어 문법의 이해」 서울 : 박이정.

홍종선. 1997. "근대국어 문법." 「국어의 시대별 변천 연구 2 : 근대국어」 국립 국어연구원.

홍종선. 2004. "중세 한국어의 상대 높임법 'ᄒᆞ니체'의 설정." 朝鮮學報(朝鮮學 會) 190.

황국정. 2000. "현대국어 선어말 어미의 형태・기능 변화." 「현대국어의 형성과 변천 1」(홍종선 편). 서울 : 박이정.

후기 근대국어의 파생법
-파생접사의 변화 양상을 중심으로-

|이 현 희|

1. 머리말

　조어의 한 방식인 파생법은 구결에 나타난 부사화 접미사부터 중세, 근대, 현대에 이르기까지 어근과 접사의 결합으로 새로운 단어를 형성하는 한 방법이다. 한국어의 경우 대체로 접두사와 접미사가 어근과 결합하여 파생어를 이루는데, 다만 시기별로 접사의 목록이나 형태, 그 생산성에 변화를 보이게 된다. 예를 들면 사물과 관련된 명사를 파생하는 접미사 '-개'나 사람·동물·식물 등 다양한 명사를 파생하는 '-이' 등은 중세부터 현재까지도 생산적으로 사용되는 접미사이다. 이에 비해 친족과 관련된 어휘를 파생하는 접두사 '넛-'이나 '아촌-' 등은 중세국어 시기에는 사용되다가 현재에는 방언에만 그 흔적이 남아있는 경우로 더 이상 새로운 어휘를 파생하지 못하는 접사이다.

　이 연구에서는 근대후기 문헌을 중심으로 특히 그 시기의 파생 접사의 목록과 용법을 중심으로 살피게 될 것이다. 이를 통해 중세와 현대를 이어

주는 근대국어 시기 중 특히 근대후기의 파생법이 어떤 특성을 보이는지, 또한 그 시기에 주로 사용되었던 접사들에는 무엇이 있는지, 중세와 현대를 이어주는 시기로서 근대후기의 파생법의 특징에는 무엇이 있는지 등을 살피게 될 것이다.

2. 연구 대상의 범위와 방법

본고에서 다루게 될 자료는 18세기 중반부터 갑오경장(1894년) 전후까지 후기 근대국어에 해당하는 것들이다. 이 시기 문헌들에 나타나는 파생어를 기존 연구들에서 제시된 접사의 목록을 바탕으로 하여 조사할 것이다. 특별히 후기 근대국어의 접사 목록을 정리하기 위해 기주연(1994)에서 근대국어 접사로 제시된 것을 바탕으로 하여, 이 외에 중세국어 접사 목록이나 현대국어의 접사 목록을 참고하였다.[1] 이는 중세에 접사로 쓰이다가 근대후기에 그 쓰임이 줄어들었거나, 기존 근대국어 접사 목록에는 나타난 바 없으나 현대국어에서 사용되는 것으로 보아 근대후기에 나타났을 것으로 추정되는 접사들을 파악하기 위한 것이다. 접사를 결정하는 기준은 기존 연구에서 여러 가지가 제시되었는데, 본고에서는 '어근과 결합하여 단어 이하의 차원에서 생산적으로 새로운 의미나 품사범주를 파생하는 형태소'를 기준으로 접사인지의 여부를 판단한다.

파생법은 중세국어부터 현대국어에까지 어근에 접사가 결합하여 단어를 형성하는 것으로 변화를 보이지 않는다. 다만 접사의 형태가 변화하거나 의미나 결합 양상이 변하는 것이 보통이다. 본고는 근대후기의 공시적

---

1) 이미 다양한 연구에서 중세국어와 현대국어 접사의 목록에 제시된 바 있다. 중세국어의 경우 허웅(1995)의 목록을 중심으로 하였다. 아울러 지면 관계상 현대국어의 접사 목록은 따로 제시하지 않는다.

인 양상을 살피는 한편, 근대후기 내에서의 통시적인 양상까지 살피고자 하는 것이 목적이므로 근대후기 당시 일정한 생산성을 보이면서 파생어 형성에 참여했던 접사들을 중심으로 논의를 진행할 것이다. 아울러 논의의 한계상 한자어 접사, 영파생, 피·사동 접사, 유일형태소 등과 관련된 예는 제외한다. 파생어 용례가 한두 개에 그치는 경우라면 생산성의 측면에서 제외하기로 한다. 단, 현대에 와서 생산성을 획득한다거나 중세에는 생산적으로 사용되었으나 근대후기에 와서 예가 줄어든 경우는 통시적 변화 양상을 살핀다는 측면에서 포함한다. 또한 중세부터 근대를 거쳐 현대까지도 단어형성에 활발하게 참여하는 접사들의 경우 이미 기존의 연구가 충분한 것으로 보고 간략한 언급만 하게 될 것이다.

3. 접두사 파생법

접두사는 잘 알려진 바와 같이 후행하는 어근의 품사를 바꾸지 않고 다만 뜻을 더해주거나 강조하는 역할을 한다. 중세국어나 전기 근대국어, 현대국어와 마찬가지로 근대후기에도 접두사를 이용한 단어의 파생법 자체에는 변화가 없다. 다만 접두사에 따라 중세국어 시기에는 활발하게 사용되었다가 근대후기에 들면서 생산성이 약해졌거나 근대후기부터 소수의 용례가 나타나기 시작하면서 현대국어에 이르러 활발하게 사용되는 등의 차이가 나타난다.[2] 이 장에서는 기존 연구에 제시된 접두사 목록을 바

---

2) 앞서 밝혔듯이 접두사에 따라 한두 개의 소수 용례만 발견되는 경우는 논의에서 제외하였다. 아울러 기존 연구에서 접두사로 제시된 바 있으나 다른 품사범주와 구분이 모호한 경우 역시 본고의 논의에서 제외한다. 예를 들면, 'ᄀᆞᆺ(갓)-'은 현대 국어의 '갓'에 해당한다. (예 : 갓스물, 갓서른, 갓태어나다 등)『표준국어대사전』 (이하 '『표준』')에는 부사로 되어 있다. 기주연(1994 : 57)에도 〔-의존성〕 자질을 가지는 것으로 보아 접두사 목록에서 제외하였다. 실제로 'ᄀᆞᆺ난아히(赤子) <몽보, 4a>,

탕으로 후기 근대국어 접두사의 목록을 정리하고 이 시기 접두사 파생법
의 특징을 살피기로 한다.

3.1 명사파생 접두사

이미 언급하였듯이 근대후기의 접두사를 살피기 위해 전후 시기의 접
두사 목록을 점검하는 것이 우선이다. 중세국어 접두사 목록과 근대국어
시기의 목록을 먼저 제시하면 아래와 같다.[3]

> (1) 중세국어 명사파생 접두사(허웅, 1995 : 142~149)
>   가(乃-, 갈-, 곰-, 가온(가온)-, 굴-, 납-, 나-, 댓-, 독-, 뒷-, 두리-, 쓰-, 들-,
>   새-, 소-, 쇠-, 엇-, 스-, 싀-, 쉰-, 아촌-, 이듬-, 일-, 젼-, 쳔-, 초-, 춧(춤)-,
>   춤-, 표-, 풀-, 한-, 핟-, 항-

ㅈ나희(表子) <방언, 신부방언, 35a>' 등에서는 단어 형성에 참여한 듯 하지만,
'ㅈ 니론 짜(新開地) <몽보, 21b>, ㅈ난 벼(秧鍼) <방언, 성부방언, 23b>' 등에서
는 단어를 형성한다고 할 수 없으므로 접두사로만 보기 어렵다. 또 접두사인지 부
사인지 관형사인지 그 구분이 모호한 경우가 있다. '민'의 경우 『표준』에 관형사
(예 : 맨 꼭대기, 맨 먼저), 부사(예 : 맨 소나무이다, 맨 흙투성이다), 접두사(예 :
맨눈, 맨다리) 세 가지로 모두 등재되어 있다. 근대국어 후기 문헌을 검색한 결과
'민'과 결합한 용례로 '민등에 몰틔고 <삼역, 9 : 2a>, 민밥(空飯) <역보, 30a> 민
술 먹기 어렵다(寡酒難喫) <역보, 60b>, 민 惣是 민 몬져 <한불, 228>' 등 소수
의 예가 검색되었다. 그런데 의미상 '민'의 부사와 접두사 사이의 구분이 모호하
다. 이에 본고에서는 '민'을 연구 대상에서는 제외한다.
3) 접두사는 대체로 명사, 관형사, 동사 등 실사에서 문법화를 거쳐 형성된 것이므로
   그 선정 기준에 대한 논의나 그 기준을 바탕으로 사전에 기술할 접두사의 목록을
   선정하는 논의가 많이 이루어졌다. 현대국어를 대상으로 한 연구 역시 그러한데
   김계곤(1996), 안효경(1993), 하치근(1993) 등은 접두사의 목록을 망라하고 그 쓰임
   에 대해 자세히 언급하였으며, 김창섭(1998), 유현경(1999)은 사전에서의 접두사
   처리 문제를 다루었다. 박형익(1999), 박형우(2004)는 기존 여러 사전들에 제시된
   고유어 접두사의 목록들을 비교하였고 변영수(2002)는 고유어 접두사의 의미 양
   상을 상태, 속성, 상태/속성 등으로 나누어 제시하고 있다.

(2) 근대국어 명사파생 접두사(기주연, 1994 : 29~137)

가랑/ㄱ랑-, 갈-, 강-, 딕-, 군-, 넛-, 나-, 디-, 다솜-, 댓/ 돈-, 돌-, 들-, 모-,
뫼-, 무-, 민-, 쇠-, 쇼대-, 쉿-, 숫-, 아촌/ 아춤-, 열-, 올-, 옹-, 졉-, 지-, 출-,
츠-, 춤-, 푸-, 풋-, 횟-, 한-, 한-, 핫-, 헛-, 홀-, 흐올-, 회/휘-

(1)은 허웅(1995)에서 중세국어의 임자씨(체언)를 파생하는 앞가지로 제시
된 것을 정리한 것이며, (2)는 기주연(1994)에 체언을 파생하는 접두사로
제시된 것이다. 이들을 시기를 기준으로 다시 분류하면 아래와 같다.[4]

(3) ㄱ. I 부류(중세~근대) : 갈-, 나-, 댓-, 들-, 쇠-, 쉿-, 숫-, 아촌-, 출-, 춤-,
　　　　　　한-, 핫-
　　ㄴ. II 부류(중세) : 가(갓-), 가온-, 곰-, 굴-, 납-, 독-, 됫-, 두리-, 쓰-, 새-,
　　　　　　소-, 스-, 쉿-, 이듬-, 일-, 젼-, 쳔-, 초-, 폴-, 표-, 항-
　　ㄷ. III 부류(근대) : 가랑-, 강-, 군-, 넛-, 다솜-, 디-, 돌-, 모-, 뫼-, 무-, 민-,
　　　　　　쇼대-, 열-, 올-, 옹-, 졉-, 지-, 츠-, 푸-, 풋-, 횟-, 핫-,
　　　　　　헛-, 흐올/홀-, 회/휘-

(3ㄱ) I 부류는 중세국어 목록에도 있으면서 근대국어 목록에도 포함된
것이다. (3ㄴ)의 II 부류는 중세국어의 목록에는 있지만 근대국어의 목록에
는 빠진 것들이며, (3ㄷ)은 근대국어의 목록에만 있는 예이다. 그런데 문제
는 두 목록에서 접두사를 선정하는 기준에 약간의 차이가 있기 때문에 중
세 시기부터 나타났다고 해도 연구자가 접두사로 보지 않았을 경우 중세

---

4) 이제 중세국어와 근대국어의 접미사를 I, II, III의 세 부류로 나누어 시기별로
　정리할 것이다. 이는 중세와 근대의 접사 목록 중 중세에만 나타났다가 사라진 것,
　혹은 중세부터 근대까지 계속 나타나지만 접사 기준의 설정이 다르기 때문에 포함되
　지 않은 것, 근대부터 나타나기 시작한 것, 근대의 목록에만 있으나 실상 중세부터
　사용되던 것 등 다양한 경우의 수를 모두 포함하기 위한 장치이다. 특히 중세의 목록
　에만 있는 접사인 II부류를 먼저 살펴 근대후기의 접사에 포함되는 것이 있는지를
　살피고, 본격적인 논의는 I, III부류를 중심으로 하게 될 것이다.

국어의 목록에 빠져 있을 수도 있다는 것이다.5) 실제로 Ⅲ부류에 제시된 '넛-, 민-' 등은 이미 중세에도 용례가 발견되지만 허웅(1995)에서는 명사 를 파생하는 접두사로 따로 처리하지 않았다. 결국 (3ㄱ)의 Ⅰ부류는 두 목록에 공통으로 포함되어 있으므로 접두사 설정 기준의 차이가 있다고 해도 별 문제가 되지 않는다. 문제는 Ⅱ부류와 Ⅲ부류에 해당하는 예인데, 이를 해결하기 위해 Ⅱ부류의 접두사는 근대국어의 문헌을, Ⅲ부류의 접 두사는 중세국어의 문헌을 각각 검색하였다.

우선 Ⅱ부류 접두사 중 근대후기 접두사로 볼 수 있는 예가 있는지 살 펴보자. '골-'은 근대에 와서 '갈-'로 통합되므로 Ⅰ부류 접사로 보는 것이 타당하다. '두리-(두리깨6))' 역시 근대후기의 접두사로 새로운 어휘를 파생 한 것으로 보기 어려운데, 16세기 문헌에 이미 '荏 듧깨 심 <훈몽, 상 : 7a>' 의 용례가 나타나며 그 후에도 '들깨'의 형태로 쓰이는 것으로 보아 본고 의 접두사에서 다루지 않는다. '소-(소밥, 素食)' 역시 본고의 논의 대상에 서 제외하는데, 의미상 '맨-'으로 보아 접두사로 처리되었으나(허웅, 1995 : 146) 한자 '素'에 이미 肉食과 대비되는 의미인 '菜食'의 의미가 있으므

---

5) 물론 (1)과 (2)의 접두사들이 동일한 기준에 의한 것이 아니기 때문에 이 두 목록 을 단순히 비교하는 것에 무리가 있을 수 있다. 그러나 기주연(1994)의 경우 근대 국어의 파생법에 관한 치밀한 연구가 이루어진 단행본으로 거의 유일하고, 허웅 (1995)을 대부분 고려하고 있기 때문에 두 연구가 완전히 동떨어졌다고 볼 수 없 으므로 몇 가지 개별 접사를 제외하고는 두 목록을 비교하는 것에 큰 문제가 없 어 보인다. 중세국어의 접사와 관련하여 허웅(1995) 역시 다양한 이형태와 용례, 어원까지 제시하고 있기 때문에, 다른 연구들이 이 범위에서 크게 벗어나지 않는 다. 아울러 근대후기부터 나타나기 시작한 접두사의 경우 기존 중세국어나 근대 국어의 연구에서 다뤄지지 않았을 수도 있다. 이러한 문제를 극복하기 위해 본고 에서는 현대국어 접사의 목록 역시 검토하여 근대후기 문헌에 나타나는 것이 있 는지를 살펴볼 것이다. 결국 중세와 근대, 현대에 이르기까지 접사로 제시된 형태 들은 여러 이형태까지 고려하여 근대후기 문헌에서 거의 검색의 대상이 되었다 고 할 수 있다.

6) '들깨'의 옛말.

로 파생어가 아닌 합성어로 볼 수 있는 가능성이 있다.[7] 또한 '소-'가 '맨-'의 의미로 사용되는 다른 예를 발견하지 못하였으므로 논의에서 제외한다. 그 외 나머지 '가-(갓)-(갓나히), 가온-(가온디), 곰-(곰돌외)[8], 납-(납거믜), 독-(독솔), 쓰-(쓰물), 쇠-(쇠비름), 스-(스フ볼), 표-(표웜), 풀-(풀왼)' 등 용례가 거의 한두 가지 뿐이고 어기를 제외한 접두사만의 의미 역시 분명하지 않으며 근대후기에 들어 새롭게 파생된 용례가 발견되지 않는 경우들도 역시 본고에서 다루지 않는다. 결국 Ⅱ부류 접두사 중 근대후기 접두사로 다룰 수 있는 것은 '갈-' 정도이다.

이제 Ⅰ부류와 Ⅲ부류의 접두사를 중심으로 근대후기 접두사의 양상을 살피기로 한다. 아울러 근대후기부터 나타나기 시작한 접두사들도 있을 것이므로, 이들을 파악하기 위해 현대국어의 접두사 목록을 참고하기로 한다.[9] 이상의 접사들을 파생어의 의미범주가 유사한 것들로 묶어 인간 관련 접두사에서는 인간과 관련된 것, 동식물 관련 접두사에서는 동식물과 관련된 것, 무정물 관련 접두사에서는 사물과 관련된 것 등 세 가지로 나누어 논의하기로 한다.[10]

---

7) 『표준』에 의하면 '소밥'은 '고기반찬이 없는 밥'인데 비해 '맨밥'은 '반찬이 없는 밥'이므로 허웅(1995 : 146)의 논의처럼 '소-'와 '맨-'이 완전히 동일한 의미를 가지는가에 대해서도 의문의 여지가 있다.

8) 특히 '곰-'의 경우 중세국어 시기에는 접두사로 설정되었으나(허웅, 1995), 근대국어 시기의 접두사 목록에는 빠져 있다(기주연, 1994). 현재까지도 '곰개미, 곰딸기, 곰비늘고사리, 곰솔' 등 동물이나 식물의 이름을 만드는데 여전히 사용된다는 점을 고려하면 접두사로 볼 수 있을 듯 하다. 그러나 문헌상의 한계일 수 있겠으나 근대후기 문헌에서 검색되는 용례가 '곰달늬(馬蹄菜) <몽편상, 14b>, 곰취 香蔬 <한불, 187>' 등 중세문헌에 나타나던 것과 큰 변화 없이 한정되어 있으므로 본고에서는 따로 논의하지 않는다.

9) 논의를 진행하면서 현대국어에서 사용되는 접두사나 접미사는 따로 목록을 제시하지 않고, 다만 목록과 관련하여 뒤에 참고문헌만 제시할 것이다.

10) 파생어의 의미를 기준으로 한 분류는 다음 절의 명사파생 접미사에서도 동일하게 이루어질 것이다. 대체로 파생접사를 논의할 때 어기의 범주를 기준으로 하여 분류하는 경우가 보통인데, 접두사의 경우 후행하는 어기의 범주를 바꾸지 않으

3.1.1 인간 관련 접두사

근대국어의 명사파생 접두사 중 인간과 관련된 것으로 I 부류의 '아촌
/아춤/아츤-, 한-', III 부류의 '넛-, 다솝-, 민-, 쇼대-, 지-, ᄒ올/홀-' 등을 들
수 있다. 이들은 대체로 친족 관계를 나타내는 명사와 결합하는 양상을 보
인다.

위의 접두사 중 후기 근대국어에서 이미 접두사로 사용되었다고 보기
어려운 것으로 I 부류의 '아촌-', III 부류의 '넛-, 다솝-, 민-, 쇼대-' 등이 있
다. 이들은 특히 근대후기 문헌에서 용례가 발견되지 않는데, 우선 '넛-'의
경우 중세국어부터 '넛할미 <소학, 6 : 74b>' 등의 용례가 나타나며 현대
국어에도 '넛손자, 넛할아버지' 등이 남아 있다. 그러나 근대후기의 문헌
에서는 용례가 발견되지 않고, 중세국어부터 이미 한 단어로 굳어져 사용
되던 것이 현대국어로 들어와 사어가 된 것으로 보아 본고에서는 근대후
기 접두사 목록에서는 제외한다. '다솝-' 역시 근대후기에서 접두사로서
생산적이지 않았는데, 기주연(1994 : 76)에서는 중세국어에서 명사로 사용
되던 것이 근대국어에 들어와 접두사화 하였다고 기술하였다. 그러나 이
미 '다솝아비' 등의 용례가 「이륜행실도(옥산서원본)」(1518)에 나타나므로
특별히 근대국어에 들어 접두사화 하였다고 보기 어렵다. 오히려 '다솝아
비, 다솝어미' 등은 '수양(收養)'의 의미인 명사 '다솝'과 '아비, 어미'가 결
합한 합성어로 처리할 수 있는 가능성도 있으므로 역시 본고의 근대후기
접두사 목록에서 제외한다. 또한 현대국어에서도 사용되지 않고 다만 제
주방언에 '다솝어멍/아방/딸/아달'의 형태로 남아있을 뿐이다. '민-'은 '민

므로 굳이 후행어기의 범주를 기준으로 하지 않았다. 아울러 앞서 (3)에서 제시
한 I 부류, II 부류, III 부류 등의 기준 역시 단순히 시기에 따라 나눈 것이므로
근대후기만의 접두사 양상을 살피는데 큰 의의를 가지지 못할 것으로 보아 파생
어의 의미를 기준으로 하여 논의를 진행하였음을 밝힌다.

며느리/민사회' 등의 용례가 중세부터 발견되는데, 근대후기 문헌에서는
용례가 발견되지 않는다.11) '아촌-' 역시 접두사로 보기 어려운데, 후기 근
대국어에서는 '守歲 아촌설 밤 쇠오다 <방언, 신부방언, 7a>'의 한 예만
발견되고 친족관계에 해당하는 '아촌아들/딸'에 해당하는 용례는 발견되
지 않는다. '쇼대-' 역시 근대후기 문헌에서 용례가 발견되지 않는데, 근대
전기까지 '쇼대남편/쇼대남진' 등 소수의 용례만 발견된다. 이상의 접두사
들은 대체로 생산성이 낮고 근대후기에 이미 거의 사용되지 않은 것으로
보아 접두사 목록에서 제외할 수 있다.

　다음으로 Ⅲ부류의 '지-, 홀-' 등이 역시 친족 관계를 나타내는 접두사
로 제시되었다. 이들을 근대후기 문헌에서 찾아보면 아래와 같다.

　　(4) ㄱ. 지- : 지아비 <태상, 1 : 22a>, 지어미 <성절, 80b>
　　　　ㄴ. 홀- : 矜 홀아비 관 <주천, 41b>, 홀어미 <자휼, 3a>, 홀아비 鰥
　　　　　　夫, 홀어미 寡婦 <한불, 113>

(4ㄱ)의 '지-'도 중세국어부터 나타난 '지아비, 지어미'의 용례 외에 다른
용례는 검색되지 않는 것으로 보아 이들이 이미 어휘화 되었다고 할 수
있으므로 근대후기 접두사 목록에서 제외한다. 이에 비해 (4ㄴ)의 '홀-'은
현재에도 접두사로 사용되고 있으며 근대전기에 '호올/홀/호올-' 등 다양
하게 나타나던 형태가 근대후기에 들어 '홀-'로 통일되고 '호올-'은 '호올
로'의 예에서만 사용되는 것으로 보아 근대후기 접두사 목록에 포함할 수

---

11) '민-'의 경우 친족용어가 아닌 경우에 접두사 용법을 보이는 예가 있는데, '민갑
　　드릴 렴 <훈몽, 하 : 9b>, 賒 민빋 샤 <유합, 하 : 44b>'가 그것이다. 이때 '민-'은
　　'민며느리, 민사위'처럼 '미리 값을 치른'의 의미이다. 그러나 이 경우에도 접두
　　사가 결합한 어휘가 소수이고 근대후기에 용례가 '져 사롬의게 민빋으로 주는
　　거시 아니라 <인어, 5 : 4a>'에 1회 발견되므로 역시 접두사 목록에 포함하기에
　　는 무리가 있어 보인다.

있다.

이 외에도 (3)에 제시된 접두사 외에 현대국어에서 인간과 관련된 접두사로 사용되는 것으로 '돌-, 몯/맏-, 숫-, 알-, 애-' 등이 있다.

> (5) ㄱ. 돌- : 돌계집 石女子, 돌놈, 돌푸리 周回人 돌푸리 장ᄉᆞ 돌푸리 의
>   원 <한불, 495>
>   ㄴ. 몯/맏- : 몯쇽아지비大伯, 몯쇽누의大姑, 몯쳐남大舅子 <몽보, 4a>,
>   몯아ᄌᆞ비伯父, 몯아ᄌᆞ미伯母 <몽보, 上 : 8b>, 몯누의姐姐, 몯
>   아돌長子 <몽보, 上 : 9a>, 맛아들 長子 <국한, 108> 맛물 先
>   出物[12], 맛아돌 昆子, 맛아돌, 맛년 長女, 맛놈 長男, 맛누의
>   娣, 맛비 先出獸[13], 맛파 長派[14] <한불, 226>
>   ㄷ. 숫- : 숫새악씨 童婦女 <한불, 438>, 숫것 純物 <국한, 192>
>   ㄹ. 알- : 알깍졍이 賤辱 卵角丁 風凰穀 <국한, 204>, 알밤 卵栗, <국
>   한, 204>

이 중 (5ㄱ) '돌-'은 보통 '돌미나리, 돌삼, 돌귀어리'(기주연, 1994 : 77) 등 '야생의 것, 질 낮은 것'을 뜻하는데 특이하게 '사람'을 나타낼 경우가 근대후기 <한불ᄌᆞ뎐>에 보이기 시작한다.[15] '돌'이 사람을 나타내는 말에 사용될 경우 부정적인 의미를 더해주는데, '제 역할을 다 못하면서' 혹은 '돌아다니는 사람' 정도의 의미를 가진다. (5ㄴ)의 '몯/맏-'은 중세에는 명사로 사용되다가[16] 현대국어에서 접두사로 설정되었는데, 중세국어나 근

---

12) 맛물 : 푸성귀, 과일, 곡식, 해산물 따위에서 그해 들어 제일 먼저 거두어들인 것.
13) 맛비 : 짐승이 새끼를 낳거나 까는 첫째 번. 또는 그 새끼.
14) 맛파 : 맏아들의 갈래.
15) '돌녀'의 경우 '아기를 낳지 못하는 여자' 혹은 '이리저리 떠돌아다니는 여자', '돌놈'은 '버릇이 없는 사람을 낮잡아 이르는 말', '돌팔이'는 '제대로 된 자격이나 실력이 없이 전문적인 일을 하는 사람을 속되게 이르는 말' 정도의 의미로 사용된다.
16) 실제로 중세국어까지는 명사로 사용된 용례가 발견된다. '그 몯이 몬져 닐오더 <번소, 9 : 66a>, 몯이어든 다 져기 나아 셔고 <가례, 10 : 13a>, 兄 몯 형 <유합(영), 12b>, 尹 몯 윤 <천자(송), 17b>, 孟 몯 밍 <천자(송), 22a>' 등이 그것인데, 조

대국어의 접두사 목록에 제시된 바 없다. 그러나 뒤에 오는 어기가 친족관계에 한정되어 있고 근대후기에 들어 '맛물, 맛비' 등 사람과 사람 사이의 관계를 나타내는 것과 관련되지 않은 용례가 나타나기 시작하여 현대국어처럼 '그해 처음 나온'의 뜻을 더해주는 경우('맏나물, 맏물' 등)까지 용법이 확대되는 것으로 미루어 근대후기부터 접두사로서 기능했다고 볼 수 있다.[17] (5ㄷ)의 '숫-'은 현대국어에 '더럽혀지지 않아 깨끗한' 등의 뜻을 더해주는데 '숫처녀, 숫총각' 등의 용례가 있다. 근대후기에 '숫새악씨, 숫것' 정도의 예만 발견되었으나 현대국어에서 접두사로 사용됨을 고려하여 근대후기에도 접두사로 사용된 것으로 처리할 수 있다.[18] (5ㄹ) 역시 근대후기 문헌에서 사람과 관련하여 '알짝정이' 한 예만 발견되는데 현대국어에서는 '알거지, 알부자, 알건달' 등의 용례가 있다. 어근에 '진짜, 알짜'의 뜻을 더해준다. 사람과 관련되지 않은 것으로 같은 문헌에서 이전 시기에 발견되지 않던 '알밤'의 용례도 발견된다. 이는 근대후기에 생산적이지는 않지만 이미 현대국어와 같은 '알-'의 용법이 쓰이고 있었음을 보여주는

사와 결합한 용례는 중세국어 시기까지만 발견되었다. '兄 몯 형, 尹 몯 윤' 등의 형태로 자전류에 남은 것 외에는 명사로서의 기능은 사라진 것으로 볼 수 있다.

17) 『표준』에 의하면 '맏배'는 '짐승이 새끼를 낳거나 까는 첫째 번, 또는 그 새끼'를 뜻하는데, 접두사 '맏-'의 항목에는 두 번째 의미인 "그해에 처음 나온'의 뜻을 더하는 접두사'의 용례로 잘못 제시되어 있다. 오히려 첫 번째 의미인 "맏이'의 뜻을 더하는 접두사'의 용례로 제시되는 것이 옳은 듯 하다.

18) 기주연(1994 : 82)에서는 '숯-'에 대해 논의하면서 현대국어에서 '숫(숫처녀, 숫색시)'으로 변형되었다고 하였다. 그러나 '숯-'의 경우 '숯무우(蔓菁) <몽편, 상 : 14b>, 頤門 숯구무 <방언, 신부방언, 15b>'의 용례가 '숫새악씨 童婦女 <한불, 438>, 숫것 純物 <국한, 192>'의 용례와 함께 근대후기 문헌에 발견되고 있으므로 굳이 '숯-'이 '숫-'으로 변형되었다고 볼 이유가 없고, 그 의미 역시 '숫-'이 '더럽혀지지 않고 깨끗한'이라는 의미를 가지는 것으로 보아 '숯-'의 '작고 둥근(허웅, 1975 : 146)'과도 같지 않다고 보이므로 '숫-'과 '숯-'은 다른 접두사로 보아야 할 것 같다. 아울러 '숯무우, 숯구무'가 '숫무우, 숫구무' 등으로 나타나는 용례가 발견되지 않으므로 '숫-'이 '숯-'의 변형의 결과라 보기 어려운 것 같다.

것이라 하겠다.

이상의 논의를 종합하면 후기 근대국어의 접두사로는 '홀-'을 들 수 있고, 이 외에 '돌-, 묻/맛-, 숫-, 알-' 등이 새롭게 추가될 수 있다. 중세를 거쳐 근대전기까지 인간과 관련된 접두사들은 대체로 친족 관계를 나타내는 경우에 사용되었으나 근대후기 이전에 이미 여러 표기상의 이형태들이 통일되기 시작하여 근대후기에는 한두 형태로 통일되었으며, 역시 근대후기에 들어 '돌-, 숫-, 알-' 등의 용례가 보이기 시작하면서 친족 관계 외의 다른 영역, 즉 사람의 성향이나 특성을 나타내는 어휘들로 그 사용이 확대되는 양상을 보인다고 할 수 있다.

3.1.2 동식물 관련 접두사

동물이나 식물을 나타내는 명사와 결합하여 다른 동물이나 식물의 이름을 만들어내는 접두사로 Ⅰ부류의 '니-, 갈/굴-, 댓/돈-, 들-, 쇠-, 쉿-, 춤/참-', Ⅲ부류의 '가랑/ᄀ랑-, 강-, 돌-, 모-, 뫼-, 열-, 올-, 웅-' 등이 있다. 이들 중 근대후기국어의 접두사로 보기 어려운 예들을 먼저 살펴보자.

우선 Ⅰ부류 '니-(니뿔)'의 경우 'ᄎ(출)-'과 달리 '뿔' 외에 다른 어기와 결합한 예가 없고(출콩, 출기장, ᄎ뿔 등), '입쌀'로 그 형태로 바뀐 것을 감안하면 근대후기의 생산적인 접두사라고 보기는 어렵다. '쇠-'의 경우 '쇠비름'은 중세부터 나타나는 용례인데, '개비름, 색비름, 털비름' 등의 다양한 '비름'의 일종으로 본다면 굳이 접두사로 보기보다는 오히려 합성어로 처리하는 것이 타당해 보인다. 아울러 기주연(1994 : 81)에서 제시된 '쇠더덩이'는 특히 '쇠딱지'의 옛말인데, '쇠딱지'는 '쇠똥'을 의미하는 것으로 이때 '쇠-'의 의미는 '오래 된, 굳어 늙어진(金)'의 의미로 볼 수 있다(1994 : 81∼82). 그러나 이 외 다른 용례가 발견되지 않으므로 본고에서는 다루지 않는다. '쉿-' 역시 '쉿무우, 쉿구무'의 두 용례만 중세국어부터 꾸

준히 발견될 뿐 근대후기 문헌에서 다른 용례가 발견되지 않아 본고에서
는 따로 논의하지 않는다.

Ⅲ부류의 경우 '가랑/ᄀ랑-'은 근대후기에 접두사로 활발하게 사용되
었다고 보기 어려운데, 이미 중세국어에도 '濛鬆雨 ᄀ랑비 <역어, 상:
2a>'의 용례가 발견되므로 특별히 근대시기부터 접두사로 쓰였다고 보기
어렵고, 근대후기 문헌에 '가랑파 種子蔥 <국한, 2>'의 한 예만 제외하고
는 다른 용례가 발견되지 않는 것을 고려하여 본고에서는 다루지 않는다.
또한 '모-(모밀), 열-(열무우)' 역시 하나의 용례만 발견되므로 논의하지 않
는다. 기주연(1994 : 84)은 '열-'에 대해 현대국어에서는 '열중이'가[19] 또 다
른 용례이므로 접두사로 볼 수 있다고 하였는데, 비록 '어린'의 의미를 공
유하므로 '열-'을 접두사로 볼 수도 있겠으나 '중이(쭝이)'가 단독으로 사
용되지 않고 이 두 용례 외에 다른 용례가 발견되지 않으므로 본고에서는
접두사로 처리하지 않는다.

그 외 Ⅰ부류의 '갈/굴-, 댓/둔-, 들-, 춤/참-', Ⅲ부류의 '돌-' 등은 근대
후기 접두사로 볼 수 있는 예이다.

(6) ㄱ. 갈/굴- : 굴ᄀ마괴鷝 <몽편, 상: 16a>, 갈가마귀雲鴉 鴛, 갈게 葛蟹,
　　　　　 갈범 豹虎 <국한, 8>
　　 ㄴ. 댓/뒷/둔- : 댓무우 胡蘿蔔 <박신, 2 : 39b>, 蘿蔔 댓무우 <방언, 성
　　　　　 부방언, 28b>, 둔무우 蘿蔔 <한청 12 : 36>, 뒷무우(蘿蔔) <몽
　　　　　 편, 상: 14b>, 뒷쓰리(地膚草) <몽편, 상: 15a>, 뒷가치(練鵲) <몽
　　　　　 편, 상: 16a>, 댓가치 唐鵲 <한불, 452>[20]
　　 ㄷ. 돌- : 돌귀오리, 돌파, 돌츠조기[21] 雀麥 <물명, 3 : 3a>, 돌팟 石豆 <한

---

19) '열쭝이'의 잘못. 겨우 날기 시작한 어린 새. 흔히 잘 자라지 아니하는 병아리를
　　 이른다.
20) 기주연(1994 : 77)에서 '댓닭'과 관련하여 '크고 억센'으로 보았다. 그러나 <훈몽
　　 자회, 상>의 '댓-가치('때까치'의 옛말. 댓가치 혹), 댓두러기(늙은 매, 老鷹), 댓-
　　 딜위('때찔레'의 옛말. 海棠 댓딜위)' 등을 고려한다면 그렇게 볼 수 없을 듯하다.

불, 495>, 돌빅 山梨 <한불, 495>

ㄹ. 들- : 슈임 水荏 들찌 <한불, 438>, 들믜나무 楠木, 들무우 野菁 <한불, 481>

ㅁ. 춤/참- : 참깨(白油麻) <몽편, 상:8a>, 참기람 眞油 香油 <국한, 287>, 참마암 <성교(히브), 10 : 22>, 참사랑 <성교(베드로), 1 : 22>

이중 (6ㄱ), (6ㄴ)의 '갈/굴-, 댓/뒷/돈-' 등은 근대후기 문헌에서도 중세국어와 마찬가지로 동식물과 관련된 어휘에 주로 나타난다. 예도 소수만 발견된다. 특히 '댓/뒷/돈-'은 근대전기까지 '댓/돈/단/닷/뒷-' 등 다양한 이형태를 보이는데, 근대후기에 들어와서는 '단/닷-'의 형태는 발견되지 않으면서 형태가 통일되는 양상을 보이므로 본고에서는 '댓/뒷/돈-' 형태만을 접두사로 처리한다. 이들은 현대국어에서도 동식물과 관련된 파생어에 쓰인다. 특히 (6ㄱ)의 '갈/굴-'은 앞서 논의한 '곰-'처럼 현대국어에서 다양한 동식물명이나 광물명에도 사용되는데, 근대후기까지는 동물명에 사용된 용례만 발견되는 것으로 보아 '갈-'의 용법이 확장된 것은 현대국어에 와서가 아닌가 한다. (6ㄷ)과 (6ㄹ)의 '돌-, 들-' 역시 현대에까지 접두사로 사용되고 있다. 특히 (6ㅁ)의 '춤/참-'은 Ⅰ부류에 속하는 접두사로 중세국어부터 식물과 관련하여 사용되었으며 근대후기까지도 두 이형태 모두 사용되었다. 그런데 이전 문헌에서는 발견되지 않는 용례로 '참마암, 참사랑' 등이 근대후기 문헌에 보이기 시작하는데, 이들은 성경과 관련된 문헌에 주로 나타난다. 그러므로 접두사 '참-'이 현대국어에서의 용법처럼 '품질이 좋은' 혹은 '진실하고 올바른'의 두 가지 의미를 나타내게 된 시기로 근대후기를 잡을 수 있을 듯 하다.

근대후기국어에서는 소수의 예만 발견되지만 현대국어에서 생산적으로 사용되는 접두사로 '끼-, 강-' 등이 있다.

---

21) '차조기'는 '蘇葉'을 뜻함. 야생 소엽을 말한다.

(7) ㄱ. 기- : 莘荑花 기나리 어서리 <한불, 418>, 물고기 구은 것 흔 조각
　　　　　과 기쑬22) 흔 덩이 <주교, 62a>, 기썩 荏餠 <한불, 140>
　　ㄴ. 강- : 강벼록 <해동가요 96, 기주연 재인용>, 강밥 乾食 <한불, 130>,
　　　　　강판으로 乾局23), 강판사다 乾居 <한불, 130>, 강심살이 苦
　　　　　生, 강심살이ᄒ다 <한불, 131>, 강다짐ᄒ다 乾食24) <한불, 131>

(7ㄱ)의 '기-'는 기주연(1994 : 64～65)에서는 의존성이 없다는 이유로 접두
사 목록에서 제외하였다. 그러나 이미 명사로서의 '개(犬)'에서 그 의미가
일정 정도 변화하였기 때문에 본고에서는 접두사로 처리한다. 후기 근대
국어부터 '야생'의 의미로 한정되어 쓰이기 시작하다가 현대국어에 이르
러 부정적인 의미까지 확장되어 생산적으로 사용되는 접두사로 볼 수 있
다. (7ㄴ)의 '강-'은 근대국어의 접두사 목록에 포함되었는데(기주연, 1994 :
74) '강벼록' 한 용례만 제시되었다. 그런데 후기 근대국어의 자전류에서
현재처럼 확장된 의미, 즉 '다른 것이 섞이지 않은, 마른, 호된, 억지스러
운' 등의 다양한 의미를 가진 '강-'의 용례들이 보인다.25) 특히 뒤에서 보
게 될 동사 접두 파생 (18ㄴ)에서처럼 명사 외에 형용사를 파생하는 현대
국어 접두사의 용법이 나타난다. 그러므로 접두사 '강-'은 근대후기에 들
어서 접두사로서 완전히 기능이 확립되었다고 할 수 있다.

---

22) 개꿀 : 개벌통에서 떠낸, 벌집에 들어 있는 상태의 꿀.
23) 乾局 : 풍수지리에서, 묏자리나 집터 따위의 주변에 강이나 내가 없는 생김새.
24) 강다짐 : ① 밥을 국이나 물에 말지 아니하고 그냥 먹음. ② 남을 보수도 주지
　　아니하고 억지로 부림. ③ 억지로 또는 강압적으로 함. ④ 덮어놓고 억눌러 꾸짖
　　음. 여기서는 ①의 의미만 나타낸 것인데, 현대국어로 오면서 어휘의 의미가 확
　　장된 것으로 보인다.
25) 후기 중세국어 문헌인 「물보」에 '마른밥'을 나타내는 '강반'과 「악장가사」에 '강
　　수'의 두 용례가 발견되는데, 이 두 어휘에서 '강-'은 '마른, 된' 등의 의미를 나
　　타낸다. 그러므로 근대후기 이전에도 '강-'이 접두사로 쓰였다고 볼 수도 있는데
　　현대국어에서처럼 다양한 의미로 확장되기 시작한 것은 근대후기 자전의 용례부
　　터임을 고려하여 근대후기부터 본격적으로 접두사 용법이 시작된 것으로 처리하
　　였다.

이상의 논의에서 동물이나 식물과 관련하여 근대후기에 접두사로 사용된 것으로 근대국어 접두사 목록인 Ⅰ부류의 '갈/굴-, 댓/돈-, 들-, 춤/참-'과 Ⅲ부류의 '강-, 돌-', 현대국어 접두사 목록에 있는 '기-' 등을 들 수 있다. 동식물명과 관련된 파생어를 형성하므로 주로 자전류에 그 용례가 발견되며 앞서 3.1.1에서 인간과 관련된 접두사들이 근대후기에 들어 복잡한 이형태들의 통일이 이루어지는 것처럼 동식물과 관련된 접두사들 역시 한두 가지의 형태로 통일되는 양상을 보인다. 아울러 근대후기에 이르러 '굴/갈-, 춤/참-, 강-'의 경우 현대국어에서처럼 동식물명 외의 다른 의미범주의 어근을 취하여 파생어를 형성하였다.

3.1.3 무정물 관련 접두사

무정물과 관련된 접두사로 Ⅰ부류의 '찰-, 쉰-, 핫-', Ⅲ부류의 '군-, 디-, 무-, 옹-, 접-, 푸-, 풋-, 헛-, 횃-, 회/휘-' 등이 있다.

우선 Ⅰ부류의 접두사 중 '쉰-'은 '쉰다리(腿子) <몽편, 상: 1a>, 쉰대초(䴺 쉰대초 식) <훈몽, 상: 5b>'의 두 용례 외에 발견되지 않는데, 두 어휘의 '쉰-'은 형태상 동일하지만 하나의 형태로 보기 어려울 것 같다. 의미상 공통점을 찾아내기 어렵고 새롭게 다른 어휘를 파생하지도 않았으며 중세 이래로 근대후기까지도 형태의 변화 없이 동일한 형태를 유지하는 것을 감안하여 본고에서는 다루지 않는다. Ⅲ부류의 접사 중 '디-(디골), 무-(무쇠), 옹-(옹도라지), 접-(접낫), 푸-(푸디접), 회/휘-(휘초리)' 등도 이들 외에 다른 예가 발견되지 않아 본고의 논의에서는 제외한다.

다음으로 Ⅰ부류의 '찰-, 핫-'과 Ⅲ부류의 '군-, 헛-, 횃-, 풋-' 등을 보자.

(8) ㄱ. 찰- : 찰머구리 眞蛙 <한불, 593>, 찰밥 眞食 <한불, 593>, 찰벼 眞稻 참쌀 <한불, 593>, 찰쩍 眞餠 <한불, 593>

ㄴ. 핫- : 핫옷 襖, 핫바지 襖袴, 핫져구리 襖襀 <한불, 81>, 綿襖子 핫
옷 vs. 皮襖子 갓옷 <몽보, 상 : 43a>, 肪襖 두터온 핫옷, 袷襖
누비옷 <방언, 서부방언, 23a>, 襖 핫옷 오 <유합, 상 : 31a, 17
세기>

ㄷ. 군- : 군말 업시 잡습소 <개첩, 4 : 25a>, 군것질 空食 <한불, 206>,
군소리 虛聲 <한불, 207>, 군돌 閏月 <한불, 207>, 군거림 窘
步 空行 <국한, 39>

ㄹ. 헛- : 헛걸음, 헛고생, 헛구토 <두경, 65b>, 혼갓 헛소문쑨이오 <윤
음(호남), 4a>, 헛밍세롤 밧치 아님이오 <진교, 6b>

ㅁ. 횟- : 횟소옴 <두경, 29a>, 횟밤, 횟녹두 <규합, 12b>, 횟콩 <규합,
20a>

ㅂ. 픗- : 草腥氣 픗내 <몽보, 20b>, 픗뎌쵸 <규합, 12b>, 픗 것, 픗쵸 靑
草 <한불, 366>, 픗감 生柿 七佳實 <국한, 334>, 픗 것 草物
新出 <국한, 334>, 픗고초 草苦椒 <국한, 334>, 픗과실 草果
實 <국한, 334>, 픗나물 草菜 <국한, 334>, 픗나무 草柴 <국
한, 334>

(8ㄱ) '찰-'은 현재까지도 생산적으로 사용되는 접두사인 반면 (8ㄴ)의 '핫-'은
위에 제시된 용례 외에는 발견되지 않는다. 다만 근대후기까지 꾸준히 용
례가 나타나므로 접두사로 처리할 수 있다. (8ㄷ)~(8ㅁ)은 소수의 용례만
발견되는데 대체로 근대후기의 자전류에 많이 나타난다. 이들은 근대 시
기부터 문헌에 나타나기 시작하여 소수의 용례만 발견되는데 현재 그 생
산성이 높거나(군-), 중세부터 일정한 의미로 사용되다가 근대후기에 이르
러 의미의 확대를 경험하였거나 생산성이 높아진 예(헛-, 횟-)에 해당한다.
중세의 접두사 목록에는 포함되지 않았지만 중세부터 현대까지 계속 사용
되고 있으며 근대후기를 거치면서 현대에 와서 생산적으로 사용된다. 특
히 (8ㅁ) '횟-'의 경우 기주연(1994 : 89)에서는 '횟소옴'의 용례만 제시되었
으나 근대후기 문헌인 「규합총서」에서 다른 용례들을 발견할 수 있었다.

(8ㅂ)의 '풋-'은 기주연(1994 : 88)에는 '픗/풋-'의 두 형태가 제시되었으나 근대후기 문헌에서는 거의 '풋-'으로 통일되어 '픗-'의 예는 발견되지 않는다. 특히 18세기 후기까지도 문헌상 한두 용례이다가 19세기 자전류에 용례가 많아지기 시작한다. 현대국어의 경우 '처음 나온' 혹은 '덜 익은'의 의미나 '풋내기'에서처럼 '미숙한, 깊지 않은'의 두 가지 의미로 사용되는데, 근대후기까지는 주로 식용식물과 결합하여 전자의 의미로만 사용되다가 현대국어에 들어 의미가 확장된 것으로 보인다.26)

'덧-, 날-, 늦-, 믠/민-' 등은 기존 근대국어 접두사 목록에 제시되지 않은 것들인데, 근대후기의 자전류에서 일부 용례가 발견되기 시작하여 현대국어에서 생산적으로 사용된다.

> (9) ㄱ. 덧- : 덧니 <역보, 21b>, 덧방 <한불, 472>, 덧거리 加餙 <한불, 472>,
>   덧물 氷上水 <한불, 472>, 덧니 加齒 <한불, 472>
>   ㄴ. 날- : 날것 生 <한불, 268>, 날군 生軍 <한불, 268>, 날밤 生栗
>   <한불, 269>, 날감 生柿 <국한, 56>
>   ㄷ. 늦- : 늦곡27) 晩穀 <한불, 283>, 늦바롬 <한불, 283>, 늦벌기28)
>   <성교(마태), 3 : 4>
>   ㄹ. 믠/민- : 믠비단 <박신, 1 : 46a>, 禿山 믠산 <몽보, 3a>, 禿子 믠
>   마리 <몽보, 24a>, 민머리 白頭 <국한, 128>

---

26) 접두사 '풋-'과 관련하여 김덕신(2000)에서는 '플 > 풀', '픗 > 풋' 등으로 원순모음화를 겪었으나 '픗'이 '풀(草)'에서 왔을 가능성을 제시하면서, '풀(草) → 덜 익은 것(주로 식물) → 익숙하지 아니하여 서투르거나 정도가 깊지 않은' 등 3단계를 거쳐 의미가 변화하였다고 하였다. 이때 2단계에서 3단계로 의미가 변화하는 시기를 16세기로 추측하였는데, 본고에서 제시한 근대후기의 예들이 대체로 2단계의 의미를 보이는 것을 고려한다면 시기를 16세기로 잡는 것은 무리가 있는 듯 하다.

27) 늦곡 : 늦곡식(제철보다 늦게 여무는 곡식/제철보다 늦게 수확하는 곡식)

28) 늦벌기 : 늦벌레 ('벌기'는 '벌레01'의 방언(강원, 경상, 함경), 밤나빗과의 곤충. 몸과 앞날개는 누런 밤색 또는 잿빛을 띤 밤색)

(9ㄱ)의 '덧-'은 근대국어 초기에도 그 용례가 보인다. '덧-'의 '덧니'를 제외한 나머지 용례들이 근대후기 문헌에서만 발견되는 것으로 미루어 근대후기에 접미사로 기능하기 시작한 것으로 볼 수 있다. (9ㄴ)의 '날-'은 현대국어에서 '말리거나 익히는 가공을 하지 않은(날고기) / 다른 것이 없는(날바늘) / 장례를 다 치르지 않은(날송장) / 지독한(날강도)' 등 다양한 의미를 더해주는 데 사용된다. 그러나 근대후기 이전 시기의 문헌에서 발견되지 않고, 근대후기에 '가공을 하지 않은' 정도의 의미만 더해주는 것이나, 이 시기에도 발견되는 용례가 그리 많지 않은 것으로 보아 이 시기부터 '날-'의 사용이 시작된 것이 아닌가 한다. (9ㄷ)의 '늦-' 역시 '날-'과 유사한 경우인데, 18세기 후기까지도 '늣다(늦다)'의 활용형으로만 사용되다가 근대후기 문헌에 접두사로 사용된 용례가 보이기 시작한다. 이와 달리 (9ㄹ)의 '뮌/민-'의 경우 중세국어부터 '뮌비단' 등의 용례가 발견되는데, 중세국어나 근대국어의 접두사 목록에는 포함된 바 없다. 19세기 들어와서 '뮌-' 대신 '민-'의 형태로 통일되어 쓰인다. 근대후기까지도 그다지 생산적이지 않았으나 현대국어에 와서 생산적으로 사용된다. 근대후기까지 '꾸미거나 딸린 것이 없는'의 의미로 사용되다가 현대국어에 와서 '민소매, 민꽃' 등의 용례에서 '어근에 해당하는 것이 없음'의 의미까지 확장되어 사용된다. 앞서 동식물 관련 접두사에서 언급된 '민-'과는 다른 접두사이다.

이상의 논의를 종합하면, 무정물과 관련된 접두사로 '쉰-, 디-, 무-, 옹-' 등은 기존 연구에 언급된 한두 개의 용례를 제외하면 새롭게 발견되는 것이 없어 본고에서 다루지 않았다. 이에 비해 (8)에 언급된 '찰-, 핫-, 군-, 헛-, 횟-, 풋-' 등은 중세부터 혹은 근대전기부터 용례가 발견되기 시작하여 현대국어에서도 어느 정도 생산적으로 쓰이는 예이다. 근대후기에 나타난 것으로 볼 수 있는 용례들도 있는데, 근대후기에 한두 용례가 발견되기 시작하여 현대에는 제법 생산적으로 사용되는 것들로 '덧-, 날-, 늦-' 등이 이에 속한다.

3.2 동사파생 접두사

동사파생 접두사 역시 중세와 근대, 현대국어의 접두사 목록을 비교하여 근대후기 접두사에 어떤 것들이 있는지 살피기로 한다. 아래는 중세국어와 근대국어의 동사파생 접두사이다.

> (10) 중세국어 동사파생 접두사(허웅, 1995 : 142~149)
> 가른-, 걸-, 것모른-, ᄀ오-, 넙-, 답-, 더위-, 덧-, 데-, 마-, 모-, 몯-/붇-,
> 박-, 브르-, 비-, 아ᅀᅡ-, 엇-, 에-, 져-, 즞-, 즏-, 자-, 츳-, 차-, 타-, 횟-, 휫-, 흐-
> (11) 근대국어 동사파생 접두사(기주연, 1994 : 93~112)
> 답-, 덧-, 데-, 되-, 뒤-, 드-, 들-, 마-, 매-/민-, 무-, 붓/붇-, 박-, 발-, 브르-,
> 뷔-, 비-, 싀-, 슬-, 쓰-, 얄-, 억-, 엇-, 에-, 일-, 잇-, 져-, 지-, 짓-, 차-, 치-,
> 흐-, 후-, 휘-, 희-

(10)은 허웅(1995)에서 풀이씨(용언)의 밑말에 결합하여 풀이씨를 파생하는 앞가지(접두사)로 설정된 것이고 (11)은 기주연(1994)에서 용언을 파생하는 접두사로 본 것이다. 이들을 시기를 기준으로 하여 다시 정리하면 (12)와 같다.

> (12) ㄱ. Ⅰ부류(중세~근대) : 답-, 덧-, 데-, 마-, 박-, 브르-, 비-, 엇-, 에-,
> 져-, 지-, 짓-, 차-, 흐-, 휘-
> ㄴ. Ⅱ부류(중세) : 걸-, 것모른-, ᄀ오-, 넙-, 횟/휫-
> ㄷ. Ⅲ부류(근대) : 되-, 뒤-, 들-, 쓰-. 슬-. 얄-, 억-, 일-, 잇-

Ⅰ부류 접사 중 '답-(답샇다, 積), 마-(마모른다), 박-(박차다), 비-(비웃다), 져-(져ᄇ리다, 負), 흐-(흐놀이다)' 등은 다른 어근과 결합한 용례가 발견되지 않고 접두사로 특별히 어떤 의미 기능을 하는지도 명확하지 않으므로 본고에서는 따로 논의하지 않는다.[29] 그 외 '브르-, 지-, 짓-, 치-' 등은 강

세 관련 접두사에서, '덧-, 데-. 엇-, 휘-' 등은 의미 관련 접두사에서 다시 논의하기로 한다. Ⅱ부류 중 '걸-'은 '키 ᄀᆞ티 걸안고 ᄆᆞᆷ이 퇴만티 아니리 업다 ᄒᆞ니 <경문, 43b>'라고 하여 '키 같이 걸어앉고'로 해석할 수 있으므로 합성어로 보는 것이 타당할 듯 하다. '것ᄆᆞᆯ-(것ᄆᆞᆯ죽다), ᄀᆞ오-(ᄀᆞ오누르다), 넙-(넙놀다)' 등은 근대후기 문헌에서 발견되지 않았으며, '횟/휫-(횟돌다, 휫두르다)'은 '휘-'로 대체되어 나타난다. 그러므로 이들 접두사는 본고의 논의 대상에서 제외할 수 있다. Ⅲ부류 접사에서 '뒤-, 들-' 등은 강세 관련 접두사에서, '되-'는 의미 관련 접두사에서 다시 언급할 것이다. '잇-'의 경우 Ⅲ부류 접사의 목록에 제시되어 있는데, '잇그다, 잇끌다' 등의 용례는 근대후기만이 아니라 중세국어 문헌에서도 발견된다. '잇-'의 어원을 동사 '잇다'에서 온 것으로 볼 때(기주연, 1994 : 107), 근대후기까지 '잇끌다, 잇그다' 외 다른 용례가 발견되지 않는 점, 동사의 원래 의미에서 거의 변화하지 않은 점 등을 고려하여 본고에서는 다루지 않는다. 이 외에도 '싀-(싀새오다), 슬-(슬믭다), 얄-(얄믭다), 억-(억디다), 일-(일쯰오다)' 등이 있는데, 이들 역시 다른 어기와 결합한 예가 발견되지 않고 근대후기 이전 시기에 한 단어로 굳어진 것으로 보아 근대후기에 접두사로 기능하였다고 보기 어려울 듯하다.

---

29) 실제로 허웅(1995)나 기주연(1994)에서도 '답-, ᄒᆞ-'에 대해 '한군데 첩첩이(답-), 남을 못살게(ᄒᆞ-)' 등으로 가상의 의미를 설정하였을 뿐, 어기의 원래 의미에서 크게 벗어나는 의미를 포착하고 있지 못하다. 아울러 '져-' 역시 '負'를 어원으로 설정하고 현대어의 경우 여기에서 의미가 상당히 멀어져 접두사화 한 것이라고 하였으나 '져ᄇᆞ리다'는 중세국어 시기부터 현대국어와 동일한 의미로 사용되고 있었으며 '신의, 도리, 목숨' 등 결합하는 목적어의 부류 역시 변화가 없으므로 현대국어에 들어 특히 접두사화 하였다고 볼 수 없을 듯하다. 문제는 함께 병기되어 있는 한자인데, 19세기 후기 문헌들에 '孤負 져ᄇᆞ리다 <몽보, 上 : 25a>, 져다 바리다 負以棄之 <국한, 255>, 져ᄇᆞ리다 負棄 <한불, 551>' 등의 용례가 보인다. 이때 특별히 '져-'만을 접두사로 보기보다는 오히려 '지다'와 '버리다'의 합성어에서 의미가 확장된 것으로 보는 것이 더 타당하지 않을까 한다.

3.2.1 강세 관련 접두사

강세를 나타내는 Ⅰ부류 접두사로 '브롭/브릅-(브르-), 지-, 짓-, 치/티-' 등이 있는데 이들은 중세국어 접두사 목록과 근대국어 접두사 목록에 모두 포함되어 있다. 중세국어부터 다양한 이형태를 보이고 있었으며 근대 후기로 갈수록 단일 형태로 통일되는 양상을 보인다.

> (13) ㄱ. 브롭/브릅- : 눈 부롭뻐 <삼역(중), 6 : 11>, 눈을 브릅쓰고 <오륜, 2 : 77>
> ㄴ. 지- : 氷凍薄凌 어름 지픠려ᄒ다 <몽보, 2b>
> ㄷ. 짓- : 棲止 짓드리다 <몽보, 하 : 30a>, 짓발피여 <과화, 11a>, 짓잡 다 因執, 짓젹다 無顔 <한불, 568>, 짓치다 <국한, 283>, 짓 씹다 嚼也 <국한, 283>
> ㄹ. 치/티- : 티티고 <지장, 상 : 20b>, 티드리워 <무원, 3 : 17a>, 치쓰 다, 치돗다 上走 <한불, 604>, 치밀다 <한불, 601>, 치닷다 上走 <국한, 308>, 치밀다 搓揶 上衡 <국한, 308>

(13ㄱ)의 '브롭/브릅-'은 중세부터 근대전기까지 '브르/브릭/브릅/브롭/브롭/브룻/브느-' 등 다양한 이형태를 보이는데 근대후기에 '부롭/브릅-'으로 통일되는 양상을 보인다. 그러나 접두사의 형태가 다양한 것에 비해 후행하는 어근은 '쓰다(뜨다)' 정도에 그치며 현대국어까지도 다른 용례가 발견되지 않으므로 생산적인 접두사라 하긴 어렵다. (13ㄴ)의 '지-' 역시 문헌에 나타나는 어휘가 매우 한정되어 있어서 '픠다'와 결합한 용례 외에는 근대후기 문헌에서 발견되지 않았다. 또한 '픠다'를 제외한 '지-'만의 의미를 단순하게 강조라고 할 수 없으므로[30] 완전한 접두사로 처리할 수는 없

---

30) '지픠다'의 의미로『표준』에서는 '한데 엉기어 붙다'를 제시하고 있다. '지픠다'는 특히 '얼음, 구름(祥雲)이 집픠는 동 <송강, 상 : 7>, 기주연(1994 : 108) 재인

을 것 같다. 이에 비해 (13ㄷ), (13ㄹ)의 '짓-, 치/타-'는 근대후기는 물론이
고 현대까지도 접두사로 사용되고 있다. 이들은 '즐/짓-, 치/타-' 등 근대후
기 이전까지 이형태를 보이다가 근대후기에 들어와서는 '짓-, 치-'의 단일
형태로 통일 되어가는 양상을 보인다.

접두사 '뒤-, 들-'(기주연, 1994 : 95~98) 등은 Ⅲ부류에 해당하는 접두
사인데, 중세국어 시기에는 일반 동사로 사용되다가 근대국어에 들어 접
사로 기능하기 시작하여 현재 접두사로 생산적으로 쓰이게 된 것으로 보
인다.[31]

(14) ㄱ. 뒤- : 뒤쓸코 <주교, 66b>
ㄴ. 들- : 들도드며 <태상, 2b>, 들복다 <한불, 481>, 들피지다 疲困 <한
불, 481>

특히 (14ㄴ)의 '들복다, 들피지다' 등의 '들-'은 현대국어의 접두사와 마찬
가지로 '마구, 몹시'의 뜻을 가지는 접두사로 볼 수 있는데, 기주연(1994 :
96~97)에서 제시한 용례들은(들추다, 들혀다; 들쁘다, 들쓰다 등) 오히려
'마구, 몹시'의 뜻으로 현대국어의 접두사와 같은 의미를 가지기보다는
'들다(擧)'에 해당하는 것으로 보인다. '들추다, 들쁘다' 등이 그러한데, 특
히 '들쁘다/들쓰다'의 경우 '들쓰다 浮升 <한불, 481>'로 보면 합성어로
처리하는 것이 적절하다. 아울러 '이 술이 들믜쥬근ᄒ다(酒忤禿, 밍밍하다,
설미지근하다), 북티고 들우레다(鼓忤, 야단스럽게 떠들다)'에서의 '들-' 역
시 접두사로 처리하였으나 '믜쥬근ᄒ다, 우레다' 등이 단독으로 용언으로

─────────

용)'과 공기하는 것이 대부분인데 '얼음이 지픠다'에서 '픠다'의 의미를 도출하는
것이 쉽지 않다. 그러므로 동사 '픠다'에 강세의 의미를 더해 주는 것으로 보기
어려울 것 같다.
31) 접두사 '뒤-' 역시 원래 동사 '드위-'에서 접사화한 예이다. 또한 기주연(1994 : 97)
에서는 '들-'의 어원은 '들(擧)'이지만 접두사로 쓰일 경우 '마구, 몹시'의 뜻이 나
타나므로 그 의미는 다르다고 지적하였다.

사용된 용례가 발견되지 않고 의미 역시 병기된 한자가 '忰'인 것으로 보아 '마구, 몹시'와는 거리가 있다.

마지막으로 근대국어 접두사 목록에 제시되지 않았지만 현대국어에서 생산적으로 쓰이는 접두사 중 '내/늬-, 드리-' 등은 근대후기 문헌에서 이미 발견된다.

> (15) ㄱ. 내/늬- : 늬치다 <태상, 2 : 77a>, 늬닫다 <태상, 3 : 2b>, 늬쏨다 <이언, 1 : 53b>, 늬쫏츠며 <이언, 3 : 13b>, 늬쳐 <셩교(고린도)>, 내치시니라 <삼역, 1 : 10b>, 내드르면 <삼역, 4 : 15a>, 내픠고 <동문, 하 : 59b>, 내픠다32), 픠어나다, 패어 나다 <두경, 24a>, 發憤直前 분내여 내돗다 <동문, 하 : 59b>, 세번 내티디 아니며 <논어(율), 1 : 49b>, 내닷다 突出 <국한, 58>
>
> ㄴ. 드리- : 抽哈 드리그어 마시다 <몽보, 상 : 49a>, 드리드라 <태상, 2 : 19a>, 드리부다 吸吹

(15ㄱ) '내-'는 앞서 언급한 유형으로 원래는 동사이던 것이 접두사화 한 경우이다. 중세국어 동사 '내다'에서 온 것으로 주로 동작동사와 결합하여 행위의 방향성을 한정하거나 강조의 뜻을 더해준다. 동사 '내다'에서 비롯된 것이지만 동사에서 의미의 전이가 일어난 것으로 보아 접두사로 처리한다. 중세국어에도 이미 '내-'가 결합한 파생동사가 발견된다. 19세기 들어 '늬-'형의 표기가 나타나는 것은 근대국어 표기의 혼란에 의한 것으로 보인다. 현대국어에서는 접두사로 처리하고 있으며(김계곤, 1996 : 123; 안효경, 1994 : 75) 그 의미로 '힘주어, 휘어잡아'(내닫다, 내뛰다, 내몰다), '마구, 함부로'(내던지다, 내두르다, 내쏘다) 등의 의미를 가지는 것으로 보았다. 후기 근대국어의 시기에는 전자에 해당하는 용례들이 발견되는 것으

---

32) 역증이 있는 경우 약을 먹으면 돋은 것이 더 '피어난다'라는 뜻이다.

로 보아 현대국어에 들어 후자의 의미까지 확대된 것으로 볼 수 있다. (15
ㄴ)의 '드리-'는 현대국어의 '들이-'에 해당하는 것으로 '몹시, 마구, 갑자
기'의 뜻을 더해 주는데 근대후기 문헌에서는 '드리-'의 형태만 나타나고
용례도 많지 않다. 아울러 근대후기 이전 문헌에서 검색되지 않는 것으로
보아 근대후기부터 사용하기 시작한 것으로 추정할 수 있다.

이상 근대후기 강세와 관련된 동사파생 접두사들에 대한 논의를 정리
하면 다음과 같다. 중세국어에서 다양한 형태로 사용되던 강세 접두사들
은 근대후기로 들어오면서 다양한 이형태들이 하나 혹은 두 가지 형태로
통일되기 시작하였고(브롭/브룹-, 짓-, 치-), 그 외는 대체로 어휘화를 경험
하여 하나의 동사로 굳어지는 것으로 보인다. Ⅲ부류에 해당하는 접사들
중 '뒤-, 들-' 정도가 근대후기에도 용례가 제법 발견될 뿐 그 외 접두사들
은 한두 용례 외에는 다른 용례가 발견되지 않아 논의에서 제외하였다. 이
외에도 현대국어에서 생산적으로 사용되는 접두사 중 "내/너-, 드리(들
이)-" 등은 후기 근대국어의 접두사 목록에 포함할 수 있다.

3.2.2 의미 관련 접두사

접두사가 동사와 결합하여 동사의 의미를 한정하거나 확장하는 등 강
조 외의 의미를 가진 것으로 Ⅰ부류의 '덧-, 휘-, 데-', Ⅲ부류의 '되-' 등이
있다.

  (16) ㄱ. 덧- : 거워 덧내단 말 <역보, 61a>, 덧업다 無暇, 덧거치다, 덧방加
        添 덧방질ᄒᆞ다33) 觸怒, 덧나다, 덧부루다 飽滯 <한불, 472>,
        덧나다 錯出, 덧들다 錯入, 덧드리ᄒᆞ다 加 <국한, 78>

---

33) 덧방질ᄒᆞ다: 이미 있는 것 위에 다른 것을 덧대는 일. 또는 그런 물건. ¶덧방을 붙
    이다/걸상의 부러진 자리에 덧방을 대다.(덧방: 현대국어 한자 枋으로 되어 있음)

ㄴ. 휘- : 彎轉 휘듯다 <몽보, 상 : 22a>, 휘휘ᄒ다, 휘모다, 휘달니다,
　　　　휘두루다 <한불, 116>
ㄷ. 데- : 데닉다 不熟, 데삼기다 未完烹, 데되다 不善爲 <한불, 468>
ㄹ. 되- : 되므론대 <종덕, 상 : 10b>, 更醒 되씨다 <몽보, 하 : 7a>, 되씨
　　　　우다 再覆, 되치이다 還擊 <한불, 484>, 되먹ᄂ니 <규합, 21b>,
　　　　되사리다, 되치다 <국한, 84>

(16ㄱ)의 접두사 '덧-'은 중세국어에서도 나타나긴 하지만 근대국어나 현
대국어의 용법과 다른 접두사이다. 중세국어에 제시된 예는 어휘화를 거
쳐 현대국어에서도 나타나는데, 허웅(1995 : 138)에서는 강세를 나타내는
접두사로 '덧-'을 제시하면서 '덧궂다 <석상, 24 : 25>'를 용례로 들었다.
그러나 실제로 근대국어 시기에 나타나는 '덧-'은 '加'에 해당하는 것으로
양자가 다르다. 근대국어 시기의 접두사 '덧'은 동사와 명사 모두에 결합
하여 '거듭, 겹쳐서' 등의 의미를 나타낸다(무정물 관련 접두사 (9ㄴ) 참
조). 현대국어에서도 생산적인 접두사이다. (16ㄴ) '휘-' 역시 근대국어를
거쳐 현대국어에서도 동사나 형용사와 결합하면서 생산적으로 사용된다.
(16ㄷ) '데-'의 경우 근대후기 자전류에 적은 용례만 발견되는데, 병기된
한자에서도 알 수 있듯이 '덜 된, 불충분한'의 의미를 나타내며 동사에 결
합한다.[34] (16ㄹ) 접두사 '되-'는 동사 어간 '돌(廻)-'에 부사화 접사 '-이'가
결합하여 이루어진 것으로 '다시'의 의미를 갖는 접두사이다(유창순, 1974
: 414; 기주연, 1994 : 95 재인용). 근대국어 시기에는 넓은 분포를 보이지
않지만 현대국어에 들어와서는 생산적으로 사용되고 있다.
　　다음으로 접두사 '맛-, 얼-, 헛/헷-'을 보자. 이들은 기존의 중세국어 접

---

34) 동사에 결합하는 '데-'와 달리 현대국어에서는 형용사에도 '데-'가 결합하는데(데
　거칠다, 데바쁘다), '몹시, 매우'의 뜻을 더해 준다. 근대후기 문헌에서는 형용사
　와 결합한 용례가 발견되지 않는 것으로 보아 형용사와 결합하는 '데-'는 근대후
　기에 사용되지 않았던 것으로 보인다.

두사 목록이나 근대국어 접두사 목록에 제시되지 않았지만 현대국어에서
활발하게 사용되는 것으로 미루어 후기 근대국어에서도 접두사로 사용되
었을 것으로 보이는 예들이다.

> (17) ㄱ. 맛- : 楸頭髮 마리털 맛잡다 <몽보, 29a>, 맛셔고 <명의, 2 : 11a>,
> 맛붓다 兩合 符同맛셔다 相敵 <국한, 108>
> ㄴ. 얼- : 얼뫼다 <한불, 24>, 얼부푸다 <한불, 24>, 얼쓰다 <한불, 24>,
> 얼지다 <한불, 24>35)
> ㄷ. 헛/헷- : 헛도이 前功 <여사, 4 : 57a>, 진실노 헛되지 아니터라 <명
> 의, 상 : 56a>, 頭髻 헛트러뎟고 불틔인 곳은 <무원, 3 : 85a>,
> 낭편을 헛틀어 <잠상, 34a>, 헛뿌리다 誹謗 <한불, 91>, 헛
> 잡다, 誤捉 <국한, 353>, 발을 헷듸듸면 <천로, 상 : 11a>

(17ㄱ) '맛-'은 현대국어의 '맛-'에 해당하는 것으로 중세국어 시기에도 이
미 '맛다히다, 맛닫다' 등의 용례가 발견된다. 그러나 이와 함께 부사인
'맛'이 사용된 용례가 발견되는데36), 근대후기에는 '맛'이 부사로 쓰인 용
법이 발견되지 않는다. 그러므로 현대국어의 접두사 '맛-'은 중세국어 시
기에는 부사 '맛'으로 쓰이다가 근대후기에 들어와서 부사의 용법이 사라
지면서 접두사의 용법으로 굳어졌다고 할 수 있다. 다만 근대후기 문헌에
서도 '맛-'의 형태는 유지한다. (17ㄴ) '얼-'은 현대국어에서는 동사나 명사
에 모두 결합하여 '덜된', '분명하지 못하게, 대충' 등의 의미를 더해주는
데, 근대후기까지는 동사와 결합한 용례만 소수 발견된다. (17ㄷ) 접두사
'헛-'은 동사와 명사에 모두 결합하는데, 후행요소에 따라 접두사의 의미
가 크게 달라지지는 않는다. 현재에도 생산적인 접두사로 사용되며 이형

---

35) 얼- : ① "몇몇 명사 앞에 붙어" '덜된' 또는 '모자라는'의 뜻을 더하는 접두사. ¶
얼개화/얼요기. ② "몇몇 동사 앞에 붙어" '분명하지 못하게' 또는 '대충'의 뜻을
더하는 접두사. ¶얼넘어가다/얼버무리다/얼보이다/얼비치다.
36) 낫 맛 수이예 바고니롤 소드니 시스며 <두중, 16 : 72b>

태로 '헷-'의 형태가 보인다.[37]

    이상으로 근대후기 동사파생 접두사 중 강세 외에 동사의 의미를 한정
하거나 확장하는 접두사에 대해 논의하였다. 정리하면, 우선 '덧-'은 중세
부터 강세를 나타내는 경우에 사용되었으나 근대후기에는 '거듭'의 의미
로 변하여 사용되었다. 그 외 '휘-, 데-' 등도 중세부터 근대후기, 현대까지
사용된다. '맛-, 얼-, 헛-' 등은 현대국어에서 사용되는 접두사인데 근대후
기에 아주 많은 용례가 발견되는 것은 아니지만 자전류를 중심으로 용례
가 나타난다.

    마지막으로 접두사에 의한 형용사의 파생은 접미사에 의한 형용사파
생보다 접두사의 수나 용례의 수가 현격하게 적다[38]. 현대국어에서도 색
채형용사와 관련된 '새-, 싯-'이 활발하게 쓰이고, '거-(거세다), 드-(드넓다,
드높다)' 등이 몇몇 형용사와 결합하여 쓰인다. 후기 근대국어의 경우도
역시 접두사를 이용한 형용사파생 용례가 명사파생이나 동사파생 접두사
에 비해 많이 발견되지 않는다. 색채 형용사와 결합하여 농도의 짙음을 강
조하는 '새-, 샛-, 시-, 싯-' 중 '새-'와 '매우, 몹시'의 뜻을 더해주는 '강-'
(현대국어 : 강마르다, 강밭다 등)의 용례가 소수 발견되었다.[39]

        (18) ㄱ. 새- : 새감아타 黑, 새노라타 臭黃, 새파라 直靑, 새밝가타 臭紅
            <국한, 171>

---

37) '헷-'에 대해『표준』에는 접두사가 아닌 관형사로 되어 있다. ① 접두사 '헛'의
    방언(평북). ② 접두사 '헛'의 옛말. ¶黃蓋 니로되 공이 말지간 업슴이 이시면 黃
    蓋 헷 괴로옴을 바들랏다 <삼역, 6 : 20> / 말슴을 굴회여 내면 결울 일이 바히
    업고 無逸을 쵸하ᄒᆞ면 貪慾인들 이실소냐 一毫ㅣ나 밧긔 일ᄒᆞ면 헷 工夫인가
    ᄒᆞ노라 <고시조, 987>.
38) 접두사에 의한 형용사파생의 경우 발견되는 접두사나 용례의 수가 적은 관계로 따
    로 절을 마련하지 않고 동사파생 접두사의 뒷부분에 함께 처리하였음을 밝혀둔다.
39) 이는 근대후기까지도 고유어 색채어가 덜 발달한 것과 궤를 같이 하는 것으로
    보인다.

ㄴ. 강- : 강파련ᄒ다 <한불, 129>, 강파릅다 瘦瘠 <국한, 12>

현대국어에서 다양한 이형태를 가지는 '새-'는 대응형인 '시-'나 음운론적
조건의 교체형인 '샛/싯-' 등이 나타나지 않고 '새-'의 한 형태만 발견된다.
아울러 '심하게' 혹은 '높이' 등의 뜻을 더해주는 접두사 '드-'(현대국어 :
드넓다, 드높다, 드세다 등)도 '드세다 太强 <한불, 481>'의 용례만 한 번
나타난다. 이들 접두사는 중세국어에서도 발견되지 않는 것으로 보아 근
대국어 후기까지 접두사를 이용한 형용사의 파생은 활발하지 않았던 것으
로 보인다.

4. 접미사 파생법

접미사에 의한 파생법 역시 접두사와 마찬가지로 파생법 자체에는 큰
변화를 보이지 않는다. 접미사에 의한 파생의 경우 선행 어근과 관계없이
접미사에 따라 파생어의 품사가 결정된다. 이 장에서는 제3장에서와 마찬
가지로 중세국어와 근대국어의 접미사 목록을 먼저 살피고 이들을 근대후
기 문헌을 중심으로 검색하여 근대후기 접미사의 양상을 살피기로 한다.

4.1 명사파생 접미사

접미사에 의한 파생은 선행 어근과 관계없이 접미사에 따라 파생어의
범주가 결정된다. 파생명사의 경우 접두사에 의한 것보다 접미사에 의한
파생이 활발하게 이루어진다. 아래는 기존 연구에 제시된 파생접미사를
파생어의 의미를 기준으로 대략적으로 나눈 것이다.

(19) 중세국어 명사파생 접미사(허웅, 1995 : 222~239)

　　ㄱ. 사람/동물 관련 : -가, -내, -님, -듸/디, -몬, -빙/뷔, -씨, -아괴, -야
　　　　지, -의/이, -이, -희

　　ㄴ. 사물 관련 : -가비, -간, -개/게(-애/에), -그리, -낯, -박, -복, -쌀, -셩
　　　　귀, -아기, -어리, -앙, -옹, -애/에, -읍, -쟝이, -지, -측

　　ㄷ. 기타 : -기, -경, -곳, -맡, -발/밯/왈, -실, -씀, -이, -음, -익/의, -자히/
　　　　자/재; 차히/차/채, -족/뽁, -질

(20) 근대국어 명사파생 접미사(기주연, 1994 : 191~193)

　　ㄱ. 사람/동물 관련 : -니/네, -님, -둘/들, -바치/아치, -방이, -아괴/아귀,
　　　　-아숭이, -아지, -온/운, -이, -장이, -치/티

　　ㄴ. 사물관련 : -개/게, -귀/뀌, -글, -당이, -다기, -독, -(으)랑, -민, -벼, -동
　　　　이/둥이, -듸양, -살, -아기, -아미/어미, -어리/아리, -악/억, -앙/
　　　　엉, -앙이/엉이, -옥/욱, -옹/웅, -읍/읍, -치/티, -치

　　ㄷ. 기타 : -기, -만, -발, -새, -뻐, -암/엄, -엄, -애/에, -이, -옴/음, -질,
　　　　-옥, -재/쌔, -포

(19)는 허웅(1995)에서 임자씨(명사)를 파생하는 뒷가지로 제시된 것이고
(20)은 기주연(1994)에서 명사를 파생하는 접미사로 제시된 것이다. 이 두
연구에서는 선행하는 어기를 기준으로 하여 분류하였으나 여기서는 파생
어의 의미범주를 기준으로 대략적으로 다시 분류하였다. 이들을 앞서와
같이 시기를 기준으로 하여 다시 분류하면 (21)과 같다.

　(21) 가. Ⅰ부류(중세~근대) :

　　ㄱ. 사람/동물 : -니/네, -님, -아괴/아귀, -아지, -이, -온/운, -치/티

　　ㄴ. 사물 : -개/게(애/에), -글(중세:-그리), -살, -아기, -어리/아리, -앙/엉,
　　　　-옹/웅, -읍/읍

　　ㄷ. 기타 : -기, -발, -애/에, -이, -옴/음, -재/쌔, -질

　　나. Ⅱ부류(중세) :

　　ㄱ. 사람/동물 : -가, -듸/디, -몬, -빙/뷔, -씨, -희

ㄴ. 사물 : -가비, -간, -낮, -박, -복, -성귀, -지, -측

ㄷ. 기타 : -경, -곳, -맡, -실, -씀, -족/뚝

다. Ⅲ부류(근대) :

ㄱ. 사람/동물 : -돌/들, -바치/아치, -방이, -아숭이, -장이

ㄴ. 사물 : -귀/뛰, -당이, -다기, -독, -(으)랑, -민, -벼, -동이/둥이, -듸양,
      -아미/어미, -악/억, -앙이/엉이, -옥/욱, -치

ㄷ. 기타 : -만, -새, -삐, -암/엄, -옥, -포

위 (21)에서 우선 문제가 되는 것은 (21나) Ⅱ부류의 접미사들인데, 이들은 중세국어의 접미사 목록에 제시된 것들이다. 근대국어의 접미사를 논의하기 전에 Ⅱ부류의 접사들이 근대후기에 여전히 쓰였는지, 혹은 어휘가 사라져서 더 이상 접미사로 기능하지 않은 것인지, 아니면 어휘화를 경험하여 접미사의 기능이 축소된 것인지 등에 대한 재고가 필요하다.

(21나)에서 (ㄱ)은 사람이나 동물과 관련된 접미사인데, 이 중 '-가(哥)'는 현대국어에서도 접미사로 사용되는 것으로 근대후기에도 용례가 나타난다. 다만 고유어 접미사가 아니므로 본고의 논의 대상에서 제외한다. '-듸/디'는 의존 명사 '-디/듸'에서 온 파생접미사로 처리되었는데(허웅, 1995 : 224), 실제로 '-듸/디'가 결합한 어휘인 '그듸'는 '그디'나 '그듸, 그디'의 형태가 거의 비슷한 빈도로 나타나는 것으로 보아 파생접미사 '-디/듸/디'로 설정하는 것이 타당해 보인다.[40] 그러나 본고에서는 근대후기에 이미 어휘화 된 '그대'의 형태가 나타나므로 접미사의 기능이 약해진 것으로 보아 논의의 대상에서 제외한다. '-뫁' 역시 본고의 논의 대상에서 제외하는데, 용례로 제시된 '어비뫁'이 근대후기의 문헌에 나타나지 않고 다른 용례도 발견할 수 없기 때문에 논의하지 않는다.[41] '-비/뷔'의 경우 용례로 제시된

---

[40] 아울러 의존 명사 '-디/듸'는 '데'로 발전하는 반면 파생접미사의 경우 '그데'의 용례가 발견되지 않는 것을 보아 '-대'로 발전하여 근대후기에 '그대'의 형태로 어휘화 된 것으로 볼 수 있을 듯 하다.

'번뷔/번븨'가 근대후기 문헌에서 발견되지 않으므로 본고에서는 다루지 않는다. 참고로 그 의미를 '따위, 무리'로 처리한 것에 대해(허웅, 1995 : 225) 구본관(1998 : 91)에서 한자 '輩'에서 유래했을 가능성을 제시한 바 있다.42) '-씨' 역시 '아기씨 兒只氏 <한불, 2>, 아씨 兒氏 <한불, 10>' 등의 용례가 나타나므로 한자어로 보아 본고에서 다루지 않는다. '-희' 역시 근대후기에 새로운 어휘가 나타나지 않으므로 본고에서는 다루지 않는다.

사물과 관련된 접미사로 Ⅱ부류에 속하는 것에는 '-가비, -간, -낯, -박, -복, -성귀, -지, -측' 등이 있다. 이 중 '-가비(ᄇᄅ롬가비), -복(빗복), -성귀(프성귀), -지(가락지)' 등은 용례가 적고 근대후기 문헌에서 새롭게 파생된 어휘를 발견하지 못하였으므로 본고에서 논의하지 않는다. '-간'은 한자 '間'과 관련되는 것으로 근대후기에도 용례가 발견되지만 한자어로 보아 본고에서 다루지 않는다. '-낯'은 현대국어의 '낱'에 해당하므로 접미사로 보기 어려울 것 같다. '-박(머릿박), -측(뒤측, 발측)'의 경우 근대후기에 새롭게 파생된 용례를 발견하지 못하였으므로 본고에서 다루지 않는다.

이 외 Ⅱ부류 접미사로 '-경, -곳, -맡, -실, -씀, -족/쪽' 등이 있다. 이 중 '-경'에 대해 허웅(1995 : 223)에서는 'ᄆᄉᆷ ᄆ슶경으로 빈욕을 펴리잇가 <석보, 24 : 29>'의 용례를 제시하며 접미사로 처리하였는데, 다른 용례를 발견하기 어려워 본고에서는 논의하지 않는다.43) '-곳(ᄂ곳, 顔色), -맡(머

41) 다만 허웅(1995 : 224)에서 '어비'가 '단독으로 사용되는 일이 없고 합성어나 파생어의 뿌리로만 쓰인다'라고 한 것에 대해 '어비 아ᄃ리 브레 다 주그니라 <동신속효, 15b>'의 용례가 보이고, '아비'의 형태로는 많은 용례가 나타나므로 단독으로 사용되는 경우도 있음을 밝혀둔다.

42) 근대후기 문헌에서 '배(輩)'가 부정적인 의미로 사용된 용법으로 '간새배 奸細輩 <국한, 7>' 등의 용례가 있다.

43) 구본관(1998 : 80)에서도 역시 같은 용례는 제시하면서 다른 용례를 발견하기 어렵고 정확한 의미를 파악하기 어렵다는 점을 들어 합성어의 어근으로 처리하였다. 그러나 'ᄆᆞ슴 + ㅅ + 경'으로 분석한다면 '무슨 마음의 경으로'로 해석할 수도 있으므로 오히려 접미사나 어근이 아닌 명사로 볼 수도 있을 것 같다. 그러나 이

리말), -실(그위실), -씀(말씀), -족/쪽' 등도 후기 근대국어 문헌에서 새로운 어휘가 발견되지 않기 때문에 본고의 논의에서 제외한다.

결국 II부류의 접미사들은 본고의 논의 대상에 포함되지 않는다. 다만 논의의 대상은 아니지만 근대후기에도 파생접미사로 생산성은 보인 예로 '-가(哥), -간(間)' 정도를 들 수 있다. 이제 I부류와 III부류의 접사들을 중심으로 근대후기에 명사의 파생에 참여한 접미사들에 대해 살피기로 한다.

4.1.1 사람 / 동식물 관련 접미사

사람이나 동물과 관련된 근대국어 접미사는 I부류의 '-닉/네, -님, -아괴/아귀, -아지, -이, -온/운, -치/티'와 III부류의 '-돌/들, -바치/아치, -방이, -아숭이, -장이' 등이 있다. 우선 I부류의 '-온/운'은 중세에는 '-은'의 형태로 '어론/어룬/얼운'의 용례가 나타난다. 그러나 이 외 다른 용례가 발견되지 않으므로 본고에서는 논의하지 않는다.

그 외 I부류, 즉 중세국어부터 사용되던 것으로 주로 사람과 관련된 선행 어기를 가지는 접미사로 '-닉/네, -님'과 III부류의 '-돌/들' 등이 있다.

> (22) ㄱ. -닉/네 : 벗님네 <천로, 서 : 4a>, 여러분네 <신심, 19a>
> ㄴ. -님 : 손님 <주년, 40a>, 원님本倅, 하님侍女 <한불, 62>, 하나님 <성교, 눅, 4,41>
> ㄷ. -돌/들: 동뇨들 <태상, 1 : 54b>

위의 접미사들은 기존 연구에서 이미 언급된 것으로 중세국어와 근대를 거쳐 현대에 이르기까지 접미사로 사용되고 있다. '-닉/네'의 경우 중세국

용례가 발견된 문헌에서 '경전'에 해당하는 '경'에는 모두 한자 '經'이 사용된 것을 고려하면 한자로 쓰이지 않은 이 '경'이 무엇인지에 대해서는 확신할 수 없다.

어에서는 '-내'이던 것이 근대후기에는 '-늬/네' 형태로 사용되다가 현재에
는 '네'로 쓰인다. 존칭의 '-님'이나 복수의 '-들' 역시 현대까지 접미사로
사용된다. 앞서 복수를 나타내는 '-희'가 주로 인칭과 관련된 선행어기를
취하는데 비해 '-늬/네'나 '-둘/들'은 그런 제약은 보이지 않는다.44)

　　다음으로 사람의 직업 혹은 속성에 관련된 접미사로 Ⅲ부류의 '-바치/
앗치/아치, -방이/뱅이, -쟝이/장이/쟁이/자이/징이' 등이 있다. 이들은 중세
국어 접미사 목록에는 보이지 않지만 그 용례는 중세의 문헌에서도 발견
되므로 오히려 Ⅰ부류로 처리해도 무방할 것이다.

> (23) ㄱ. -바치/앗치/아치 : 갓바치 皮匠 <한불, 137>, 조곰앗치 바느질앗치
> 　　　　벼슬앗치 <한불, 10>, 동량앗치 乞糧人 <한불, 491>, 동녕아
> 　　　　치 動鈴 乞人 <국한, 83>, 조랏치45) 樂工 <국한, 263>, 시졍
> 　　　　아치46) 市井輩 <국한, 196>
> 　　　ㄴ. -방이/뱅이 : 안즌방이 <주년, 60a>, 걸방이 乞丐 <한불, 148>, 배

---

44) 구본관(1998 : 81~84)에서는 '-님'을 어휘부 밖에서 결합하는 것으로 보아 파생접
미사에서 제외하면서 '-님'보다 어기에서 더 먼 곳에 위치하는 '-네' 역시 어휘부
내에서 결합할 수 없으므로 파생접미사에세 제외한다고 하였다. 그런데, '-님'을
어휘부 내에서 결합할 수 없는 것으로 보는 이유가 ① '스승님, 뫼님' 등의 선행
어기가 단독으로 사용되는 예들이 나타나기 때문이며, ② '드님'에서의 'ㄹ'탈락
역시 통사구성이 어휘화된 것으로 볼 수 있다고 하였다. 그러나 접미사로 처리
하는 기존 논의에 대한 중요한 반증이 된다고 볼 수 없으므로(① '-님'을 제외한
선행어기가 단독으로 나타나지 않는 예가 있다는 점, ② 'ㄹ'이 탈락하지 않는
'달님, 별님'에 대해 '분리 후 재결합된 형태가 쓰인다'고 보면서 '아드님, 드님'
의 경우 '아둘님, 쏠님' 등 'ㄹ'이 탈락하지 않는 형태에 대해서는 '월인천강지곡'
의 원형을 밝혀 적으로는 문헌상의 특징 때문으로 다르게 처리한 점, 실제로 '월
인천강지곡' 외 근대후기 다른 문헌에서도 '아둘님 <지장, 상 : 1a>' 등의 형태가
발견되고 있음) 본고에서는 기존의 논의를 따라 '-님'을 파생접미사로 처리한다.
이렇게 보면 '-님'의 뒤에 결합하는 '-네' 역시 파생접미사로 처리하여도 무방할
듯 하다.
45) '취라치(조선 시대에, 군대에서 소라를 불던 취타수)'에 해당하는 듯하다.
46) 시장에서 장사하는 사람의 무리, '무리'의 개념 포함되어 있다.

랑방이 乞人 拜粮人 <국한, 134>, 잔뱅이 犤鼻繩 <국한, 249>

ㄷ. -쟝이/장이/쟁이/자이/징이 : 은징이 銀匠 <국한, 231>, 싁장이 皮色匹 <한불, 361>, 조각장이 雕刻匠 <국한, 263>, 난쟁이 矮者 <국한, 56>, 외입장이 誤入 <한불, 50>, 쑹쑹장이 <한불, 503>

위의 세 접미사는 중세에 복잡하게 나타나던 형태들이 한두 형태로 통일되는 다른 접사에 비해 근대후기에 이르러 다양한 이형태를 보이는 접미사들로 이런 현상은 접미사 발달의 초기단계이기 때문으로 보인다. (23ㄱ) '-바치/아치'는 기주연(1994 : 177~178)에 '경멸의 의미를 함축하는 직업으로서의 사람'을 나타내는 접미사로 이미 설정된 바 있다. 그런데 근대후기에 '바ᄂ질앗치, 벼슬앗치 <국한, 83>' 등의 형태가 나타나므로 '-앗치' 역시 본고에서는 이형태 목록에 포함시킨다. 아울러 중세국어에서는 명사로 처리하여 접미사 목록에 포함되지 않았지만, 원래 명사인 '바치(工)'에서 형태가 변화한 '樂工 풍뉴아치 <역어, 상 : 30a>'가 '匠人 셩녕바치'와 함께 나타나므로 접미사로서의 기능은 중세부터 시작되었다고 할 수 있다. (23ㄴ) '-방이/뱅이' 역시 현대국어에서 사용되는 '-뱅이'의 형태가 근대후기부터 보이기 시작한다.[47] (23ㄷ) '-장이' 역시 근대후기에 다양한 이형태와 많은 용례가 발견된다. 근대후기 자전류에서 '-쟁이'가 나타나기 시작하는데 앞서 '-방이'가 '-뱅이'의 형태를 보인 것과 관련되는데, 근대후기 문헌에 움라우트 현상에 의한 형태가 나타나게 된다. 이 두 접사 외에도 '-앙이'의 예인 '집팡이' 역시 '지팽이 <명성, 28b>'의 형태가 발견

---

47) 기주연(1994 : 165)에서는 '-방이'의 용례로 '안준방이(동의보감, 三. 22(1613))'만이 발견된다고 하였으나 근대후기의 자전류에서 다른 용례도 발견된다. 아울러 '-뱅이'가 현대국어에서 사용된다고 하였으나 본고에서는 이미 근대후기부터 그 용례가 보이므로 접미사 목록에 함께 포함하였다. 그러므로 '-방이/뱅이'가 움라우트에 적용을 받은 시기는 현대가 아니라 근대후기이다.

되는데 이 역시 움라우트가 적용된 예이다. 이러한 현상의 출현과 관련하
여 이기문(1972 : 125～127)에서는 18세기와 19세기의 교체기로 추정하였
는데, '-방이/뱅이, -장이/쟁이' 등은 19세기 후반에 이러한 현상이 문증된다. '-방
이/뱅이'가 현대국어에 들어와 '-뱅이'의 한 형태로 통일된 반면, '-장이/쟁
이'는 여전히 두 형태가 남아있다.

기존 연구에서 중세나 근대국어의 접미사 목록으로 제시되지는 않았
지만 근대후기에 접미사로 사용되었다고 볼 수 있는 접미사로 '-쑨/군, -쑤
러기/쑤럭이, -나기/내기, -보' 등을 들 수 있다.

> (24) ㄱ. -쑨/군 : 車戶 수리ㅅ군, 跑報人 발군[48] <방언, 신부방언, 34a>, 扛
> 擡軍 샹도쑨 <역보, 27b>, 件作 미장군 <역보, 27b>, 용쑨 <천
> 의, 4 : 34b>, 염탐군 廉探軍 <한불, 28>, 일군 事君 <한불, 44>,
> 홍경군 興成軍 <한불, 98>, 방쑨 榜軍 <국한, 134>, 방밍이쑨
> 沮或人 <국한, 134>, 채쑨 債軍 <국한, 289>, 쳥쑨 靑客 <국
> 한, 297>, 추죵쑨 追從軍 <국한, 297>, 응군 應軍 <한불, 36>,
> 홰군 炬軍 <한불, 36>, 흉계군 凶計軍 <한불, 199>, 킥군 客
> 軍 <한불, 139>, 물이군 應軍<한불, 246>, 나무군, 시군 <한불,
> 264>, 방망이군 椎軍 <한불, 302>, 작난군 作亂軍 <한불, 531>,
> 막버리군 賣賃軍 <국한, 106>, 샹두군 喪轝軍 <국한, 168>
>
> ㄴ. -쑤러기/쑤럭이 : 잠쑤러기 渴睡漢 <국한, 249>, 걱졍쑤럭이 愁 <한불,
> 143>, 겁쑤럭이 <한불, 146>
>
> ㄷ. -나기/내기 : 잔풀나기 細草生 <한불, 526>, 촌나기 村産 <한불,
> 606>, 격금나기 蠱蛊 <국한, 21>, 시골락이 鄕闇 <국한, 194>
>
> ㄹ. -보 : 갈보 娼女 <국한, 8>, 곰보 縛疤者 <국한, 29>, 늘보 懶夫
> <국한, 64>, 먹보 聾者 <국한, 111>

대체로 이전에는 용례가 나타나지 않다가 근대후기 자전류에 나타나는 예

---

48) 발군(撥軍) : 각 역참에 속하여 중요한 공문서를 교대 교대로 변방에 급히 전하
던 군졸. 보발(步撥)과 기발(騎撥)이 있었다.

들로 현재 생산성이 높은 접미사들이다. 특히 (24ㄱ) '-심/군'의 경우는 이전에는 '軍'의 의미로 사용되다가 접미사화 되면서 '직업' 혹은 '전문가'를 나타내게 되었다. 근대후기에 아주 생산적으로 사용되었으며 현대국어에서도 생산적으로 사용되는 접미사이다. (24ㄴ)의 '-쑤러기/쑤럭이' 역시 현대국어에서 생산적으로 사용되는 접미사인데, 근대전기에는 '-쑤럭'의 형태가 쓰였다. 명사와 결합하여 '그러한 특성이 심한 사람'의 의미를 나타낸다. <어록해(중간본), 19a>에 '익미혼 무리 쑤럭이라(柤笘)' 하여 그 형태가 처음 나타나는데 이때는 접미사적인 용법은 아닌 것으로 보인다. (24ㄷ) '-나기/내기'나 (24ㄹ) '-보' 역시 근대후기 자전에 소수의 예들이 발견되기 시작하는데, '-나기/내기'의 경우 명사와 결합하여 명사와 같은 특성을 가진 사람을 나타내는 데 쓰인다. 이에 비해 '-보'는 동사나 형용사와 결합하여 '그러한 행위를 특성으로 하는 사람'을 나타낸다. 현대국어에서는 명사와도 결합하는데(꾀보, 잠보, 털보) 근대후기에는 이런 예는 발견되지 않는다.

동물과 관련된 접미사로 Ⅰ부류의 '-아괴/아귀, -아지, -치' 등이 있다.

(25) ㄱ. -아괴/아귀 : 雅 가마괴 아 <주천, 17b>, 가마귀 고기(鴉肉) <의종, 44a>
　　ㄴ. -아지/아치 : 아치 兒稚 아지 송아치 <한불, 11>, 강아지 兒狗 <한불, 129>
　　ㄷ. -치 : 모치 小水魚 <한불, 248>, 넙치 廣魚 <한불, 275>, 누치 鱸魚 <한불, 294>, 넙치 廣魚 <국한, 59>, 준치 柴魚 <국한, 272>, 칼치 刀魚 <국한, 312>

(25)의 접미사들은 중세부터 사용되던 것으로 근대후기 문헌에서 발견되는 용례 역시 중세나 근대전기의 용례들과 크게 다르지 않다. 이들은 현대에서도 특별히 새로운 어휘를 파생하는 것 같지는 않다. (25ㄱ)의 '-아괴'는 '가마괴' 외에 다른 용례가 발견되지 않는다. (25ㄴ)의 '-아지/아치'는

어린 가축을 나타내는 것으로, (25ㄷ)의 '-치'는 주로 물고기와 관련된 파생어를 만드는 것으로 볼 수 있다. '-치'의 경우 중세국어에서 불규칙 어근, 명사, 동사 등과 결합하여 어류 명사를 형성한 접미사이다. 그러나 근대후기에 이미 내부구조에 대한 분석이 어려운 것을 보아 이러한 조어의 기능은 사라졌다고 할 수 있다.

그런데 기존의 중세국어나 근대국어 접미사 목록에는 제시되지 않았지만 현재 접미사로 사용되는 '-치'가 있다.

> (26) ㄱ. -치 : 하치 下品 <한불, 80>, 구치 舊的 <한불, 213>, 북치 北産 <한
>   불, 340>, 상치 上件 <한불, 384>, 북치 北産 북토산 北土
>   産[49] <국한, 156>

형태는 어류를 나타내는 '-치'와 동일하지만 의미나 결합 환경이 완전히 다르다. 현대국어의 경우 어류를 나타내는 '치'는 접미사로 생산적이지 않은 반면 (26)에 제시된 경우는 생산적으로 사용되며, 사전에도 '물건'의 뜻을 더하는 접미사로 등재되어 있다. 이러한 접미사 '-치'는 근대후기부터 '물건'에 해당하는 용법이 나타나기 시작하여 현대국어에 와서 확산된 것으로 추정할 수 있다.

지금까지 사람이나 동물과 관련된 명사를 파생하는 근대후기 접미사들에 대해 살펴보았다. 이를 정리하면 다음과 같다. 현대에도 어휘를 파생하는 접사인지에 대해 논란이 많은 '-닉/네, -님, -둘/들' 등은 중세부터 근대후기에도 꾸준히 사용되고 있는 것으로 보인다. 앞서 사람과 관련된 명사를 파생하는 접두사의 경우 친족 관계 등 사람과 사람 사이의 관계에 대한 어휘가 많이 파생되지만 차츰 사람의 특성이나 성향을 나타내는 파생어로 확대되었음을 살펴보았다. 이에 비해 접미사의 경우는 주로 직업

---

49) 북쪽 지방의 산물이나 생물.

이나 성향에 관한 어휘들을 파생하는 경향이 중세국어 이후로 근대후기까지 변화가 없는 것 같다. 직업과 관련한 '-바치/앗치/아치, -장이/장이/쟁이/자이/징이' 등은 중세부터 나타나기는 하지만 근대후기에 들어 복잡한 이형태를 보이는 것으로 미루어 접사화의 초기 단계로 추정된다. 사람의 성향과 관련하여 '-방이/뱅이'의 접미사가 사용되었다. 이 외에도 '-장이/장이/쟁이/자이/징이, -쑨' 등은 한자에서 유래한 것으로 보인다. 동식물과 관련하여 근대후기에 특별히 새로 발견되는 접미사는 없으나 중세부터 쓰이던 접사들이 현대에도 꾸준히 사용되고 있음을 볼 수 있었다. 동식물명과 관련하여 접두사의 생산성의 변화나 새로운 접두사의 등장이 근대후기에 발견되는 반면, 접미사의 경우 중세부터 사용되던 접미사들이 근대후기에 새로운 어휘를 크게 파생하지 않으면서 현대까지 이어지는 등 큰 변화 양상은 보이지 않는다.

4.1.2 사물 관련 접미사

사물과 관련된 접미사로 Ⅰ부류의 '-개/게(애/에), -글, -살, -아기, -어리/아리, -앙/엉, -옹/웅, -읍/음'과 Ⅲ부류의 '-귀/쒸, -당이, -다기, -독, -(으)랑, -미, -벼, -동이/둥이, -듸양, -아미/어미, -악/억, -앙이/엉이, -옥/욱, -치' 등이 있다. 이 중 Ⅰ부류의 '-글(틔글), -아기(쑬아기), -읍/음(믿듭', Ⅲ부류의 '-당이(넙당이), -다기(볼다기), -독(말쭉), -(으)랑(겨드랑), -미(열미), -벼(그릇벼), -듸양(검듸양)' 등은 결합한 어휘가 근대후기에 한두 개에 지나지 않으므로 본고의 논의 대상에서 제외한다. 결국 Ⅰ부류의 '-개/게(애/에), -살, -어리/아리, -앙/엉, -옹/웅'와 Ⅲ부류의 '-귀/쒸, -동이/둥이, -아미/어미, -악/억, -앙이/엉이, -옥/욱, -치' 정도가 논의의 대상이다.

중세국어부터 생산성이 꾸준히 높은 접미사로 Ⅰ부류의 '-개/게(애/에)'가 있다.

(27) ㄱ. -개/게 : 놀개 <역어, 하 : 25a>, 눌러 <한청, 13 : 60a>, 쑤미개50)
　　　　　　<한청, 11 : 22b> 弓拿子 도지게51)(잡을나 拏) <물보, 공
　　　　　　장>, 鉗 집게 겸 <왜어, 하 : 6>, 날개 <십구, 1 : 42b>

'-개/게(애/에)'는 사물을 나타내는 접미사로 대표적이다. 이동석(1998)에서
'-개' 계열과 '-애' 계열을 나누면서 후자가 구체적인 도구나 기구라고 하
였는데, 실제로 '-개'와 '-애' 모두 거의 도구를 나타내는 경우에 사용된다.
이는 '노래/날개' 등을 제외하면 거의 실제 사람이 손으로 사용하는 도구
에 해당하기 때문이다.

　Ⅰ부류에 속하는 접사이긴 하지만 용례가 한정되어 있는 것으로 '-살,
-어리/아리, -앙/엉, -옹/웅' 등을 들 수 있다. 이들은 근대후기에 새로운 어
휘의 파생에 생산적으로 참여하지 않고 중세국어 시기에 형성된 후 어휘
화의 과정을 거쳐 현재에 이른 것으로 보인다.

(28) ㄱ. -살 : 눈살 眼失 <국한, 64>, 뮙살스럽다 可憎 <한불, 250>, 야살스
　　　　　　럽다 <한불, 15>, 귀살스럽다52), 귀져분ᄒ다 <한불, 202>, 착
　　　　　　살스럽다 汚穢53) <한불, 590>
　　　ㄴ. -어리/아리 : 벙어리(瓦缻) <몽편, 상 : 12a>, 귀먹어리 耳聾 <한불,
　　　　　　202>, 뭉어리 塊54) <한불, 254>, 턱어리 頤 <한불, 511>, 덩
　　　　　　어리 塊也 <국한, 78>, 덩어리 괴 塊 <국한, 78>, 등어리 背

---

50) 옷, 돗자리, 망건 따위의 가장자리를 꾸미는 헝겊 오리.
51) 틈이 가거나 뒤틀린 활을 바로잡는 틀. 어근에 해당하는 '도지'와의 관련성 찾지
　　못하였다.
52) 몡 일이나 물건 따위가 마구 얼크러져 정신이 뒤숭숭하거나 산란(散亂)한 느낌
　　이 있다.
53) 착살스럽다 : 하는 짓이나 말 따위가 잘고 다라운 데가 있다.
　　오예1(汚穢) : 지저분하고 더러움. 또는 그런 것.
54) '뭉어리'의 경우 <한불, 254>에 한자 '塊'에 대해 '뭉 塊, 뭉어리 塊, 뭉이 塊'
　　세 단어가 함께 나와 있다. 그러므로 '뭉 + -어리'로 분석하는데 문제가 없을 듯
　　하다.

<국한, 90>, 턱어리 聊頷 <국한, 318>, 쯔아리(酸漿) <몽편,
상 : 14b>, 쑤아리(酸漿) <의종, 13b>, 쯔아리 <규합, 3b>, 메
아리 <한불, 230>, 병아리 鷄雛 <한불, 320>, 죵아리 脛 <한
불, 576>, 츩아리 葛 츩 <한불, 600>, 주둥아리 놀이다 險口
辱說 <국한, 632>

ㄷ. -앙/웅 : 쇠사슬과 고랑 <셩교(눅), 8,29>, 구멍난 디 <규합, 10a>,
발바당 足掌 <한불, 305>

ㄹ. -옹/웅 : 불기둥갓타니 <셩교(묵시록), 10 : 1>

(28ㄱ) '-살'의 경우 기존 논의에 제시된 용례로 '눈살, 니맛살' 정도가 있
는데, 근대후기 자전류에서 형용사파생 접미사 '-스럽-' 앞에 오는 어근에
'-살'이 결합한 용례가 소수 발견된다. '-스럽다'의 앞에 명사 상당어구가
오는 것을 감안하면 이때 '-살'이 명사 상당어구를 만들어 주는 기능을 하
는 것으로 해석할 가능성도 있어 보인다.[55] 이에 비해 (28ㄴ)의 '-어리'는
근대후기에 다양한 용례가 발견되는데, 현대국어에서는 접미사로 처리되
지 않은 예이다. 근대후기까지의 용례를 보면 현대국어에서 사용되는 어
휘 외에도 방언형이거나 사용되지 않는 어휘들도 보인다. 결국 '-어리'는
근대후기에도 생산적으로 사용되었으나 현대로 올수록 사라지게 된 예로
볼 수 있다. (28ㄷ)과 (28ㄹ)의 '-앙/웅, -옹/웅' 역시 중세의 용례와 달리 근
대후기에 특별히 새로운 어휘를 파생한 예는 발견하지 못하였다.

Ⅲ부류에 속하는 것으로는 '-귀/쥐, -동이/둥이, -아미/어미, -악/억, -앙
이/엉이, -옥/욱, -치' 등이 있다. 이미 여러 연구에서 논의되었으므로 간단
하게 몇 개의 용례만 제시한다. (29ㄱ) '-귀/쥐'의 경우 근대전기 문헌에는

---

55) 강은국(1995 : 417)에서는 '-살'에 대해 '밉살스럽다'의 용례를 제시하면서 형용사
를 파생하는 접미사로 보았다. 그러나 형용사 파생의 기능은 '-살'의 뒤에 오는 '-스럽-'
이 담당하는 것으로 보아야 한다. 이는 '밉살다'의 형태로 활용을 한 용례가 발견
되지 않으며 '-살'의 결합이 대체로 '-스럽-'을 동반하여 나타난다는 것을 고려하면
'-살'은 오히려 명사 상당어구를 파생하는 기능을 했던 것으로 볼 수 있을 것이다.

'족박귀, 밧쉬, 볏귀(松江下)' 등의 용례가 보이지만 근대후기 문헌에서는 발견되지 않는다.

(29) ㄱ. -귀/쉬 : 용례 발견 안 됨
　　ㄴ. -동이/둥이 : 외동이 獨子 <한불, 51>, 문동이 大瘋瘡 <한불, 254>, 바람동이 風童 <한불, 304>, 쌍동이 雙童 <한불, 375>, 쥬둥이 喙 쥬둥이 喙 <한불, 588>, 둥둥이 小兒舞, 둥둥이 鼓 <한불, 503>, 조둥이을 놀니다 容喙 妖口唱惡 <국한, 263>, 필둥이 搶白 <국한, 338>
　　ㄷ. -아미/어미 : 다라미(鼬鼠) <몽편, 상 : 17a>, 귓도라미(蟋蟀) <몽편, 上 : 18b>
　　ㄹ. -악/억 : 指 손가락 지 <주천, 41a>, 바닥 바당 底 <한불, 307>, 왼 몸의 터럭이 도야지 굿고 <태상, 1 : 46b>
　　ㅁ. -앙이/엉이 : 尖子 곳챵이 <몽보, 하 : 13a>, 眼生花 눈에 아즈랑이 나다 <몽보, 11b>
　　ㅂ. -옥/욱 : 비롤 눌으니 비가족이 터져 <태상, 2 : 16b>,
　　ㅅ. -치 : 골치 아푸다 腦骨之病 <국한, 29>, 양인이 눈치 보기롤 잘ᄒ 미 <이언, 3 : 29a>

　　그 외 근대국어 접미사 목록에 포함되지 않았지만 현대국어에서 사용되고 있는 것으로 근대후기부터 나타나기 시작한 접미사들이 있다. '-지, -쌀, -배기, -딩기/때기' 등이 그것이다.

(30) ㄱ. -지 : 석박지 雜菹 <국한, 175>, ㅅ잔지 醬菜 <한불, 526>, ㅅ잔지 醬菜 <국한, 254>, 장엣지 醬菜 <한불, 527>, 외지 <국한, 222>
　　ㄴ. -쌀 : 눈쌀 眼 <국한, 63>
　　ㄷ. -배기 : 곱배기 以二合一 <국한, 30>
　　ㄹ. -딩기/때기 : 답각판은 나무 판딩기 다섯 치 길이 여섯 치 너비로 <잠상, 26a>, 백때기 腹 <국한, 135>

(30ㄱ) '-지'는 근대후기에 접미사로 사용되었다고 할 수 있다. 이들은 현대국어에서도 접미사로 생산적으로 사용된다. 이에 비해 '-쌀, -배기, -더기/때기' 등의 형태는 아직 현대국어만큼 생산적인 접미사로 보기는 어렵다. 발견되는 용례가 너무 적거나 접미사의 용법보다는 실사로서의 용법으로 많이 사용되었기 때문인데, 근대후기부터 용례가 나타난다는 점에서 예를 제시하였다.

이상으로 사물과 관련된 명사파생 접미사를 살펴보았다. 중세부터 근대전기까지의 접미사 중 많은 수가 어휘화를 경험하여 접미사로 생산적으로 기능하지 못했던 것으로 보인다. 앞서 사람이나 동물과 관련된 접미사가 활발한 파생을 보였던 것과 대조된다 하겠다. '-개/게'의 경우 근대후기에도 다른 시기와 마찬가지로 생산적이었으며, '-지, -쌀, -배기, -더기' 등이 소수의 예이지만 나타나기 시작하였다.

4.1.3 기타 접미사

위에서 언급한 접사들 외에 기타 접미사로는 Ⅰ부류의 '-기, -발, -애/에, -이, -ㅁ/음, -재/째, -질', Ⅲ부류의 '-만, -새, -쎠, -암/엄, -옥, -포' 등이 있다. 이중 Ⅰ부류의 '-기, -이'는 중세부터 근대를 거쳐 현재까지도 매우 생산적인 접사로 근대후기에도 역시 명사나 형용사, 동사, 부사 등의 선행 범주와 결합하여 다양한 파생 기능을 보인다. 아울러 '-ㅁ, -ㅂ/음, -옴/움'도 마찬가지로 현재까지 매우 생산적인 접미사이다.[56] 아울러 Ⅲ부류 중 '-만(밤듕만), -옥(빗보록), -포(달포)' 등은 근대후기에 접미사가 결합한 다른 용례가 발견되지 않아 논의 대상에서 제외하였다.

중세부터 현대에 이르기까지 생산적으로 사용되는 Ⅰ부류 접미사로 '-기,

---

56) 이들에 대해서는 많은 선행연구가 이루어졌으므로 본고에서는 따로 다루지 않는다.

-이, -암/엄/음/옴' 등이 있다. 이들에 비해 생산성은 조금 떨어지지만 역시
Ⅰ부류에 속하는 접미사로 '-발, -질'이 있다.

> (31) ㄱ. -기 : 쑤짓기 <태상, 3 : 55a>, 누에치기 <이언, 1 : 54a>
>   ㄴ. -이 : 閒隔 간막이 <몽보, 하 : 46a>, 다섯 치 길이 여섯 치 너비 <잠
>   상, 26a>, 낙시 釣 낙시질흐다 <한불, 263>
>   ㄷ. -암/엄/음/옴 : 쑤지람, 죽엄 <천의, 2 : 54a>, 걸음 <셩교(베드로), 2 :
>   21절>
>   ㄹ. -발 : 눈발 사오납다 <한불, 293>, 살발 <한불, 377>, 소곰발 鹽色
>   <한불, 427>
>   ㅁ. -질 : 空食 군것질 <한불, 206>, 衆打 뭇매질 <한불, 259>, 顚倒
>   근둑발질 <국한, 45>, 다람박질 急走 <국한, 66>, 말람질 裁
>   <국한, 104>

(31ㄱ)과 (31ㄴ)의 '-기'와 '-이'에 대해서는 많은 선행연구가 이루어졌으
므로 따로 논의하지 않는다. (31ㄷ)의 '-암/엄/음/옴'의 경우 모두 근대후기
에 이르러 형태상 매우 혼란한 양상을 보인다. 강은국(1995)에서는 '-옴/
암/엄' 계열과 '-음' 계열을 다른 것으로 처리하였는데, 실제로 '-옴/암/엄'
계열 어휘들이 현대국어에서 '-음'으로 나타나기도 하지만, '무덤, 주검,
잠, ㅂ람, ㄱ람, 거룸, 여룸, 헤염' 등에서 '-암/엄'의 형태가 어휘화되어 존
재하므로 이 둘을 나누는 것이 타당하다. '-옴/암/엄'은 근대국어까지만
접미사로 기능하였고 현대국어에서는 접미사로 생산적이지 않다. (31ㄹ)
의 '-발'은 기주연(1994)에서는 근대전기 '빗발'의 한 예만 제시되어 있으
나 근대후기 자전류에서 몇 예가 더 보이는 것으로 보아 현대국어에서처
럼 생산성을 확보해 가고 있는 과정으로 보인다. 이에 비해 (31ㅁ)의 반복
적인 행위를 나타내는 접미사 '-질'은 중세국어부터 현재까지 널리 쓰인
다. 자전류에서 특히 많은 용례가 제시되었는데, 병기된 한자의 경우 선행

어근의 의미만을 나타낼 뿐, 접미사 '-질'이 가지는 반복의 의미는 따로 나타내지 않았다. 근대국어의 경우 '그것을 가지고 하는 일' 또는 '그것과 관계된 일' 등의 의미에 사용되었다면 현대국어에서는 '그 신체 부위를 이용한 어떤 행위'(곁눈질, 손가락질), '그런 소리를 내는 행위'(딸꾹질, 수군덕질 등) 등 확장된 여러 의미로 사용된다.

　Ⅲ부류 접사의 목록에 제시되었으나 근대후기 문헌에서 용례가 소수 발견되는 접사들은 아래 (32)와 같다.

> (32) ㄱ. -재/쌔/째 : 두번재 第二次 <한불, 503>, 二眠 둘째 좀 <방언, 성부
> 방언, 22b>, 혼 번째 <병학, 3b>, 둘째 <속명, 2 : 9a>
> ㄴ. -만 : 용례 발견 안됨
> ㄷ. -새 : 씸새 <한불, 173>, 먹새 飮食 <한불, 231>, 먹새ᄒ다 飮食
> 먹새 잘ᄒ다 <한불, 231>, 머리새 頭刷 <한불, 232>, 내암새
> 臭氣 <한불, 261>
> ㄹ. -삐/씨 : 글씨 <경신, 79b>, 身量 몸삐 <방언, 신부방언, 18b>,
> 솜삐 <이언, 2 : 12b>, 나라흘 옴길 손삐[57]롤 시험ᄒ니 <윤
> 음(신서), 6a>, 발씨[58] <한불, 306>
> ㅁ. -옥 : 臍 비ㅅ 보록 <방언, 신부방언, 17b>
> ㅂ. -포 : 돌포 <천의, 2 : 67b>

(32ㄱ) '-재/쌔/째'는 현대국어의 '-째'에 해당하는 것으로 '차례나 순서'를 나타낸다. 18세기 말까지 세 이형태가 혼용되어 쓰이다가 19세기에 들어와서는 '-재'의 용례만 발견된다. (32ㄷ)의 '-새'는 기주연(1994 : 189)에 '내음새' 한 용례만 제시되어 있으나 근대후기 문헌을 검색한 결과 다른 예들도 발견되었다. (32ㄹ) '-삐/씨'는 '身分 몸삐 <역보, 22b>'를 시작으로 점점 사용이 확대되기 시작하여 근대후기에는 더 많은 용례가 나타난다.

---

57) '솜씨'의 방언(평북).
58) 길을 걸을 때 발걸음을 옮겨 놓는 모습.

그러나 현대국어만큼 생산적이지는 않다.

마지막으로 기존 접미사 목록에 제시되지 않았으나 현대국어의 용법으로 미루어 근대후기에 사용되었을 것으로 추정되는 접미사로 '-어치/아지' 등을 들 수 있다.

> (33) ㄱ. -어치/아지 : 돈 빅어치[59] <한불, 25>, 푼어치[60] 分賣 <국한, 333>,
>   죠곰아치 조곰아치 少許 <한불, 575>, 남아지 餘 <국
>   한, 56>, 춤기름 두어 푼어치 <규합, 13b>

(33ㄱ) '-어치/아지'의 경우 현대국어에서도 생산적으로 사용되는 것으로, '그 값에 해당하는 만큼의 양'을 나타낼 때 사용된다. 화폐와 관련된 단위 의존 명사가 수사와 접미사 사이에 들어가는데, 근대후기에는 '돈 빅어치'처럼 단위 의존 명사 없이 바로 수사에 붙어 사용된 예도 발견된다.

지금까지 사람이나 동물, 사물 외 다른 의미를 파생하는 접미사들을 살펴보았다. 특히 '-이', '-기', '-암/엄/음/옴' 등은 현대에 생산적인 것처럼 근대후기에도 생산적이었다. '-질' 역시 이들보다는 덜 생산적이지만 중세부터 현재까지 꾸준히 많은 용례가 발견된다. '-발, -새, -삐/씨' 등은 많은 용례는 아니지만 근대후기로 올수록 근대전기보다 쓰임이 늘고 있으며, '-어치/아치'의 경우 기존 논의에 접미사로 제시된 바 없으나 근대후기에 이미 접미사로서의 용법이 나타나고 있는 것을 보았다.

---

59) 보통 '돈 백원어치'처럼 화폐와 결합할 경우 단위 의존 명사가 수사와 접미사 사
   이에 들어간다.

60) 푼돈으로 계산할 만한 물건.

4.2 동사파생 접미사

접미사에 의한 동사파생 역시 명사파생과 마찬가지로 선행하는 어기
에 제한 없이 동사를 파생하는 접미사가 결합하여 이루어진다. 기존 연구
에서 제시된 동사파생 접미사의 목록은 아래와 같다.

(34) 중세국어 동사파생 접미사(허웅, 1995 : 150~222)[61]
　　ㄱ. 풀이씨를 밑말로 하는 경우:
　　　힘줌말 : -받->-완-/-원-, -잇-, -티-, -혀->-혀-, -츠/츠/치/수-; 웆(웆)/
　　　　우치/우(으)추-, -과-, -룾/륳-, -쳦-, -적사-, -스(수)위-, -닥희-, -뭇-,
　　　　-쓰리-, -버리(워리)-
　　　기타 : -거스리-, -나-, -닐-, -둗-, -부치-, -슬-, -이, -아리-, -오왜-, -쯔,
　　　　-셜-, -구뤄/골외-, -은후-, -사
　　ㄴ. 임자씨를 밑말로 하는 경우: -지-, -우-, -씨-, -후-
　　ㄷ. 그 외 품사를 밑말로 하는 경우: -어리-, -이-, -곹/욭-, -없-, -디-
　　ㄹ. <후다>형 풀이씨
(35) 근대국어 동사파생 접미사(기주연, 1994 : 193~224)[62]
　　ㄱ. 강세 접미사: -완-, -쯔-, -치/티-, -혀/켜-, -잇-
　　ㄴ. 동사화 접미사: -이-, -히-, -오/우-, -거리(어리)-
　　ㄷ. -후- 類

---

61) 허웅(1995 : 150)에서는 '뒷가지로 파생된 풀이씨'를 다음과 같이 분류하였다.

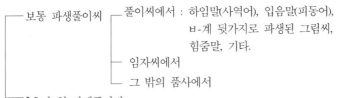

이중 'ㅂ-계 뒷가지로 파생된 그림씨'는 다음 4.3에서 다루기로 한다. 또한 앞서
언급하였듯이 하임말과 입음말에 대한 논의는 제외한다.

62) 기주연(1994)은 동사파생을 다루면서 사동, 피동, 강세형, 형용사의 동사화, -후-
類 등 5가지로 나누고 있다.

위 (34)와 (35)는 허웅(1995)과 기주연(1994)의 분류를 그대로 따른 것인데[63] 이 외에도 다른 연구를 참고하면 동사와 관련된 접미사는 크게 피동접미사, 사동접미사, 강세접미사, 반복접미사로 나눌 수 있으며 '-하-'류도 한 부류로 포함할 수 있다.[64] 본고에서는 논의의 한계상 피동접미사와 사동접미사, '-하-'류 접미사는 다루지 않기로 한다. 이들을 제외하고 (34)와 (35)를 시기별로 다시 정리하면 아래와 같다.

(36) ㄱ. Ⅰ부류(중세-근대) : -왇-, -쯔-, -잊-, -치/티-, -혀/켜-, -거리(어리)-, -이-,

ㄴ. Ⅱ부류(중세) : -츠/츠/치/스-; 웇(윷)/우치/우(으)취-, -괴-, -룿/맃-, -젓-, -적시-, -스(수)위-, -닥희-, -믓-, -쓰리-, -버리(워리)-, -거스리-, -나-, -닐-, -돋-, -부치-, -슬-, -아(가)-, -아리-, -오왜-, -셜-, -구뤼/골외-, -은ㅎ-, -사-

ㄷ. Ⅲ 부류(근대) : 없음

Ⅱ부류의 접미사 중 근대후기의 접미사로 볼 수 있는 것이 있는지 살펴보기 전에 이 형태들을 모두 접미사로 볼 수 있는지의 문제를 먼저 고려해

---

63) 이 외에도 강은국(1995)에서는 15~19세기까지의 접미사를 통시적으로 연구하면서 동사를 파생하는 접미사를 다음의 네 가지로 분류하였다. ① "되풀이됨"의 뜻을 나타내는 접미사(-이-, -거리-), ② "강조"의 뜻을 나타내는 접미사(-타-, -치-, -츠/츠- …), ③ "시킴"의 뜻을 나타내는 접미사(-이-, -히-, -오/우-, -추 …), ④"당함"의 뜻을 나타내는 접미사(-이-, -히-, -기- 등). 현대국어의 경우 하치근(1993)에서 용언의 파생과 관련하여 행위접미사와 상태접미사로 크게 나누고 행위접미사는 다시 중 상태성의 동작화, 동작성의 정밀화로, 상태접미사는 상태표현의 접미사, 정의표현의 접미사로 나눈 바 있다. 이 중 상태표현의 접미사는 형용사와 관련한 것이므로 다음 절에서 다시 논의할 것이다.

64) 피동접미사나 사동접미사는 동사와 결합하여 문구조를 변경한다는 측면에서 문법적 성격이 강한 것으로 볼 수도 있고, 접미사가 결합하면서 특수한 의미가 더해진다는 것을 고려한다면 어휘론의 영역에 속한다고 할 수도 있다. 동사 외에 형용사를 선행어기로 하는 접미사라 해도 피동이나 사동의 의미를 더하는 경우라면 본고의 논의에서 제외하였다.

야 한다. 구본관(1998 : 223~246)의 논의를 따르면 이 중 파생접미사로 볼
수 있는 것은 '-츠/츠/치/수-; 읓(읓)/우치/우(으)취, -룾/맃-, -둗-, -아(가)-' 정
도이다.[65] 우선 '-츠/츠/치/수-; 읓(읓)/우치/우(으)취-'에 대해 구본관(1998 :
241~242)에서는 강세의 기능을 가진 접미사로 선행어기가 공시적으로 동
사이면서 의미가 투명하고 파생어의 수가 제법 많다고 하였다. 그러나 이
미 허웅(1995 : 196)에서도 언급했듯이 그 용법이 일정한가에 대해서, 다양
한 형태를 이형태로 묶어서 처리하는 것에 대해서 의문의 여지가 있다.[66]
'-룾/맃-, -아(가)-'의 경우 결합한 예가 적고 접미사로 보았을 때 그 의미를
결정하기도 어려워 본고에서는 논의하지 않는다. '-둗-'은 허웅(1995 : 199)
에서 풀이씨에서 풀이씨를 만드는 뒷가지로 설정하면서도, '-둗-'에 '둗다'
의 움직씨로의 뜻이 꽤 강하게 남아 있는 점을 인정한 것처럼 현재까지도
동사로 존재하며, 동사의 의미가 나타나지 않는다고 제시된 '긋(긏)둗다
(止), 맛(맞)둗다(會), 씨둗다(覺)' 역시 '둗다(走)'의 의미가 나타나지 않는
것만 공통될 뿐 선행어기를 제외한 나머지 의미에서 어떤 공통성을 발견
하기 어렵다는 것을 감안하면 역시 접미사로 보기 어려운 것 같다.

　이제 Ⅰ부류에 제시된 접미사들과 현대국어에서 동사파생 접미사로
사용되는 것들을 중심으로 근대후기 접미사의 양상을 살피기로 한다.

---

65) 구본관(1998 : 223~246)에서는 허웅(1975), 양정호(1991)를 바탕으로 동사형성 파
　생접미사에 대해 논의하면서 통사구성요소로 보아야 하는 것(-봇-, -셜-), 파생접
　미사로 볼 수 있는 것(-아-, -오-, -아-, -둗-, -룾/맃-, -왐/웓-, -잇-, -쁘/뜨-, -츠(-츠, -차,
　-츠-, -수-, -읓-, -우치-), -티-, -혀-), 통사구성요소와 파생접미사 어느 쪽으로 결정
　내리기 어려운 것(-께-, -우-, -자-, -거스라-, -괴-, -나-, -닐-, -닥희-, -더다-, -뭇-, -비차-,
　-슬-, -아라-, -워라-, -적시-, -주리-, -ㄱ-) 등 세 가지 분류를 제시하였다. 본고의
　대상이 중세국어가 아니므로 이에 대한 정밀한 논의는 다음으로 미루고 중세국
　어에 해당하는 용례의 경우는 우선 구본관(1998)을 따르기로 한다.
66) 허웅(1995 : 196)에 제시된 용례는 'ᄇᅀᅳ츠다(碎), ᄇᅀᅳᄉ다(瑣), 머믈츠다, 거리츠
　다/거리치다/거느리치다(濟), 눌옻다/눌우치다(飛揚), 니숗다/니스취다(聯翩/綿綿)'
　이다. 물론 중세국어에 이 외에도 다른 예가 더 있을 수도 있지만 필자가 이 외
　의 용례는 발견하지 못하였으므로 본고에서는 이들로 논의를 한정한다.

4.2.1 강세 관련 접미사

근대국어의 강세 접미사로 논의된 것으로는 Ⅰ부류의 '-완/왓-, -뜨-, -치/티-, -혀/켜-, -잇-' 등이 있다. 우선 '-완/왓-'의 경우 중세국어에서 '-밭-'의 형태로 활발한 쓰임을 보이다가 근대 전기까지 '-완-'의 형태가 보인다고 하였으나(기주연, 1994 : 209), 근대후기로 넘어오면서 이미 '완'은 사용되지 않고 다만 '-왓-'의 예만 소수 보인다.

(37) ㄱ. 둘흔 혀 니를완는 定이니 <영가, 상 : 75b>
　　ㄴ. 도적이 미처 벙으리왓디 몯흔다 ᄒ니[67] <병학, 19b>
　　ㄷ. 탄일이 ᄒᄅᆞ밤이 ᄀᆞ리왓고 <경민, 7a>

중세국어에서 '-완-'과 함께 나타나던 동사들로는 'ᄂᆞ리완다, 니르밭다, 세월다, 밀완다, 내완다, 벗기완다, 거스리완다, 버으리완다, 갓고로완다, 배완다, 다완다, 위완다' 등이 있는데(허웅, 1995 : 189~191), 이들은 근대후기에 들어 다른 강세 접미사와 결합하거나 강세 접미사를 동반하지 않은 형태로 나타난다. 또한 기주연(1994 : 209)에서 제시된 'ᄀᆞ리완다/ᄀᆞ리왓다'의[68] 예는 'ᄀᆞ리우-+-엇-'으로 분석하는 것이 타당하므로 강세 접미사와 결합한 형태라 할 수 없다. 결국 근대후기에 '-완-'은 접미사로 거의 사용되지 않은 것으로 보인다.

'-뜨-'는 근대후기 문헌에서는 완전히 사라진 것으로 보인다. 기주연(1994 : 213~214)에서는 '-뜨-'가 근대국어의 시기에 나타났다고 하였으나

---

67) 강은국(1995 : 397)에서는 '-완/월-'과 관련하여 '벙으리와든즉'의 한 용례만 발견된다고 하였으나 근대후기 문헌의 검색 결과 소수이긴 하지만 몇몇 용례들이 더 발견되었다.

68) 이 嶺ᄋᆞᆯ 울어러 干犯ᄒᆞ얀 히롤 ᄀᆞ리왓고 구버 드런 두터운 ᄯᅡᄒᆞᆯ 픠혓도다 <두중, 1 : 28a>

(굴히쯔다 <귀감, 상 : 6>, 거슬쯔다 <신속삼, 효 : 2>, 너기쯔다 <귀감,
상 : 6>) 실제로는 '거슬·쯔다 <용가, 74>, 마초쯔다 <두시, 24 : 32>' 등
이 중세국어 시기에도 이미 나타난다.(허웅, 1995 : 200)[69] 근대후기에 들어
오히려 전시기에 '-쯔-'와 함께 나타났던 동사들은 '-쯔-'를 동반하지 않은
형태로 나타나고(逆 거스리다 <몽보, 상 : 24a>, 嫌 슬히 너기다 <몽보,
8b> 등) '그르쯔다'만 '그르치다'로 '-치-'에 통합되어 나타난다.[70] 그러므
로 위의 '-완/왓-'과 마찬가지로 '-쯔-' 역시 후기 근대국어의 접미사 목록
에서 제외할 수 있다.

'-치/티-' 역시 강세를 나타내는 접미사로 중세국어 시기에는 아주 생
산적으로 사용되다가 근대후기에 들어 '-티-' 형태가 급격하게 줄어들면서
'-치-'로 통합되어 현재까지 사용된다. '-혀/켜-'의 경우 근대전기까지도 '-혀-'
의 형태가 보인다. 그러나 근대후기에 들어서는 '-혀/켜-'로 통일된다.

(38) ㄱ. -치/티- : 내 너롤 잡아 것구르티고 곳 켜리니 <오전, 7 : 17b>, 삿기
　　　　　　 빈 즘성의 상히 우고 안는 식알을 씨치오며 <태상, 5a>,
　　　　　　 오쥬ㅣ 교롤 베퍼 널니 셩젹을 힝흐야 일홈이 원근에 넘
　　　　　　 치니 <셩직, 1 : 19a>
　　　 ㄴ. -혀/켜- : 그 根源을 쌔혀고져 홀띤댄 <영가, 상 : 50b>, 眞이 智롤
　　　　　　 조차 두르혀미 이시리오 <영가, 하 : 90a>, 구완흐야 쌔혀
　　　　　　 내야 <지장, 하 : 21b>, 일노 因흐야 개탄흐믈 니르혀미
　　　　　　 잇노니 <훈서, 6a>, 츌방 후 그 글을 쎠혀보니 과연 좌필
　　　　　　 의 글일너라 <태상, 3 : 30b>, 크게 사마의 문을 닐의켜고
　　　　　　 <남궁, 6a>

---

69) 다만 허웅(1995 : 200)에서는 '-쯔-'를 강세와 관련된 접미사로 처리하지 않았을
　　 뿐 동일한 용례를 제시하고 있다.
70) '그르쯔다' 역시 대체로 '그르다'의 형태로 나타나지만 '네의 그르치는 거슬 기
　　 오매 <조훈, 13a>, 못흐야 조쳐흐기롤 못당히 못흐미 미양 일을 그르치니 <이
　　 언, 3 : 16b>, 흔단을 여러 나라롤 그르치미 업스면 <이언, 3 : 30a>' 등의 예에서
　　 처럼 '그르치다'의 형태도 나타난다.

이 외에도 기존 연구에서 언급되지 않았지만 '-터리/트리-' 역시 근대 후기부터 나타나기 시작한 동사파생 접미사이다.

> (39) ㄱ. -터리/트리- : 찌터리다 破 <한불, 140>, 끈흐터리다 絶 <한불, 168>,
>   기우러터리다 傾 <한불, 173>, 문허터리다 壞 <한불, 253>,
>   너머터리다 仆 <한불, 274>, 부러터리다 折 <한불, 343>, 셰
>   속의 흐린 거술 끼터리심을 인흐야 <성직, 9 : 102b>, 곱퍼
>   쩌러터리다 納拜 <국한, 30>, 나려터리다 墮之 <국한, 55>,
>   너머터리다 推顚 <국한, 59>, 것꾸러트리다 倒 <한불, 149>
>   ㄴ. -치- : 능히 너머치지 못흐리니 <성교(사도행전), 5 : 39>, 魯肅이
>   又 찌치다 <삼역, 5 : 9b> 손을 조로 놀여 쥐물너 쌔히면 <규
>   합, 22a>, 긔강을 져기 썰티오리이다 <천의, 1 : 61a>

'-터리/트리-'는 현대국어에서 '행위의 강조'나 '의도성'을 나타내는 접미 사로 사용되는 '-뜨리-'(하치근, 1993 : 233~246)에 해당하는데, '-뜨리-'는 '-트리-'와 동일한 분포를 보인다. 근대국어에서는 주로 (39ㄱ)처럼 '-터리-'로 나타나며 '-트리-'도 소수 발견되지만 현대국어와 같은 '-쓰리/뜨리-'의 형 태는 문헌에서 발견되지 않는 것으로 보아 '-뜨리-'보다는 '-트리-'가 우선 하는 형태로 보인다. 이들 동사들은 (39ㄴ)처럼 '-터리-' 외에 강세 접미사 '-치-'를 동반하여 나타나기도 하는데, 두 형태가 공존하는 현상은 현대국 어에서도 마찬가지이다. 현대국어와 마찬가지로 동사에만 결합하는데, 이 때 동사는 특히 행위성이 두드러지며 이 행위를 강조하는 기능을 한다. 하 치근(1993 : 245)에서는 '-치-'와 비교하여 '-치-'가 "-경멸성"을, '-뜨리-'는 "+경멸성"의 의미를 더한다고 하였는데 거의 모든 용례가 자전류에만 나 타나는 문헌상의 한계도 있겠으나 적어도 근대후기 문헌에서 '-터리-'가 사용되어 "+경멸성"을 나타낸다고 보기는 어려운 것 같다.

지금까지 후기 근대국어의 강세 접미사를 살펴보았다. 중세국어에서

강세 접미사를 동반하였던 동사들은 후기 근대국어에 들어 크게 다른 강
세 접미사로 통합되거나 강세 접미사 없이 나타나거나 혹은 어휘 자체가
사용되지 않는 세 방향으로 나눌 수 있다. 대체로 중세국어에서 다양한 강
세 접미사들은 여러 이형태를 통해 나타나던 복잡한 체계가 차츰 하나의
형태로 통합되기 시작하였고, '-완/왓-, -쁘-, -잇-' 등 근대 전기까지도 나
타나던 강세 접미사들이 사라지면서 근대후기에 들어 강세 접미사의 수가
줄어든 것으로 보인다. 결국 후기 근대국어의 동사파생 강세 접미사의 목
록은 '-치/티-, -혀/켜-, -터리/트리-' 정도이며, 이중 현대국어에서는 '-치-(-치
/티-), -뜨리-(-터리/트리-)'가 접미사로 사용된다.

4.2.2 기타 접미사

그 외 동사를 파생하는 접미사로 '-이-, -거리(어리)-' 등이 제시되었는
데(기주연, 1994 : 214), 이들은 현재까지도 생산적으로 사용된다.

(40) ㄱ. -이- : 자히다 <역보, 35>, 둥고리다 <동문, 상 : 13>, 금져이다
　　　　　<한청, 6 : 4>, 근지러이다 <동문, 하 : 33>, 더러이다 <두
　　　　　중, 3 : 60>
　　　ㄴ. -거리- : 하소거리고져 <경속, 28a>, 暗窺기웃거리다 <몽보,
　　　　　11b>, 躊躇 머뭇ㅅ거리다 <몽보, 상 : 20a>, 口룜룜 입 벙
　　　　　웃거리다 <방언, 신부방언, 21a>, 머뭇거리다가 <태상, 5 :
　　　　　23b>, 아늑거리다 아른거리다 <한불, 5>, 앙알거리다 <한
　　　　　불, 7>, 기웃거리다傾貌 기웃기웃ㅎ다<한불, 173>, 구물
　　　　　거리다 <한불, 205>, 쿨눅쿨눅 쿨눅쿨눅ㅎ다 쿨눅쿨눅거리
　　　　　다 한불, 215>, 너털거리다 <한불, 275>, 중얼거리고 <조
　　　　　군, 18a>, 직거리고 <조군, 35b>, 쮜닐거리지 <셩교(누가),
　　　　　7 : 32절>, 쑤닐거리지 <셩교(마), 11 : 17>, 덤벙대다 氣溢
　　　　　矜張 狂佯 덤벙거리다 덥적거리다 <국한, 77>, 버서거리

다 乾葉祥 버석버석하다 摵摵 破祐物 <국한, 138>, 서성
거리다 徘徊 <국한, 174>, 출낭거리다 浮蕩 輕妄 <국한,
301>, 亂說貌 듕쥬어리다 <동문, 하 : 57a>, 話打噎 말 더두
어리다 <몽보, 상 : 19a> 吟咏 晿쥬어리다 <몽보, 상 : 32a>

이미 중세국어부터 발달하기 시작하여 현대국어에서도 생산적으로 사용
되는 동사 형성 접미사이다. (40ㄱ)의 '-이-'는 다양한 선행어기와 결합하
는데, 사동의 기능을 한다(기주연, 1994 : 215). (40ㄴ)의 '-거리-' 역시 다양
한 용례를 보이는데, 두 음절 이상으로 된 소리, 동작, 행동 등을 본따서
상징사에 붙어 그 소리, 동작, 행동 등이 되풀이됨을 나타내는 새로운 동
사를 파생시킨다(강은국, 1995 : 106). 강은국(1995 : 106)에는 15세기 '-거리-'가
사용된 용례로 '구믈어리다 벌에오 <능엄, 4 : 23>' 등에서 '구믈어리다'
한 단어만 발견된다고 하면서 17세기부터 그 쓰임이 점차 많아지기 시작
하지만 여전히 현대국어의 빈도수보다 훨씬 낮다고 하였다. 그러나 실제
로는 근대후기, 즉 19세기 자전류에서 그 쓰임이 현대국어 이상으로 눈에
띄게 많아졌다고 할 수 있다. 다시 말하면 '거리'와 '어리'가 모두 나타나
는데, 특히 19세기에 들면 '거리'의 사용이 부쩍 늘어나고 자전류에서 의
성어, 의태어 첩어구성과 동일한 의미로 사용되는 경우가 많다는 것이다.
예를 들면, '압진압진하다'의 '-하다' 파생어와 '압진거리다'의 '-거리-' 파
생어가 동일한 항목으로 기술되어 있는 것이 그러한 예이다.

이 외에도 현대국어의 동사파생 접미사로 '-대-(으스대다, 꾸며대다, 삐
대다, 주워대다 등), -지르-(싸지르다, 엎지르다, 걸어지르다, 앞지르다, 골
지르다 등)' 등이 있다(하치근, 1993 : 233~246). 이 접미사들을 근대후기
문헌에서 검색한 결과 다음의 용례를 발견하였다.

(41) ㄱ. -디/대- : 의심ᄒ여 두시 힐문ᄒ니 비되 말을 ᄭ며더 <태상, 5 :

26a>, 쎄더다 <한불, 328>, 덤벙대다 氣溢矜張 狂徉 덤
벙거리다 덥적거리다 <국한, 77>
ㄴ. -지르- : 식의 집을 업지르며 <태상, 5a>, 옥지르다 毁破 <한불,
53>, 헤지르다 <한불, 88>, 거더지르다 <한불, 149>,
묵거지르다 束揷 묵다 <한불, 251>

(41ㄱ)의 '-디/대-'는 근대후기 문헌부터 소수의 용례만 발견된다. '-거리다'
와 비슷한 의미를 더해주는 것으로 그 의미는 '그런 상태가 잇따라 계속
됨'이다. 근대후기까지 동사에서 반복을 나타내는 경우 '-거리-'가 매우 생
산적이었으므로 상대적으로 용례가 적게 나타나는 것이 아닌가 한다. 그
러나 근대후기 자전류에 나타난 것처럼 '-거리-'가 나타나는 경우 동반하
여 나타나기도 한다. (41ㄴ) '-지르-'의 경우 많은 용례가 발견되는 것은 아
니지만 근대후기부터 현대국어에 나타나는 용법의 '-지르-'가[71] 나타나는
것으로 보인다. 그런데 위의 용례들에서 '-지르-'의 공통된 의미를 추출하
기 어려운데 선행동사를 '강조'하는 것으로 처리할 수 있는 가능성도 있
다. 또한 현대국어에서 접미사로 처리하는 것이 통일된 견해가 아니므로
접미사로 볼 수 있을지도 다시 고려해야 한다. 다만 용례가 근대후기 문헌
에서 보이므로 논의에 포함하였다.

이상의 논의를 바탕으로 후기 근대국어의 동사파생 접미사로 앞서 강
세를 나타내는 접미사 외에 사동의 의미를 가지는 '-이-', 반복을 나타내는
'-거리-'가 중세 이후부터 근대후기를 거쳐 현대까지도 꾸준히 생산적으로
쓰이고 있음을 확인하였다. 아울러 '-거리-'처럼 반복을 나타내지만 소수
의 용례만 보이는 '-디/대-'와 동사 '지르다'와 관련된 '-지르-'도 쓰이기 시
작하였다.

---

71) 『표준』에는 접미사로 설정되지 않았지만, 김계곤(1996 : 188)에서 '-지르-'를 접미
사로 설정한 바 있다.

4.3 형용사파생 접미사

형용사의 파생은 대체로 '-ㅂ-'계 접미사로 이루어지며 그 외 '-ㅎ-, -젓-, -지-, -되-' 등에 의해 이루어진다. 중세국어와 근대국어의 형용사 파생 접미사의 목록을 제시하면 아래와 같다.

> (42) 중세국어 형용사 파생 접미사(허웅, 1995 : 182~221)
>   ㄱ. -ㅂ-계 : -ㅂ-, -ㅂ/브-, -ᄫ/보-, -압/업-, -엽-, -갑/겁-, -답-, -롭(릅)/로
>   (ᄅ)ᄫᅵ(>로(ᄅ)의),
>   ㄴ. 그 외 : -젓-, -ㅂᄅ-, -지-
> (43) 근대국어 형용사 파생 접미사(기주연, 1994 : 224~244)
>   ㄱ. -ㅂ-계 : -ㅂ-, -ㅂ/브-, -압/업-, -갑/겁-, -답-, -릅/롭-, -스럽-
>   ㄴ. 그 외 : -젓-, -지-, -살-, -곱-

위 (42)과 (43)의 목록을 시기를 기준으로 하여 다시 분류하면 (44)와 같다.

> (44) ㄱ. Ⅰ부류(중세~근대) : -ㅂ-, -ㅂ/브-, -압/업-, -갑/겁-, -답-, -릅/롭-, -젓-,
>   -지-
>   ㄴ. Ⅱ부류(중세) : -ᄫ/보-, -엽-, -ㅂᄅ-
>   ㄷ. Ⅲ부류(근대) : -스럽-, -곱-

우선 Ⅱ부류 접미사 중 근대후기의 접미사에 포함시킬 수 있는 것이 있는지 살펴보기로 하자. '-ᄫ/보-'에 대해 허웅(1995 : 183)은 'ㅅ 변격 움직씨에 '-ㅂ/브'가 붙을 때 'ㅂ'이 'ᄫ'으로 변한다'라고 하였다. 그러므로 Ⅰ부류의 '-ㅂ/브'와 같은 것으로 처리할 수 있다. '-엽-' 역시 '겹홀소리의 'ㅣ (j)' 밑에서 나는 '-업-'의 음성적 변이형'이므로 '-업-'과 동일한 것으로 처

리할 수 있다. 결국 Ⅱ부류 접미사 중 '-ㅂㄹ-'만 남는데 이에 대해서는 4.3.1에서 논의하기로 한다.

접미사에 의한 형용사 파생의 경우 '-ㅂ-'계를 제외하고 접미사의 형태가 그리 많지 않으므로 4.3.1에서는 Ⅰ부류, Ⅲ부류 접사를 중심으로 논의하고(Ⅱ부류의 '-ㅂㄹ-'도 함께 논의) 4.3.2에서는 기존 논의에서 언급되지 않았으나 현대국어에서 접미사로 쓰이는 것으로 미루어 근대후기에 나타났을 것으로 추정되는 예들에 대해 살피기로 한다.

4.3.1 'ㅂ'계 접미사

기존 연구에 제시된 근대국어 형용사 파생 접미사 중 대부분의 '-ㅂ-'계 접미사는 중세국어에서부터 다양한 이형태를 보이는데 대체로 'ㅸ'과 '·'의 소실과 관련한 형태상의 변화를 보일 뿐 이전 시기와 크게 다르지 않다.

> (45) ㄱ. -ㅂ- : 父母親戚들도 그립스와 <인어, 4 : 11a>
> ㄴ. -브/브- : 내 셩녕이 밧부니 <박신, 2 : 54a>, 밋브지 안니미 업셔 <삼셩, 22b>
> ㄷ. -압/업- : 漢唐中主의게 붓그립도소니 <훈서, 性道敎, 6b>, 부럽다 羨 <한불, 343>
> ㄹ. -갑/겁- : 갓갑디 아니케 <지장, 中 : 24b>, 슬겁다慧 <한불, 412>
> ㅁ. -답- : 엇지 아람답지 아니며 <윤음(중외), 8b>
> ㅂ. -랍/릅/롭- : 童便은 보드랍고 <인어, 8 : 9b>

이들은 현대국어에서는 접미사로 생산적이지 않은데, 이미 근대후기에 들어와 어근과 결합한 형태가 형용사로 굳어져 사용된 것으로 보아 본고에서 다루는 근대후기 형용사파생 접미사 목록에서 제외할 수 있다.

이에 비해 Ⅲ부류 접미사인 '-스럽-'은 후기 근대국어 문헌부터 나타나기 시작하여 현대국어까지 아주 생산력이 높은 접미사이다.

(46) ㄱ. 명사 + -스럽 : 僭越專行 ㅈ작스럽다 <몽보, 36a>, 行止小氣 힝지 좀스럽다 <몽보, 상 : 15b>, 行止小氣 힝지 좀스럽다質 朴훈 냥반이매 페스럽다 ㅎ고 <인어, 5 : 17b>, 져파ㅈ롤 촌스럽다 하엿더니 <태상, 4 : 9b>, 앵샹이 앵샹이스럽다 <한불, 1>, 암샹스럽다 <한불, 4>, 야경스럽다 <한불, 12>, 야살스럽다 <한불, 15>, 억쳑스럽다 <한불, 19>, 언구럭스럽다 <한불, 20>, 의명 의명스럽다 <한불, 32>, 요샤스럽다 妖邪 <한불, 61>, 위풍스럽다 威風 <한불, 65>, 욱긔스럽다 愚氣 <한불, 66>, 우쟈스럽다 愚者 <한불, 70>, 험샹스럽다 險像 <한불, 89>, 험덕스럽다 險德 <한불, 89>, 흔감스럽다 <한불, 97>, 긔셜스럽다 客說 <한불, 139>, 견집스럽다 堅執 <한불, 154>, 근신스럽다 <한불, 169>, 근쳔스럽다 近淺 <한불, 169>, 꼼쥐 小鼠 꼼쥐스럽다 <한불, 187>, 고락스럽다 <한불, 193>, 귀인셩스럽다 貴人樣 <한불, 201>, 귀살스럽다 <한불, 202>, 궁샹스럽다 窮象 <한불, 208>, 망녕스럽다 妄佞 쳘업다 <한불, 222>, 망샹스럽다 妄像 방졍스럽다 <한불, 222>, 령감스럽다 靈感 <한불, 279>, 능쳥스럽다 <한불, 282>, 방졍스럽다 망샹스럽다 <한불, 304>, 변덕스럽다 變德 <한불, 320>, 병신셩스럽다 如病身 <한불, 322>, 복샹스럽다 福狀 <한불, 332>, 포달스럽다 暴撻 褒達 <한불, 363>, 산망스럽다 散妄 <한불, 373>, 싱광스럽다 生光 <한불, 386>, 스경스럽다 <한불, 389>, 심악스럽다 甚惡 <한불, 416>, 싱검스럽다 <한불,421>

ㄴ. 부사 + -스럽 : 왕청스럽다 <한불, 49>, 물경스럽다 物輕 <한불, 256>, 새삼스럽다 <한불, 367>

ㄷ. 어근 + -스럽 : 안쓰럽다 <한불, 6>, 야맡스럽다 <한불, 13>, 알

둥스럽다 <한불, 15>, 오감스럽다 <한불, 52>, 오망스럽
다 傲妄 <한불, 53>, 우멍ᄒ다 우멍스럽다 <한불, 66>,
홀난스럽다 惚爛 <한불, 113>, 굴침스럽다 <한불, 211>,
매몰스럽다 埋沒 <한불, 216>, 멍쳥스럽다 昏迷 <한불,
232>, 민죠스럽다 憫憬 <한불, 239>, 몰강쓰럽다 <한불,
246>, 몰풍스럽다 沒風 <한불, 247>, 뭐뭉스럽ᄒ다 <한
불, 250>, 뭡살스럽다 可憎 <한불, 250>, 소담스럽다 <한
불, 254>, 소담스럽다 欽羨 <한불, 430>, 쇼샤스럽다 小瑣
樣 <한불, 435>, 수월스럽다 <한불, 437>, 슈샹ᄒ다 슈샹
스럽다 殊常 <한불, 445>, 슈션스럽다 煩雜 <한불, 445>,
담탹스럽다 <한불, 455>, 스스럽다 <한불, 413>

'-스럽-'의 경우 근대국어 시기에 나타난 것에 비해 특히 자전류를 중심으
로 많은 용례가 발견되며, 「한불ᄌ뎐」의 경우 '스럽다'가 단독 표제어로
따로 제시될 정도이다(스럽다 <한불, 412>)[72]. 현대국어에서도 생산적인
접미사로 쓰이지만 (46)에 제시된 예처럼 현대국어에 사용하지 않는 다양
한 의성·의태 어휘들까지 취하여 매우 다양한 어휘를 파생한 것으로 보
아 오히려 현대국어보다 근대후기에 생산적으로 사용된 것으로 보인다.
기주연(1994 : 234, 각주 47)에서는 「역어유해(1775)」부터 등장한다고 하였
으나 문헌을 검색한 결과 그보다 이전 문헌인 「몽어유해보(1768)」부터 발
견된다.[73] 명사나 의성어, 의태어 등 다양한 어근에 결합하여 '어근과 같
은 성질이 있음'을 나타내는데, 현대국어에서 잘 사용하지 않는 어휘들에
까지 다양하게 나타나는 것을 볼 수 있다.
　그 외 근대국어 형용사파생 접미사로 Ⅰ부류의 '-젓/젹/쩍-, -지-', Ⅱ부
류의 '-바른-' 등이 있다. 근대후기 문헌에 나타난 용례는 (47)과 같다. 이

---

72) 이로 미루어 「한불ᄌ뎐」에서는 접미사도 표제어로 처리한 것 같다. 그러나 문헌
　　의 특성에 대해서는 좀더 연구가 필요하다.
73) 강은국(1995 : 419)에도 「몽어유해보」의 용례들이 이미 제시된 바 있다.

중 Ⅰ부류의 '-젓/젹/쩍-, -지-'는 '-쩍-, -지-'의 형태로 현대국어에서도 생산적인 접미사로 사용된다.

> (47) ㄱ. -젓/젹/쩍- : 老詿回 망녕젓다 <몽보, 7a>, 可疑 의심젓다 <몽보, 하 : 25b>, 괴이쩍게도<천로, 하 : 107b>, 객젹은 것 不客外事 無用伴 <국한, 14>
> ㄴ. -지- : 양그지다 稷 <한불, 14>, 옹골지다 <한불, 55>, 잉도라지다 <한불, 16>, 멋진 자 味之人 <국한, 112>, 돗과 양의 기름진 고기 乂고< 태상, 5 : 55a>
> ㄷ. -ㅸㄹ/바르- : ㅅ작ㅸㄹ다74) <한불, 391>, 꼼바르다75) <한불, 187>, 반짓바르다76) 倨傲 <한불, 301>, 새옴바르다77) <한불, 367>, 덕바르다78) 不足 <한불, 473>

(47ㄱ)의 '-젓/젹/쩍-'은 현대국어의 '-쩍-'에 해당하는 것으로 기주연(1664 : 235)에는 '-젓'으로만 제시되어 있다. '-젓-'의 경우 18세기 후기 문헌까지 보이다가 19세기 문헌에서는 '-쩍/젹-'의 형태로 나타난다. 명사나 어근과 결합하는데, 『표준』에서는 '그런 것을 느끼게 하는 데가 있음'이라는 뜻을 더해준다고 하였다. (47ㄴ) '-지-'의 경우 중세국어부터 용례가 발견된다(フ ㄹ몰 フ늘지게 ㅎ는 대롤 뒷노니 <두중, 6 : 45a>(허웅, 1995 : 206)). 근대 후기에도 역시 아주 적은 용례만 발견되는데, 근대후기까지도 현대국어처럼 아주 생산적인 접미사는 아니었던 것으로 보인다. (47ㄷ)의 '-ㅸㄹ/바르-'의 경우는 Ⅱ부류에 속하는 접미사로 중세국어 시기의 접사 목록에만 포함되어 있으나 검색 결과 근대후기 문헌에서 '-바르-'의 형태로 나타났다. 구본

---

74) 사작바르다. '사박스럽다'의 잘못. 성질이 보기에 독살스럽고 야멸친 데가 있다.
75) 꼼바르다. 마음이 좁고 지나치게 인색하다.
76) 반짓바르다. 거만, 오만하다.
77) 샘바르다. 샘이 심하다.
78) 적바르다. 어떤 한도에 겨우 자라거나 이르러 여유가 없다.

관(1998 : 170)에서는 '새옴ᄇᆞ르다(猜)' 외에 다른 용례가 발견되지 않고 '貧', '緊' 등의 의미로 쓰이는 '-ᄇᆞ르-'와 관련이 있는 것으로 보아 '새옴 ᄇᆞ르다'를 합성어로 처리하였다. 그러나 비록 현대국어에서 생산적인 접미사로 쓰이지 않지만 근대후기 문헌에서 '-바르-'와 결합한 용례들이 발견되고, 파생어에 나타난 접미사의 의미 역시 '지나치다, 심하다' 정도로 추출할 수 있다는 것을 감안할 때, 근대후기 접미사로 처리하는 것이 가능할 듯 하다.

4.3.2 기타 접미사

현대국어의 경우 이상에서 논의된 것 외에 '-맞-(궁상맞다/능글맞다/방정맞다 등), -앟/엏-(까맣다/노랗다/파랗다 등), -다랗-(가느다랗다/굵다랗다/기다랗다/깊다랗다 등), -차-(세차다/벅차다/매몰차다 등)' 등이 형용사를 파생하는 접미사이다. 이들을 근대후기 문헌에서 검색하면 아래와 같다.

> (48) ㄱ. -다랗- : 커다란 大貌 <한불, 213>
> ㄴ. -앟/엏- : 나룻과 머리터럭이 다 허여케 셰엿더라 <삼역, 2 : 20a>, 圍堆 둥구러케 ᄲᅡ타 <몽보, 하 : 46a>, 皓白 허여케, 光明 멀거케 <몽보, 하 : 48a>
> ㄷ. -맞- : 방정맞다 放睛輕妄 <국한, 135>, 빙충맞다 憑沖 <국한, 159>
> ㄹ. -차- : 걸차다 攪鑠哉 <국한, 20>, 벅차다 過於力 <국한, 139>, 세차다 强 <국한, 180>

(48ㄱ) '-다랗-'의 경우 현대국어에서는 길이나 높이 등 척도를 나타내는 형용사와 결합하여 정도의 뚜렷함을 나타내는 접미사로 사용되는데, 근대후기 문헌에서는 많이 발견되지 않는다. 이에 비해 (48ㄴ)의 '-앟/엏-'은 소

수이지만 용례가 발견되었는데, '허여케, 둥구러케, 멀거케' 등이 그것이다. 이들은 현대국어에서는 이미 형용사로 굳어져 사용되며 새로이 단어를 만들어내지 않지만 근대후기에는 접미사로 사용되었다고 보는 것이 타당할 것이다. (48ㄷ), (48ㄹ)의 '-맞-, -차-'는 근대후기 문헌인 「국한회어(1985)」에 용례가 보이기 시작하는데, 그 수가 그리 많지 않다. 현대국어에서도 역시 그다지 생산적으로 사용되는 것은 아니나 근대국어 시기보다는 어휘가 늘었다는 점을 감안하여 접미사 목록에 포함하기로 한다.

지금까지의 논의를 정리하면 근대후기 형용사를 파생하는 접미사로는 중세국어 시기부터 다양한 이형태를 보이며 사용된 'ㅂ'계 접미사들이 (본고에서 용례를 모두 제시하지 않았지만) 여전히 생산적으로 사용되어 현대에까지 이르고 있다. 특히 근대에 들어 나타난 '-스럽-'은 근대후기 문헌에서 현대국어보다 오히려 생산적으로 사용되었음을 볼 수 있었다. 'ㅂ'계 외에도 '-젓/적/쩍-, -지-' 등은 중세부터 현대까지 접미사로 사용되고 있으며, 특히 '-ㅂ르/브르-'의 경우 중세나 현대에 접미사로 처리해야 하는지는 확신할 수 없지만 적어도 근대후기에는 접미사로 기능한 것을 볼 수 있었다. 마지막으로 기존 논의에 제시된 바 없으나 현대국어의 쓰임으로 미루어 근대후기에 접미사의 기능이 시작된 것으로 보이는 '-다랗-, -앟/엏-, -맞-, -차-' 등도 살펴보았다.

4.4 부사파생 접미사

허웅(1995)와 기주연(1994)에 제시된 중세국어와 근대국어의 부사파생 접미사의 목록은 각각 아래와 같다.

(49) 중세국어 부사파생 접미사(허웅, 1995 : 239~261)
　ㄱ. 풀이씨에서 : -이, -오/우, -어/아, -히, -애1, -사리, -오마/오매

ㄴ. 임자씨에서 : -로, -록, -내, -뎌, -혀/혀, -으라, -라/려, -쇼, -썬, -마,
    -이, -애2,

ㄷ. 그 외 품사에서 : -곰, -내, -이, -막, -예, -로, -마

(50) 근대국어 부사파생 접미사(기주연, 1994 : 245~268)[79]

ㄱ. -이 계(系) : -이/히   ㄴ. -오/우 계 : -오/우, -호/후, -로, -소/조
ㄷ. -ㅁ 계 : -엄, -곰/금   ㄹ. -애/여 계 : -내, -야/여/혀, -려
ㅁ. 기타 : -옥/욱, -앙/엉

위에서 (49)와 (50)의 분류 방식이 다른 것을 볼 수 있다. 전자는 선행하는
밑말의 품사를 기준으로 한 것으로 이 경우 생산적인 접미사인 '-이/히'나 '-오/
우' 등은 두 개 이상의 품사 범주와 결합하기 때문에 동일한 형태가 여러
곳에 나타날 수 있다. 이에 비해 후자는 단일한 범주의 밑말을 가지는 대
다수 접사들의 특징을 포착하기 어렵다는 단점이 있다. 아울러 앞서 형용
사와 마찬가지로 부사파생은 명사나 동사의 파생과 달리 파생접사 자체의
의미를 도출해 내는 것이 어렵기 때문에 접사만으로 분류 기준을 세우기
가 어렵다. 그러므로 본고에서는 부사파생의 경우 기존의 논의를 수용하
여 (49)와 (50)을 통합적으로 운용할 것이다. 그 전에 (49)와 (50)을 시기별
로 재분류하면 (51)과 같다.

(51) ㄱ. Ⅰ부류(중세-근대) : -이, -히, -오/우, -소/조(>쇼), -로, -곰/금, -려(-라/
         려), -내, -야/여/혀(-혀/혀)

    ㄴ. Ⅱ부류(중세) : -어/아, -애1, -사리, -오마/오매, -록, -뎌, -으라, -썬,
         -마, -애2, -막, -예, -마

---

79) 중세국어 부사파생 접미사 목록에는 없지만 근대국어 부사파생 접미사 목록에
   있는 것으로 '-엄(니엄. 쉬엄쉬엄), -옥/욱(더옥/더욱), -앙/엉' 등이 있다. 그러나
   이들의 용례가 거의 한두 개에 그치고 또한 근대후기 문헌에서는 새로 파생된
   어휘가 발견되지 않으므로 본고에서는 이 접미사들에 대해서는 다루지 않기로
   한다. 특히 '-옥/욱'의 경우 중세국어 접미사 목록에 포함되지 않았지만(허웅,
   1995), 16세기 문헌에 '더욱/더옥'의 두 형태가 모두 발견된다.

ㄷ. Ⅲ부류(근대) : -호/후, -엄, -옥/욱, -앙/엉

본격적인 논의에 앞서 문제가 되는 Ⅱ부류 접사에 대해 살펴보자. (51ㄴ)의 Ⅱ부류 접사는 중세국어의 목록에만 들어 있는 것인데, 이 중 근대후기에도 접미사로 사용된 것이 있는지를 우선 점검해야 한다. 우선 '-아/어'의 경우 허웅(1995 : 251)에서 어미가 부사파생 접미사로 쓰인 것이라고 하였는데, 이미 '-아/어'와 결합한 부사들이 중세국어 시기에 만들어져서 근대후기에는 형태상 변화가 이루어졌고, 또한 이 접사가 새로운 어휘를 파생한 용례를 찾기 어렵다는 점에서 본고에서는 다루지 않기로 한다. 이 외 '-애1(이대), -사리(쉽사리), -오마/오매(져고마)' 등도 풀이씨와 결합하여 부사를 만드는 것으로 분석하였는데(허웅, 1995 : 253), 근대후기에 이들이 특별한 생산성을 가진다고 보기 어려우므로 본고에서는 논의하지 않는다.

체언을 밑말로 하는 '-썬'에 대해 구본관(1998 : 303~304)에서는 허웅(1995 : 257)의 분석을 제시하면서 '-썬'이 나타나는 예가 거의 없어 조어력이 없는 것으로 판단하고 접사가 아닌 것으로 처리하고 있다. 실제로 '-썬'이 임자씨와 결합하는 용례를 발견하기 어렵다. '-록'은 허웅(1995 : 255)에서 '-로'의 강세형이라고 하였는데, 이에 대해서는 4.4.2에서 '-로'와 함께 논의하기로 한다. 이 외에도 '-뎌(아롬뎌), -마(몃마), -애2(곧고대), -으라(므스므라)' 등이 체언을 밑말로 하는 접미사의 예인데, 이들 역시 용례가 매우 적게 나타나며 근대후기에는 이미 그 형태가 변하였으므로 본고에서는 다루지 않기로 한다.

그 외 다른 품사와 결합하는 '-막(ᄆᄌ막, 終), -예(므리므리예, 往往), -마(현마, 幾)' 등도 용례가 적고 근대후기에 새롭게 결합한 형태가 보이지 않아 논의의 대상에서 제외한다. 결국 Ⅱ부류 접사 중에는 '-로'의 강세형인 '-록' 정도만 논의의 대상이 된다. 이제 나머지 Ⅰ부류와 Ⅲ부류의 접미사들을 중심으로 근대후기 부사파생에 대해 논의하기로 한다.

4.1.1 '-이/히, -오/우'계 접미사

풀이씨 외에 다양한 품사와 결합하며 근대후기에도 생산적으로 사용된 부사파생 접미사에는 '-이/히, -오/우'등이 있다. 이들은 Ⅰ부류 접사에 속하는 것으로 동사 외에도 다양한 품사와 결합하였다. 우선 '-이/히'는 중세국어부터 현재까지 큰 차이 없이 쓰이는 접미사이다.

> (52) ㄱ. 이/히 : 헛도이 <이언, 2 : 5a>, 쩟쩟이 <종덕, 본셔, 7a>, 과히 <명
>   의, 하, 존현각일긔, 42b>, 홀연이 <이언, 2 : 8a>, 홀연히
>   <천의, 1 : 34b>, 능히 <윤음(중외), 2a>

부사파생 접미사 '-이/히'는 중세국어부터 근대를 거쳐 현대에 이르기까지 매우 생산적인 접미사이다. 특히 '-이/히'는 형용사와 결합하여 부사를 파생하거나 'ㅎ다'형 형용사와 결합하거나 상징사나 동사, 명사에 결합하는 등 다양한 선행 어근과 결합이 가능하다.[80] 현대국어의 경우 형용사나 일부 1음절 명사와 결합하는 것에 비하면 근대후기까지 다양한 선행어근을 취하던 것으로 볼 수 있다.

다음으로 '-오/우' 역시 '-이/히' 다음으로 생산적인 접미사이며 대체로 용언 어간의 의미에 '정도'의 깊이를 더해 준다(기주연, 1994 : 261).

---

80) 기주연(1994 : 245~260)에서는 부사파생 접미사 '-이'의 선행 어근을 13가지로 나
   누고 각각의 예를 자세히 제시하고 있다. ① 형용사 + -이(노피/놉피, 더러이), ②
   동사 + -ㅂ/브 + -이(깃비, 밋비), ③ 명사 + -답 + -이 (법다이), ④ 명사 + -릅/롭 +
   -이(새로이, 괴로이), ⑤ 어근 + -압/업 + -이(가빈아이, 가차이), ⑥ 명사 + -젓 + -
   이(법저이, 핀잔저이), ⑦ 어근 + -ㅎ + -이(가히, 고요히), ⑧ 어근 + -스럽 + -이
   (웨젼스러이), ⑨ 형용사 + -즉/즉 + -이(굵즈그, 멀즈시), ⑩ 형용사 + -술/살 + -이
   (쉽사리), ⑪ 명사 + -이(다힝이, ᄌ연니), ⑫ 동사 + -이(드리, 니ᄅ히), ⑬ 부사 + -
   이(가득이, 믄드기, 오롯이)

(53) ㄱ. -오/우 : 오로 <종덕, 중 : 1b>, 마조 <천로, 상 : 72b>, 비로소 <윤음
(중외), 2a>, 너무 <박신, 1 : 13a>

그러나 '-오/우'의 경우 현대국어에서는 생산적인 부사파생 접미사로 사용
되기보다는 이미 근대후기에 파생된 단어들이 부사로 굳어져서 사용되므
로 '-오/우'가 생산적인 접미사로 기능한다고 보기 어렵다. 실제로 근대후
기에 나타난 '-오/우' 결합 어휘들은 이미 중세에 거의 나타나며 다만 형
태상의 변화만 있을 뿐이다. 중세에 활발하게 부사파생의 기능을 하던 '-오/
우'는 이후 더 이상 새로운 단어를 생산하지 못할 뿐 아니라 중세에 쓰이
던 형태들마저 사라진 것으로 보이므로 근대후기의 생산적인 파생접미사
로 볼 수 있는지는 확신할 수 없다.

'-오/우'에 비해 생산적이지는 않지만 같은 계열이었던 '-호/후'가 있다.
Ⅲ부류에 속하는 접사로 대체로 용언과 결합한다. 특히 이들은 어간 말음
'ㄷ, ㅈ' 뒤에 결합하여 부사를 파생한다.

(54) ㄱ. -호/후 : 甘雨 째마초 오는 비 <방언, 신부방언, 4b>, 각각 약념과
유장을 마초 셕거 그 챵ㅈ 속에 ㄱ닥이 너코 <규합,
11a>, 마초 <지장, 중 : 16b>, 마초 <규합, 11a>, 곳초 <무
원, 3 : 98a>

이들은 현대에 사용되지 않는데, 부사형 어미와 결합한 형태로 쓰이는
것이 보통이다. 기주연(1994 : 263)에서는 '-호/후'에 대해 '-오/우'와 기능
이같은 자유변이형태라고 하였는데, 기능으로 제시한 '정도'라는 개념이
모호하여 본고에서는 범주를 변화시키는 것으로만 처리한다.[81] 앞서 '-오

---

81) '정도'라는 것에 대해 형용사파생 접사를 들어 설명하고 있는데, '노랗- : 누렇-'이
나 '샛노랗- : 싯누렇-'의 대립은 색감의 진하거나 옅음, 어감의 크거나 작음 등
명확한 정도성의 차이를 보이지만, '알맞- : 알마초'나 '곳- : 고초'의 경우 어떤 종

/우'와 'ㄷ, ㅈ' 말음 어간 뒤에 나타난다는 환경만 다를 뿐 그 외 조건이 모두 동일한데, 변화의 양상 역시 동일하여 중세에 사용되던 것 외에 새로운 어휘를 파생하지 못하며 근대후기까지 나타나던 형태들은 현대에는 더 이상 부사로 사용되지 않는다.

지금까지 생산적인 접사로 논의되던 '-이/히'와 '-오/우'에 대해 살펴보았다. '-이/히'는 생산성이 근대후기에도 여전히 유지되어 현대까지도 새로운 부사를 파생하는 기능을 한다면 '-오/우'는 중세에 활발하던 생산성이 근대후기에 유지되지 못하여 현대에는 '-오/우'를 따로 분석하지 않을 정도로 완전한 어휘화를 경험하게 된 것으로 보인다. 그러므로 중세, 근대, 현대를 걸쳐 생산성을 유지하는 부사파생 접미사는 '-이/히' 정도로 볼 수 있다.

4.4.2 체언과 결합하는 접미사

주로 체언과 결합하는 '-소/조, -려(-라/려), -엄, -로' 등의 경우 '-엄'이 Ⅲ부류에 속하는 것을 제외하고 나머지는 모두 Ⅰ부류 접사에 해당한다. 그러나 실제로 '-엄'은 목록상 근대국어의 접사로 되어 있을 뿐 이미 중세국어 시기에도 용례가 나타나므로(예 : 니엄) 사실 Ⅲ부류가 아닌 Ⅰ부류로 볼 수도 있다.

(55) ㄱ. -소/조 : 몸소 <훈서, 7b>, 손소 <태상, 1 : 60a>, 손수하다 躬執
　　　　　　<국한, 184>, 손조 親手 <한불, 427>
　　 ㄴ. -려 : 용례 발견 안됨
　　 ㄷ. -엄 : 씌엄씌엄 往往 <한불, 476>, 긔엄긔엄 匍匐 <국한, 48>

류의 정도가 차이가 나는지 분명하지 않다. 그러므로 양자를 직접 비교하는 것은 적절하지 못한 것으로 보인다.

우선 (55ㄱ)와 (55ㄴ)의 '-소/조'와 '-려'는 용례가 매우 한정되어 나타난다. (55ㄱ) '-소/조'는 '몸, 손'과만 결합하여 '직접한다'는 의미를 파생한다. 구본관(1998 : 303)에서는 '쇼'에 대해 15세기 공시적으로 합성어의 어근으로 처리하였으나 '몸, 손'의 뒤라는 제한된 어휘 환경에서만 나타날 뿐 단독으로 혹은 합성어의 앞 요소로 나타나는 예가 발견되지 않는 것으로 보아 공시적으로는 부사를 파생하는 접미사로 보는 것이 타당한 듯 하다. 그러나 근대후기에는 '몸소'와 '손수'로 두 형태가 변화하여 나타나는 것을 고려하면 이미 어휘화가 되었다고 볼 수 있으므로 이 시기에는 접미사로 분리해 내는 것이 오히려 어렵지 않을까 한다. (55ㄴ) '-려' 역시 '새-(新)'의 경우에만 결합한 형태가 나타나는데, 근대후기에는 모두 '새로'로 통합되어 나타난다. 따라서 '-려'는 형태 자체가 발견되지 않는다.[82] 결국 '-소/조, -려(-라/려)' 모두 근대후기에는 새로운 부사를 파생하지는 못한 것으로 보인다. 이에 비해 (55ㄷ)의 '-엄'은 중세시기에 나타나던 '니엄니어'의 형태는 근대후기 문헌에서 발견되지 않았지만 첩어의 형태로 '-엄-엄'이 부사를 만드는 형식이 보인다. 그러므로 근대후기까지는 접미사로 기능하였던 것으로 추측할 수 있다.[83]

다음으로 근대후기까지 적지만 새로운 어휘를 파생한 접미사 '-로'를

---

82) '-려'의 경우 유일한 용례인 '새려/새례'가 '새려'의 형태로 <두시언해 중간본(3 : 62b)>'까지 나타나고 이후 '새로'로 모두 통합되어 근대국어에서는 용례가 검색되지 않는다.

83) 첩어의 형식으로 부사를 만드는 것으로 '-적-적'의 용례가 근대후기 문헌에 나타난다. '걸적걸적ᄒᆞ다(cf. 걸덕걸덕ᄒᆞ다) <한불, 148>, 북적북적거리다 북적북적 썰는다 <한불, 340>, 꿈적꿈적 蠢蠢 愚動)(cf. 꿈틀꿈틀 蜿蟬蜒, 꿈뻑꿈뻑 조을다 點頭坐睡, 꿈뻑꿈뻑 절하다 納頭便拜), 극적극적 극는다 數數抑搔 <국한, 45>, 끔적끔적 閃閃 目之開閉 <국한, 48>, 덕적덕적 多多粘着 <국한, 77>, 뒤적뒤적 <국한, 87>' 등의 용례가 그것이다. 그러나 중첩어를 이루어 부사파생을 이루는 것이기 때문에, 이때의 '-적'을 부사파생 접미사로 설정할 수 있는지에 대해서는 좀더 연구가 필요하므로 본고에서는 용례를 제시하는 데 그친다.

살펴보자.

(56) ㄱ. -로 : 보야흐로 <주천, 7a>, 실로 <지장, 上 : 11b>, 아오로 <훈
서, 稼穡篇, 4a>, 스스로 <훈서, 跋文, 1a>, 바야흐로 <천
의, 2,28a>, 더브로 <천의, 2 : 48a>, 홀로 <경문, 31a>, 서
로 <몽보, 35a>, 고로 <염불, 1b>, 쏘로 <명의, 상 : 9a>,
새로 <명의, 상 : 18a>, 째로 <속명, 1 : 3b>, 實로 <무원, 1
: 10a>, 아오로 <성절, 21a>, 호홀로 <삼성, 19b> 연고로
<천의, 2 : 54a>, 임의로 <종덕, 중 : 16b>, 억지로 <몽보,
29a>, 시고로 <염불, 35a>, 날로 <염불, 왕랑반혼전, 8a>,
是故로 <소학, 6b>, 時時로 <소학, 33a>

부사파생 접미사 '로'는 석독구결에 나타난 'ᄶ'부터[84] 근대후기까지 어
휘의 수만 조금 늘었을 뿐 큰 변화가 없다. 근대후기까지는 새로운 어휘
의 목록이 추가되므로(예 : 임의로, 억지로, 날로 등) 본고에서는 부사파
생 접미사로 처리한다. 앞서 언급하였던 '-록'의 경우 구본관(1998 : 301)에
서는 '본딕+-록'으로 분석은 가능하지만 다른 용례가 없어 형식적 의미
를 가진 일정한 계열을 이룬다고 볼 수 없으므로 통사구성의 어휘화로
처리하였다. 그러나 이미 석독구결 자료에도 '本ᄶᄉ, 本ᄶᄂ'가 나타나
는 것으로 보아 오히려 '본딕 + -로 + -ㄱ/ㅅ'으로 분석하는 것이 가능할
듯 하다.

이 외에 '-혀'도 Ⅰ부류 접미사인데, 중세에 비해 '도로혀' 정도가 근대
국어에서 새로 발견된다.

(57) ㄱ. -혀/여 : 幸 힝혀 <주천, 31a>, 도로혀 <지장, 하 : 15a>, 던혀 <천

---

84) 석독구결에 나타난 'ᄶ'의 용례이다. 이 표에 나타나는 '故ᄶ, 而ᄶ, 是故ᄶ' 등
은 근대후기 문헌에서 접미사의 형태만 'ᄶ'에서 '로'로 바뀌었을 뿐이다.

의, 눈음, 1a>, 젼혀 <윤음(중외), 9b>, 행여나 幸如 <국한,
349>, 젼혀 <셩직, 6 : 87b>, 도리어 <셩교(로마), 7 : 10>

'-혀/여'의 경우 중세국어에서의 '-蛵' 형태가 완전히 '-혀'로 합류된다. 중
세부터 근대후기까지 '全, 幸'과 같은 한자에 직접 결합하거나 부사 '도로'
에 결합한 용례가 대부분이다. 특히 19세기 후반 문헌에서는 '도리어'처럼
'-혀'로 파생된 부사들이 완전히 어휘화되어 현대와 동일한 용례가 발견된
다. 그러므로 역시 근대후기에 부사를 파생하는 생산적인 접미사로 처리
하기에는 무리가 있어 보인다.

이 외에도 '-껏/껏'이나 '-코'의 경우, 이전 연구에서는 제시된 바 없었
으나 근대후기 문헌부터 용례가 발견되는 예이다.

華嚴19	而ᅟ	而로	瑜伽26	而ᅟ	而로(그것으로)
華嚴20	故ᅟ	故로	瑜伽27	漸次ᅟ	漸次로(점차로)
華嚴21	自ᅌᅟ	싀싀로	瑜伽28	是故ᅟ	是故로 (그때문에, 그러므로)
經疏15	而ᅟᅩ	而로 (而ㄱ : 한번 나옴)	瑜伽29	次第ᅟ	次第로(차례로)
經疏16	故ᅟ	故로	瑜伽30	自ᅟ	져로(스스로)
經疏17	自ᅌᅟᅩ	싀싀로	瑜伽31	逆次ᅟ	逆次로(역순으로)
舊譯20	自ᅟ	스싀로	瑜伽32	新ᅟ	새로(새로)
舊譯21	自ᅌ	스싀	瑜伽26	而ᅟ	而로(그것으로)
舊譯22	自ᅌᅟ	스싀로	瑜伽27	漸次ᅟ	漸次로(점차로)
舊譯31	次第ᅟ	次第로	瑜伽28	是故ᅟ	是故로 (그때문에, 그러므로)
舊譯32	而ᅟ	而ᅟ	瑜伽29	次第ᅟ	次第로(차례로)
舊譯33	故ᅟ	故로/ᄃ로	瑜伽30	自ᅟ	져로(스스로)
舊譯31	次第ᅟ	次第로	瑜伽31	逆次ᅟ	逆次로(역순으로)
舊譯32	而ᅟ	而ᅟ	瑜伽32	新ᅟ	새로(새로)
舊譯33	故ᅟ	故로/ᄃ로	金光5	本ᅟㄴ	본디롯
舊譯44	本ᅟㅅ	본디록	金光11	而ᅟ	而로
			金光12	是故ᅟ	是故로

(58) ㄱ. -껏 : 무옵껏 <천의, 1,64b>, 무음껏 <태상, 2 : 52a>, 힘껏ᄒ다 盡
力 <한불, 97>, 껏 盡 <한불, 149>, 긔껏 氣盡(현대-기껏)
<한불, 160>, 지금껏 <셩교(사도), 2 : 29>, 긔력껏 <천로,
하 : 160a>, 무옵껏 <천로, 상 : 84b>, 희껏 盡日 窮日之力
<국한, 346>

ㄴ. -코 : 결단코 <오전, 1 : 16a>, 결단코 <태상, 4 : 45b>, 일뎡코 <셩
졀, 71a>, 밍세코 <셩교(사도), 21 : 23>, 결단코 決斷 <한불,
159>, 만만코 萬萬 <한불, 219>, 디졍코[85]<조군, 11b>,
단뎡코 <훈아, 20b>, 快斷코 <신심, 10b>

(58ㄱ)의 '-껏/썻'은 현대국어에서 명사와 결합하여 '그것이 닿는 데까지'
의 뜻을 나타내거나 때를 나타내는 몇몇 부사와 결합하여 '그때까지 내내'
의 의미를 나타낸다. 근대국어 시기에는 전자의 용법부터 나타나기 시작
하는데, 현대국어에 들어 영역이 확장된 경우이다. (58ㄴ)의 '-코' 역시 많
은 용례가 발견되지는 않지만 근대국어 시기부터 일부 용례가 보이기 시
작한다. 현대국어에서는 한자 어근이나 명사와 결합하여 부사를 만드는
접미사로 쓰이는데, 근대국어 시기까지는 한자와 결합한 경우가 대부분이
다. 이들은 소수의 용례만 발견될 뿐이지만 근대후기 문헌에 나타나기 시
작하여 현대국어에서는 부사파생 접미사로 사용되고 있기 때문에 논의에
포함하였다.

4.4.3 기타 접미사

마지막으로 체언이나 용언 외의 품사범주와 결합한 접사로 '-곰/금, -내,
-옥/욱' 등을 들 수 있다. 우선 '-곰/금, -내'는 Ⅰ부류 접사이고 '-옥/욱'은
Ⅲ부류 접사인데 이들은 모두 중세국어부터 그 용례가 발견된다.

---

85) 대졍-코(大定-), 단연코 쪽.

(59) ㄱ. -곰/금 : 슈 ᄒ야곰 령 <주천, 13a>, 시러곰 <천의, 진천의쇼감차
즈, 5a>, 다시금 <천로, 상 : 44b>, ᄒ여금 <조군, 24a>

ㄴ. -내 : ᄆ춤내 <지장, 중 : 9b>, 나죵내 <지장, 중 : 31a>, 내내<천
의, 1 : 57b>, 못내 <죵덕, 중 : 22a>, ᄆᆺ내 終來 <한불,
172>, 못내못내 無窮 <한불, 248>, 내내 終始 <한불,
261>, 마참내 適 <국한, 105>

ㄷ. -옥/욱 : 날과 돌과 히 깁퍼 더옥 시들어 <지장, 중 : 9b>, 그 오러
면 더욱 치셩홀가 근심ᄒ샤 <윤음(중외), 3a>, 착헌 ᄉ롬은
갑흐미 잇고 악ᄒ니는 더욱이 ᄭ짓ᄂ 이라 <조군, 38b>

(59)의 예들 역시 결합환경이나 어휘가 중세국어와 크게 다르지 않고 소수
에 어휘에만 한정되어 나타나므로 근대후기에 생산적이었다고 보기 어려
울 듯 하다.

이에 비해 부사파생 접미사 '-내'는 중세부터 접미사로 기능한 예이면
서 현대로 올수록 그 영역이 확장된 경우이다.

(60) ㄱ. -내 : ᄆ춤내 <지장, 중 : 9b>, 나죵내 <지장, 중 : 31a>, 내내 <천
의, 1 : 57b>, 못내 <죵덕, 중 : 22a>, ᄆᆺ내 終來 한불, 172>,
못내못내 無窮 무궁ᄒ다 무진ᄒ다 <한불, 248>, 내내 終始
<한불, 261>, 마참내 適 <국한, 105>

근대후기까지 때를 나타내는 명사와만 결합했으나 현대국어에 들어서는
'기간'을 나타내는 명사와도 결합한다.[86] '못-'과 결합한 '못내'가 나타나
기 때문에 반드시 명사와만 결합하는 것은 아니지만 대체로 명사와 결합
하는 것으로 볼 수 있다.

---

86) -내 : ① "기간을 나타내는 일부 명사 뒤에 붙어" '그 기간의 처음부터 끝까지'의
뜻을 더하고 부사를 만드는 접미사 (봄내/여름내/저녁내) ② "때를 나타내는 몇몇
명사 뒤에 붙어" '그때까지'의 뜻을 더하고 부사를 만드는 접미사 (마침내/끝내)

중세국어나 근대국어 부사파생 접미사 목록에는 들어있지 않지만, 부사 등과 결합하여 부사를 파생하는 접미사 '-나'가 근대후기 문헌에 보인다.

> (61) ㄱ. -나 : 엇마나 ᄒ면 가난을 면홀다 <태상, 1 : 28b>, 너븨와 깁기롤 언마나 ᄒ여야 <이언, 4 : 21a>, 픽으나 不少 <한불, 356>, 슈연이나 雖然 <한불, 438>, 더고나 又況 <한불, 468>, 뎐 도 里數 뎐도가 얼마나 먼가 <한불, 475>, 쟉키나 甚幸 쟉 키나 됴타 <한불, 531>, 더고나 尤況 <국한, 76>, 더더곤 다나 又況 <국한, 76>, 행여나 幸如 <국한, 349>

현대국어에서 부사파생 접미사로 설정하는 데에도 이견이 있지만, 근대후기 문헌에 적지 않은 용례가 보이므로 논의에 포함하였다. 특히 '얼마나'에 해당하는 '엇마나, 얼마나' 등은 중세국어 문헌에도 '多大少 언마나 크뇨, 爭甚麼 언마나 ᄠ뇨 <역어, 하 : 52b>' 등의 형태가 발견되는 것으로 보아 접미사로 생산성을 획득한 시기는 근대후기이지만 이전 시기에도 접미사로 사용되었던 것으로 추측된다.

이상의 논의를 종합하면 근대후기의 부사파생 접미사에는 생산적인 것으로 '-이/히'와 '-오/우', '-로', '-내' 정도가 있고 이 외 접미사들, '-호/후, -소/조, -엄, -곰/금, -야/여/혀, -려, -옥/욱, -앙/엉'은 근대후기에 접미사로서 큰 기능을 하지 않는다고 할 수 있다. 다양한 형태를 보이던 '-오/우'계 접미사들은 선행어기의 분포가 넓은 '-오/우'만 새로운 어휘를 파생하고, 그 외 '-오/우'계 접미사들은 근대후기 이전에 형성된 어휘에서 크게 변동이 없다. 근대국어 접미사 목록에 없었지만 현대국어에서 부사파생 접미사로 사용되는 것으로 '-껏/ᄭᅥᆺ, -코, -나' 등이 있다. 이들은 많은 어휘를 파생하는 것은 아니지만 현대국어에서도 여전히 접미사로 기능하고 있으면서 근대후기에 그 사용이 확대된 것을 고려하여 접미사의 목록에 포함하였다.

5. 결론

지금까지 기존 연구들에 제시된 접사 목록을 중심으로 근대후기 문헌의 파생법 변화 양상을 살펴보았다. 근대후기 문헌의 방대한 양으로 인해 문헌을 하나하나 보지 못하고 이미 접사로 논의된 대상을 중심으로 검색을 하였기 때문에 혹 근대후기에만 나타났다가 사라진 접사들이 있다면 이들을 미처 포함하지 못한 것이 본고의 가장 큰 약점이다. 또한 접사 설정 기준이 연구자마다 조금씩 다르기 때문에 본고에서 미처 접사로 다루지 못한 예가 있을 수도 있다. 마지막으로 본고의 논의가 중세부터 근대, 현대까지 접사의 통시적인 변화 양상 중 특히 근대후기의 양상에 초점을 맞추고 있기 때문에 파생법 전반의 큰 흐름을 파악하기에는 역부족이었다. 이러한 부분들에 대해서는 이후 연구를 통해 보충하고자 한다.

이제 3장과 4장의 내용을 간략히 요약하는 것으로 결론을 대신한다.

우선 3장은 접두사에 의한 파생법을 다루었다. 접두사에 의한 형용사나 부사의 파생이 활발하지 않은 것을 고려하여 3.1 명사파생과 3.2 동사파생으로 나누어 살펴보고, 마지막에 형용사파생과 관련된 접두사를 간략히 언급하였다.

3.1에서는 명사를 파생하는 접두사 중 사람과 관련하여 근대전기까지 친인척관계만을 나타내던 기능이 '돌-, 숫-, 알-' 등의 접두사가 나타나기 시작하면서 사람의 성향이나 특성을 나타내는 영역까지 확대되는 특징을 지적하였다. 동식물과 관련하여 중세부터 쓰이던 접두사들이 근대후기에도 거의 사용되는데, 다만 다양한 이형태들은 한두 가지 형태로 통일되는 것을 볼 수 있었다. 무정물의 경우 현대국어에서 생산적인 '덧-, 날-, 늦-' 등이 소수의 용례를 보이며 나타나기 시작하였다.

3.2는 동사와 관련된 접두사인데 크게 강세를 나타내는 것과 그 외의

것으로 나누었다. 강세 접두사의 경우 근대전기까지도 복잡하던 형태들이 역시 한두 형태로 정리되는 양상을 보이고, 새로운 어휘 파생에 참여하기보다는 이미 중세부터 사용되던 어휘 정도에만 나타나는데, 이중에서도 강세접두사 없이 그냥 동사만 나타나거나 '치-' 등의 다른 접두사로 바뀌어 나타난다. 그 외 접두사로는 '덧-'의 용법이 강세 뿐 아니라 '거듭'의 의미까지 확장되었다는 것과 '맛-, 얼-, 헛-' 등 현대국어의 접두사들이 적지만 용례가 나타난다는 특징이 있다. 이밖에 형용사 파생에 접두사가 사용된 경우는 중세국어와 마찬가지로 적은 용례만 발견되었다.

다음 4장은 접미사에 의한 파생을 다루었는데 접두사 파생보다 훨씬 활발하게 나타난다. 명사, 동사, 형용사, 부사 파생으로 나누어 살펴보았다.

4.1은 명사파생 접미사에 관한 것으로 사람/동물, 사물, 기타로 나누었다. 사람과 관련된 파생에서 중세부터 직업이나 성향에 해당하는 어휘들이 주로 파생되었고 한자에서 유래한 것으로 보이는 접미사들이 활발하게 사용되었다. 동물도 역시 중세부터의 경향이 유지되면서 다만 복잡한 이형태들이 정리되는 경향을 보인다. 사물과 관련한 접미사들은 접미사의 수가 많이 줄었지만, '-개/게'는 여전히 생산적이었으며 '-지, -쌀, -배기' 등도 소수의 예가 나타나기 시작하였다. 그 외 '-기', '-이', '-암/엄/음/옴' 등은 근대후기에도 생산적이었으며 '-어치/아치'가 새롭게 접미사의 기능을 하게 된 것으로 보인다.

4.2는 동사파생 접미사에 관한 것으로 접두사와 마찬가지로 강세와 그 외의 것, 둘로 나누었다. 강세의 경우 접두사처럼 근대전기까지 복잡하게 나타나던 이형태들이 통일되거나 중세국어에 강세 접미사와 결합하여 나타나던 어휘 자체가 사라지게 되어 접미사의 수는 현저하게 줄어든다. 그러나 '-치-, -트리-' 등에 의한 파생이 생산적으로 이루어지면서 이전 강세 접미사들의 영역을 차지하기 시작한다. 그 외 사동의 의미를 가지는 '-이-', 반복의 '-거리-' 등은 중세 이래로 근대후기까지 꾸준히 생산적으로 사용

되었다. '-거리-'와 같은 기능의 '-디/대'가 근대후기 문헌에 용례가 등장하였으나 현재만큼 생산적이지는 않았다.

4.3은 형용사파생 접미사에 관한 것으로 우선 'ㅂ'계를 살피고 그 외의 것은 따로 묶어서 살펴보았다. 특히 '-스럽-'이 등장하여 생산적으로 사용되었고, 적은 용례이지만 '-다랗-, -앟/엏-' 등의 용례가 새로 나타났다.

4.4는 부사파생 접미사에 관한 것으로 중세부터 생산적이었던 '-이/히', '-오/우'는 근대후기에도 여전히 생산적이었다. '-오/우'를 제외한 '-오/우'계의 다른 접미사들은 근대후기에 접미사로서 큰 기능을 하지 않았던 것으로 보인다. '-껏/쩟, -코, -나' 등은 용례는 적게 나타나지만 현대국어에서 사용되는 용법과 같은 것으로 보아 근대후기부터 접미사로서의 기능이 시작된 것 같다.

지금까지 근대후기 파생접사에 대해 논의하였다. 후기 근대국어에서는 중세나 근대전기까지 다양하게 나타나던 이형태들이 차츰 한두 가지 형태로 통일되기 시작하였고, 현대국어에서 활발히 쓰이는 접사들이 19세기 말 자전류를 중심으로 서서히 용례가 나타났다. 즉 이 시기는 중세부터 근대전기까지 복잡하게 사용되던 접사들이 단순하게 한두 형태로 정리되면서, 현대국어에 보이는 접사들이 새롭게 등장한 시기로 볼 수 있겠다.

참고문헌

강은국. 1995. 「조선어 접미사의 통시적 연구」 박이정.

고영근. 1989. 「국어형태론 연구」 서울대학교출판부.

구본관. 1998. 「15세기 국어 파생법에 대한 연구」(국어학총서 30) 태학사.

국립국어연구원. 1996. 「국어의 시대별 변천·실태연구 2」 국립국어연구원.

기주연. 1994. 「근대국어 조어론 연구 I – 파생법편」 태학사.

김계곤. 1996. 「현대국어의 조어법 연구」 박이정.

김덕신. 2000. "접두사화에 나타난 의미변화 연구." 「한국언어문학」 제44집.

김창섭. 1998. "접두사의 사전적처리." 「새국어생활」 8-1.

박석문. 1990. "형용사 파생접미사의 통시적 고찰." 「반교어문지」 2호.

박형우. 2004. "고유어 접두사 설정의 기준." 「청람어문」 28집.

박형익. 1999. "국어 사전에서의 고유어 접두사." 「국어국문학」 125.

변영수. 2002. "고유어 접두사의 의미 양상." 「한말연구」 10호.

송철의. 1992. 「국어의 파생어 형성 연구」(국어학총서 18) 태학사.

시정곤. 1995. "핵이동과 '-이/답/히/같-'의 형태·통사론." 「생성문법연구」 제5권 2호.

안효경. 1993. "현대국어 접두사 연구." 「국어연구」 제117호.

유현경. 1999. "접두사의 사전적 처리." 「사전편찬연구」 9권.

이동석. 1998. "근대국어의 파생법." 「근대국어 문법의 이해」 박이정.

이기문. 1972. 「국어사개설」 탑출판사.

이양혜. 2003. "한국어 파생접사에 나타난 인지의미와 기능 변화 연구." 「담화와 인지」 제10권 3호.

이희두. 1998. "존칭 접미사 '-님'과 '-분'에 대한 연구." 「언어학」 6-1.

임성규. 1997. "형용사 파생에 관여하는 어근 접미사 연구." 「한국언어문학」 제39호.

하치근. 1989. "국어 파생접미사의 통합양상에 관한 연구." 「한글」 204.

하치근. 1993. 「증보판 국어 파생형태론」 남명문화사.

허 웅. 1995, 1975. 「우리옛말본 – 15세기 국어 형태론」 샘문화사.

洪思滿. 1977. "國語 接尾辭 目錄에 對한 再考 I." 「어문학」 제36집.

후기 근대국어의 합성법

|함희진|

1. 머리말

1.1 본고의 목표는 통시적 발달 과정상 후기 근대국어의 합성법이 지니는 특성을 밝히는 것이다. 이를 위해서 후기 근대국어의 합성법의 체계를 세우고 이전 시기의 합성법과 비교하여 그 특성을 밝힐 것이다. 합성어는 구성 성분의 합성에 의해 새로운 대상을 지시할 수 있으므로 그 수가 매우 많고 현재에도 여전히 생산적으로 만들어지고 있다. 따라서 합성어가 언중들의 요구에 따라서 만들어지는 것이라면 그것을 형성하는 방식 또한 고정되어 있지 않을 것이라고 여겨진다.

1.2 근대국어 후기의 합성법의 특징은 다음과 같다. 명사 합성법은 이전 시기와 비교하여 크게 달라진 점은 없지만 독특한 비통사적 합성명사가 발견된다. 그리고 합성동사의 경우, 어미가 개재하는 통사적 합성법에 의한 합성동사가 많이 형성되었고 개재하는 어미의 종류도 다양해진 것을 확인할 수 있다. 또한 '형용사 + 어 + 흐-'형의 합성법이 이 시기에 생산성을 얻었다. 한편 현대국어에는 비통사적 합성형용사가 많이 발견되지만,

근대국어 후기에는 그렇지 않다. 몇몇의 합성형용사가 발견될 뿐이다. 이러한 현상은 문헌상의 한계로 파악할 수 있겠다. 그리고 반복 부사합성법이 매우 생산적이었다.

1.3 본 연구의 구성은 다음과 같다. 2장은 합성법의 발달과정상 주요한 변화의 양상을 간략히 소개하고, 3장은 근대국어 후기의 문헌에서 추출한 실례를 분석하여 이 시기의 합성법, 합성어의 특징을 살펴보기로 한다. 한편 본 연구의 대상은 고유어 합성어로만 한정한다. 후기 근대국어에 상당수의 합성어가 한자어임에도 불구하고 이것을 제외하는 것은 한자어 합성어가 보다 복잡한 문제를 안고 있으며 결과적으로 우리말 합성어와는 동일한 합성법으로 설명될 수 없기 때문이다[1].

2. 합성법의 발달 과정

2.1 합성어는 어근과 어근이 결합하여 형성된 새로운 의미의 단어를 말하며, '합성법'은 합성어를 형성하는 규칙을 의미한다. 통시적으로 통사구성의 어휘화와 같은 과정이 먼저 일어나 이들 단어가 어휘부에 입력되고, 이와 유사한 단어 형성이 많아지면서 공시적으로는 합성법으로 발달했을 것으로 생각된다. 따라서 공시적으로 통사적인 합성어가 더욱 생산적인 것이다. 마찬가지로 비통사적인 합성어[2]가 생산성이 높았던 당시에는 그것의 구성 방식이 이전 시기의 통사구성과 관련이 깊다는 것을 가정

---

[1] 한자어와 고유어가 별도의 합성법 체계를 갖고 있다고 보는 견해는 김종택(1972)와 김규철(1980)이다. 이와는 달리 한자어도 국어의 일원으로 보고 동일 체계화에서 설명되어야 한다고 보는 견해는 이익섭(1968)이다.

[2] 본 연구에서 비통사적 합성어는 구성성분의 결합방식이 통사구성에서의 단어 연결방식과 다른 것을 의미한다.

해 볼 수 있다3). 그렇다면 통사적 합성어와 비통사적 합성어의 구분은 공시적인 관점에 의한 것이다.

2.2 한편 문헌에 국어의 합성어들이 나타난 이래로 현대국어에 이르기까지 합성어는 물론 합성법은 변하였다. 따라서 현대국어의 합성어 중에는 역사 문헌에서 발견할 수 없으며 이전 시기의 합성법으로 처리될 수 없는 것들을 찾을 수 있다. 가령 현대국어에 보이는 '하루바삐, 얼큰이, 싸구려장수' 등은 이전 시기의 합성어들과는 차이가 있는 것이다. 그런데 현대 이전 시기의 합성법의 변화를 밝히는 작업은 전적으로 문헌에 의존하여 이루어지기 때문에 대단히 어려움이 많다. 그러므로 합성법에 관한 통시적 연구는 이미 이루어진 단어를 분석하여 그 구조를 해명하는 것에 의해 가능하다.

2.3 이러한 점에 유의하여 후기근대국어의 합성법을 고찰하는 것에 앞서 중세부터 근대국어까지를 중심으로 그 변화 과정 중에서 두드러지는 특징 세 가지를 살펴보겠다.

2.3.1 사이시옷 개재 현상

> (1) ㄱ. 계핏ᄀᄅ <구간, 1 : 50>, 긧발 <훈몽, 하 : 7>, 묏기슭 <훈몽, 상 : 2>
>   믌새 <능언, 5 : 25>, 믌방올 <남명, 상 : 60>, 빗믈 <훈몽, 상 : 3>
> ㄴ. 겨ᄌᆞᆺᄀᄅ <방언, 서부31>, 긧발 <방언, 서부12>, 샛목 <동문, 하 :
>   3>/뺀묵 <역어, 상 : 52>, 묏기슭 <삼역, 10 : 25>, 믌고기젓 <역어
>   상 : 52>, 믌방올 <역어, 상 : 2>, 빗물 <한불 329>

---

3) 김창섭(1997)은 특정한 시대의 합성어들은 이전 어느 시기에 만들어진 국어 어휘사의 유산이라는 점을 인정한다. 따라서 어떤 단어는 통사부 규칙의 변화 때문에 생성될 때에는 통사적 합성어이었으나 현재 분석될 때는 비통사적 합성어로 신분이 바뀌어 있을 수도 있다고 하였다.

    ㄷ. 겨잣가루, 깃발, 깻묵, 멧기슭, 물새(〔물쌔〕), 물방울(〔물빵울〕), 빗물

(1ㄱ, ㄴ, ㄷ)은 각각 중세국어, 근대국어, 현대국어의 합성명사로 사이시옷이 개재한 것이다. 비록 표기상의 차이는 있지만 대체로 사이시옷이 개재했던 어형들은 현대국어에도 여전히 사이시옷이 나타나는 것으로 보인다. 그런데 공시적으로 사이시옷 현상은 매우 불규칙하여 그 설명이 용이하지 않을 뿐 아니라4), 통시적으로도 사이시옷 현상은 일관성을 보이지 않아 결론적 합의에 이르지 못한 것으로 보인다. 통시적으로 관찰되는 사이시옷 현상의 복잡성은 다음의 세 가지로 정리해볼 수 있다.

    첫째, 사이시옷의 개재 조건에 관한 문제이다. 통시적으로 사이시옷이 중세국어의 속격 'ㅅ'에서 기원한 것으로 보고 많은 논의들이 진행되었다. 이기문(1972)은 근대국어 이후 속격 'ㅅ'은 통사적 기능을 상실하고 주로 합성명사의 표지로 쓰이게 되었다고 한다. 그리고 현대국어를 중심으로 설명하는 김창섭(1996)은 합성어의 'ㅅ'은 통사적 속격 구성이 가능한 합성어에 개재된다고 하였다. 즉, 중세국어에서의 통사적 속격 구성과 사이시옷 개재 조건은 직접적으로 관련이 있는 것으로 보고 어근 간의 '시간, 장소, 기원, 용도' 의미 관계를 보일 때 'ㅅ'이 개재한다고 하였다. 이것은 결국 선·후행어근의 의미관계가 중요한 기준이 된다는 점에서 기존의 논의와 크게 다른 것 같지 않다5). 그리고 통사적 속격 구성과 관련되어 있

---

4) 현대국어의 사이시옷 삽입 현상에 관한 논의는 음운론적·형태론·의미론적 측면에서 두루 연구된 바가 있다. 음운론적 환경을 중시한 입장은 김영기(1974), 정국(1980)이다. 하지만 음운론적 접근방법에 예외가 많이 발견되고 형태론적 접근이 안상철(1985), 손향숙(1987)에서 제기되었다. 마지막으로 의미론적 환경을 중시하여 정국(1980), 김종미(1986), 임홍빈(1981), 오정란(1987) 등에서 논의되었다 (시정곤(1994 : 205-225) 참조).

5) 정국(1980)은 사이시옷 개재 여부 조건을 선·후행어근의 의미론적 환경으로 설명하고자한 논의로 대표적이다. 즉, 사이시옷이 개재하는 경우는 '시간, 장소, 기원, 용도'의 의미 관계를 지니고 있을 때이고, 선·후행어근이 동등할 때와 '형

으나 예외를 보이는 합성어 '가을보리(시간); 물벌레, 풀벌레(장소); 콩기름, 과일즙(기원); 노래방(용도)' 등은 설명하기 곤란한 것 같다. 또한 (2)에서 보는 것같이 통시적으로 사이시옷이 개재하였던 어형이 현대국어에는 사이시옷이 개재하지 않는 어형으로 바뀌는 경우가 있다.

(2) 사이시옷 개재 합성명사의 변화 과정

중세	근대	현대
	믈ㅅ거품 <방언, 신부11>, 믌거품 <역유, 상 : 2>	물거품(물Ø거품)
	빗멀믜 <역유, 하 : 22>	배멀미(배Ø멀미)
뼛ᄆᆞ디 <구방, 하 : 32>	뼛마디 <중수, 1 : 63>, 뼈마디 <한불, 319>	뼈마디(뼈Ø마디)
밦밥 <두초, 2 : 20>	조뿔밥 <역어, 상 : 49>	쌀밥(쌀Ø밥)
술윗바회 <월석, 7 : 64>	술윗박회 <노걸, 하 : 32>	수레바퀴(수레Ø바퀴)
프서리 <두초, 19 : 33>, 픐서리 <두초, 11 : 44>	픐서리 <두중, 2 : 14>	푸서리(풀Ø서리)
굸죠개 <구간, 7 : 57>	굴죠개(牡蠣) <제중, 3>	굴조개(굴Ø조개)

이러한 현상에 대하여 선행연구에서 특별한 언급이 없었다. 본고도 이러한 예를 제시하는 차원에 머무를 수밖에 없으나, 사이시옷 개재 현상에 제약이 더해진 것으로 보아야 할 것이다.

둘째, 현대국어와 이전 시기는 사이시옷이 개재하는 음운론적 환경 역시 차이가 있던 것으로 보인다. 안병희·이광호(1990)에서는 중세국어의 합성명사는 선행체언이 모음으로 끝나거나 자음 'ㄴ, ㄹ, ㅁ'으로 끝나면 속격 조사 'ㅅ'을 첨가하는 것이 특징이라고 하였다. 그러나 '겨릀대(방언,

태·재료, 동격관계, 소유자'의 의미관계를 지니고 있을 때에는 사이시옷이 개재하지 않는다.

성부 : 26), 짓사룸(두초 25 : 40)6)'과 같이 선행어근의 말음이 무성자음이어도 사이시옷이 개재하는 합성어들이 존재하므로 중세국어의 사이시옷 개재 환경은 현대국어의 그것과 다른 것을 알 수 있다. 또한 중세국어 시기에 어떤 합성어들은 (3)처럼 후행어근이 경음화 환경이 아님에도 불구하고 사이시옷이 개재하기도 하였다.

> (3) 값눌 <두초, 3 : 10>, 닔믈 <석상, 11 : 23>, 지아비 <박통, 17>, 하눓 아돌 <월석, 2 : 69>

이광호(1993)은 (3)과 같은 어형에 대하여 중세국어의 사이시옷이 문법적인 필요에 따라 도입된 요소로 볼 수밖에 없다고 하였다. 중세국어의 사이시옷이 적어도 일차적으로는 통사·형태적인 문법 요소임을 전제하고, 이것이 이차적으로 음운현상에 관련된 것이라고 하였다7). 결과적으로 속격 'ㅅ'에서 발달한 사이시옷 개재의 음운론적 환경이 중세국어 시기에는 이후 시기보다 좀더 자유로웠던 것으로 보인다. (3)과 같은 어형은 전기 근대국어 문헌인 「두시언해」 중간본에 나타나지만 중세국어 이후에 거의 없어져8), 현대국어와 마찬가지로 음운 환경에 제약이 생긴 것을 확인할 수 있다.

셋째, 사이시옷은 표기 면에서도 혼란을 보인다. 권용경(2001)은 형태소 경계에 대한 인식의 차이가 표기에 반영된다고 하였다. 즉, 어근 사이의 관계가 밀착되어 완전한 합성어인 경우에는 사이시옷이 나타나지 않는

---

6) '짓사룸'은 '집'과 '사룸'이 합성한 것으로 사이시옷이 개재하면서 선행어근의 말음이 탈락한 것이다.

7) 오정란(1988), 권용경(2001)도 중세·근대국어의 사이시옷을 음운론적 현상으로 설명할 수 없다고 언급하고 있다. 혹은 사이시옷의 기원적인 음가가 현대국어의 사이시옷과 다르기 때문이라고 할 수 있을 것이다.

8) 닔믈 <두중, 20 : 41>, 우믌믈 <두중, 20 : 2>, 오눓날 <두중, 2 : 29>, 값눌 <두중, 19 : 14>

다고 하였다. 그러나 표기만으로 그러한 판단을 내릴 수 있는지 의심스럽다[9]. 오히려 현대국어에서는 사이시옷을 가지지 않는 쪽이 형태소 경계가 큰 것으로 판단되기도 한다[10]. 오히려 어근 간의 경계의 차이는 음운 변동의 차이를 가져올 수 있다. 그것이 반드시 표기에 반영된다고 할 수 없겠다.

2.3.2 비통사적 합성동사·합성형용사

비통사적 합성법의 생산성 약화 현상에 관하여 많은 논의가 있었다. 그러나 현대국어에 비통사적 합성명사의 형성은 오히려 활발해 졌기 때문에 대체로 그 논의는 합성동사·형용사로 한정되었다. 비통사적 합성동사는 중세 이전의 통사적 구성과 관련이 있기 때문에 대단히 생산적이었지만 근대국어 이후에 상당수가 소멸하였다.

(4) 비통사적 합성동사·형용사의 변화의 유형

	중세국어	근대국어	현대국어
①	빌먹다 <월석, 22:58>/빌어먹다 <능언, 4:62> 솟나다 <남명, 상:6>/소사나다 <월석, 21:208>	빌어먹다 <태상, 3:58> 소사나다 <오륜, 열:44>	빌어먹다 솟아나다
②	깁누비다 <내훈, 1:45> 걸끼다 <법화, 5:144>	-	-

---

9) 권용경(2001)은 '손'과 '바당'이 합성한 명사의 표기를 중심으로 두 어근 간의 경계를 설명하였다. 가령 '숯바당(월석 2:29)'과 '손빠당(내훈 3:6)'은 두 어근 간의 경계에 있어서 차이가 나는데 전자는 단어 경계가 후자는 형태소 경계가 있는 것으로 본다. 그리고 '손바당(박통 상:45)'은 기원적으로 두 단어가 합쳐진 것임을 인식하지 못하는 것으로 보았다.
10) 현대국어에서는 사잇소리 현상의 유무가 단어와 구를 결정하는 기준이 될 수 있다(김형엽, 1990). 가령 '돌'과 '다리'가 결합하여 음성형으로 실현될 때 사이시옷이 개재한 것은 합성어로 인식될 수 있지만 그렇지 않은 것은 구로 판단된다.

	중세국어	근대국어	현대국어
③	에돌다 <번박, 상 : 35> 걷나다 <석상, 13 : 4>/건너다 <능엄, 6 : 21>	엿듣다 <명의, 상 : 3> 건나다 <두중, 3 : 35>/건너다 <병학, 15>	엿듣다 에돌다 건너다
④	값돌다 <석상, 11 : 26> 얽미다 <월석, 11 : 30>	감돌다 <국한, 9> 굶주리다 <경민,11> 얽매다 <무예, 69>, 얽어미다 <성직, 3 : 69>	감돌다 굶주리다 얽매다/ 얽어매다
⑤	듣보다 <월석, 21 : 126> 오른느리다 <석상, 23 : 11>	듣보다 <병학, 10> 오른느리다 <마경, 하 : 84> 오가다 <명주, 1 : 269>	듣보다 오르내리다 오가다

선행연구자들이 관심을 가진 것은 ①, ②유형이다. 즉, 중세국어에 쓰였으나 이후에 소멸하거나 통사적 합성어로 결과화된 것이다. ①유형은 중세국어 이후에 통사적 합성동사로 결과화된 것인데, 대체로 이미 비통사적 합성동사와 통사적 합성동사가 공존하고 있던 것이다. 따라서 동일 어근을 가진 두 형태의 합성동사가 공존하고 있었던 것은 오히려 두 동사를 형성하는 규칙이 개별적으로 존재하고 있었다는 것을 기대할 수 있게 한다. 그렇다면 비통사적 합성어는 이후에 연결어미의 발달에 의하여 '-아/어' 등의 어미가 개재한 것이 아니라 통사적 합성동사와의 경쟁 관계에서 밀려 소멸한 것으로 보아야 한다. 즉, 통사적 구성과 닮은 동사, 즉 통사적 합성동사만이 남게 된다. 그런데 ②유형처럼 다른 통사적 합성어로 대체되지도 않고 완전히 소멸하게된 비통사적 합성어의 경우 소멸의 이유를 밝히기 어려운 것으로 보인다. 혹시 비통사적 합성법의 생산성이 없어지면서 각각의 어휘가 개별적이고 우연한 소멸의 과정을 거친 것으로 볼 수도 있으나 이 역시 많은 의문을 남긴다. (5, 6)의 합성어들은 중세국어 이

후에 소멸한 것이다. 이들을 통해서 소멸의 이유를 다시 한번 생각해보자.

(5) ㄱ. 검어듭다, 굳보르다, 깁수위다, 누리비리다, 븥질긔다, 비리누리다,
　　　어리미혹ᄒ다, 어위크다, 질긔굳다, 흑덕다
　　ㄴ. 거느리치다, 거둘다, 거르뛰다, 깁누비다, 빌뿌다, 우기느르다, 외
　　　푸다, 이우시들다, 추들다

(6) 걸삐다, 것곶다, 것듣다, 긋누르다, 긋버히다, 믈리그울다, 믈리듣다,
　　믈리걷다, 엇듣다, 엇둔니다, 엇듣다, 엇알ᄑ다

(5ㄱ, ㄴ)은 선·후행어근의 의미가 유사한 합성형용사와 합성동사이다.
특히 (5ㄱ)에 대해서 이선영(2003)은 이들이 유의어가 결합하여 형성된 것
으로 단일어보다 의미가 더 강화된 것으로 보인다고 하였다. (5ㄴ)도 마찬
가지로 설명할 수 있다. 그런데 이들은 모두 중세국어 이후에 소멸한다.
아마도 유사한 의미의 어근이 합성하는 것은 경제성 측면에서 적합하지
않아서 소멸한 것으로 추측해 볼 수 있다. 또한 (6)의 어형은 일부 어근이
자·타양용 동사였던 것인데 어근의 범주가 고정되면서 나머지 어근과 해
석상 충돌이 생기게 된다. 일반적으로 합성동사는 두 어근의 주어가 공유
되어야 한다. 예컨대, '것듣다'는 자동사적 용법의 '겼다'와 '떨어지다'의
의미를 지닌 자동사 '듣다'가 결합하여 '꺾여 떨어지다'의 의미를 나타낸
것이었으나, '겼다'가 타동사 용법만을 갖게 되면서 후행어근과 주어가 공
유되어야 하는 원칙을 어기게 되므로 소멸한다. 현대국어의 '흩날다[11]'와
같은 예가 있긴 하지만 대체로 이들은 중세국어 이후에 나타나지 않고 이
러한 동사는 이전 시기에 형성된 것이 예외적으로 보존된 것으로 보아야
한다. 이밖에도 중세국어 이후의 비통사적 합성법은 선후행어근의 의미관

---

11) '흩날다'는 '흩-'와 '날-'가 합성한 것으로, 현대국어에 '흩-'는 타동사이고 '날-'는
　　자동사이며 이 두 어근의 주어는 서로 다르게 예상된다. 그럼에도 현존하고 있
　　는 것은 '흩-'의 자동사적 용법이 소극화되기 이전에 형성된 것으로 보아야 한다.

계로 [계기], [방법], [동시], [반복]이 나타나는데, 이와 다른 [목적]의 관계에 있던 합성어들이 소멸한다. 예컨대, '덥달다, 막즈르다, 므르고으다, 므르글히다, 메지다' 등이 이에 속한다. 한편 어근간의 의미 관계를 [목적]으로도 해석할 수 있고, 실제 동작의 순서와 반대되는 순서로 합성한 것으로 볼 수도 있는 '헤므르다, 느솟다, 거두불다, 거두쓸다, 빗거스리다' 등도 중세국어 이후에 소멸한다. 비록 몇 예들을 살펴본 것이어서 한계가 있으나 비통사적 합성법이 중세국어 이후 변화하였던 것으로 추측해 본다.

다음 ③유형은 어근의 지위와 어근 간의 경계에 변화가 생긴 어형이다. 즉, 예시된 '에돌다'는 중세국어에 '에다'와 '돌다'의 합성으로 형성된 것이었으나 현대국어에 이르러 선행어근의 '에-'의 의미가 변화하면서 접사화된다. 따라서 '에돌다'는 파생어로 인식된다. 이외에도 근대국어 시기에 '뒤틀다/드위틀다12)'의 선행어근 '뒤(드위)-'도 접사로 범주가 바뀐 것이다. 후행어근이 접미사로 바뀐 것도 있지만 확인할 수 있는 예가 적다. 가령 '마구~하다'의 의미를 나타내는 '-티-/-치-'는 어근 '티다, 치다'가 접사화한 것이다. 또한 '건너다/건나다'처럼 자음동화에 의해서 형태소 경계가 불분명해져 단일어화한 어형도 이 유형에 포함된다.

하지만 이렇게 소멸하고 범주가 바뀐 어형들이 있는가 하면 ④, ⑤유형처럼 현대국어에도 보존되고 있는 합성어가 존재한다. ④유형의 비통사적 합성동사는 의미의 추상화를 겪으면서 융합합성어가 된 것으로 통사적 합성동사와 구분되는 것이다. 가령 '굶주리다'는 물리적으로 "곯다"라는 의미뿐 아니라 추상적으로 "어떤 대상을 갈망하다"라는 의미를 포함하고

---

12) 후대형 '뒤틀다'를 명사 '뒤'와 동사 '틀다'가 합성한 것으로 볼 수도 있겠지만 그렇지 않다. 기주연(1994)는 '뒤-'의 어원을 명사 '뒤'로 보았으나 이것은 동사 '드위다'가 접사화한 것이다. 다음은 중세에 '드위다'가 동사로 쓰인 예이다.

ㄱ. 흰 무리 黃金 굴에를 너흘어든 모몰 드위여 하놀홀 向ᄒ야 울워러 구루메 소니 <두초, 11 : 16>

있다. 이 경우에는 동일 어근의 통사적 합성동사가 존재할지라도 비통사적 합성어가 소멸하지 않고 현대국어로 이어지는 특징이 있다. ⑤유형은 대등적 구성의 비통사적 합성동사가 포함된다. 이들은 두 어근 간에 〔반복〕, 〔동시〕의 의미관계를 보이는데 이러한 의미관계는 통사적 합성동사로 나타내기 어려운 것이다. 가령 '오르내리다'를 '*오르고내리다'로, '검붉다'를 '*검고붉다'로 대체하였을 때 그 의미는 불분명해지는 것이다. 이 유형에서 속하는 것은 주로 합성형용사이다. 합성동사의 경우, 중세국어 이후 비통사적 합성동사가 통사적 합성동사에 비해 생산성을 잃는 데 비해 합성형용사의 경우 그렇지 않다. 오히려 현대국어로 오면서 비통사적 합성형용사가 더욱 생산성이 커지는 것으로 보인다[13]. 동사와 형용사가 같은 용언류에 속하지만 합성법의 발달 과정상 차이가 나는 것은 범주적 의미특성과 관계가 깊다. 동사가 동작을 지시한다면 형용사는 상태를 지시하는 것인데, '상태'라고 하는 것은 '동작'과 달리 내적 시간 구조를 갖지 않고 고정된 속성을 지시하는 것이다. 따라서 합성동사의 경우, 두 어근을 연결함으로써 〔계기〕 혹은 〔인과〕 관계에 있는 두 동작을 연결하는 것이 자연스럽다. 그러나 합성형용사의 경우, 두 어근을 합성하여 표현한다고 해도 두 어근 사이의 계기적 연결을 지시하기보다는 두 어근의 속성이 합쳐진 하나의 상황을 지시하게 된다. 이를 위해서는 비통사적 합성법이 더욱 적합하다. 따라서 합성형용사의 경우, 비통사적인 것이 더 생산적이다.

　이상 비통사적 합성동사·형용사는 중세국어 이후에 생산성을 잃으면서 상당수의 합성어들이 소멸하였지만 독립적인 형성규칙에 의해서 꾸준히 형성된 것을 확인하였다.

---

13) 이선영(2003)에 의하면 현대국어에서 새로이 확인되는 비통사적 합성형용사는 90개이다.

2.3.3 '-아/어ᄒ다'형 합성동사

현대국어에서 심리타동사를 형성하는 합성법은 '형용사 + -아/어 + ᄒ-'가 대표적이다. 그런데 중세국어에는 선행어근이 형용사뿐 아니라 동사도 가능하였다. 따라서 현대국어와 달리 중세국어에는 '형용사 + -아/어 + ᄒ-'와 '동사 + -아/어+ᄒ-'의 심리타동사 형성 합성법이 공존하고 있었다[14].

> (7) ㄱ. 깃거ᄒ다 <석상, 3 : 21>, 믜여ᄒ다 <월석, 21 : 214>, 슬허ᄒ다 <석
>   상, 6 : 38>, 저허ᄒ다 <월석, 21 : 94>, 두리여ᄒ다 <월석, 10 : 84>
>   ㄴ. 셜버ᄒ다 <석상, 9 : 9>/셜워ᄒ다 <삼강, 충 : 20>, 슬ᄒ야ᄒ다 <석
>   상, 13 : 17>

(7)은 중세국어의 심리타동사 합성어의 예이다. (7ㄱ)의 선행어근은 모두 타동사이고, (7ㄴ)은 형용사·타동사 양용동사이다. 중세국어 시기에 단일어인 '깄다, 믜다, 슳다, 젛다, 두리다, 셟다, 슬ᄒ다'는 (7)의 합성어와 의미 차이 없이 더불어 쓰이다가 근대국어 후기에는 거의 소멸하고 합성어만 남게 된다[15].

반면에 '형용사 + -아/어 + ᄒ-' 합성법은 중세국어에는 그리 생산적이지 못하였고 (8)과 같은 어형이 문증된다. 이들은 모두 선행어근이 심리형용사이며 15세기에는 (8ㄱ)만이 나타나고 (8ㄴ)이 16세기 문헌에서부터 보

---

14) 이기문(1972 : 207)은 현대국어에 보이는 '형용사어간 + -아/어하다'류를 중세국어에서와 전기 근대국어 단계에서 찾을 수 없다고 하였다. 즉, '기뻐하다, 그리워하다, 미워하다' 등은 후기 근대국어 단계에서 새로이 형성되어 현대로 오면서 일반화된 유형이라고 하였다. 하지만 중세국어부터 현대국어에 이르기까지 선행어근이 형용사인 합성어는 존재하고 있었다는 것을 본문의 예를 통해서 확인할 수 있다. 다만 '동사 + 아/어ᄒ다' 합성법이 점차 생산성을 잃게 되면서 소멸하게 된 것이다.
15) 타동사의 소멸과정에 대하여는 황국정(2004) 참고

인다. 이외에 선행어근이 성상형용사인 것(알파ᄒ시며 <소언 2 : 3>, 치워
ᄒ다 <번소 7 : 49>, 어즈러워ᄒ다 <두경 55> 등)도 있다.

> (8) ㄱ. 고돌파ᄒ다 <두초, 3 : 21>, 어려뷔ᄒ다 <석상, 23 : 42>
> ㄴ. 두리워ᄒ다 <김씨편지>, 붓그러워ᄒ다 <김씨편지>, 슬퍼ᄒ다 <속
> 삼(중), 충 : 5>

다음의 (9)는 전기 근대국어 단계에 보이는 합성어이다.

> (9) 믜워ᄒ며 <경민, 4>, 어엿버ᄒ노라 <병일, 68>

근대국어 후기에 이르면 '형용사 + 아/어ᄒ다' 합성법은 매우 생산성
이 높아진다. 하지만 '동사 + 아/어ᄒ다' 합성어 중 새로운 어형은 나타나
지 않는다. 따라서 근대국어 후기에 전대형(동사 + 아/어ᄒ다)과 새로운 합
성어(형용사 + 아/어ᄒ다)가 공존한다. 가령 동일한 의미의 '깄다, 깃거ᄒ
다, 깃버ᄒ다'가 공존하지만 '깄다'는 곧 소멸하고 '깃거ᄒ다'가 20세기 초
까지 쓰이다가 소멸하고 '깃버ᄒ다'만이 남게 된다. 이에 관해서 '3.2 동사
합성법'에서 자세히 보도록 하겠다.

요컨대, 중세국어 시기에 '형용사 + -아/어 + ᄒ-' 합성법과 '동사 + -아
/어 + ᄒ-' 합성법이 공존하고 있었지만 후자는 점차 세력을 잃으면서 근
대국어 이후에 소멸하고 전자는 근대국어 후기에 생산성을 얻어서 현대국
어로 이어진다. 또한 전자가 생산성을 얻으면서 동일한 의미의 단일 어근
들이 소멸하게 되었다.

3. 후기 근대국어의 합성법

3.1 명사 합성법

후기근대국어의 명사 합성법의 체계는 이전의 것과 크게 다르지 않다. 다만 근대국어 이후에 'ㅅ'은 속격이라는 문법적 기능이 축소되고 합성어의 표지로 쓰이게 된다. 그리고 '명사 + 명사' 구성 중에 후행어근이 파생명사인 경우, 즉 '[명사 + [동사 + 접사]]'형은 '[[명사 + 동사] + 접사]'형의 파생명사와 구분의 어려움이 있다. 이 둘의 구분은 후행어근의 자립성과 사이시옷의 개재여부와 관련이 있다. 본 연구는 문헌어만을 대상으로 하기에 문헌상에 보이는 후행어근의 자립적 쓰임이 기준이 될 수 있다. '관형사 + 명사' 구성 중에는 '-ㄴ, -ㄹ' 어미가 개재한 것도 포함되는데, '-ㄴ'이 개재한 합성명사의 선행어근은 대체로 자동사이며 '-ㄹ'이 개재한 것의 선행어근은 대체로 타동사인 경향이 확인된다. 이밖에 '비자립어근+명사', '동사 + -아/어 + 명사' 구성 등이 더 있으나 현대국어 이전에 이러한 유형은 거의 발견되지 않는다.

3.1.1 명사 + 명사[16]

'명사 + 명사' 구성은 두 어근의 의미 관계에 따라 대등적 합성어와 종속적 합성어로 나뉘어 진다. 이중 대등적 합성어는 이전 시기와 마찬가지

---

16) '명사 + 명사'구성과 '명사 + ㅅ + 명사'의 구성을 구분하는 것은 쉽지 않다. 근대에 실제 발음보다는 형태에 충실한 표기를 지향하면서 사이시옷을 표기하지 않은 어형이 있고, 그 발음을 알 수 없기 때문이다. 따라서 두 구성을 나누어서 기술하되, 3.1.1에서는 전반적인 합성명사의 체계를 살피고, 3.1.2에서는 사이시옷이 확실히 개재한 유형의 특성을·고찰하도록 하겠다.

로 현대국어에 이르기까지 큰 변화가 나타나지 않는다. 또한 대등적 합성
명사는 '명사 + 명사' 구성으로만 나타난다. 이것은 기본적으로 사이시옷
이 개재하지 않으며, 'N₁과 N₂'의 의미로 해석되지만 문맥에 따라서 확대
의미를 갖는다.

> (1) 가막가치 <오륜, 형 : 33>, 눈보라 <몽보, 1>, 손발 <무원, 3 : 48>, 밤낮
> <인어, 6 : 20>, 낫밤 <보권, 15>, 술고기 <보권, 8>, 오좀똥 <태감, 2 :
> 40>, 똥오좀 <무원, 3 : 78>, 안밧 <명의, 2 : 34>/안팟 <무원, 3 : 91>, 옭뒤
> ᄒ<십구, 2 : 20>, 눈비 <경신, 68>, 여긔뎌긔 <보권, 44>, 바ᄂ실 <박신,
> 2 : 40>, 다리팔 <삼성, 교유문 : 1>
> (2) 깁흠엿틈 <무원, 1 : 24>, 놉흠ᄂ즘 <무원, 3 : 74>, 갑흠밧음 <태감, 2 :
> 18>

대등적 합성어인 (1)은 '여긔뎌긔, 다리팔'을 제외하면 모두 이전시기
부터 쓰이던 것이다. '가막가치'는 까마귀와 까치를 아울러 이르는 말이다.
'밤낮'과 '낫밤'은 중세국어부터 나타나는데 '밤낮'은 현대국어에도 여전
히 쓰이고 있는 반면에 '낫밤'은 이후에 쓰이지 않게 된다. 또한 '밤낮'은
부사로도 쓰이지만[7] '낫밤'은 명사로만 쓰인다. 한편 '바ᄂ실'은 두 어근
이 결합하면서 'ㄹ'이 탈락한 것이다. (2)는 각각의 어근이 명사형으로 파
생한 것이다[18].

다음은 종속적 합성명사에 대하여 살펴보자. 종속적 합성명사는 대등
적 합성명사보다 체계와 양상이 좀더 복잡하다. (3)은 '명사 + 명사' 구성으
로 근대국어 후기 문헌에 처음 나타나는 것이다.

---

17) 하나님 나라이 사롭이 종자롤 ᄯᅡ에 헤침 갓탄 거시 <u>밤낮</u> 자고 ᄭᅢ며 종즈가 발ᄒ
여 자리되 <셩교(막), 4 : 27>
18) (2)는 박용찬(1994 : 48)에서 가져온 것이다.

(3) 가쇠나모 <경신, 37>, 갑옷 <종덕, 하 : 10>, 것모양 <성직, 6 : 75>, 곱사
등 <무원, 1 : 25>, 광대뼈 <몽유, 상 : 11>/광대뼈 <무원, 1 : 62>, 구룸두
리 <몽유, 상 : 37>, ᄀ올보리 <몽유, 22>, ᄀ올ᄇ람 <훈서, 26>, 기고기
<제중, 17>, 나모토막 <몽보, 34>, 느믈밥 <오륜, 효 : 42>, 널두리 <방
언, 서부 18>, 널문 <종덕, 상 : 12>, 담벼락 <명성, 24>, 되옷 <십구, 2 :
48>, 들즘싱 <성교(막), 1 : 13>, 맛누의 <경신, 55>, 물다갈 <방언, 해
부 : 7>, 문짝 <무원, 1 : 27>, 바늘결이 <역보, 41>, 바늘방석 <명의, 하,
존현각 2>, 밤눈 <방언, 성부 5>, 밤밥(栗飯) <한불, 298>, 부나븨 <방
언, 해부 17>, 술막 <태감, 1 : 48>, 실미듭 <방언, 서부 28>, 엄지손가락
<무원, 2 : 15>, 조막손 <무원, 1 : 25>, 저울눈 <방언, 성부 12>, 집쇼 <종덕,
하 : 57>, 틈집(隙痕) <한불, 16>, 함박쇠 <한청, 9 : 26>, 활좀 <방언, 서
부 : 13>, 뿔보리(靑稞) <광재, 穀麻, 1>

이중 '바늘방석'은 '바늘'과 '방석'이 결합한 것으로 아마도 처음의 의
미는 '바늘결이'와 같았을 것이지만 '매우 불안한 자리'라는 의미로 쓰인
예만 나타난다[19]. '틈집'은 '틈'과 '집'의 합성어인데 오늘날의 '트집'의 소
급형이다. '함박쇠'는 '함박꽃'의 의미인 '함박'과 '쇠'가 결합한 것이다.

참여 어근이 파생명사인 구성을 살펴보도록 하자. (4)는 선행어근이
'동사+접사'의 구조이다.

(4) ㄱ. ᄀ리틀 <한청, 10 : 35>
  ㄴ. 즈름길 <방언, 서부 17>/즈럼길(岊鉻) <한불, 557>/지럼길(徑路) <국
    한, 276>, 거림길 <방언, 서부 17>/가림길 <국한, 2>/가름길 <성직,
    5 : 21>, 에움길 <방언, 부 17>, 비빔밥 <국한, 47>, 저우름돌 <십
    구, 1:20>, 우름소리 <태감, 3 : 21>/우람소래 <태교, 2>, 드림줄 <박신,
    3 : 10>/드림ㅅ줄 <역보, 45>
  ㄴ′. 다롬쥐 <한불, 461>

---

19) 내 일셕의 위틱ᄒ며 두려워~<u>바늘방석</u>의 무셔음과 알흘포긔 니쳐로 위틱홈이 족
  히 그 급급한 형상을 비유치 못ᄒ리니 <명의, 하, 존현각 2-3>

(4ㄱ, ㄴ)은 선행어근에 각각 접사 '-이'와 '-음'이 결합한 것이다. (4ㄴ)의 '가림길'은 15세기에 '가린길'로도 나타났다[20]. (4ㄴ)의 어형은 '드림ㅅ줄'을 제외하고 표기상 사이시옷이 개재하지 않았다. 이에 대해서 박용찬 (1994)은 선행어근이 임시어인 경우에 자립성이 없으므로 'ㅅ'이 출현하지 못한다고 하였다[21]. 하지만 (4ㄴ)의 어형 중 일부는 (5)에서 보듯이 이전 시기에 사이시옷이 개재한 어형과 공존했었다. 그리고 현대국어에 이들은 모두 사이시옷이 개재한다. 따라서 이 시기에 (4ㄴ)의 어형에 사이시옷이 나타나지 않은 것은 표기상의 문제이다.

(5) ㄱ. 즈룺길 <석상>, 즈름씰 <이륜, 22>, 즈룺길 <두중, 24 : 13>
    ㄴ. 거림씰(岔路) <역어, 상 : 6>

후행어근이 '동사 + 접사'의 구조를 갖는 합성어를 살펴보자. 앞서

---

20) ㄱ. 쯔 持戒홇 衆生이…眞實ㅅ 修行ᄒᆞ리 가린길홀 맛나디 아니콰뎌 ᄒᆞ실ᄊᆡ <능언, 1 : 22>
    ㄴ. 阿難아 이 天中을브터 두 거린길히 잇ᄂᆞ니 <능언, 9 : 14>
21) 박용찬(1994 : 59)에서 선행어근의 자립성이 없으므로 사이시옷이 개재할 수 없다고 한 예는 다음과 같다.
    ㄱ. 저우롬둘 <십구, 1:20>, 가림길 <국한 : 2>
    ㄴ. 입치기 <방언, 해부:26>, 불노롬 <방언, 해부 : 3>, 입힐홈 <방언, 성부 : 14>, 봄마지 <해동가요 112>, 마암가딤 <태교, 30>
    ㄷ. 깁흠엿틈 <무언, 1 : 24>, 칩기덥기 <마경, 상 : 54>, 놀옴내기 <경신, 80>, 놀음노리 <내훈(중), 3 : 11>

그러나 (ㄱ)은 후기 근대국어에 표기상 사이시옷이 출현하지 않은 것뿐이며 (ㄴ, ㄷ)은 '명사 + 명사형'의 합성명사가 아니라 '[[명사 + 동사] + 접사]' 구성의 파생명사이기 때문에 사이시옷이 개재하지 않은 것이다. 또한 (ㄷ)의 '깁흠엿틈, 칩기덥기'는 앞서 살펴본 대로 대등적 구성이기 때문에 사이시옷이 개재할 수 없으며, '놀옴내기, 놀옴노리'는 사이시옷이 출현할 수 있는 음운적 환경이 아니기 때문이다. 한편 박용찬(1994)는 '즈룺길'과 같은 예는 선행어근인 '즈름'이 자립성을 얻게 된 것으로 보아야 한다고 하였다.

‘〔명사 + 동사〕 + 접사’형의 파생명사와 이들은 구분된다고 하였다. 이 시기의 합성명사만을 추려서 보면 다음과 같다.

> (6) ㄱ. 살님사리 <한불, 377>, 셰상사리 <존설, 권션곡 1>
> ㄴ. 믈갈래 <방언, 신부 11>, 믈구븨 <방언, 신부 11>, 불노롬 <방언, 해부 3>

(6ㄱ)은 이 시기에 ‘사리’는 현대국어 ‘살이’와 마찬가지로 독립적인 단어로 볼 수 없다. 그러나 중세국어에 이것은 ‘살림, 생애’의 의미로 쓰였다[22]. 따라서 이전 시기의 단어가 합성어 형성에 참여하고 있는 것으로 보아 합성명사로 볼 수 있다. (6ㄴ)의 ‘갈래, 구븨, 노롬’은 자립성을 갖고 있으므로 합성명사이다(백경민, 2002 : 42).

다음의 (7), (8)는 선·후행어근이 모두 파생명사인 합성명사이다.

> (7) 쓰레주름 <방언, 서부 : 25>, 쓰레밧기 <광재, 기용 3>
> (8) 잡기내기 <경신, 61>, 놀옴내기 <경신, 80>, 놀음노리 <내훈(중), 3 : 11>

3.1.2 명사 + ㅅ + 명사

사이시옷의 기능을 파악하는 것은 개재 현상의 불규칙성 때문에 어려움이 있고 특히 문헌상 표기의 복잡성 때문에 더욱이 어려움이 따른다.

> (9) ㄱ. 나모ㅅ결 <방언, 해부21>, 묏부리 <주천, 중 : 17>, 뒷간 <십구, 2 :

---

22) ㄱ. 가야미 사리 오라고 몸 닷기 모ᄅᆞᆫ둘 舍利弗이 슬피 너기니 <월곡, 상 : 62>
ㄴ. 묏 즁의 사리는 차 세 사바리오 <백련, 5>

현대국어를 대상으로 단어형성법을 연구한 시정곤(1994)은 ‘살이’류의 어형(머슴살이, 귀양살이 등) 은 자립성이 없으므로 파생어로 보아야 한다고 하였다.

112>/뒤짠 <태산, 10>, 손쭙 <방언, 성부 3 : 8>, 손ㅅ바당 <방언,
신부 : 17>/손빠당 <역유, 52>, 빗발 <무원, 1 : 33>/비ㅅ발 <한청, 1
: 11>

ㄴ. 나모결 <오륜, 23>, 물긔 <규합, 5>, 뫼부리 <한불, 242>, 뒤간
<규합, 29>, 손톱 <무원, 1 : 26>, 손바당 <한불, 428>, 비발 <어
문정, 3>

(9ㄱ)은 사이시옷이 어근 사이에 개재된 합성명사이다. 반면에 동시대에
사이시옷이 표기상 개재하지 않은 합성명사가 (9ㄴ)과 같이 공존하고 있
는 것을 확인할 수 있다. 이 두 어형은 발음은 같았으나 형태에 충실한 표
기를 지향하면서 (9ㄴ)과 같은 표기가 나왔을 것이라 생각한다. 따라서 이
것은 공시적인 표기상의 문제이다.

한편 '시간, 장소, 기원, 용도'의 의미관계를 가질 때 사이시옷이 개재
하는 현상이 후기근대국어에 나타난다는 것은 이미 선행 연구자들에 의해
서 확인되었다[23]. 다만 앞서 우리는 이렇게 의미관계에 따라 사이시옷의
현상을 밝히는 것에 한계가 있음을 지적하였다[24].

사이시옷의 개재 여부를 통시적으로 관찰하면 의미론적 환경, 음운론적
환경도 중요한 기준이 되지만 합성법에 참여하는 어근들의 형태적 자질 역
시 중요한 기준이 될 수 있다[25]. 즉, 합성시에 일부 어근들은 선후에 사이시
옷을 개재하는 성격을 고착화하는 경우가 있다. 근대국어 후기에 사이시옷
이 개재한 합성명사의 선·후행어근은 다음과 같다. 괄호 안의 숫자는 해당
어근이 포함된 합성명사의 개수를 대략적으로 파악하여 표시한 것이다.

---

23) 이진환(1984), 이승연(1998)은 의미별로 합성명사를 분류하고 사이시옷 개재 환경
을 확인하였다.
24) 2.3의 2.3.1 참고.
25) 이렇게 특수한 명사들에 대하여 임홍빈(1981)은 ㅅ-전치명사, ㅅ-후치명사로 규
정하였다.

(10) 뫼ㅎ(28), 뒤(10), 술위(8), 비(7), 믈/물(7), 손(6), 코(6), 우(6), 눈(5), 녜(5), 비(5), 귀(5), 발(4), 나모(4), 아리(4), 드리(4), 희(3), 니(3), 문(3), 뼈(2), 관(2), 안(2), 벼로(2), 들(2), 쇠(2), 낙시(2), 지(2), 씌(2), 방츄(2), 둘(2), 창(2), 내(2), 고기(2), 집(2), 부쇠(2), 등(2) … 등

(11) 물/믈(7), 대/디(7), 불/블(6), 집(6), 돌(6), 줄(5), 방울(5), 덩이(5), ᄀ(4), 등(4), 빗(4), 살(3), 방(3), 간(3), 말(3), 돕(3), 녁(3), 구무(3), 골(3), 발(3), 돗(2), 날(2), 고(2), 부리(2), ᄆᆞᆯ(2), 뒤(2), 두던(2), 삿(2), 옷(2), 나라(2), 길(2), ᄀᆞᆯ(2), 결(2), 거리(2), 모로(2), 돌(2), 비(2), 벽(2), 바당(2), 그물(2), 바회/박회(2), 밋(2) … 등

(10)은 대체로 사이시옷을 선행하는 어근이고, (11)은 대체로 사이시옷을 후행하는 어근이다. 이중에 현대국어에 이르러 몇몇 어근은 합성할 때에 사이시옷이 나타나지 않는 것도 있으나 전반적으로 사이시옷을 선·후행하는 어근의 집합은 큰 변동이 없는 것으로 보인다. 이중 몇 예를 들면 다음과 같다.

(12) 뫼ㅎ
ㄱ. 묏ᄆᆞᆯ <주천, 중: 3>, 묏부리 <주천, 중: 26>, 묏도적 <종덕, 중: 15>, 묏터쵸 <의종, 26>
ㄴ. 묏골 <두초, 7: 14>, 묏부리 <두초, 9: 13>, 묏도티 <태산, 62>, 묏올히 <역유, 하: 27>

뒤
ㄱ. 뒷길 <역어, 5>, 뒷간 <방언, 서부 19>, 뒷다리 <방언, 해부 15>, 뒷입맛 <한불, 500>
ㄴ. 뒷뫼ㅎ <두초, 25: 6>, 뒷간 <구간, 7: 36>, 뒷동산 <박통, 33>, 뒷다리 <마경, 상4>

술위
ㄱ. 술위ㅅ멍에 <방언, 해부 5>, 술위ㅅ박회 <방언, 해부 5>, 술위ㅅ살 <방언, 해부5>

ㄴ. 술윗바회 <월석, 7 : 64>, 술윗삐 <아미, 8>, 술윗살 <역어, 하 : 22>

(12)는 사이시옷이 후행하는 선행어근의 예이다. (12ㄱ)은 근대국어 후기의
어형이고, (12ㄴ)은 이전 시기의 어형이다. 이전 시기의 합성어들과 비교
하여도 사이시옷이 후행하는 어근이 크게 바뀌지 않는 것을 알 수 있다.
'뫼ㅎ'의 경우 현대국어로 이어지면서 접사화하여 '멧골, 멧나물, 멧대추,
멧돼지' 등으로 나타난다. 그러나 '술위'의 경우, 사이시옷이 개재한 합성
어는 후기 근대국어 초기 문헌에만 나타나고 후기 문헌에는 '술위박회(노
걸(중), 하 : 34)'처럼 사이시옷이 개재하지 않은 어형만 남는다. 이처럼 사
이시옷이 후행하는 특징이 없어진 어근은 '술위, 빗, 뼈' 등이 있지만 (10)
은 대체로 현대국어에도 변함 없이 사이시옷이 뒤에 온다.

(13) 물/믈
　　ㄱ. 냇믈 <윤음(왕세) 1>, 짓믈 <규합, 23>, 빗물 <한불, 329>, 핏물
　　　　<무원, 3 : 78>
　　ㄴ. 닛믈 <몽유, 36>, 바랏믈 <몽유, 10>, 짓믈 <월석, 23 : 80>, 찻믈
　　　　<구방, 상 : 41>
　　대/디
　　ㄱ. 저울ㅅ대 <방언, 성부 12>, 쵸ㅅ디 <방언, 성부 11>, 낙시ㅅ대
　　　　<역어, 17>, 담비ㅅ디 <몽유, 47>
　　ㄴ. 빗대 <훈몽, 중 : 12>, 사횟대 <훈몽, 중 : 12>, 삸대 <훈몽, 중 :
　　　　14>
　　블/불
　　ㄱ. 들ㅅ불 <한청, 316>, 등잔블 <물보, 5>, 벌ㅅ블 <방언, 신부 10>
　　ㄴ. 촛블 <소언, 2 : 52>, 화롯블 <태산, 67>, 등잔블 <구방, 상 : 41>

(13)은 사이시옷이 선행하는 후행어근의 예이다. 후기 근대국어 어형인 (13
ㄱ)과 이전 시기의 어형인 (13ㄴ)을 비교해보면 특정 후행어근이 항상 사

이시옷을 이끈다는 것을 알 수 있다. 따라서 사이시옷을 이끄는 형태적 자질을 가진 특정한 어형들이 존재하며 통시적으로 이들은 큰 변화를 겪지 않았다는 것을 알 수 있다.

한편 우리는 앞서 사이시옷의 개재 음운환경이 바뀌었다는 것을 살펴보았다. 중세국어에는 사이시옷은 후행어근의 두음이 경음이 될 수 없더라도 개재되었다(늤믈(석보 23 : 28), 값눌(두초 3 : 10)). 하지만 이 현상은 대체로 중세국어 이후에 거의 발견되지 않는다26). 다만 (14)와 같이 경음화 환경이 아니어도 사이시옷이 나타나는 경우가 있는데 그것은 (10, 11)에서 본 사이시옷 전치·후치명사가 참여 어근인 것이다.

> (14) 묏므른 <주천, 중 : 3>, 핏물 <무원, 3 : 78>, 코스믈 <방언, 신부 16>, 코ㅅ므른 <방언, 신부 16>, 셧녁 <서유, 하 : 2>

요컨대 중세국어 단계까지 사이시옷은 문법적인 필요에 따라 개입되었으나 이후에는 음운적 환경에 제약이 생겼다. 또한 통시적으로 사이시옷을 요구하는 특정한 어근들이 있다는 것을 확인할 수 있다.

3.1.3 명사 + 인/의 + 명사, 명사 + 엣 + 명사

명사끼리 합성하는 경우에는 앞서 살펴본 사이시옷(ㅅ)뿐만 아니라 '인/의' 등의 특정 요소가 개입하는 경우가 있다. 'ㅅ'과 함께 속격을 담당한 '-인/의' 역시 합성어 형성에 관여한 것을 중세국어부터 확인할 수 있었다. 이것은 후기 근대국어에도 마찬가지이며 중세국어에는 일부 동물명 뒤에서만 보이던 것이 좀더 분포가 넓어진 것을 확인할 수 있다27).

---

26) 이러한 현상은 황국정(2000)에 자세하게 다루어졌다.

27) 중세국어의 예로 '돌기앓 <월석, 23 : 80>, 머구릭밥 <훈몽, 상 : 5>, 버릭집 <두초,

(15) ㄱ. 가치무릇 <물명, 3:5>, 가희톱 <의종, 19>, 개희뼈 <방언, 성부: 13>,
　　　　닭의알 <무원, 3 : 53>, 쇠고기 <천의, 4 : 22>, 쇠뿔 <무원, 3 : 83>
　　　　쇠똥 <방언, 해부 13>, 쇠젓 <역보, 상 : 52>, 쇠심 <몽유, 하 : 32>
　　　　올희우리 <방언, 해부 13>, 벌의집 <물명, 2 : 9>, 가싀어미 <보권,
　　　　18a>, 가희톱 <동의, 3 : 17>

　　　ㄴ. 쇳똥 <벽온, 14>, 쇳블 <방언, 해부 13>

(16) 짜희버섯 <물명, 3 : 27>, 똥의포리 <물명, 2 : 11>

(17) ㄱ. 눈에치 <방언, 해부 15>, 코에치 <한청,14:34>

　　　ㄴ. 귀엣말 <태교, 17>, 귀엿골 <방언, 성부 : 8>, 들에ㅅ불 <방언, 해
　　　　부 10>, 눈엣동ㅈ <동해, 상 : 15>

(15)는 명사 어근과 명사 어근 사이에 관형격 조사 '-이/의'가 개재한 것이
다. '쇠-'는 '소 + -ㅣ'로 분석된다. '-ㅣ'는 중세국어 시기에 예외적으로 쓰
이던 관형격 조사로[28] 단어형성에 참여한 것이다. (15ㄱ)은 현대국어로 오
면서 '달걀, 쇠고기, 쇠젓' 등을 제외하고 대부분은 '-이/의'가 없는 형태만
이 남는다. 또한 '닭의알'의 경우 「국한회어」에 '곤닭알(枯鷄卵)' 형태로
나타나 '-의'가 개재한 것과 그렇지 않은 것이 공존하였던 것을 알 수 있
다. '눈엣동자'의 경우, 「한불자전」과 「국한회어」에 각각 '눈동ㅈ, 눈동자'
가 나타난다. (15ㄴ)의 어형은 사이시옷이 개재한 것이 아니라 후행어근의
경음을 표시하는 것으로 보아야 한다. (16)은 (15)와 달리 선행어근이 무정
물이다. 이러한 예는 후기 근대국어 문헌에 처음 보인다. 한편 (17)과 같이
부사격 조사 형태가 개재한 어형도 존재한다.

　　그런데 관형격 조사의 형태가 명사합성법에 참여했다면 후행어근도 명사
여야 한다. 그러나 (18)의 밑줄 친 '쇠아지'와 '미아지'는 후행어근이 '아지'이
다. '아지'는 다른 어휘에서는 접미사로 인식되지만 이것이 명사에서 기원한

---

10 : 32>, 쇠젓 <석상, 3 : 33>' 등이 있다.
28) 鴛鴦夫人이 <u>長者ㅣ</u> 지븨 이셔 <월석, 8 : 97>

것29)이기에 명사적인 것으로 인식되어 이러한 구성이 가능한 것이다30).

(18) 엇던 쇠게 <u>쇠아지</u> 업고 쏘 엇던 몰게 <u>미아지</u> 업고 <소아, 6 : 7>

3.1.4 관형사 + 명사

먼저 '관형사 + 명사'구조의 합성어를 살펴보겠다. 이 경우에는 후기
근대국어 이전과 차이가 없다.

(19) 한디 <무원, 2 : 7>, 왼녁 <노걸(중), 하 : 15>, 올흔녁 <십구, 1 : 21>, 흔날
<염불 왕랑3>, 네거리 <방언 서부 : 17>, 세거리 <방언 서부 : 17>, 첫돌 <경충
윤, 1>, 첫ᄌ식 <한청, 5 : 38>, 홀아비 <자휼, 3>, 홀어미 <자휼, 3>

'관형사 + 명사' 구조의 합성어는 다음과 같이 선행어근이 용언 어간
에 '-ㄴ', '-ㄹ'이 통합한 것도 존재한다.

(20) 贅婿 드린사회 <몽유, 상 : 9a>/贅婿 드린사회 <역보, 33>, 다릴사위 <국
한, 67>

---

29) 16세기 문헌에서 보이는 '아질게(<번노, 하, 21>)'는 '아지'가 단어를 이루는 요
소였던 것을 보여준다('국어 어휘의 역사 검색 프로그램 V2.0'의 '강아지' 편 참고).
30) 이와 유사한 경우로 '님'의 쓰임도 독특하다. 이현희(1994)는 다음과 같이 '님'이
접미사가 아니라 명사적인 것으로 인식되어 '님' 앞에 'ㅅ'이 개재되는 것을 19
세기 문헌 「재간교린수지」에서 확인하였다. 즉 다음의 밑줄 친 합성명사는 모두
'님' 앞에 'ㅅ'이 개재하고 'ㄴ'과 자음동화를 일으켜 'ㄴ'으로 표기된 것이므로
'님'의 명사성을 보이는 증거라고 할 수 있다.
　ㄱ. 시어먼님이 늘거 계시외다 <재간교린, 1 : 40>
　ㄴ. 큰아지먼님 ᄌ손 만당허외다 <재간교린, 1 : 40>
　ㄷ. 격근아지먼님이 년쇼허시나 범절이 갸룩허오 <재간교린, 1 : 40>
　ㄹ. 오라번님은 미ᄉ를 어질게 허시옵네다 <재간교린, 1 : 42>

(20)은 현대국어의 '데릴사위'의 소급형이다. 후기 근대국어의 문헌에 처음 출현한 어휘인데 18세기 중반까지는 관형형의 '-ㄴ'이 결합한 선행어근 '드린'과 '사회'가 합성하였지만 19세기 문헌에는 관형형 '-ㄹ'이 쓰인 것을 확인할 수 있다. 선행어근이 타동사인 경우 대체로 '-ㄹ' 관형형 어미가 결합하여 후행어근과 결합하는 경향에 맞춰 변한 것으로 추측해볼 수 있다.

다음은 개재하는 어미에 따라 나누어서 살펴보자. (21)는 '-ㄹ'어미가 개재한 합성어이고, (21ㄱ)과 같이 대부분의 합성어는 선행어근이 타동사이며 (21ㄴ)과 같이 선행어근이 자동사인 예가 몇몇 보인다.

(21) ㄱ. 쓰울줄 <방언, 해부 5>, 걸시 <방언, 서부 20>/걸쇄 <한청, 288>, 즈물쇠 <방언, 성부 12>/즈믌쇠 <방언, 성부 : 12>/자물쇠 <국한, 82>, 열쇠 <몽유, 9b>, 멜줄 <방언, 4 : 5>, 밀미 <무예, 3>, 들쇠 <방언, 성부 : 13>, 밀믈 <국한, 128>, 멜대 <무원, 3 : 27>

ㄴ. 눌즘싱(禽) <몽보, 28>, 길즘싱 <무원, 3 : 14>, 구을매 <방언, 성부 25>, 살올일 <역보, 54>

그런데 (21ㄱ)의 '즈믌쇠'와 같이 관형형과 명사가 결합하면서 표기상 'ㅅ'이 개재한 경우가 있다. '열쇠' 역시 근대국어 전기까지는 'ㅅ'이 개재한 어형이 존재한다[31]. 이것은 단순히 관형형 뒤에서 후행어근이 경음화되는 것을 표기에 반영한 것이라 할 수 있다.

(22) 간밤 <인어, 94>, 죽은째 <방언, 성부 : 5>/죽은끼 <국한, 285>, 굿난아히 <몽보, 4>

(23) 너분주름 <방언, 서부 : 25>, 노른즈 <규합, 23>, 돈술 <한청, 12 : 42>, 돈이술 <오륜, 1 : 52>, 된소리(嚴霜) <방언, 신부 5>, 된밥 <박신,

---

31) 이외에도 '듮그믈 <역어, 상 : 22>' 같은 예들이 존재한다.

2 : 36>, 무론국슈(掛麵) <방언, 서부 29>, 신트름 <국한, 199>, 존
주름 <방언, 서부 25>, 존허리 <몽보, 6>, 쩐밥 <몽유, 상 : 45>,
즌흙 <무원, 3 : 8>, 큰계집 <박신, 2 : 34>, 큰일 <오륜, 츙 : 14>, 큰
자괴(鍘子) <몽유, 25>, 큰비 <십구, 1 : 32>, 큰물 <십구, 1 : 20>,
어린아희(稚兒) <국한, 210>/어린아히(幼童) <한불, 22>, 믠산(荒山)
<한청, 1 : 39>, 춘브롬 <방언, 신부 4>, 존허리 <역어, 22>, 거믄째
<방언, 서부 25>

(24) 어린이 <무원, 1 : 8>, 어린것, 늘그니 <종덕, 하 : 17>, 져므니 <지
장, 상 : 21>, 선 것 <국한, 176>

(22~24)는 'ㄴ' 관형형과 명사가 합성하여 만들어진 합성어이다. (22), (23)
처럼 선행어근이 각각 자동사, 형용사인 합성명사가 존재하는데, 후자의
것이 더욱 많았던 것으로 보인다. 또한 (24)는 후행어근이 형식명사인 것
으로 이러한 어형은 중세국어 시기부터 확인된다.

3.1.5 용언의 어간 + 명사

(25) 붉쥐(蝙蝠) <몽유, 하 : 29> <주교, 26>, 쓰믈(漿水) <한청, 14 : 39>
(26) 거츨게 <물보, 상 : 13>, 검새 <시언, 물명 : 19>, 넙창 <물명, 1 : 7>, 덥
치그물 <물명, 1 : 1>, 듯겁느믈 <물보, 상 : 9>, 졉교의 <물보, 하 : 14>
풀버히옷 <물보, 하 : 2>, 검금(黑礬) <방언, 성부 19>
(27) 곳감 <노걸(중), 하 : 37>, <물명, 4 : 11>, 넙가래 <물보, 하 : 9> <한불
275>, 물부리 <국한, 54>, 후리ㅅ그믈 <방언, 해부 8> <물명, 2 : 1>,
붓돗(-질) <방언, 성부 24>

위의 합성어는 비통사적 합성법으로 만들어진 것이다. (25)은 중세국어
에서부터 확인되는 것으로 현대국어에도 여전히 쓰이고 있다. (26)은 후기
근대국어부터 보이는 예인데 '검금'을 비롯한 몇몇 어휘를 제외하고는 19

세기 자료인 「물보」와 「물명고」에만 제한적으로 나타나고 있다. (27)의 합성어 역시 근대국어 후기부터 나타나 현대국어에도 쓰이고 있는 합성명사이다. '붓돗질'은 파생어인데 '붓돗'은 17세기 자료인 「역어유해」에서 처음 보인다. 이것은 '붗-'와 '돍'이 합성하여 만들어진 단어인데, 후기 근대국어에서 단독으로 쓰인 예는 찾을 수 없고 이렇게 파생어로 나타나는 것이 확인된다.

한편 '비븨활(역보, 45), 가리뼈(무원, 1 : 63)'는 선행연구에서 비통사적 합성명사로 분류되었던 것이다. 하지만 '비븨활'의 선행어근은 명사 '비븨32)'로 보아야 한다. 그리고 이승연(1998)은 '가리뼈'를 '가리-'와 '뼈'의 합성으로 보고 비통사적 합성법에 의한 것으로 분류하였으나 '가리'가 17세기에 "갈비, 갈빗대"의 의미로 쓰인 것을 확인할 수 있다33). 따라서 '비븨활, 가리뼈'는 '명사 + 명사' 구성의 통사적 합성어이다.

(28) 건너방(越房) <국한, 19>, 건넌방(越房) <한불, 145>

이외에 (28)처럼 '동사 + 어 + 명사' 예가 간혹 발견되기는 하나, 그 예가 매우 적다. 참고로 이러한 구성 중에 흔히 쓰는 '살아생전(상록수, 1 : 115)'이라는 합성어는 20세기 초기 문헌에서 처음 보이고 이후 현대국어에서 널리 쓰인 것으로 보인다.

3.2 동사 합성법

근대국어에 들어오면 동사합성은 동사 어간과 어간이 바로 결합하는

---

32) 鑽 비븨 찬 <훈몽, 중 : 7>, 舞鑽 활비븨 <역어, 하 : 17>
33) 폐유혈은 뒤로 조차 츠데로 아홉재 <u>가리</u> 안 등물늬 뜨기 흔 자 닷 촌의 이시니 <마경, 상 : 64>

합성법보다는 선행 동사 어간이 '-아/어'를 취하여 후행동사와 결합하는
방식이 생산적으로 이루어졌다. 특히 후기 근대국어 시기에는 '후다' 동사
와의 결합 빈도가 높아 '형용사 + -아/어후다' 구성이 생산적으로 실현되
었다. 이뿐 아니라 '-고'형, '-다가'형의 합성동사가 이때부터 활발히 형성
된 점이 특이하다. 또한 비통사적 합성법에 의해 형성된 합성동사들이 근
대국어 시기부터 비통사적 합성법의 생산성이 약화되면서 상당수가 소멸
한다. 하지만 이 시기에도 비통사적 합성동사가 꾸준히 형성되었다.

3.2.1 동사 + 연결 어미 + 동사

① 동사(형용사) + -아/어 + 동사

> (29) 거러가다 <종덕, 상: 11>/걸어가다 <방언, 신부: 20>, 걸터틋다 <한청,
> 7 : 28>, 걸려잡다 <한청, 13 : 64>, 쩌닙다 <한청, 11 : 17>, 나솟다 <윤
> 음, 양로: 7>[34], 눌러쓰다 <방언, 서부 7>, 다라가다 <오륜, 중: 75>,
> 달려들다 <김인, 38>, 둘너막다 <명의, 상: 64>, 둘러메다 <광재, 물성:
> 5>, 짜라오다 <훈아, 16>, 에워가다 <몽유, 상: 20>, 발가벗다 <유옥역>,
> 빌어먹다 <태상, 3 : 58>, 사라오다 <유옥역>, 삼겨나다 <몽유, 상:
> 41>, 여어보다 <유옥역>, 올가잡다 <몽보, 32>, 파뭇다 <경신, 18>,
> 퍼붓다 <방언, 신부 5>

근대국어 시기에는 합성동사를 형성할 때 동사 어간이 직접 결합하는
것보다 (29)와 같이 연결어미 '-아/어'를 개재하는 것이 더욱 생산적이었다.
한편 '-어'가 개재한 합성동사의 경우 후행어근이 '후-'인 합성동사가
매우 활발하게 형성되었다. 우리는 앞에서 '-어후다'의 규칙의 변화과정을

---

34) 우럴어 쇼안을 뵈오매 난로 슈후시단 말삼이라 후시는 딕 깃브미 <u>나소스니</u> <윤
음, 양로: 7>

이미 살펴보았다. 요컨대, 현대국어의 심리타동사 '형용사+어하다'형의 합성어는 근대국어 후기부터 생산적으로 나타난다.

(30) ㄱ. 괴로워ᄒ다 <천로, 상: 71>, 그리워ᄒ다 <슉영京, 16: 13>, 깃버ᄒ다 <삼셩, 23>, 무셔워ᄒ다 <지장, 상: 11>, 두려워ᄒ다 <경세, 23>/두리워ᄒ다 <훈서, 8>, 셜워ᄒ다 <윤음(경), 3>, 슬퍼ᄒ다 <셩직, 4: 82>, 즐거워ᄒ다 <경신, 1>, 부러워ᄒ다 <이언, 1: 31>, 노여워ᄒ다 <한불, 286>

ㄴ. 밋버ᄒ다 <서유, 하: 22>, 압파ᄒ다 <여수, 3>, 치워ᄒ다 <경세, 28>, 어려워ᄒ다 <몽유, 상: 16>, 증그러워ᄒ다 <한불, 556>, 무거워하다 <초한, 4>

(31) 저어ᄒ다 <여수, 28>, 깃거ᄒ다 <태상, 2: 18>, 슬허ᄒ다 <오륜, 형: 2>

(30ㄱ)의 합성동사의 선행어근은 형용사로, '깃브-, 무셥-, 두렵-' 등이 'ᄒ-'와 합성한 것이다. 이 중에 '깃버ᄒ다'는 19세기 후반의 문헌에 처음 보인다. 대신 이전까지는 선행어근이 동사 '깄다'인 '깃거ᄒ다'가 활발히 쓰였다. '셜워ᄒ다'의 선행어근인 '셟다'는 근대국어 전기까지 형용사·타동사 양용 동사였지만 후기에는 합성동사와 공존하면서 타동사로서 기능은 소멸한다. 그리고 (30ㄴ)은 '밋브-, 아프-, 칩-' 등의 성상형용사가 선행어근인 것이다. 이것도 이전 시기보다 더욱 다양해졌다. 따라서 이 시기에 '형용사 + 어/아ᄒ다' 합성법은 매우 생산적인 것을 알 수 있다. 하지만 '동사 + 어ᄒ다' 구성의 어형이 완전히 소멸한 것은 아니다. (31)과 같이 일부 문헌에서 전대형이 나타난다. 결국 이 시기에 '형용사+아/어ᄒ다'가 가장 생산적이었지만 전대형인 '동사 + 아/어ᄒ다'와 동일한 의미의 단일어근의 동사가 공존한다. 황국정(2004 : 159-163)은 이러한 현상에 대하여 자세히 다루고 있다. 그에 따르면 타동사 '깄다'는 19세기 후기 문헌에서 살펴볼 수 없고, '깃거ᄒ다'는 20세기 초기 문헌에까지 보이다가 소멸하고 '깃버

ᄒᆞ다'만이 남아서 현대에 '기뻐하다'로 이어지게 된다고 하였다. 각각의 예를 보이면 다음과 같다[35]. 이러한 변화 과정은 일반적이어서 나머지 동사들에도 그대로 적용될 수 있다

> (32) ㄱ. 텬디 만물이 다 쥬의 죽음을 <u>슬허ᄒᆞ고</u> 삼일에 니르러 오 쥬ㅣ 부활ᄒᆞ야 <진교, 28>
> ㄴ. 그 ᄉᆞ랑의 지극홉을 알아야 가히 그 고로옴을 <u>슬퍼ᄒᆞ고</u> 가히 그 은혜롤 감격홀지니라 <성직, 4 : 82>
> (33) ㄱ. 그 계집을 <u>믜여ᄒᆞ여</u> 쏘 뎌롤 쬐ᄒᆞ여 죽이려 ᄒᆞ니 <박신, 2 : 35>
> ㄴ. 으히 우는 거슬 <u>믜워ᄒᆞ야</u> 그 입을 막는 것과 엇지 다르리오 <이언, 4 : 21>

(32ㄱ, ㄴ)은 각각 '슬허ᄒᆞ다'와 '슬퍼ᄒᆞ다'가 쓰였다. 이 중에 '슬퍼ᄒᆞ다'만 현대국어로 이어진다. (33ㄱ, ㄴ)은 '믜여ᄒᆞ다'와 '믜워ᄒᆞ다'가 쓰였는데 '믜여ᄒᆞ다'는 타동사 '믜-'와 'ᄒᆞ-'가 결합한 것으로 18세기 후반까지 보이고 소멸한다. 그리고 '믜워ᄒᆞ다'는 근대국어 전기부터 쓰여서 현대국어에까지 이어진다.

요컨대, 근대국어 후기에는 동사가 직접 결합하는 것보다 '-아/어'가 개재하여 어근 간의 합성을 하는 것이 더욱 생산적이었고, 그 중에 'ᄒᆞ다'와 결합빈도가 높아지면서 '동사 + 아/어ᄒᆞ다'와 '형용사 + 아/어ᄒᆞ다' 합성어가 매우 생산적으로 실현되었다. 하지만 '동사 + 아/어ᄒᆞ다'형은 생산성을 잃고 소멸하게 된다. 그리고 '형용사 + 아/어ᄒᆞ다' 합성어는 더욱 생산성을 얻어 현대국어의 심리타동사로 이어진다.

---

35) ㄱ. 틀즈긔셔 이상 긔이ᄒᆞ시믈 더 <u>깃거</u> 니게 하례ᄒᆞ시니 <한중, 52>
ㄴ. 치명ᄒᆞᆫ 셩인을 보건대 비록 불속에 술올지라도 <u>깃거ᄒᆞᄂᆞᆫ</u> 얼골을 븕이 나타내니 <성직, 9 : 122>
ㄷ. 챡ᄒᆞᆫ 거슬 드르미 <u>깃버ᄒᆞ</u> 쥴을 알다가 지는 후 즉시 잇고 <삼셩, 23>

② 동사 + -고 + 동사

(34) 주고밧다 <명의, 2 : 41>, 놀고먹다(遊食) <국한, 62>, 먹고살다 <생
류, 41>, 사고풀다 <성직, 6 : 107>, 뽀고돌다 <이언, 2 : 47>, 타고나
다 <잠상, 8>

'-고'형의 합성동사는 중세국어에 없던 것으로 보고되고 있다. 이것은
전기 근대국어부터 나타나지만 후기 근대국어에 여러 개의 합성동사가 발
견된다. (34)의 합성동사 중, '먹고살다'를 제외하고는 모두 후기 근대국어
문헌에서 새롭게 문증되는 것이다.

(35) ㄱ. 사룸이 상해 ᄒᆞᄂᆞᆫ 소업이 업서 손을 노로며 <u>놀고머그면</u>~잇다감
죄에 ᄲᅡ디ᄂᆞ니라 <경민, 11>
ㄴ. 우리롤 디신ᄒᆞ야 분변ᄒᆞ게 ᄒᆞ쥭 ᄯᅩ 즁간의셔 <u>뽀고돌가</u> 두렵고 <이
언, 2 : 47>
ㄷ. 뉘에ᄂᆞᆫ 룡의 졍긔라 화긔을 <u>타고난고로</u> 믈은 마시지 안니ᄒᆞ고 <잠
상, 8>
ㄹ. 그의 일생을 구양사리로 마줄 째에~<u>먹고사ᄂᆞᆫ</u> 것이 말 못되게 구
차하얏스나 <생류, 41>

(35)의 용례에서 보듯이 '-고'형 합성동사는 대게가 융합합성어로서 그 의
미가 추상적이다. 즉, 각각의 밑줄 친 동사는 '遊食하다', '두둔하다', '어떠
한 능력을 선천적으로 갖다', '생계를 유지하다'의 의미를 나타낸다.

③ 동사 + -어다 + 동사

(36) 내다보다 <한불, 262>, 넘어다보다 <임화 7, 하 : 126>, 쳐다보다 <천
로, 상 : 33>/치어다보다 <박씨, 438>

(36)은 '-어다'가 개재한 합성동사이며, 이러한 어형은 대체로 근대국어 후기부터 나타난다. 다만 '내다보다'는 중세국어 문헌 「월인석보」에서 문증된다.

3.2.2 동사(형용사) + 동사36)

근대국어에 들어오면 동사 어간끼리 직접 결합하는 합성법은 상당히 위축된다. 하지만 후기 근대국어 문헌에 처음 보이는 비통사적 합성동사들을 통해서 이 시기에 비통사적 합성동사가 여전히 생산되었음을 알 수 있다.

> (37) ㄱ. 깔보다 <국한, 15>, 덥누로다 <태상, 2 : 51>, 드던지다 <가곡>, 붓동히다 <가곡>, 쏩내다 <역보, 36>, 씌었다 <무원, 1 : 40>, 쏩내다 <역보, 36>, 얽동히다 <가곡>, 엎누르다 <한불, 21>, 엿듣다 <명의, 상 : 3>, 잡죄다 <몽유, 29>, 헐쓸다 <무목, 230>, 헐벗다 <성직, 1 : 31>, 휘감다 <명주, 10 : 497>, 휘돌다 <속명, 1 : 9>, 훗놀다 <삼셜기, 18, 二11>, 훗쓸히다 <한중록, 104>, 희번득이다 <방언, 신부 21>
> ㄴ. 굽낧다 <명주, 10 : 517>, 넘나들다 한불, 274>, 쓰다듬다 <명주, 1 : 69>

(37)은 후기 근대국어 문헌에 처음으로 문증되는 합성동사로, (37ㄱ)은 종속적 구성이고, (37ㄴ)은 대등적 구성이다. 이중 몇몇의 예들을 살펴보자. '드던지다, 휘감다, 휘돌다'의 선행어근인 '드(들)-'와 '휘-'는 현대국어에 각각 '심하게, 높이', '매우' 정도의 의미를 갖는 접두사이다. 또한 '엿듣

---

36) 본고의 비통사적 합성동사 목록은 이선영(2002)의 '4.의 근대국어의 어간복합어'에 제시된 목록을 참고하였다. 이 중에서 파생어라고 생각되는 예(걷니다, 도니다, 미쑤미다 등)는 제외하고 후기 근대국어 시기에 나타난 것을 중심으로 정리한 것이다.

다'의 '엿-' 역시 접사화하여 현대국어에 쓰이고 있다. 그러나 이 시기에 이들은 단독으로 쓰이는 경우가 있으므로 어근으로 보아야 한다. 한편 '홋 눌다'는 '홋-'와 '눌-'가 합성하여 '흩어져 날다'라는 의미를 나타낸다. 그렇다면 두 어근이 모두 자동사여야 할 것이다. 자타양용동사였던 '홋-'의 자동사적 용법은 근대 중기에 없어진 것으로 보이지만 19세기 말에도 자동사로 쓰인 예가 나타난다37). 따라서 자동사적 용법의 '홋-'가 '눌-'와 결합한 것으로 볼 수 있다.

> (38) ㄱ. 감돌다 <국한, 9>, 무롭쓰다 <천로, 하 : 136>, 얽매다 <무예, 69>,
> 엿보다 <천의, 3 : 21>, 보슬피다 <종덕, 중 : 43>
> ㄴ. 나들다 <병학, 13>, 들보다 <병학, 14>, 오르나리다 <이언, 3 :
> 40>

(38)은 중세국어 시기부터 존재한 합성동사인데, (38ㄱ)은 종속적 구성이고 (38ㄴ)은 대등적 구성이다. 이것은 우리가 앞서 2장에서 살펴본 현대국어까지 존재하는 합성어 유형(④, ⑤)에 속하는 것이다. 이중 '감돌다, 얽매다, 보슬피다'는 의미의 결합관계가 아주 긴밀하여 추상적인 의미를 나타내는 것이다. '감돌다'는 '감-'와 '돌-'가 합성하여 형성된 동사이다. 그런데 중세국어에서는 '감돌-'형태는 나타나지 않고 '값돌-/감쏠-'형태만 나타난다38). 이때에 두 어근 사이에 개재한 'ㅅ'을 '명사 + 명사' 구성에서 보이는 사이시옷과 동일한 것으로 취급해야 할지는 의심스럽다. 이와 비슷한 변화과정을 보이는 것이 '횟돌-/휘돌-'이다. 그런데 중세국어의 '횟돌-'와

---

37) 유태 사롬이 지금 가련ㅎ도다 스방에 <u>홋허</u> 잇서 촌토가 업고 본국을 일헛시니 <진리독, 72>

38) '炎 ᄃ리 <u>감쏘느니</u> 須彌山이 ᄀ리면 바미라 <월석, 1 : 30>'
중세국어에 동사 어간과 어간 사이에 'ㅅ'이 개재하는 경우는 더러 있었다.
ㄱ. 덦거츨다 <법화, 3 : 3>, 덦거츨다 <소언, 5 : 26>
ㄴ. 빘뿌디 <번소, 3 : 19>, 넘쩌러 <번소, 4 : 12>, 덤쩌츠러 <번소, 6 : 28>

근대국어 이후의 '휘돌-'와는 의미차이가 없다. 그리고 '무롭쓰다'의 선행
어근 '무롭-'가 그 자체로 '위험을 감수하다'라는 의미가 있으나 후행어근
'쓰-'와 결합하여 의미가 구체화된 것으로 보인다[39]. '엿보다'는 '엿-'와
'보-'가 합성한 것으로 현대국어에는 '엿-'이 접두사로만 존재하지만 근대
국어에는 동사로 존재했었다[40]. 한편 (37ㄴ)의 '나들다'는 연결어미 '-아'
가 축약된 것으로 볼 수도 있으나 그 의미가 대등적이어서 '나-'와 '들-'가
직접 통합한 것으로 보아야 한다. 이렇게 선·후행어근 사이에 대등적 의
미관계를 나타내는 것은 비통사적 합성동사만이 가능하다. '듣보다, 오르
나리다' 역시 대등적 합성동사이다.

한편 어느 시기에나 마찬가지이지만 근대국어 후기에도 동일 어근의
통사적 합성동사가 비통사적 합성동사와 함께 공존하는 경우가 있다. 이
때에 의미가 같은 경우와 다른 경우를 나누어서 볼 수 있겠지만 의미가
같은 경우가 이 시기의 문헌에서 거의 발견되지 않는다.

    (39) ㄱ. 쥬인이 샹의 <u>걸안자</u> 둥쵹이 버렷고 <광기, 29>
        ㄴ. 한이 황금샹 샹의 <u>거러안자</u> ᄇ야흐로 활을 트며 <산셩, 64>
    (40) ㄱ. ᄌ조 놀라ᄂ 새 수스어류믈 듣고 줬간 ᄌ오ᄂ 나비 <u>주잔자ᄉ슈믈</u>
           스치노라 <두초, 11 : 49>
        ㄱ'. 주잔다(蹲坐) <국한, 270>
        ㄴ. 칠팔 번이나 방 속으로 왓다 갓다 하다가 다시 펄석 <u>주저안젓다</u> <신
           숙, 18>
        ㄴ'. 일 주저안ᄉ다(息事) <몽유, 하 : 25>

---

39) 냥녀 옥지ᄂ~그 듕노애 어러 주근가 넘녀ᄒ야 바믈 무롭고 <u>ᄎᄌ가니</u> 과연 주
    걷더라 <동신, 열 3 : 21>
    쳬 브롤 <u>무롭스고</u> 드러가 븓드러 뼈 나오다가 힘이 이긔디 몯ᄒ야 <동신, 열 1 : 6>
40) 신의 아둘 샹범으로 더브러 빅계로 틈을 <u>여어</u> 반ᄃ시 국가에 감심ᄒ고져 ᄒ더니
    <속명, 1 : 26>

(39, 40)은 각각 동일 어근의 통사적·비통사적 합성어가 실현된 것이다. (39ㄱ)의 '걸앉다'와 (39ㄴ)의 '거러앉다'는 의미차이가 없다. 그리고 문헌상의 한계로 (40ㄱ)은 중세국어의 예를 옮긴 것이지만 '주잖다'의 의미가 「국한회어」에 나타난 '주잖다'와 「몽어유해」에 나타난 '주저앉다'의 의미와 차이가 없는 것으로 보인다.

그러나 다음의 (41, 42, 43)과 같이 통사적 합성어와 비통사적 합성어가 의미적인 차이가 있는 것이 존재한다. 이들 합성어는 모두가 현대국어에까지 쓰이고 있는 것으로 통사적·비통사적 합성어가 동일 어근으로 되어 있지만 두 합성어가 서로 의미에서 차이가 나므로 모두 소멸하지 않고 현대로 이어진 것이다.

(41) ㄱ. 셜온 님 보내ᄋᆞᆸ노니 나ᄂᆞᆫ 가시ᄂᆞᆫ 둣 <u>도셔</u> 오쇼셔 <악장, 가시리>
　　 ㄱ´. 도셔다(花兒回動) <한청, 8 : 12>
　　 ㄴ. 乙이 丘劉勢롤 ᄒᆞᄃᆡ 左右手로 막아 믈너 오고 雁翅側身勢와 跨虎勢롤 ᄒᆞ야 서ᄅᆞ <u>도라셔라</u> <무예, 56>
　　 ㄴ´. 너희게 구ᄒᆞᄂᆞᆫ 쟈롤 주며 너희게 비ᄂᆞᆫ 쟈롤 <u>도라셔지</u> 말나 <성교(마), 5 : 42>

(42) ㄱ. 너희가 비야흐로 굴형에 메이이게 되야시니 내 그 가히 <u>돌보지</u> 아니ᄒᆞ랴 <윤음(함경) 6>
　　 ㄴ. 샤셩이 좌우로 <u>도라보고</u> 희허ᄒᆞ기롤 오래 ᄒᆞ다가 <종덕, 하 : 8>
　　 ㄴ´. 사ᄅᆞᆷ의 신지 되여 감히 하ᄂᆞᆯ 위롤 ᄀᆞ마니 옴길 ᄭᅬ롤 품으니 <u>도라보건대</u> 그 죄 엇디 시러곰 흘닌들 부지간의 용납ᄒᆞ오리잇가 <천의, 1 : 28>
　　 ㄴ˝. 스스로 쳐ᄌᆞ롤 스스로이 ᄒᆞ고 그 어버이롤 <u>도라보디</u> 아니ᄒᆞᄂᆞᆫ 재 이시매 <경세, 2>

'도셔다'와 '도라셔다'는 모두 '방향을 바꾸어 서다'의 의미에서 더 확장하여 '호전되다'의 의미를 갖는다. (41ㄱ, ㄱ´)의 '도셔다'가 그러한 의미를 보여주는 반면, '도라셔다'는 (41ㄴ, ㄴ´)에서 보듯이 '다른 사람과 등지다, 외면하다'의 의미를 더 갖는 것을 알 수 있다. (42)의 '돌보다', '도라보다'는 중세국어에는 의미 차이가 없었으나 근대국어 단계에 의미의 차이가 생긴다. '돌보다'는 '고개를 돌려보다'의 의미는 없어지고, '도라보다'는 기존의 '고개를 돌려보다', '보살피다' 의미 외에 (42ㄴ´)처럼 '다시 생각해보다'의 의미도 더하여진다.

3.2.3 명사 + 동사

이 유형의 합성동사는 현대국어와 마찬가지로 '주어 + 비행위자성 동사', '목적어 + 타동사'. '부사어 + 동사'의 구성만이 존재한다[41]. 각각 순서대로 보이면 다음과 같다.

> (43) ㄱ. 겁나다 <한불, 146>, 길드다 <오륜, 효 : 44>, 맛잇다 <규합, 7>, 목메다 <지장, 상 : 26>, 목쉬다 <한불, 244>, 비골프다 <경신, 81>
> ㄴ. 애쓰다 <방언, 신부 : 23>, 억지내다 <청, 8 : 26>
> ㄷ. 뒤쩌지다 <몽유, 상 : 20>

3.2.4 부사 + 동사

이전 시기 문헌에서 이 유형의 합성어를 찾는 것은 쉽지 않다. (44)는 후기 근대국어 문헌에 새롭게 문증되는 예들이다.

---

41) 이러한 점을 중시하여 고광주(2000)은 '명사 + 동사'형의 합성동사가 통사부에서 형성된 통사적 합성어라고 하였다. 즉 이들 구성은 통사부에서 단일체(VP)를 이루는 것이다.

(44) 거저먹다(空食) <국한, 18>, 고지듯다(信聽) <국한, 27>, 바로잡다 <성
직, 6 : 52>

3.3 형용사 합성법

후기 근대국어의 합성형용사는 '명사 + 형용사'구성, '형용사 + 형용
사' 구성으로 되어 있다. 그리고 '동사 + 형용사'구성의 합성형용사도 존
재한다. 특이한 것은 연결어미가 개재한 형용사 합성법이 활발하지 않은
점이다. 다만 '디, 나, 고'를 개재하여 동일 어근 내지 유의 어근을 반복한
합성어가 보이기 시작한다. 한편 비통사적 합성 형용사는 현대국어에 매
우 생산적이지만 후기 근대국어까지는 아직 많은 용례가 발견되지 않는
다. 이러한 현상은 비통사적 합성법이 당시에 생산성이 없어서일 수도 있
지만 그보다는 문헌상의 한계로 인한 것으로 보아야 할 것이다. 합성동사
의 발달과정과 비교해 볼 때 비통사적 합성형용사 형성 규칙이 갑자기 현
대국어에 생산성을 얻었다고 하는 것은 타당하지 않기 때문이다. 또한 현
대국어 시기에 다양한 어휘들에 대한 요구로 합성형용사가 증가한 것과도
관련이 있을 것이다.

3.3.1 형용사 + 연결어미 + 형용사(동사)

동사와 달리 합성형용사는 연결어미 '-아/어'가 개재하는 경우가 오히
려 드물다. 중세국어의 '가마어듭다(구간, 6 : 48)'과 같이 '형용사 + -아/어
+ 형용사' 구성의 어형을 후기근대국어의 문헌에서 찾기는 어렵다42). 다

---

42) 현대국어에서도 그 양은 매우 적다. 필자가 『표준국어대사전』에서 확인한 바로
는 형용사끼리 합성한 것 중에 '-아/어'가 개재한 예는 없었다. 다만 선행어근이
형용사인 '약아빠지다, 좁아터지다' 정도의 예만 확인할 수 있었다.

만 '형용사 + -아/어 + ㅎ-' 구성만이 나타난다. 이러한 합성법은 중세국어
시기 이전부터 존재하였던 것이다.

> (45) ㄱ. 누러ㅎ다 <한청, 6:9>, 퍼러ㅎ다 <김원전, 8>, 아오라ㅎ다 <엄
> 시효문 1:40>, 크나ㅎ다 <가곡원>, 파려ㅎ다 <무원, 2:18>
> ㄴ. 누르스러ㅎ다 <몽유, 20>, 붉으스러ㅎ다 <몽유, 20>, 희읍스러
> ㅎ다 <몽유, 20>, 검으스러ㅎ다 <몽유, 20>, 푸루스러ㅎ다 <몽
> 유, 20>

(45ㄱ)의 '누러ㅎ다'와 같은 색채어는 현대국어로 이행하는 과정에서 '누
렇다'로 축약되어 쓰이게 된다. '아오라ㅎ다'는 낙선재소설에서 처음 보이
는데[43], '아득하다'라는 의미를 갖는다. (45ㄴ)은 선행어근에 접미사 '-스러-'
가 결합한 후 후행어근 'ㅎ-'와 합성한 예이며, 이 어형은 후기근대국어 자
료 중에는 「몽유록언해」에서만 발견된다.

현대국어에는 그 의미를 강조하기 위해서 동일 어근 혹은 유의 어근을
'-고, -디, -나'를 개재하여 결합하는 형용사 합성법이 존재한다[44]. 근대국
어 후기에 이러한 합성법에 의한 형용사는 다음의 몇 예뿐이다.

> (46) 하고만타(數多) <국한, 340>/하구만ㅎ다 <가곡원>, 크나크다 <한불,
> 215>, 기나길다 <역보, 61>

마지막으로 동사 '나다'가 후행어근으로 참여하여 합성형용사를 이루
는 경우를 보자. 이것은 중세국어 시기부터 확인되고 현대국어에도 여전
히 이러한 현상이 나타난다. 즉, 현대국어에는 '솟다'와 '나다'가 결합하여

---

43) 빙빙 왈 "형을 니별홀 먼 길히 <u>아오라ㅎ더니</u> 오늘은 텬디 봉망ㅎ여라." <낙선삼, 107>
44) 맑고맑다(「몽학필독」, 1906~1908, 398면), 싸고싸다(대한매일신보, 1908.1.1, 3면),
   길고길다("생"(1923) 3면), 멀고멀다("암운"(1940) 425면), 그리고그리다("파행기"(1936)
   165면), 차듸차다("애의 만가"(1924) 54면) 등(배성우, 2000 : 406~407)

형성된 '솟아나다'는 '밖으로 나오다'라는 의미를 갖기도 하지만 '여럿 가운데 뚜렷이 드러나다'라는 의미를 갖기도 한다. 비록 후기 근대국어까지 '솟아나다'의 형용사적 쓰임은 찾을 수 없지만, 중세국어에 '솟나다'가 형용사로 나타난다[45]. 그리고 이와 유사한 용례들이 근대국어 후기 문헌에서도 발견된다. 다음 (47ㄱ, ㄴ)의 '뛰어나다/쒸어나다'와 '빠혀나다'는 각각 동사 '뛰다/쒸다', '빠혀다'와 '나다'가 합성하여 형용사가 된 것으로 '남들보다 앞서다' 정도의 유사한 의미를 갖고 있다.

> (47) ㄱ. 이 글 지은 사룸은 진실로 세상의 <u>뛰여난</u> 지죄로다 <북송, 107>
> 재조와 지혜가 사람에 <u>쒸어나는</u> 표일한 인물과 긔운과 담력이 수십인을 압도홀 만한 날내인 역사를 구힛다. <신숙, 8>
> ㄴ. 만됴 쳔관 ᄀ온디 현 어ᄉ의 특츌혼 용광이 <u>빠혀남</u>을 보고 <현씨, 상 : 246>

3.3.2 형용사(동사) + 형용사

형용사 어간이 직접 결합하는 비통사적 합성형용사는 현대국어에 매우 활발하게 형성된다[46]. 이것은 중세국어 이후에 비통사적 합성법의 생산성이 유지되고 있던 근거가 되기도 한다. 하지만 후기 근대국어에는 예가 다양하지 않다.

> (48) ㄱ. 검프르다 <무원, 3 : 56>, 검붉다/검븕다 <무원, 2 : 18>, 굿세다 <지장, 상 : 1>, 얽머흘다 <역보, 4>, 쓸알히다 <몽유, 23>
> ㄴ. 알살픠다 <고시조, 1771-2>[47], 희조츨ᄒ다 <박신, 3 : 13>[48]

---

45) 일후미 法藏이러시니 지죄 노프시며 智慧와 勇猛괘 世間애 솟나시더니 <월석, 8 : 59>
46) 이선영(2002)는 현대국어 시기에 새롭게 형성된 것으로 보이는 비통사적 합성 형용사 90개를 제시하였다. 특히 '감푸르다, 짙붉다, 짙푸르다, 희멀겋다' 등의 색채 어류의 형용사는 비통사적 합성법으로 생산적으로 형성되는 것이다.

(48ㄱ)은 후기 근대국어 이전 시기부터 나타난 것으로 현대국어에도 여전히 쓰이고 있다. 이중 '얽머흘다'는 동사 '얽-'49)와 형용사 '머흘-'가 결합하여 '얽혀 험하다'의 의미를 나타낸다. (48ㄴ)은 후기근대국어 문헌에서만 확인되는 것이다. '앓-'와 '설픠-'가 합성하여 '앙상궂다'의 의미를, '희-'와 '조츨ᄒᆞ-'가 합성하여 '희고 조촐하다'의 의미를 나타낸다.

3.3.3 명사 + 형용사, 부사 + 형용사

'명사 + 형용사' 구성의 합성법은 이전 시기와 다르지 않으며, 형성된 합성어는 통사적 구성과 비교할 수 있는데, '주어 + 술어', '부사어 + 술어' 관계를 나타낸다.

(49) (주어+술어) 갑ᄊᆞ다(價直) <동문, 하 : 26>, ᄂᆞᆺ닉다 <방언, 해부 : 25>, ᄂᆞᆺ서다 <방언, 해부 25>, ᄂᆞᆺ업다 <몽유, 36>, 맛잇다 <규합, 7>, 맛업다 <성직, 9 : 113>, 쇽업다 <방언, 해부 30>

(50) (부사어+술어) 남붓그럽다 <삼설기 18, 三 6>

이밖에 '부사 + 형용사' 형의 합성어가 있으나 그 예가 많지 않다.

(51) 다시없다 <명주, 19 : 427>, 잘나다 <태상, 3 : 39>, 못나다 <태상, 3 : 39>, 덜되다 <한불, 471>

---

47) 밤나모 서근 들걸에 휘초리나 ᄀᆞᆺ치 알살픠신 싀아바님 볏 뵌 쇳동ᄀᆞᆺ치 되죵고신 싀어마님 <고시조, 1771-2>

48) 그 壇主ᄂᆞᆫ 이 朝鮮師傅ㅣ라 듕킈에 희조츨ᄒᆞᆫ ᄂᆞᆺ시오 <박신, 3 : 13>

49) 水石이 崢嶸ᄒᆞ며 風枝ㅣ 蕭索ᄒᆞ며 (蕭索ᄋᆞᆫ 얼겟는 양이라) 滕蘿ㅣ 얼그며 藤蘿ᄂᆞᆫ 다 너추는 거시라 <선종, 하 : 113>

3.4 부사 합성법

현대국어 이전 시기에 '명사 + 명사', '관형사 + 명사', '부사 + 부사' 등의 합성부사가 존재하지만 대체로 반복합성법에 의하여 형성된 것이다. 반복합성어가 아닌 합성부사는 '밤낮 <셩교(막) 4 : 27>, 한바탕 <쳔로, 하 : 158>, 니른바 <명의, 상 : 56>'뿐 다른 어형을 찾기 어렵다.

따라서 후기 근대국어의 부사합성법 중에서 가장 생산적인 방법은 어근을 반복하여 새로운 단어를 만드는 것이다. 근대국어 후기에는 반복합성어의 양이 이전 시기보다 훨씬 증가한다. 또한 반복하는 어근의 범주 역시 다양해진다. 이러한 현상은 한글로 기록된 문학 작품이 많이 배출된 것과도 연관이 깊을 것이다. 반복 합성어는 형태소의 반복 정도에 따라 전체 반복과 부분 반복으로 나누어지는데 당시에는 전체 반복어가 대부분이었다. 반복되는 품사에 따라 나누어 살펴보겠다.

(52) (명사 반복) 곳곳 <박신, 3 : 6>, 끼리기리(各其黨) <국한, 50>, 씨씨 <경신, 85>/쌔쌔 <경신, 8>, 다음다음(次次) <한불, 448>, 방울방울 <한불, 301>, 조각조각 <몽보, 20>, 거롭거롭 <무예, 19>, 겹겹 <국한, 22>[50], 마디마디 <홍부젼, 13>, 구석구석 <계축, 94>, 스이스이 <존설, 권션곡, 5>

(53) (대명사 반복) 이리저리 <쳔로, 상:46>, 여긔뎌긔 <보권, 42>

(54) (부사 반복) 각금각금 <존설, 권션곡, 3>/갓금갓금 <국한, 10>, 거듭거듭 <쳔로, 상 : 37>, 건듯건 듯 <한불, 145>, 겨요겨요 <인어, 1 : 11>, 고로고로 <규합, 10>, 기웃기웃 <역보, 61>, 날늠날늠 <국한, 354>, 냉큼냉큼(速速) <국한, 58>/닝큼닝큼 <한불, 272>, 두루두루 <국한, 86>, 멀니멀니 <존설, 7>, 못내못내 <한불, 248>, 벌쩍벌쩍 <한 불, 317>, 어셔어셔 <존설, 18>, 얼넝얼

---

50) 겹겹 놋타 <국한, 22>

넝 <한불, 23>, 절노절노 <존설, 권션곡, 6>, ᄀ만ᄀ만 <병학, 10>, ᄌ조ᄌ조 <한불, 541>

(55) (동사 반복) 갓초갓초 <존설, 권션곡, 5>, 날낙들낙 <국한, 56>, 날참 들참 <국한, 56>, 내치락드리치락 <한불, 262>, 들낙날낙 <한 불, 481>, 그럭뎌럭 <한불,1 70>, 그렁뎌렁(此日彼日) <한불, 171>

(56) (형용사 반복) 긴긴 <가곡원>, 넙젹넙젹 <한불, 275>, 멀직멀직 <국 한, 112>, 붉웃붉웃 <한불, 345>/울웃붉웃 <가곡원>, 시들부 들 <한불, 424>, 시드럭부드럭 <한불, 424>

(57) (비자립어근 반복) 고만고만 <국한, 25>, 고슬고슬 <한불, 195>, 깔 금깔금(澁苟澁苟) <국한, 15>, 두군두군 <한불, 501>, 뒤죽박죽 <한불, 500>, 알뜰살뜰 <국한, 204>

(52)는 명사를 반복한 것이다. 이중 '끼리기리'는 명사 '끼리'를 반복한 것으로 보아야 한다. 현대국어에는 '끼리'가 접사이다. 하지만 이 시기에 단독으로 쓰인 '끼리'의 예를 찾을 수 없으나 명사 '끼리'가 현대국어단계에서 접사화한 것으로 보아야 할 것이다. 대명사를 반복한 합성부사 (53)는 동일 어근을 반복시킨 경우는 없고 유사형을 반복한 것이다. (54)은 부사를 반복한 것이다. 이상은 중세국어부터 존재하는 합성법이다. 그런데 (55), (56)처럼 동사와 형용사를 반복하여 합성부사를 만드는 것은 근대국어 단계부터 보인다. 이것은 '갓초갓초'처럼 어간 '갓초-'가 반복하는 것도 있으나 대체로 '날낙들낙', '붉웃붉웃'처럼 '-낙(락)', '-웃' 등의 특이한 접사나 어미를 개재하여 반복하였다. 또한 '울웃붉웃'처럼 어근의 일부에 음운 변화가 나타나는 것도 있다.

4. 맺음말

이상으로 후기 근대국어의 합성법 체계와 특징을 살펴보았다. 그리고 합성법에 관한 통시적 연구는 이미 이루어진 단어를 분석하여 그 구조를 해명하는 것에 의해 가능하기 때문에 문헌상의 합성어를 추출하여 구조를 분석하는 방식으로 논의하였다. 이 과정에서 나타난 주요 특징을 열거하면 다음과 같다.

첫째, 명사합성법은 이전 시기와 비교하여 크게 달라지지 않았다. 'ㅅ', '익/의', '엣'이 개재하는 합성명사가 존재한다. 이중에 합성시에 'ㅅ'을 개재하는 특정 어근을 확인하였고, 이렇게 사이시옷 전치·후치성을 갖고 있는 어근의 목록은 통시적으로 거의 변화하지 않았다. 또한 '익/의'는 이전 시기에 특정 동물명사 뒤에만 결합하였으나 무정물 명사 뒤에도 결합하여 범위가 좀더 넓어진 것을 알 수 있었다. 하지만 몇몇 합성어를 제외하고는 '익/의', '엣'의 개재 현상은 근대국어 이후에 소멸한다. 그리고 비통사적 합성명사가 그 예가 다양하지는 않지만 특이한 어형을 확인할 수 있었다.

둘째, 근대국어에 들어오면 동사합성은 동사 어간과 어간이 바로 결합하는 합성법보다는 선행 동사 어간이 '-아/어'를 취하여 후행 동사와 결합하는 방식이 생산적으로 이루어졌다. 특히 후기 근대국어 시기에는 'ᄒ다' 동사와의 결합 빈도가 높아 '형용사 + -아/어ᄒ다' 구성이 생산적으로 실현되었다. 이뿐 아니라 '-고'형, '-다가'형의 합성동사가 이때부터 활발히 형성된 점이 특이하다. 또한 비통사적 합성법에 의해 형성된 합성동사들이 근대국어 시기부터 비통사적 합성법의 생산성이 약화되면서 상당수가 소멸한다. 하지만 이 시기에도 비통사적 합성동사가 꾸준히 형성되었다.

셋째, 형용사 합성법 역시 이전 시기와 많이 달라지지 않았다. 연결어미가 개재한 형용사합성법이 활발하지 않았고, '디, 나, 고'를 개재하여 동일 어근 내지 유사 어근을 반복한 합성어가 보이기 시작한다. 한편 비통사적 합성 형용사는 현대국어에 많은 양이 출현하는데 비해서 후기 근대국어의 문헌에는 많은 용례를 찾을 수 없었다.

넷째, 부사합성법 중에서 가장 생산적인 방법은 어근을 반복하여 새로운 단어를 만드는 것이다. 근대국어 후기에는 반복합성어의 양이 이전 시기보다 훨씬 증가한다. 또한 반복하는 어근의 범주 역시 다양해진다.

본 논의의 목적이 후기 근대국어의 합성법의 특성을 살피는데 있었으나, 전·후 시기를 중심으로 비교·고찰하는 데 보충해야 할 점이 많이 있다. 그러나 국어 합성법의 역사적 연구를 하는 기초적인 작업으로서 본 논의의 의의를 삼고자 하며, 합성법에 대한 역사적 연구가 체계적으로 진행되어야 할 것이다.

참고문헌

고광주. 2000. 「국어의 능격성 연구」 월인.

고영근. 1997. 「표준 중세국어 문법론」 집문당.

구본관. 1996. "중세국어 형태." 「국어의 시대별 변천·실태 연구 1」 국립국어연구원.

권용경. 2001. 「국어 사이시옷의 통시적 변천 연구」 서울대 박사학위논문.

김광우. 1995. 「합성동사의 국어사적 연구」 경희대 박사학위논문.

김규철. 1980. "한자어 단어형성에 관한 연구." 「국어연구」 41.

김동소. 1998. 「한국어 변천사」 형설출판사.

김일병. 2000. 「국어 합성어 연구」 역락.

김종택. 1972, "복합 한자어의 어소 配合구조" 「어문학」(한국어문학회) 27.

김창섭. 1997. "합성법의 변화." 「午樹 田光鉉·宋敏 선생 화갑 기념논총」 국어사 연구.

김형엽. 1990. *VOICING AND TENSIFICATION IN KOREA : A MULTI-FACE APPROACH*. univ. of Illinois of Urbana, 박사학위논문, 한신문화사.

기주연. 1994. 「근대국어 조어론 연구1 – 파생어 편」 태학사.

류성기. 1997. "근대국어 형태." 「국어의 시대별 변천 연구 2」 국립국어연구원.

배성우. 2000. "현대국어 합성법의 발달 – 합성명사와 합성동사를 중심으로 –." 「현대 국어의 형성과 변천 1」 박이정.

백경민. 2002. 「18세기 국어의 복합명사 연구 : 유해류를 중심으로」 단국대 석사학위논문.

성광수. 1988. "합성어 구성에 대한 검토 – 국어 어휘구조와 어형성 규칙. 2 –." 「한글」 201, 202.

시정곤. 1994. 「국어의 단어형성 원리」 국학자료원.

안배근. 2002. "사이시옷 표기의 변천." 「국어국문학」 37.

안병희·이광호. 1990. 「중세국어문법론」 학연사.

오정란. 1987. "국어 복합어 내부의 경음화 현상." 「언어」 12-1.

이광호. 2004. 「근대국어문법론」 태학사.

이기문. 1972. 「개정 국어사개설」 탑출판사.

이선영. 2003. 「국어의 어간 복합어에 대한 통시적 연구」 서울대 박사학위 논문.

이숭녕. 1987. "용언어간의 조어론적 고찰." 「진단학보」 63.

이승연. 1998. "근대국어의 합성법." 「근대국어 문법의 이해」 박이정.

이승욱. 1997. 「국어 형태사 연구」 태학사.

이익섭. 1968. "한자어 조어법의 유형." 「이숭녕 박사 송수기념논총」

이재인. 1998. "국어의 반복 합성어의 구조" 「배달말」 23.

이진환. 1984. 「十八世紀 國語의 造語法 硏究 – '方言集釋'을 中心으로」 단국대 석사학위논문.

이현희. 1991. "중세국어의 합성어와 음운론적인 정보." 「이승욱선생회갑기념논총」

이현희. 1994. "19세기 국어의 문법사적 고찰." 「한국문화」 15.

임홍빈. 1981. "사이시옷 문제의 해결을 위하여." 「국어학」 10.

정 광. 1992. "근대국어 연구에 대한 반성과 새로운 연구방법의 모색." 「어문논집」 (고려대 국어국문학회) 31.

최남희. 1993. "고대국어의 조어법 연구." 「한글」 220.

최남희. 1996. 「고대국어 형태론」 박이정.

한백언. 1985. 「19세기 국어의 복합명사 연구」 단국대 석사학위논문.

한재영. 1999. "중세국어의 복합동사의 구성에 대한 연구." 「어학연구」 35.1.

허 웅. 1975. 「우리 옛말본」 샘문화사.

허철구. 1998. 「국어의 합성동사 형성과 어기분리」 서강대학교 박사학위 논문.

홍종선. 1998. "근대국어의 형태와 통사." 「근대국어 문법의 이해」 박이정.

황국정. 2000. 「15세기의 음절말 'ㅅ' 연구」 고려대 석사학위 논문.

황국정. 2004. 「국어 동사 구문구조의 통시적 연구」 고려대 박사학위 논문.

후기 근대국어의 문법화

|이숙경|

1. 서론

　본고는 후기 근대국어 문헌 자료를 대상으로 문법화와 관련된 현상을 고찰하고, 이 시기 동안의 언어 변화를 살펴보는 데 목적이 있다. 본고는 문법화에 관련된 이론적 설명에 자료를 적용시키기보다는 실제 문헌 자료에 나타난 언어 현상을 면밀하게 살펴 정리하는 것을 논문의 주된 목적으로 삼는다.

　본고에서는 후기 근대국어에 해당하는 18세기 후반에서 19세기 후반까지의 시기를 통시적인 관점에서 접근하여 18세기 후반을 기준으로 이후 약 150여 년 동안 체언류와 관련된 보조사와 명사(의존 명사)의 문법화 과정을 기술한다.[1] 비교적 짧은 시기에 대한 통시적인 고찰은 언어 현상의 미시적인 변화 과정을 추적하는 데 도움이 될 것이며, 특히 문법화와 같이

---

[1] 체언류와 관련된 문법 범주 중에서 명사에서 기원하여 자립성을 상실하고 접사로 되는 경우도 본 논의에 포함시킬 수 있을 것이나, 접사에 대한 논의는 파생어에서 다루기 때문에 제외하기로 한다. 접사의 문법화에 대해서는 별고로 다룰 수 있을 것이다.

점진적인 변화를 겪는 현상을 설명하는 데 효율적인 방법이 될 수 있다.[2]

또한 근대국어 시기, 특히 후기 근대국어는 중세국어와 개화기, 현대국어를 잇는 교량 역할을 하고 있으며, 이 시기에 국어가 많은 변화를 겪어 왔다는 점을 생각할 때 문법화와 관련된 사항 역시 짧은 시간 동안 결정적인 단계 변화를 겪었을 가능성이 있다. 기존의 연구에서는 이러한 미시적인 접근보다는 근대국어 시기 전체를 공시적 입장에서 파악하여 중세국어나 현대국어와 대비하는 자세를 취하였기 때문에, 근대국어 시기 내부의 변화에 대해서는 비교적 소홀하게 다루어져 왔다.

본고에서는 이러한 선행 연구의 취약점을 바탕으로 후기 근대국어 시기에 형성된 문법 형태와 이전 시기부터 형성 과정을 겪어 오고 있는 형태들을 대상으로 문법화 현상에 대한 기술을 시도할 것이다. 이 과정에서 앞선 시기의 문법 형태와 문법화 과정을 참고하여 보완 자료로 활용한다.

2. 연구 방법 및 대상

2.1 문법화의 개념

문법화의 개념 정의는 여러 학자들이 조금씩 다르게 내리고 있으나 대략 "어휘적 기능을 하던 것에서 문법적 기능을 하는 것으로, 또 덜 문법적인 기능을 하던 것이 더 문법적인 기능을 하는 것으로 바뀌는 것"을 말한다.(Hopper & Traugott, 1993 : 15〜16 참고)

---

2) 물론 인위적으로 어떤 시기를 선택해 그 기간 내의 변화만을 기술하여 뚜렷한 변화 현상을 포착해 낼 수 없을 위험성도 있다. 그러나 문법화의 경우 개별 형태에 따라 변화 양상과 시기가 다양하기 때문에 연구 대상 시기를 최대한 미시적으로 분리해 자료를 고찰할 필요가 있다.

국내에서 문법화의 논의는 '허사화(虛辭化)'라는 이름으로 시작되었다. 유창돈(1964)에서 "일정한 의미를 가지고 쓰이던 실사가 타 어사 뒤에 연결되어 선행 어사의 영향 하에 들어가게 될 때, 그로 인하여 본래의 어의가 희박화 내지 소실되며 선행 어사의 기능소인 허사로 변하는 현상"으로 허사화를 설명하고 있다. 그러나 이때의 '허사화'는 어휘적 요소에서 문법적, 의존적 요소로 변하는 현상 뿐 아니라 자립적인 어휘소가 의존적인 요소인 접사가 되는 것까지를 포함하고 있다.

1980년대 이후 국내에서 문법화 논의가 활발해지기 시작했는데, 대표적으로 이태영(1988), 고영진(1995), 김영욱(1995), 안주호(1996) 등을 들 수 있다. 이태영(1988)은 문법화의 유형을 조사화, 선어말어미화, 어말어미화, 접미사화로 설정하고, 문법화의 일반적 원리를 일곱 가지로 정리하였다. 이를 바탕으로 국어 동사의 문법화를 조사화, 선어말 어미화, 접미사화 등으로 나누어 설명하였다. 고영진(1995) 역시 동사(풀이씨)의 문법화를 다루었는데, 동사의 활용형인 관형사형, 부사형, 기타 연결어미 통합형에서 관형사, 부사로 바뀌고, 다시 접사, 어미, 조사로 바뀌는 단계를 설정하였다.

김영욱(1995)는 문법화가 어떤 원리에 의해 일어나는가에 관심을 가지는데, 문법 형태가 바뀌는 기본 원리로 일대일 대응, 일음절의 원리, 후접성의 원리, 인접성의 원리를 설정하고, 이를 다시 형성 조건과 변화 조건으로 나누어 분석하고 있으며, 안주호(1997)은 문법화의 기제를 은유, 재분석, 유추, 융합의 관점에서 접근하고, 문법화의 세 단계를 '의존 명사화 단계', '접어화 단계', '어미ㆍ조사ㆍ접미사화 단계'로 설정하였다.

이들 선행 연구를 종합하면 문법화는 대체로 다음과 같은 세 단계로 설정될 수 있다.3)

---

3) 각각의 연구에서 설정하고 있는 문법화의 단계를 구체적으로 살펴보면, 안주호
(1997)은 국어 명사의 문법화 과정을 위주로 '제1단계 : 의존 명사화 > 제2단계 :
접어화 > 제3단계 : 어미ㆍ조사ㆍ접미사화'로 설정했는데, 이와 같은 단계 설정

자립적인 어휘소 단계 > 통합체 구성 단계 > 어미 · 조사 · 접미사화 단계

위의 문법화 단계는 다시 연구 대상에 따라 다시 세분될 필요가 있는데, 본고에서는 명사류의 문법화와 조사의 문법화를 다루기 위해 다음과 같은 단계를 설정한다.

자립적인 어휘소 > 통사적 구성(통합체 구성) > 형태적 구성 > 문법소
자립적인 어휘소 > 의존적인 어휘소 > 통합체 구성 > 문법소

선행 연구에서 다루어진 문법화 현상은 대개 완성형인 문법 형태소를 대상으로 그들이 어휘 형태로부터 어떤 변화 과정을 겪어 왔는지를 통시적으로 탐구하거나, 공시적으로 그들이 어떤 모습을 가지고 있는지를 기술하는 데 치중되어 왔다. 또한 완성된 문법 형태소(조사나 어미)를 주 대상으로 삼았기 때문에, 변화의 중간 단계에 있는 '통합체'에 대한 기술은 다소 소홀하게 다루어져 왔다.

그러나 본고는 후기 근대국어 150여 년의 기간을 통시적으로 고찰하는 목적을 가지고 있기 때문에, 완성된 문법 형태소의 의미가 기능을 확정 짓기보다는 변화 과정 자체를 기술하는 입장을 취한다. 따라서 이 시기에 완성된 문법 형태뿐만 아니라 어휘적 의미를 잃고 문법적 의미를 획득해 가고 있는 중간 단계의 구성까지 논의의 대상에 적극적으로 포함한다.

은 용언의 부사형이나 부사의 문법화까지 포함하기 힘든 면이 있다. 한편, 고영진(1995)는 동사를 대상으로 문법화 단계를 설정하였는데, '풀이씨 → 활용형의 개별 낱말 되기 → 가지 되기'로, 문법화가 더 진행되면 최종적으로 다시 어휘화하여 단순어가 된다고 설명하였다. 이태영(1988)은 문법화 과정을 개별 동사에 따라 설정하기 때문에, 통합된 단계는 없으나, '다가, 가지고' 류에 대해서는 '문법화 이전 : -을+동사 > 1단계 : 특수조사 구성 > 2단계 격지배 변동 > 문법화 후 : 특수조사'와 같이 문법화 단계를 설정하였다.

2.2 연구 대상

본고의 논의 진행을 위해서 어떤 형태를 대상으로 문법화 현상을 관찰할 것인가를 결정할 필요가 있다. 문법화에 대한 논의는 이제까지 여러 연구가들이 언급해 왔다. 따라서 그간의 연구에서 다루어진 형태들에 대한 점검이 필요하며, 그간의 논의에서 언급하지 않았던 형태 중에서 검토가 필요한 대상을 살펴볼 필요가 있다. 먼저 그 동안의 연구에서 언급되었던 형태 중 본고의 논의에 해당되는 조사와 의존 명사에 관련된 목록을 정리해 보면 다음과 같다.

(1) 조사
　　ㄱ. 안병희(1967) : 겨시다, 드리다, 두다, 보다, 이시다
　　ㄴ. 유창돈(1975) : 드리다, 더블다, 븥다, 쁘다, 조치다, 시다, 두다
　　ㄷ. 이숭녕(1983) : 드리다, 븥다, 잇다, 더블다, 두다, 좇다
　　ㄹ. 서종학(1983) : 드리다, 더블다, 븥다, 좇다, 조치다, 이시다, 다그
　　　　　　　　　　　 다, 두다, ᄒᆞ다, 걷ᄒᆞ다, 답다, 좇다
　　ㅁ. 홍윤표(1982) : 로드려, 로더브러, 와더브러
　　ㅂ. 이태영(1988) : 손디, ᄀᆞ장, 뿐, 다히, 만, 드려, 더브러, 브터, 조쳐,
　　　　　　　　　　　 뼈, 조초, 를다가(>에다가), ᄒᆞ고, 두고, 보고, 가지
　　　　　　　　　　　 고, 나마, 겨셔(겨ᅌᅥ서)
　　ㅅ. 고영진(1997) : 같이, 조차, 마저
　　ㅇ. 한용운(2003) : 밖에, 처럼, 까지, 께, 한테, 께옵서, 다가, 더러, 부터,
　　　　　　　　　　　 이나마, 조차, 따라, 가지고, 말고, 보고, 치고, 하
　　　　　　　　　　　 고, 커녕(은커녕), 보다, 같이, 마저[4)]

---

4) 한용운(2003)은 이외에도 계사 구성인 '-인들', '-이라면', '-이니' 등도 조사의 범주에 포함시켜서 다루고 있다. 그러나 본고의 논의에서는 이를 제외하기로 한다. '이다'의 활용형을 조사로 볼 것인지에 대해서는 현대국어에서도 많은 검토가 필요하고, 근대국어 단계에서 이를 구별해 내는 것은 더욱 힘들기 때문에 별도의 논의를 필요로 한다. 허웅(1975)에서도 '잡음씨에서 파생된 토씨(이어나, 이나, 인

그 동안의 연구에서 주로 언급되었던 문법화와 관련된 조사는 위와 같다. 한편 허웅(1975)에서는 다음과 같은 중세국어 보조사 목록을 제시하고 있다. 이들 목록 역시 중세국어에서 보조사로서의 지위가 확실한지 확인하고 근대국어에서의 쓰임이 어떤지 함께 확인할 필요가 있다.

(2) 허웅(1975)의 보조사 목록 : 드려, 브터, 두고, 다가, 뿐, ᄒ고

이외에 '대로', '만큼' 등 현대국어에서 보조사와 의존 명사로 설정된 형태들이 있으나, 이는 의존 명사의 문법화 목록에서 다루도록 한다. 이제까지 (1)과 (2)에서 언급된 형태들을 바탕으로 본고에서 고찰할 조사의 목록은 다음과 같다.

(3) 가지고, 같이(ᄀ치, ᄀ티), 까지(ᄭ장), 나마, 다가, 더러(드려), 더브러, 두고, 따라, 마저(ᄆᄌ), 만, 말고, 밖에(밧긔), 보고, 보다, 부터(브터), 뿐(ᄲᅮᆫ), 조차(조ᄎᆞ, 조ᄎᆞ), 처럼(텨로, 쳐로), 치고, 커녕, 하고(ᄒ고), 한테(ᄒ테)5)

다음은 의존 명사 목록이다. 조사와 관련된 문법화 논의에 비해 의존 명사에 대한 문법화 논의는 많지 않다. 따라서 문법화 논의에서 다루어진 의존 명사 목록과, 중세국어와 현대국어의 의존 명사 목록을 함께 제시하도록 한다.

돌)'는 보조사 논의에서 제외하였다.
5) 조사 형태는 현대국어를 기준으로 작성하였고, 괄호 안에 근대국어에 나타난 대표적인 형태를 제시하였다. 근대국어에서는 표기법의 혼란으로 이밖에도 많은 이형태가 나타난다. 이후 논의 과정에서는 이와 같은 이형태를 반영하도록 할 것이다. 또한 현대국어에서는 사라진 비교의 '두고' 등의 조사는 중세국어 시기에 존재하던 형태이므로, 어느 시기의 문헌부터 나타나지 않는지 검토할 필요가 있어서 목록에 포함시켰다.

(4) ㄱ. 안주호(1997) 명사의 문법화 : 법, 마련, 뿐, 따름, 셈, 판, 지경, 바, 것, 터, 직(직하다), 만(만하다), 체(체하다), 척(척하다), 성(성싶다), 나위, 줄, 바람, 채, 제, 적, 겸, 양, 듯, 한, 족족, 대로

ㄴ. 허웅(1975) 중세국어 의존 명사 : 바, 것, 이, 줄, ᄃᆡ/듸, 곧, 덛, 분, 적, 양, 곶, 앛, ᄃᆞᆺ/ᄐᆞᆺ, 젼ᄎᆞ, ᄯᆞ롬, 녁, 간, ᄲᅮᆫ, ᄀᆞ장, ᄆᆞᆫ(마, 맛감), ᄃᆞ, 디, ᄉᆞ, 대, 다, 동, 디, 자히, ᄃᆞᆺ, ᄃᆞ시/드시/디시6)

ㄷ. 정호완(2003) 중·근세 국어 의존 명사 : ᄀᆞᆲ, ᄭᆞ장, 간, 가자ㅣ, 겹, 경, 것, 게, 고, 곧, 권, 근, ᄭᅴ, ᄢᅳ, ᄢᅵ, 나유타, 낫, 낱, 날, 년, 녁(녘), 놈, 다ᄫᅵ, ᄃᆞ, ᄃᆞᆫ, ᄃᆞᆯ, ᄯᆞ롬, ᄃᆞᆺ, 대로, ᄃᆡ, 댱, 덛, 돈, 동, 되, 됴, 듕(중), 디(지), 디위, 량, 리, 마리, ᄆᆞᄅᆞ, 만, 목, 뭇, 바, 볼, 발, 번, ᄉᆞ, ᄉᆞᆫ, ᄉᆞᆯ, ᄉᆡ, 설, 셤, 손ᄃᆡ, ᄉᆞᆼ, ᄉᆞᆽ, 시, 심, 앛, 양, 유순, 이, 자, 적, 제, 줄, ᄌᆞᄅᆞ, 자히, 즈음, ᄎᆞᆼ, 치, 톄, ᄒᆞ(히), 홉

ㄹ. 정호완(2003) 현대국어 의존 명사 : 간, 가지, 겹, 것, 겸, 겹, 경, 고, 곳, 권, 근, 끼, 나름, 나위, 낱, 날, 년, 녘, 노릇, 대로, 데, 덧, 돈, 동, 되, 등, 따름, 다위, 때문, 량, 리, 만, 만큼, 무렵, 뭇, 바, 발, 분, 번, 뺌, 뿐, 섬, 시, 양, 이, 이래, 일, 자, 적, 제, 족족, 줄, 즈음, 지, 째, 층, 차, 채, 척, 체, 축, 치, 통, 품, 해, 홉

ㅁ. 고영근(1989) : 깐, 것, 나름, 녘, 노릇, 따위, 딴, 대로, 때문, 등, 등지, 마련, 만큼, 무렵, 바람, 뿐, 적, 족족, 채(로), 통, 해7)

위의 중세·근대국어와 현대국어의 의존 명사 목록 중, 우선 중세국어 단계에서 어미 범주 형성에 활발히 쓰였던 'ᄃᆞ', 'ᄉᆞ' 등은 이미 문법화가 완

---

6) 허웅(1975)에서 제시한 수 단위 의존 명사 '셤, 말, 되, 홉, 자ㅎ, 치/ᄎᆞ/ᄎᆡ, ᄒᆡ, ᄃᆞᆯ, 날, 리, 량, 돈, 설, 볼, 동, 디위, 번, 가지, 사ᄅᆞᆷ, ᄌᆞᄅᆞ, 마리, 낱'은 제외한다.

7) 이는 고영근(1989)이 제시한 의존 명사의 전체 목록은 아니다. 고영근(1989)에서 제시하고 있는 의존 명사는 99개이지만, 그 중 관형사형 뒤에는 잘 나타나지 않고 명사형 뒤에 나타나 의존 명사와 조사 범주 사이에 있는 것으로 판단되는 의존 명사의 목록만을 제시하였다.

성된 것으로, 본고의 논의에서 제외한다. 이외에도 정호완(2003)에서 제시한 중세국어 의존 명사 목록 중 '나유타, 유순' 등은 특정 문헌에서만 나타나는 수 단위 의존 명사이므로 제외한다. 또한 중세에서나 현대에서 모두 별다른 통사적 제약 없이 쓰이는 의존 명사의 경우도 문법화의 논의와는 무관하므로 제외하고, 안주호(1997)과 고영근(1989)를 주로 참고하여 본고에서 고찰할 의존 명사의 목록을 제시하면 다음과 같다.

> (5) 것, 겸, 깐, 나름, 나위, 녘, 노릇, 대로, 듯, 등, 등지, 따름, 따위, 딴, 때문, 리, 마련, 만(만하다), 만큼, 모양, 무렵, 바, 바람, 법, 뿐, 성(성싶다), 셈, 수, 양, 적, 제, 줄, 지경, 직(직하다), 채(로), 척(척하다), 체(체하다), 터, 통, 판, 한

본고에서는 위 (3), (5)의 목록에 나타난 조사와 의존 명사를 바탕으로 후기 근대국어의 문법화에 대한 논의를 진행하되 이 시기에 특히 주목할 만한 변화를 보인 항목을 위주로 기술하기로 한다.

3. 명사의 문법화

3.1 자립 명사의 의존 명사화

3.1.1 노릇

'노릇'은 현대국어에서 '자식 노릇', '부모 노릇' 등과 같이 명사에 후행하여 '구실', '역할'의 의미로 쓰이며, '-은 노릇이다' 구성으로 상황성을 나타내는 예가 있다. 그러나 중세국어에서 자립 명사 '노릇(노릇, 노릇)'은

'놀이'나 '연희', '희롱'의 의미로 쓰였다.

안주호(1997)은 '노릇'에 대해 중세국어에서 '연희'의 의미로 쓰이던 것이 '비하된 행위'를 나타내는 쪽으로 의존 명사화 되었다고 보았고, 최형용(1997)은 17세기까지는 '놀이'의 의미의 자립 명사로만 쓰이다가, 18세기에 들어서 '놀이'의 의미보다는 '선생노릇'의 '노릇'의 의미로 더 많이 쓰이게 되고, 현대국어에서는 '바람직하지 못하거나 뜻밖에 벌어진 일이나 현상'의 의미까지 나타내는 것으로 의미의 변화(추상화) 과정을 비교적 자세히 설명하고 있다. 이밖에 안정아(2000)은 '-은 노릇이다'가 신소설에 나타나 양태 의미를 나타낸다고 보고 있다.

후기 근대국어 자료에서는 '노릇'이 '-은 노릇이다'의 구성으로 쓰여서 양태 의미를 나타내는 예는 찾을 수 없고, '놀이'의 의미로 쓰인 자립 명사로서의 용법과 '구실'의 의미로 쓰여서 다소 추상화된 의존 명사적 용법만 확인된다.

> (6) ㄱ. 간경 념불 화두 참션 제 노릇슨 못ᄒᆞ온들 탐쥬호식 구업 잡담 조심ᄒᆞ고 <존설, 4b>
> ㄴ. 동셩과 동학ᄒᆞ고 함끠 군사 노릇ᄒᆞ여스미 <셩교(빌립), 2 : 25>

3.1.2 지경

현대국어 '지경'은 근대국어 시기에 '디경'의 형태로 나타나고, 18세기 후기부터는 현대국어와 같은 '지경'의 형태로도 나타난다. 안주호(1997)은 '경계의 사이'를 나타내는 물리적 공간을 의미하던 '디경'이 '시간적, 심리적 공간'을 뜻하는 것으로 확장되었고, 근대국어 시기에 부분적으로 보문을 취하여 '상황, 처지'의 뜻으로 쓰였다고 보았다.

(7) 百姓들이 굴머 죽을 지경의 되면 <인어, 9 : 4a>

(7)의 예에서 '지경'은 '상황, 처지'를 뜻하는 용법으로 후행하는 용언
이 '되다'로 나타난다. 이 시기에 '지경'은 '되다' 외에 '니르다(至)'와 공기
하는 경우도 나타난다.

(8) 그 모읍 먹은 배 쟝춧 어느 지경의 니르리오 <명의, 2 : 6a>

3.1.3 터

'터'는 중세국어에 '基'의 뜻으로 자립 명사로 쓰였던 것으로, 18세기
전반기까지 자립 명사로서의 용법만 확인된다.

(9) ㄱ. 法場 사롬 즉이는 터 <역해, 37a>
   ㄴ. 구룸의 다훈 臺는 터히 두터옴이오 <여사, 3 : 22b>

18세기 후반에는 자립적인 용법과 함께 의존 명사로 쓰인 용례도 확인
되어, '터'의 의존 명사화가 진행되었음을 알 수 있다.

(10) ㄱ. 敎場 습진 터 <몽유, 상 : 30b>
   ㄴ. 미양 지희를 일쿠라 셩츙의 긔록호오실 터흘 호더니 <명의, 상 : 64a>
   ㄷ. 죄악이 빠혀 실노 우흐로는 미들 터히 업는 지라 <명의, 2 : 43b>

(10ㄱ)은 자립 명사로 쓰인 용례이며, (10ㄴ, ㄷ)은 의존 명사로서의 용법
이다. 위의 예들로 보아, 18세기 후반부터 '터'의 의존 명사화가 진행된 것
으로 보인다.

이밖에도 안주호(1997)은 '바람, 서슬, 섟, 차, 판, 품, 폭' 등의 명사가 중세에는 자립 명사로 쓰이다가 현대국어에서 의존 명사화 되었다고 보았으나,8) 후기 근대국어 문헌에서 확인되는 것은 자립 명사로 쓰인 '바람(風)'과 "기세(氣勢)"의 뜻을 가진 '서슬'밖에 없으며 나머지 의존 명사들은 확인되지 않는다. '바람'의 경우에는 전반적으로 많은 용례가 발견되지만 모두 "風"의 의미로 쓰인 것이며 '서슬'은 19세기 후반기 문헌 자료에서 다음과 같은 용례가 확인된다.

(11) 서슬 氣勢 <국한, 174>

이를 통해서 볼 때 자립 명사의 의존 명사화는 대부분 개화기 이후 자료에서 확인할 수 있을 것으로 보인다.

3.2 명사 통합체 구성

3.2.1 '이다' 통합형

① 터

'터'는 앞에서 논의한 대로 18세기 말에 의존 명사화가 일어난 것으로 확인할 수 있다. 이와 함께 18세기 말에 나타나는 예에서 현대국어의 '-을 터이다'와 유사한 결합 양상과 의미를 확인할 수 있다. 「윤음」에서 이러한

---

8) 안주호(1997)은 주로 중세국어 시기에 나타나는 자립 명사나 의존 명사를 현대국어와 비교하여 의존 명사화와 조사화 등으로 문법화 되었는지를 논의하였다. 따라서 전기 근대국어 및 후기 근대국어 시기, 개화기 자료에 나타난 실제 용례에 대한 논의는 자세히 다루어지지 않아 문법화의 중간 단계에 대해서는 어떻게 설정하였는지 확인하기 어려운 점이 있다.

용례가 확인되는데, 그 후 18세기 말까지의 문헌에서는 이러한 용법이 확인되지 않는 것으로 보아 이러한 표현이 일반적인 것은 아니었던 것 같다. 참고로 안주호(2000)은 '터'가 물리적 공간 > 시간적 공간 > 심리적 공간으로 문법화 되었다고 보고, (12)와 같이 '-을/은 터이다'의 구성으로 나타나는 '터'는 19세기에 가서 나타난 것으로 보았다.

(12) 흣틀며 놉흔 디 이셔 치국 평텬하 홀 터이냐 <윤음(신서), 2b>

19세기부터 '-을 터이다' 구성으로 나타나는 예가 다수 나타나, '터'가 문법화 되었음을 알 수 있다. 안정아(2000)은 '터'가 근대국어 후기쯤에 변화를 겪어 이미 원의에서 추상화되어 어떠한 상황이나 형편을 지시하는 의미로 많이 쓰이게 되었음을 지적하고, '-을 터이다'의 의미를 [의지/추정], '-은 터이다'의 의미를 [상황성]으로 설정하고 19세기말 이후의 예를 분석한 바 있다. 그러나 19세기 용례에서는 '-은 터이다' 구성은 나타나지 않으며, '-을 터이다'는 화자의 의지나, 추정을 나타내는 의미로 쓰인 예를 찾을 수 있다. 다음의 용례들은 19세기에 나타난 '-을 터이다'의 예이다. (13)은 '의지', (14)는 '추정'의 의미로 사용된 예이다.

(13) ㄱ. 니 이졔 벼슬이 지샹의 거ᄒᆞ여 사롬을 갈희여 쓸 터이라 <태상, 1 : 36b>
　　ㄴ. 률법혼 됴목을 말홀 터이니 그디들은 드르라 <천로, 하 : 114b>
　　ㄷ. 내가 너희를 노아주지 아니홀 터이니 이 속에서셔 썩으리라 <천로, 하 : 139b>
(14) ㄱ. 비컨대 젹은 빅셩이 님금끠 득죄ᄒᆞ야 맛당이 죽을 터이어늘 태즈ㅣ 그 빅 셩을 디신ᄒᆞ야 죽기롤 쳥ᄒᆞ매 <진교, 015a>
　　ㄴ. 이롤 파라사면 불쇼할 터이니 써 가눈올 건지리라 ᄒᆞ니 <성교(마태), 26 : 09>

ㄷ. 쥬의 데즈가 저희와 ᄀᆞᆺ치 ᄃᆞ니면 셩도의 일홈도 손샹ᄒᆞ고 셰샹
　　사ᄅᆞᆷ이 의혹을 낼 터이니 우리 셩도들은 맛당히 조심ᄒᆞ고 삼갈지
　　라 <천로, 하 : 101b>

'의지'의 의미로 쓰인 예보다는 '추정'으로 파악되는 용법이 더 많이 발견
되며, '의지'의 경우에는 현대국어에서 '-을 테다'와 같이 축약되는데, 이
시기까지는 '-을 테다'는 확인되지 않는다.9)

② 셈

'셈'의 형태는 '셈'과 '셰음' 등으로 나타난다. 18세기까지는 '계산'의
의미로 자립 명사로 쓰인 용법만이 발견되고, 19세기 후반기에야 현대국
어의 '-은 셈이다'와 같은 구성이 나타난다. 안주호(1997)은 '계산'의 의미
를 가진 자립 명사에서 '마음속으로의 생각, 욕심'을 뜻하는 의존 명사로
문법화되고,10) 다시 이 의존 명사가 '-은 셈이다'와 같은 구성으로 쓰이면, '-한
결과가 되다'의 의미이고, '-을 셈이다'의 구성으로 쓰이면, '-할 작정/처지/
상황이다'의 의미를 나타낸다고 보았다.

19세기 자료에는 '-을 셈이다' 구성은 보이지 않고, '-는 셈이다'와 같
은 구성만 확인된다.

(15) ㄱ. 가량 사ᄅᆞᆷ이 지물을 엇기롤 싱각ᄒᆞ매 엇을 도리ᄂᆞᆫ 업시 공즁 조

---

9) 안정아(2000)에 따르면 1930년대 이후 자료에서는 '-을 터이-'가 융합된 '-을테-'가
　　상당히 많이 나타난다고 한다. 그러나 19세기 말까지는 이러한 융합형이 보이지
　　않는다.
　　예) 난 갈테야유, 그동안 사경 처내슈뭐. ("봄, 봄"『조광』1～2 : 326(1935))
10) 후기 근대국어의 자료에서 이러한 의존 명사적 용법은 확인하기 힘들다. 현대국
　　어의 '속셈', '꿍꿍이셈' 등 복합어 구성에 나타나는 '셈'을 통해 보면 이와 같은
　　의미를 확인할 수 있다.

화ᄒᆞᆫ 셈이로다 <천로, 하 : 180b>
ㄴ. 더답ᄒᆞ디 잇지마ᄂᆞᆫ 내 짐 ᄭᆡᄃᆞᆰ에 젼과 ᄀᆞᆺ치 홈ᄭᅴ 질거워ᄒᆞᆯ 수가
업ᄉᆞ니 업ᄂᆞᆫ 셈이오이다 <천로, 상 : 012b>

위의 (15)의 예에서 '-는 셈이다'의 의미는 '-을 셈이다'와 비슷한 '_하는
처지/상황이다' 정도의 의미로 파악할 수 있다.

③ 모양

'모양'은 현대국어에서 자립 명사로 쓰이지만, 관형사형 어미 '-은/을'
이 선행하고 '이다'가 후행하는 '-은/을 모양이다' 구성은 "추정"의 의미를
나타내는 양태 표현으로 기능한다.

(16) ㄱ. 일이 잘 해결된 모양이다.
ㄴ. 그 사람이 직접 갈 모양이다.

후기 근대국어에서 위와 같이 양태 의미를 가지고 쓰인 '모양'의 예는
매우 드물다. 아래의 예들은 실현 환경은 같지만, '모양'이 실질적인 의미
를 가지고 있는 것으로 보인다.

(17) ㄱ. 만일 그 ᄀᆞ장 젼련 간난ᄒᆞ고 굴머 못견디ᄂᆞᆫ 모양이라 ᄒᆞ야 <윤음
(경대), 5a>
ㄴ. 군ᄉᆞ로 더부러 칼과 슈죡 줌우ᄂᆞᆫ 줌울쇠ᄅᆞᆯ 가지로 쟝을 들고 드
러오니 맛치 사ᄅᆞᆷ 잡으려 ᄒᆞᄂᆞᆫ 모양이라 <태상, 2 : 78a>

19세기 후반에야 "추정"의 의미를 나타내는 것으로 보이는 '모양'의
예가 나타나는 것으로 보아, 이 시기에는 '-은/을 모양이다'의 양태 구성이 생

겨나기는 했지만, 현대국어처럼 활발하게 쓰이지는 않은 것으로 보인다.

> (18) 네가 그 사룸을 아지 못ᄒ야 오활ᄒ고 공교혼 말에 속은 모양이로다
> <천로, 상 : 90b>

④ 양

'양'은 한자 '樣'에서 온 것으로 중세국어에서는 자립 명사의 용법이 확인된다. 의미는 '모양'과 유사하다.

> (19) 王이 罪인 야ᄋ로 詳考ᄒ야 <석보, 9 : 38>

안주호(1997)은 한자 '樣'에서 비롯되어 '모양'의 의미로 쓰이던 것이 '심리적인 의향'의 뜻으로 확장되어 의존 명사화한 것으로 보고, 다음과 같은 예를 제시하였다.

> (20) 수이 홀 양으로 ᄒ옵소 <첩해, 1 : 26>

그러나 후기 근대국어에서 '양'은 단지 의존 명사화 단계에 이른 것이 아니라, '-은 양이다'의 구성으로 주체의 심리적 의향을 나타내는 양태 의미를 나타낸 것으로 볼 수 있는 예도 나타난다.[11] 이와 함께 아직까지 '모양'의 의미를 가지는 의존 명사의 용법으로도 사용되는 것을 확인할 수 있다.

---

11) '-을 양이다' 구성 외에도 '-은 양ᄒ다'의 구성도 나타나는데, '-은 양ᄒ다'의 경우
    에는 이미 중세국어부터 나타나는 것으로 보인다. 이에 대해서는 'ᄒ다' 통합형
    에서 좀더 자세히 기술하기로 한다.

(21) ㄱ. 혹 개얌이룰 드뎌여도 괴운 츌혀 긔는 양을 본 후의야 ᄆᆞ음이 눅
으니 <경민, 6a>

ㄴ. 나도 져 당신너와 ᄒᆞᆫ번의 發程홀 양으로 ᄒᆞ엳습더니 <인어, 3 : 26>

위의 예에서 (21ㄱ)은 '양'이 '모양'의 의미로 쓰인 것이고, (21ㄴ)은 '심리
적 의향'을 나타내는 것으로 안주호(1997)에서 제시한 (20)의 예와 같은 의
미로 보인다.

다음은 '-을 양이다' 구성의 예이다.

(22) ㄱ. 만일 네 집 밥을 먹을 양이면 내 여러 동모ᄃᆞ려 닐러 齊心用力ᄒᆞ
여 만히 工夫 드려 <박신, 1 : 1>

ㄴ. 임의 이러홀 양이면 도로혀 맛당이 이 복을 ᄇᆞ라지 아니랴 <성직,
3 : 59>

ㄷ. 사ᄅᆞᆷ이 실노 텬쥬룰 ᄉᆞ랑홀 양이면 가난ᄒᆞᆫ 사ᄅᆞᆷ의 고로이 구홈을
기다리지 아니ᄒᆞ고 급히 힘대로 구졔홀지니라 <성직, 3 : 84>

위의 예에서 (22ㄱ, ㄴ)은 '-을 양' 구성으로 쓰여 주체의 심리적 의향
을 나타내는 양태 의미를 가지는 것으로 보인다. 위의 예에서 '-을 양이-'
의 구성은 모두 '-을 양이면'으로 나타나고, (21)에서는 '-을 양으로'로 나
타난다. 위와 같은 예는 19세기에 이미 이와 같은 구성이 굳어져서 양태
의미를 확보하고 있는 증거로 볼 수 있다.

한편 현대국어에서도 '-을 양' 구성이 나타나는데 『표준국어대사전』에서
는 현대국어의 '-을 양' 구성의 환경을 이 두 가지로 제한하여 기술하고 있다.

(23) 『어미 '-을' 뒤에 '양으로', '양이면' 꼴로 쓰여』 '의향'이나 '의도'의
뜻을 나타내는 말. ¶그는 친구들의 잠을 방해하지 않을 양으로 조심조
심 발끝으로 걸어 나갔다./고시를 볼 양이면 각오를 단단히 해라./그렇
게 간단히 일을 처리할 양이면 내가 하지 왜 자네에게 맡겼겠나?

⑤ 지경

후기 근대국어 시기에는 심리적 공간을 뜻하는 의존 명사로서의 용법과 함께 '상황, 처지'의 뜻으로 쓰인 '-을 디경이-' 구성이 나타난다.

> (24) ㄱ. 염병에 거의 죽을 디경이라 <주년, 20a>
> ㄴ. 모든 종도ㅣ 바다흘 건너다가 바람을 맛나 비 거의 업칠 디경이러니 <주년, 64b>
> ㄷ. 이 짐만 버술 디경이면 이 길에셔 무슴 고성을 당ᄒᆞᆫ던지 샹관 업게 녁이겟노라 <천로, 샹: 13b>

(24)는 모두 '-을 디경이-' 구성으로 '상황, 처지'의 양태 의미를 나타낸다.[12] 단, (24ㄷ)은 현대국어의 '-을 지경이-'와 다소 다른 양상을 보인다. 현대국어의 '-을 지경이-'에 결합하는 내용은 부정적인 상황으로, 주로 부정적 상황에 대한 화자의 인식을 나타내는데, (24ㄷ)의 경우에는 '이 짐을 벗다'라는 상황은 오히려 화자가 바라는 상황으로 '-을 디경이-' 부정적 상황에 대한 인식에만 결합되었던 것은 아닌 듯하다.

3.2.2 'ᄒᆞ다' 통합형

① '-은 체ᄒᆞ다'

'-은 체ᄒᆞ다'의 통합 구성은 (25)와 같이 이미 17세기의 자료에서도 '-은

---

12) 안정아(2000)은 근대국어 단계에서는 '-은/을 지경이다'와 같은 구성으로 쓰여 어떠한 상황에 대한 화자의 인식, 판정을 표현하는 문장은 없었다고 했지만, 자료 검색 결과 이미 19세기 중반부터 '-을 디경이-'와 같은 구성이 나타나 현대국어와 유사하게 부정적 상황에 대한 화자의 인식을 나타내는 것으로 보인다.

테ᄒ다'의 형태로 용례가 확인된다.

    (25) 붓그림으란 모로는 테ᄒ고 <첩해, 9 : 15a>

18세기 자료와 19세기 자료에서도 역시 '테'와 '체'의 형태가 확인되며, 현대국어와 같은 '체'의 형태는 19세기 후반 자료에서 확인된다. '테'와 '체'는 모두 '-은 테ᄒ다', '-은 체ᄒ다'의 통합 구성으로 나타나서 "속마음과는 다른 거짓 모양이나 태도"를 나타내는 의미로 사용되어, 이 시기에 이미 통합체 구성이 굳어져서 쓰인 것으로 파악된다. 다음과 같은 예에서 '-은 체하다'의 구성이 다수 확인된다.

    (26) ㄱ. 모르는 테ᄒ고 <천의, 3 : 021>
        ㄴ. 올흔 체ᄒ는 사름 <몽유, 5>
        ㄷ. 착흔 테ᄒ는 사름과 <천로, 하 : 126>
        ㄹ. 놉흔 체ᄒ고 <관오, 6>
        ㅁ. 물으는 체ᄒ여 가로디 <성교(마가), 14 : 68>

    ② '-은 양ᄒ다'

'양'은 앞에서 언급한 대로 후기 근대국어 시기에 의존 명사로서의 용법과 '-을 양이다'의 구성으로도 나타난다. '-은 양ᄒ다'의 예는 중세국어에서도 찾을 수 있다.

    (27) ᄀ장 빗어 됴흔 양ᄒ고 <월석, 2 : 5>

위의 예에서 '-은 양ᄒ-'의 의미는 현대국어의 '-은 체하다'와 같은 의미로 쓰였다. 위와 같은 용법은 후기 근대국어에도 나타난다.

(28) ㄱ. 져 사롬은 아모 일을 당ㅎ여도 才辨이 읻는 양ㅎ오되 <인어, 3 : 18>

　　ㄴ. 어린 양ㅎ다, 어린 테ㅎ다 <한불, 22>

「한불자전」에 제시된 예처럼 '양ㅎ다'의 의미는 '테ㅎ다'와 비슷한 것으로 보인다.

3.2.3 '잇다/업다' 통합형

① 수

의존 명사 '수'는 안주호(1997)에서 중세국어 명사 '數'와 관련이 있을 것으로 보고 있다. 중세국어 단계에서는 현대국어의 의존 명사 '수'와 같은 '-을 수 잇-' 혹은 '-을 수 업-'의 구성이 확인되지 않기 때문에 '수'와 '數'의 관련성을 포착하기는 쉽지 않다. 그러나 19세기 후기 「한불자전」에서 '수'와 '數'을 관련시킨 표제 항목이 나타난다.

(29) 수 數 수일 수년 홀 수 잇다 홀 수 업다 <한불,4 36>

'수' 항목에 '數'와 '수일', '홀 수 잇다' 등을 함께 다룬 것으로 보아, 이들이 같은 어원에서 온 것으로 인식하고 있었음을 알 수 있다.

한편 '-을 수 잇-'과 '-을 수 업-' 구성은 19세기 중반 이후 문헌에서 확인되는데, '-을 수 잇-'은 「한불자전」에 제시된 용례 외에는 나타나지 않고, '-을 수 업-'의 구조는 상당수 확인된다.

(30) ㄱ. 압희 니르러는 홀연이 촌보도 나아갈 수 업는지라 <쥬년, 14a>

　　ㄴ. 셩인꺼지 잡아오라 ㅎ나 마귀 능히 홀 수 업셔 도로혀 셩인의 명을 밧드러 져롤 잡아 셩인 압희 니르거놀 <쥬년, 95a>

　　ㄷ. 쥬롤 아는 사룸이 헬 수 업논고로 <셩직, 1 : 57a>

이상과 같이 후기 근대국어에 나타난 의존 명사의 문법화 현상을 살펴보았다. 중세국어에서 자립 명사였던 것이 의미가 추상화되고, 분포 환경이 한정되어 의존 명사화 되는 예가 있었으나, 문헌상의 제약 등으로 인해 많은 예가 보이지는 않는다. 또 다른 경향은 의존 명사의 환경이 관형사형 어미와 '이다', 'ᄒ다' 사이로 한정되면서 하나의 통합체로 양태 의미를 나타내는 기능을 하는 것이다. 이러한 양태 의미를 나타내는 통합체는 19세기 말 성경 언해 문헌을 중심으로 집중적으로 나타나는데, 이는 이 시기에 생겨난 것으로 판단할 수도 있으나, 이미 구어에서는 쓰이고 있던 표현이 이 시기에 와서 문헌에 적극적으로 반영된 것으로도 볼 수 있을 것이다.

4. 조사의 문법화

4.1 동사 기원의 조사

4.1.1 '동사+어/아' 구성의 조사

① 더러

조사 '더러'의 기원은 '*ᄃ리-'에 어미 '-어'가 결합된 것으로 볼 수 있다.(안주호, 1997 참고) '더러'의 형태는 15세기부터 나타나는데, 중세국어에서는 대격 조사 '을/를'과 결합한 '을 ᄃ려' 구성으로 보인다. 안주호(1997), 이태영(1988) 등에서는 'ᄃ려'의 격지배 변동 과정을 '을 ᄃ려 > 로 ᄃ려 > 더러'로 설명하고 있다. 안주호(1997)은 '을 ᄃ려'의 구성이 '로 ᄃ려'로 교체된 것을 17세기로 보았는데, 이 뿐 아니라 후기 근대국어에 해당하는 18세기 후반 이후 '로 ᄃ려' 구성 역시 확인되지 않고,13) 단독으로 쓰인 'ᄃ려/다려/더러' 형태만 나타난다. 이를 통해 볼 때 'ᄃ려'는 후기 근대국어 시기에는 이미 조사화가 완성된 것으로 보인다.

'ᄃ려'가 나타나는 구체적인 용례를 몇 가지 들면 다음과 같다.

(31) 마야ㅣ 문슈ᄃ려 니ᄅ샤ᄃ <지장, 상 : 3a>

(31)이 18세기 후기에 가장 일반적으로 나타나는 'ᄃ려'의 환경이다. 이때 'ᄃ려'는 '에게'와 같은 의미로 쓰여 여격의 기능을 한다.14) 'ᄃ려' 형태 외에 대격 조사가 화석화되어 결합된 형태로 보이는 '날ᄃ려' 등의 형태도 나타난다. 이 형태는 '나', '너' 등의 일부 인칭 대명사에만 결합되어 나타나는 것으로 보아, 이전 시기의 '을 ᄃ려' 형태의 후치사에서 '을'이 화석형으로 남아 있는 것으로 보인다. 이러한 형태는 이미 15세기의 '날ᄃ려' 형태에서 확인할 수 있다.

---

13) '로 ᄃ려' 구성에 대해서 이태영(1988)에서는 '을ᄃ려'가 근대국어(17세기 초)에 와서 '로ᄃ려'로 격지배 변동을 일으켜 여격의 기능을 상실하고 공동격의 기능을 지니게 되었다고 지적하면서 다음과 같이 '로ᄃ려'가 공동격으로 사용된 예를 제시하였다.

　　예) 임진왜난의 그어미로ᄃ려 도적을 피ᄒ더니 <동신 열녀, 7 : 40>

　　그러나 18세기 후기에는 '로ᄃ려' 형태로 공동격으로 쓰인 예가 오히려 나타나지 않는 것으로 보아, 여격의 기능을 완전히 상실했다기보다는 오히려 '로ᄃ려'가 일시적으로 공동격의 기능을 담당하다가 다른 공동격 조사에 의해 쓰임이 사라지고, 'ᄃ려' 단독 형태는 지속적으로 여격의 기능을 담당했다고 보는 것이 좋을 것이다.

14) 'ᄃ려'의 의미나 환경에 대해서는 존대자에게는 사용될 수 없고, 유정 체언에만 사용되는 등의 특징이 지적되고 있다. (한용운, 2003 참고) 이에 대해서는 '에게', '한테', '께' 등 여격의 기능을 하는 다른 조사들과 함께 더 깊이 살펴볼 필요가 있다.

.(32) ㄱ. 셔희로 ᄒᆞ여곰 와 날ᄃᆞ려 무르라 ᄒᆞᆫ 말이 올흐냐 <천의, 3 : 20a>
　　ㄴ. 世宗이 날ᄃᆞ려 니르샤ᄃᆡ <월석, 서 : 11>(고영진, 1997에서 가져옴)

'ᄃᆞ려'에서 'ᆞ'가 'ㅏ'로 교체된 형태인 '다려' 형태는 18세기 말에 이미 확인되고, 19세기 자료에서는 'ᄃᆞ려' 형태는 거의 사라지고 '다려' 형태가 대다수를 차지한다.

(33) 홀난 후겸이 크게 포효ᄒᆞ고 긔운을 셩히 ᄒᆞ야 날다려 니르거놀 <명의, 상 : 44a>

이와 함께 19세기에는 현대국어와 같은 '더러' 형태도 나타나기 시작한다. 처음 확인되는 용례는 1880년 「한불자전」이며, 이후 성경 언해류에서 '더러' 형태가 상당수 확인된다.

(34) ㄱ. 더러 ᄃᆞ려 <한불, 471>
　　ㄴ. 다려 ᄃᆞ려 <한불, 461>
　　ㄷ. ᄃᆞ려 사룸ᄃᆞ려 <한불, 467>
(35) 그 어맘이 죵더러 갈오ᄃᆡ 뎌 너희게 말ᄒᆞᄂᆞᆫ 바 쟈롤 힝ᄒᆞ라 ᄒᆞ더라 <셩교(요한), 2 : 5>

② 더브러

'더브러'는 '더블-'에서 기원한 형태로 중세국어부터 '을 더브러'의 구성으로 후치사적 용법으로 사용되기도 하고, 부사로 사용되기도 하였다. 현대국어에서는 '와 더브러' 구성으로 사용되며, 단독 형태가 조사가 되지는 않았다.

안주호(1997)은 '더브러' 구성에 대해 중세국어에 '을 더브러'로 나타나던 것이 'ㄷ려'의 환경에 유추되어 '을 더브러(15~16세기) > 로 더브러 > 더브러(17세기부터) > (-와) 더브러(현대국어)'의 과정을 겪은 것으로 보고 있다. 'ㄷ려'가 '로 ㄷ려'로 나타날 경우 공동격의 기능을 하는 것으로 미루어 볼 때, 공동격의 기능을 하는 '더브러'가 'ㄷ려'와 같은 변화를 겪은 것으로 설정할 수 있다. 후기 근대국어 자료에서 '더브러' 형태는 주로 '로 더블어', '와/과 더블어'로 나타나지만, 일부 '을 더블어' 구성이 18세기까지는 남아 있는 것을 확인할 수 있다.

18세기 초기에는 주로 '-로 더블어/더브러, -와/과 더블어/더브러'로 나타난다.

> (36) ㄱ. 卽時 回避ᄒ고 다 敢히 뎌로 더블어 싸호디 아녓더니 <오전, 1 : 49a>
> ㄴ. 사ᄅᆞᆷ과 더블어 안ᄶᅵ 말올ᄶᅵ니라 <내훈(중), 1 : 49b>
> ㄷ. 내 아ᄃᆞᆯ이 맛당이 先帝 아ᄃᆞᆯ로 더블어 ᄀᆞᆯ오디 못ᄒᆞ리라 ᄒᆞ시니 <내훈(중), 2 : 41b>
> ㄹ. 대개 역질 독이 습열로 더브러 아래로 흘러 ᄂᆞ려 그러ᄒᆞ니 맛당히 쇼독음을 ᄡᅳ라 <두창, 64b>
> ㅁ. 王이 ᄀᆞᄅᆞ샤ᄃᆡ 賢者와 더브러 말ᄒᆞᆫ디라 <내훈(중), 2 : 18a>

18세기 후반에는 '더브러'의 형태는 '-을 더브러', '-로 더브러', '-와 더브러'가 모두 나타난다. 이 중 가장 빈도가 높은 것은 '-로 더브러'이고, '-을 더브러'는 점차 축소되어 가는 양상을 보인다. '더블어' 형태의 경우에는 '-을'과 결합한 예가 거의 보이지 않는다. 부사적 용법으로도 활발하게 쓰였다.

> (37) ㄱ. 비록 常訓條目으로 더브러 ᄌᆞ셔ᄒᆞ고 간냑ᄒᆞ미 ᄀᆞᆺ디 아니ᄒᆞ나 <훈서, 3a>

ㄴ. 食이 비록 술노 더브러 간격이 이시나 <훈서, 19b>
(38) 신등이 미양 서로 더브러 치하ᄒᆞᆸ거늘 <명의, 하 : 21a>
(39) 벼술을 저와 더브러 돗호와 압서리 업다 닐너 <명의, 2 : 14b>
(40) 임의 무겁고 녜를 싱각ᄒᆞᆫ 쯧을 미리여 블너오미 ᄯᅩ혼 브즈런ᄒᆞ니
대개 죠홈과 구즈믈 더브러 혼가지로 ᄒᆞ고 <윤음(신서), 5b>

위의 용례들을 통해서 보면 '-로 더브러' 형태가 압도적으로 나타나고 '-을 더
브러'는 매우 드물게 나타난다. '-와 더브러'는 「명의록언해1에 집중하여
나타난다.

19세기에는 '을 더브러' 구성은 나타나지 않고, '와 더브러'와 '로 더브러'
가 확인된다. '로 더브러'로 쓰인 예가 많이 나타나서, 아직까지 현대국어와
같은 '와 더불어' 구성보다는 '로 더블어'가 지배적이었던 것으로 보인다.

형태에서는, '더블어' 형태는 나타나지 않고 부사로서 '더불어' 형태가
한 번 나타난다.

(41) 밋어옴이 부인의 덕이라 혼 변 더불어 가작ᄒᆞ면 몸이 맛도록 곤치지
못ᄒᆞ나니라 <여수, 7a>
(42) ㄱ. 일즉 혼 줌으로 더부러 혼 당이 되엿다 ᄒᆞ더니 <태상, 2 : 16a>
ㄴ. 노혼 거슬 당ᄒᆞ면 증셰홀 줄을 알아 싱각ᄒᆞ고 싱각ᄒᆞ미 여긔 잇
셔 남과 더부러 착혼 거슬 ᄒᆞ고 <삼셩, 20b>
ㄷ. 더부러 與 <한불, 470>
(43) ㄱ. 악인의 어림이 여우 양으로 더브러 ᄀᆞᆺᄒᆞ야 평안홈을 도적ᄒᆞ다가
스ᄉᆞ로 기리 죽을 따희 나아가니 <셩직, 1 : 27b>
ㄴ. 또 텬쥬의 셩총이 뎌와 더브러 계시더라 <셩직, 1 : 89a>

③ 마저

'마저'는 동사 '몿다'에서 기원한 것으로 중세국어 시기에 'ᄆᆞ자', 'ᄆᆞ

자' 형태의 부사로서의 용례가 확인되고, 이후 근대국어 시기까지도 부사
로서 활발한 쓰임을 가지고 있었다.

그러나 '모즈, 모자'가 조사로 쓰인 용례는 중세국어에서는 확인되지
않고, 근대국어에서도 쉽게 찾을 수 없다. 안주호(2002)에서는 '마저'는 중
세, 근대, 현대에 걸쳐 부사로 다수 쓰였고, 조사로 쓰인 '마저'는 16세기
(44ㄱ)과 같은 예에서 확인된다고 하였다. 그러나 '마저'는 부사와 조사의
의미가 거의 같아서 명사구 뒤에 바로 위치했을 때는 그 용법을 파악하
기가 쉽지 않고, 16세기와 17세기에 확실하게 조사로 쓰인 '마저'의 예가
많지 않기 때문에 (44ㄱ)의 예를 통해 '마저'의 조사 용법을 확신할 수는
없다.

> (44) ㄱ. 견퇴 조차 가 글모즈 비호더니 <이륜, 초 : 46a>
> ㄴ. 내 모자 니즈니 눔이 아니 니즈랴 <청구, 37>

한편 안주호(1997)에서는 (44ㄴ)과 같은 예를 통해 '마저'가 조사화되었다
고 기술하였는데, (44ㄴ)의 경우 (44ㄱ)과 달리 문맥상 '눔'과 대비되는 '나'
에 조사 '마저'가 결합한 것으로 파악할 수 있어 조사로서의 용법이 비교
적 뚜렷하다. 이를 통해 본다면 18세기에 이미 '마저'가 조사로서의 용법
을 가지고 있었던 것으로 보인다. 이와 관련하여 한용운(2003)도 「악학습
령」에 나타난 예를 들어 '모자'가 '이미 어떤 것이 포함되고 그 위에 더함
의 뜻'을 갖는 조사로 쓰였음을 보였다.

> (45) 토끼 죽은 後ㅣ면 기모즈 숨기이ᄂᆞ니 <악학습령>

실제로 후기 근대국어 문헌에서 '모즈, 모자' 형태가 부사로 쓰인 예는
찾을 수 있으나 조사로서의 용법은 잘 보이지 않는다. 부사로 쓰인 '모즈'는

18세기와 19세기 자료에 모두 나타난다. 그 한 예를 들면 다음과 같다.

> (46) 남은 가산을 마자 진멸ᄒ고 <태상, 3 : 47b>

그런데 「낙선재 소설」에 현대국어 조사 '마저'와 같은 용법으로 보이는 'ᄆᆞᄌᆞ'의 예가 나타난다.

> (47) ㄱ. 이 도적이 우리 일가롤 해ᄒ고 ᄯᅩ 날을 ᄆᆞ자 죽이려 ᄒ는도다. <낙선, 3 : 106>
> ㄴ. 내 앗가 쳐챵ᄒᆞᆫ 글을 지어 회포롤 펴고져 ᄒ더니 낭지 급히 노ᄒ시니 우읍다 위봉을 낭지ᄆᆞ자 ᄇᆞ리셔나 <낙선, 1 : 56>

(47ㄱ)의 경우 (46)의 부사 용례와 실현 양상이 같으나, 그 의미상으로 한용운(2003)에서 제시한 것과 같이 '어떤 것이 포함되고 그 위에 무엇을 더함'의 의미를 가지고 쓰인 것으로 보여, 다른 조사들의 문법화와 같이 '을 ᄆᆞ자' 구성의 후치사 단계를 거치고 있음을 보인다고 할 수 있다.[15] 또한 (47ㄴ)의 경우에는 대격 조사와 결합하지 않고 명사 뒤에 바로 결합한 형태로 실현 환경이나 의미 모두 조사로 파악할 수 있는 예이다.

'마저'의 경우 19세기 자료에도 (46) 등과 같은 환경밖에 나타나지 않고, 「낙선재 소설」에 몇 예만이 발견될 뿐이지만, 위와 같은 자료와 한용운(2003), 안주호(1997) 등을 참고할 때, 후기 근대국어 단계에 이미 조사화 과정이 진행되고 있는 것을 확인할 수 있다.

④ 부터

'브터'는 기존의 연구에서 '을 브터'의 구성으로부터 기원하여 '로 브

---

15) (46)의 용례 역시 의미상으로 본다면 후치사적 용법으로 파악할 수도 있을 것이다.

터' '브터'로 문법화되는 경향이 다루어져 왔다. 후기 근대국어 시기에는 '을 브터' 구성은 거의 사라져 가는 단계에 있으며, '으로 브터' 형태와 단독으로 쓰인 '브터' 형태가 많이 나타난다.

먼저 18세기 전반기에는 '브터' 단독 형태로도 나타나고 '으로 브터' 형태도 나타난다. 도구격 '로/으로'와 결합하는 형태가 더 일반적이다.

> (48) ㄱ. 즉시 앏히 나아 물 우희셔 몸 굽어 녜흐고 雲長의게 향흐여 니로 되 쟝군 니별흠으로브터 편안흐신가 <삼역, 9 : 9b>
>   ㄴ. 사람의 집이 역질홀 저긔 처엄브터 약을 배 다스리디 아니흐고 <두창, 68b>
>   ㄷ. 婚姻은 녜로브터 良媒를 쓰니 <오전, 2 : 16b>
>   ㄹ. 呂正獻公이 일홈은 公著ㅣ니 宋적 정승이라 졈어셔브터 學을 講 호더 <내훈(중), 1 : 22b>

18세기 후기에는 '을 브터' 형태는 거의 나타나지 않고, '로 브터'와 '브터' 형태가 비슷한 세력으로 나타나고, 현대국어와 같은 형태인 '부터' 도 보인다.

> (49) ㄱ. 혹 재 굴오디 녜로브터 난역이 니러나매 오딕 듀흐고 극홀 ᄯ롬 이니 엇디 글을 쓰리오 흐거늘 <천의, 4a>
>   ㄴ. 텬디와 군신이 이시므로 브터 뼈 오므로 <천의, 3 : 5b>
>   ㄷ. 런고로 례에 ᄊᆞ흘 짓는 의롤 붉히고 ᄊᆞ흘 짓단 말은 인륜이 부부 로브터 몬져 흐단 말이라 <윤음(신서), 2b>
> (50) ㄱ. 오딕 뎌 봉휘는 홀노 흄소롤 올녀 머리브터 ᄯᆞᆺ꾸디 니룩히 흔 귀 팅경흐는 말이 죠곰도 업고 분흔 긔운이 말 밧긔 넘쎠 <천의, 1 : 17a>
>   ㄴ. 우리 경묘겨오샤 셩흐오신 덕과 지극히 어디오시기로 츈궁의 겨 오실 적브터 우익 슌독흐오샤 <천의, 1 : 57a>
>   ㄷ. 내 샹년 正月브터 馬匹과 다뭇 뵈롤 가져 셔울가 다 풀고 五月에 高唐에 가 져기 綾과 깁을 거두어 <노걸(중), 상 : 13b>

ㄹ. 댱공예논 당나라 슈쟝 사룸이니 조샹브터 구디룰 혼가지로 사니
<오륜, 중 : 47a>

(51) ㄱ. 미인아 일노부터 후에 이 길을 넙디 말라 <지장, 중 : 22b>

ㄴ. 녜로부터 흉역의 무리 찬탈호논 뙤룰 힝호고뎌 호매 <천의, 2 : 13a>

ㄷ. 當日에 듕인을 의빙호여 身價 銀 닷 냥을 닐러 定호여 폰 후로부
터 <박신, 2 : 19b>

ㄹ. 以來부터 <몽유, 42b>

(52) ㄱ. 즛나라 말셰과 진나라 처엄 시졀부터 비로소 잇느니라 <두창, 2a>

ㄴ. 네 몸으로부터 보면 너희 둘히 곳 이 兄弟어니와 <오전, 5 : 12b>

ㄷ. 게어론 계집이 어려셔부터 어리고 게어름믈 싸하 계집의 힘쁠 거
슬 탐티 아니 호고 <여사, 2 : 5a>

19세기부터는 '을 브터'는 보이지 않고, '로브터'와 '브터'가 함께 나타
난다.

(53) ㄱ. 건진을 령혼 쟈도 이제로브터 후는 반드시 사룸 사룸으로 호여곰
뎌ㅣ 교즁이 되고 그 ᄀ쟝 귀즁히 넉이는 바ㅣ 오직 셩교ㅣ 줄을
알게 홀지니 <셩교, 27a>

ㄴ. 이졔 쥬교ㅣ 건진령 호는 쟈의 뺨을 뜨림은 이졔브터 후는 므릇
셰샹 사룸의 릉욕으로 삼는 바룰 다 ᄆ읍을 뎡호야 텬쥬의 거륵
호신 일홈을 현양호기룰 위호야 춤아 밧고 뜻을 결단호야 <셩교,
27b>

ㄷ. 이러므로써 오룻혼 ᄆ읍으로 결단호고 뎡호야 이제로브터써 후로
는 혹 살고 혹 죽기룰 쥬명을 드러 조출 뜨롬이로소이다 호라 <셩교,
72b>

ㄹ. 츠 야고버는 예수의 외쳑이라 어려셔브터 뜻이 묽고 힝실이 놉하
졍슈호기룰 힘쓰니 <쥬년, 106a>

(54) ㄱ. 브터 부터 <한불, 324>

ㄴ. 부터 브터 自 <한불, 349>

(55) ㄱ. 텬계 병인셰의 딘능 ᄊ히 크게 가믈어 삼월부터 오월의 니르히

졈우도 오지 아니 ᄒ니 <태상, 2 : 39b>
　ㄴ. 녯 적의 양아잉이라 ᄒᄂ 계집이 잇스니 어려셔부터 가난ᄒ고 병
　　이 만ᄒ며 <태상, 5 : 56a>
(56) ㄱ. 어려로부터
　ㄴ. 어려셔부터 自幼 <한불, 22>

이상과 같이 '브터'의 문법화 양상은 '-로브터/-로부터', '브터/부터'로 정리되어 가며, '셔브터/셔부터'도 나타난다. '-올브터'는 18세기에 일부 나타나며, 19세기 자료에는 '-올브터'는 나타나지 않는다. '부터'가 공존하게 된 것은 '븥다' 형태 역시 '붙다'로 나타나게 된 근대국어 초기 시기부터로 추정된다.

후기 근대국어시기까지는 '-로브터'와 '브터'가 비슷한 세력을 가지고 있는 것으로 보인다. 그러나 아직까지 보조사로서 문법화가 완성된 것은 아닌 것으로 판단된다.

⑤ 조차(좇- + -아)

'조차'는 선행 연구에서 '좇-'에서 기원한 조사로 보고 있다. 다만 '조차'가 언제부터 조사로 쓰이기 시작하였는지에 대해서는 이견이 있는데, 중세국어에 나타나는 다음과 같은 예 때문이다.

(57) ᄠᅳᆫ 바ᄃᆫ 불휘조차 ᄲᅳ니라 <금삼, 2 : 50>

위의 예에 대해 고영진(1997)은 이때 '조차'는 '마저'의 의미로 파악해야 한다고 보아 조사로 보았고, 한용운(2003) 역시 15세기에 같은 형식으로 동사 활용형과 조사의 두 가지 기능을 하던 '조차'가 있다고 보아 위의 예에 나타나는 '조차'를 조사로 파악하였다. 그러나 최형용(1997)은 '조차'가

조사로 굳어진 시기를 17세기로 보고, 위의 예에 나타나는 '조차'는 동사 활용형이라고 간주하는 것이 나을 듯하다고 보았다.

위의 예에 대한 한문 원문은 '苦胡(눈) 連根苦(ㅎ니라)'이다. 즉, "쓴 박은 뿌리를 따라서(좇아서) 쓰다"라는 의미로 이때 '조차'는 한자의 '連'에 대응되므로, 동사 '좇다'의 활용형으로 쓰인 것으로 파악할 수 있다. 따라서 이 예를 통해서 15세기에 '조차'가 조사로 쓰였다고 볼 수 없고, 최형용(1997)에서 파악한 것과 같이 '조차'가 조사로 굳어진 것은 17세기 무렵으로 볼 수 있을 것이다.

18세기 후반에 쓰인 '조차'의 용례는 다음과 같다. 이때까지는 현대국어와는 다른 의미로 동사 '좇다'의 활용형과 같은 모습을 보이는 '을 조차', '로 조차' 형태가 많이 나타난다.

> (58) ㄱ. 됴복디 몯혼 사롬미 업보 응을 조차 ㅎ다가 악츄에 써러뎌 큰 슈고홀 제 <지장, 상 : 16a>
>   ㄴ. 이 하유롤 권 머리예 엿것다 니르니 이제로조차 뼈 가므로 <천의, 눈음 : 1a>
> (59) ㄱ. 이 혼갓 우리나라희 百代ㅅ디 조차 行ㅎ얌즉홀 뿐이 아니라 <훈서, 18b>
>   ㄴ. 콩 버무릴 막대조차 쏘 ㅎ나히 업다 <노걸(중), 상 : 29b>

위의 예는 조사로 굳어져 단독으로 쓰이는 '조차'의 예로, 현대국어와 같은 의미를 가지고 있다.

그런데 19세기 자료에서는 오히려 단독으로 쓰인 '조차'가 확인되지 않고, '으로조차' 형태만 나타난다. 이 '으로조차'의 경우 의미 역시 현대국어의 보조사 '조차'와는 다르며, "시발점"의 의미를 가진 것으로 파악된다.

> (60) ㄱ. 혼낫 머구리 입으로조차 밧그로 나오고 <셩교, 59a>

ㄴ. 셩 요셥의 령혼이 고셩소로조차 나오샤 셩모끠 뵈여 위로ᄒᆞ시고
<주년, 51a>

4.1.2 '동사 + 고' 구성의 조사

① 가지고

'가지고'는 현대국어에서도 조사로 인정되는 것은 아니다. 다만 용례
를 살펴보면, '을 가지고'의 구성으로 쓰여서 후치사적 용법을 갖고 있는
것으로 파악된다.[16]

> (61) ㄱ. ('가지고' 꼴로 쓰여) 앞에 오는 말이 수단이나 방법이 됨을 강조
> 하여 나타낸다. ¶요즘은 기계를 가지고 농사를 짓는다./밀가루를
> 가지고 만든 떡은 쌀로 만든 것보다 맛이 못하다./성냥개비를 가
> 지고 귀를 후빈다./빈 깡통을 가지고 연필꽂이를 만들었다./하여간
> 에 우리 월선이는 마음씨 하나 가지고 그 기박한 팔자를 곱게 넘
> 긴 셈이기는 하지.(박경리, 『토지』)
> ㄴ. ('가지고' 꼴로 쓰여) 앞에 오는 말이 대상이 됨을 강조하여 나타
> 낸다. ¶한 가지 일을 가지고 너무 오래 끌지 마라./너를 가지고 괜
> 히 의심했구나./공연히 가만있는 사람을 가지고 그러네.(이기영,
> 『서화』)
>
> ─『표준국어대사전』의 풀이

선행 연구에서도 이태영(1988)은 '가지다(把)'의 부동사형으로 체언 뒤
에서 '수단'을 나타내는 의미로 쓰인다고 보고 있다. 한용운(2003)의 경우
는 15세기에 동사 활용형과 조사 두 가지 형식으로 공존했다고 보고, 다음

---

16) '가지고'는 후치사적 용법 외에 '동사 + 어 가지고' 형으로 쓰여 보조용언적 용
법도 가지고 있으나, 본고의 문법화는 조사와 의존 명사에 한정되므로 논외로 한다.

과 같은 예를 조사의 예로 들고 있다.

> (62) 갈 가지고 네 머리 버혀 ᄂᆞ믜 ᄆᆞᅀᆞ매 싀훤케 몯ᄒᆞᆫ 이롤 애ᄃᆞ라 ᄒᆞ
>   노라 <삼강, 열 : 18ㄱ>

위의 예에서 '가지고'에 해당하는 원문은 '以'로 조사로 파악할 수도 있는
예이다. 그러나 「삼강행실도」의 경우 한문 원문과 언해가 반드시 일대일
로 대응하는 것은 아니고, 위의 예 하나만을 들어서 15세기에 조사 '가지
고'가 존재했다고 설정하기는 힘들다. 그리고 현대국어에 이르기까지 단
독으로 쓰인 '가지고'보다는 대격 조사와 결합한 '을 가지고' 형태가 더
많이 나타나고, 또한 언해문만을 고려한다면 '갈 가지고'의 경우 '갈올 가
지고'에서 대격 조사가 생략된 것으로 파악해도 무방하기 때문에, 15세기
'가지고'를 조사로 설정하는 것은 무리가 있다.

　한편, 18세기 후반과 19세기에 모두 '가지고'는 '을 가지고'의 구성으
로 부대 상황을 표현해 "수단"의 의미로 쓰인 예가 나타난다.

> (63) ㄱ. 션위 니룸으로 ᄒᆞ여곰 술을 가지고 무롤 다래여 닐오디 <오륜, 충
>   : 13a>
> ㄴ. 본전 오십 냥을 가지고 둙과 게우롤 무역ᄒᆞ여 강 건너 가 팔고
>   도라와 <태상, 3 : 51b>
> ㄷ. 예수 ᄯᅥᆨ 다삿기와 고기 두기롤 가지고 하날올 울어러 츅슈ᄒᆞ고 <셩
>   교(누가), 9 : 16>
> ㄹ. 이 칙 샹하권은 신구약 리치롤 가지고 일판을 다 비스로 지엿ᄉᆞ
>   니 <천로, 셔 : 3b>

위의 예들의 '을 가지고'는 모두 '수단'이나 '방법'의 의미로 쓰인 것으로
보인다. 즉, '가지고'는 '보고'나 '부터', '더러' 등의 조사화와 관련지어 볼

때, 현대까지 격지배를 하는 동사 활용형의 용법을 유지하면서 후치사의 단계에 이르러 있는 것으로 파악된다.

② 보고

'보고'의 기원에 대해서는 고영진(1997)이 '見'이라는 동사 본래의 의미에서 멀어지면서 조사로 되어가는 과정에 있다고 보았다. 이남순(1998)은 '보고'가 현대국어에 와서 후치사로 고정된 형태라고 보면서, 발달 과정이나 분포에 있어서 '더러'와 공통점이 있음을 지적하고 있다. 즉, '드려', '보고'의 경우 문장의 서술 동사의 자격으로 쓰이다가 여격을 표시하는 후치적 요소로 변화하게 되어 새로운 서술 동사가 필요하게 되었으며, 그 결과 후행문의 술어 동사가 모문의 서수 동사 자격으로 쓰이게 되면서 본래 접속문이던 문장이 내포문을 지닌 문장으로 구조를 바꾸게 되었다고 설명하고 있다.

19세기까지 '보고'는 단독으로 나타난 예보다는 '을 보고' 형식으로 나타나는 예가 훨씬 많이 나타난다. '보다'의 경우 중세국어나 근대국어 모두 동사로서의 빈도도 높기 때문에 '보고' 형태가 조사 용법으로 사용된 것인지, 동사의 활용형으로 사용된 것인지 판단하기가 쉽지 않다. 단, '을 보고' 형식으로 나타난 경우라도 후행하는 동사가 '말하다'류인 경우가 대부분이어서, 이러한 구성이 굳어지면서 '보고'가 조사화하였고, 이에 따라 현대국어의 조사 '보고'가 '말하다'류의 동사 구성에서 쓰이는 것으로 볼 수 있다.[17)]

---

17) '가지고'와 '보고' 외에도 '하고'를 이 유형에 포함시킬 수 있다. 현대국어에서 '하고'는 다음과 같이 조사로 처리된다.
   ㄱ. "체언 뒤에 붙어"(구어체로) ① 다른 것과 비교하거나 기준으로 삼는 대상임을 나타내는 격조사. ¶철수는 너하고 닮았다./너는 성적이 누구하고 같

(64) ㄱ. 무옴의 심히 희악호야 화완을 보고 골오디 <명의, 하 : 1b>

ㄴ. 예수 눈올 들어 뎨자롤 보고 갈오샤더 <셩교(누가), 6 : 20>

ㄷ. 네 아렷다온 의복 닙은 쟈롤 보고 갈아되 이 상에 안즈라 호고 가
눈훈 쟈의게 말호되 네 겻테 셔시라 호며 <셩교(야고), 2 : 3>

ㄹ. 스시초에 나가 져재에 한가로이 셧눈 다른 사롬을 보고 닐너 골
으디 <셩직, 2 : 69a>

4.1.3 기타

① 보다(보- + -다가)

'보다'에 대해서는 안주호(2002), 한용운(2003) 등에서 동사에서 조사로
의 문법화 현상과 함께, 조사에서 부사로의 역문법화 현상이 언급되고 있
다. 안주호(2002)에서는 '보다'는 18세기 중기에 '보다가'로 등장했는데, 20
세기에 와서 '보다 많은'처럼 부사로도 쓰이게 되었다고 보았다. 부사로
쓰인 예는 1950년대 이후 문헌에서나 발견되므로, 문헌상으로만 본다면
'보다'라는 조사에서 '보다'라는 부사가 분화되어 나온 것으로 볼 수 있다
고 하였다.

으냐?/내 모자는 그것하고 다르다. ② 일 따위를 함께 함을 나타내는 격
조사. ¶나하고 놀자./너는 누구하고 갈 테냐?/친구하고 놀러 간다. ③ 상대
로 하는 대상임을 나타내는 격조사. ¶사소한 오해로 그는 애인하고 헤어
졌다.

ㄴ. 둘 이상의 사물을 같은 자격으로 이어 주는 접속 조사. ¶배하고 사과하고
감을 가져오너라./어머니하고 언니하고 다 직장에 나갔어요./붓하고 먹을
가져오너라. 『표준국어대사전』의 풀이

현대국어에서 이미 조사로서의 쓰임이 활발한 '하고'가 근대국어와 개화기를
거치면서 동사의 활용형에서 조사로 문법화했으리라고 추정하는 것이 가능하지
만, 검색 결과 동사의 활용형과 조사를 구별할 수 있는 환경이 뚜렷하지 않아 본
고에서는 다루지 못하였다. 이에 대해서는 후고를 기약한다.

한용운(2003)도 현대국어 조사 '보다'와 비슷한 용법을 보이는 예는 18세기 문헌에 나타나고, 당시 문헌에서 부사 용법의 '보다가'는 발견되지 않는다고 하였다. 19세기 전후에 조사는 '보다가'에서 '보다'로 대체되었는데, 19세기 문헌에서도 부사 용법을 보이는 '보다'는 나타나지 않는 것으로 보아 부사의 용법을 보이는 '보다'는 19세기 이후에 조사 '보다'에서 분화한 것으로 추정하고 있다. 그러나 김영욱(1993)은 조사인 '보다'에서 부사가 파생되었는지는 확실히 알기 어려우며, 동사에서 조사로 파생될 때 또 다른 경우의 하나로 직접 부사로 파생되었을 수도 있다고 하였다.

본고의 연구 대상 시기인 후기 근대국어 문헌에서는 조사로서의 '보다가'와 '보다'의 용례가 확인된다. 먼저 18세기 후반에는 '보다가'가 나타난다.

(66) ㄱ. 이 아희들과 어린 것들이 혹 둔니며 빌고 혹 내여브리는 거시 병든 것보다가 더욱 긴급ᄒ니 <자휼, 2a>
　　ㄴ. 녕셔편은 비록 녕동편보다가는 죠곰 다르미 이시나 다이 나의 젹지라 엇지 죡히 계교ᄒ리오 <윤음(원춘), 4b>
　　ㄷ. 부귀지인은 직력이 죡ᄒ매 범인보다가 더 쉬오니라 <경신, 84b>

19세기에는 '보다'로 나타나 조사로서의 용법이 완전히 굳어진 것으로 보인다.

(67) ㄱ. 셩 요안 셰쟤ㅣ 예수보다 여ᄉᆞ둘을 몬져 나시니 <주년, 57b>
　　ㄴ. 폭원의 너른미 녜보다 만흔 비 분명ᄒ더 <이언, 1 : 7a>
　　ㄷ. 대동을 돈으로 밧치는 젼례보다 갑졀을 밧아 <이언, 1 : 17b>

4.2 명사 기원의 조사

4.2.1 밖에

'밖에'는 명사 '밧'과 처격 조사 '의'가 결합되어 형성된 조사이다. 한용운(2003)에서는 중세국어부터 '밧'은 자립 명사와 의존 명사가 공존했으며, 조사 용법은 보이지 않는다고 하였다. 중세국어에서 조사의 용법으로 쓰인 '밧긔'는 나타나지 않지만, 다음과 같은 예가 나타난 환경이 현대국어 조사 '밖에'가 실현되는 환경과 비슷한 것으로 보아, 이와 같은 의존 명사의 용법에서 조사 '밧긔'가 기원한 것으로 볼 수 있다.

(68) 이밧긔 ᄂ외야 正히 니ᄅ샨 마리 업고 <월석, 11 : 93b>

한편 안정아(2000)은 근대국어 시기까지는 '밖'이 자립적으로만 쓰였고, 19세기 말엽에 들어 '-에'와 결합하여 후치사적으로 쓰이는 예가 나타났다고 하였고, 한용운(2003)은 19세기 문헌에 조사 '밖에'와 같은 용법이 보인다고 하면서 「천로역정」의 예를 제시하였다. 그러나 조사로 볼 수 있는 '밧긔'의 예는 이미 18세기 후기부터 나타난다.

(69) ㄱ. 슬프다 져 한말의 오직 북지 왕침과 졔갈쳠 등 두어 사롬밧긔 들니미 업스니 앗갑도다 <자셩, 34b>
ㄴ. 너희밧긔 도로혀 벗이 잇ᄂ냐 <노걸(즁), 상 : 38b>

위의 (69ㄱ)에서 '밧긔'에 후행하는 서술어로 부정 서술어 '업다'가 나타나고, (69ㄴ)은 부정 서술어는 나타나지 않지만, 수사 의문문으로 부정의 의미로 해석되기 때문에 조사의 용법으로 볼 수 있다.

19세기에도 조사로서의 '밧긔'가 발견되며, 예는 주로 「천로역정」에 집중적으로 나타난다.

> (70) ㄱ. 방되 이밧긔 업스리라 <이언, 3 : 6a>
>
> ㄴ. 뎨 일 법이 브즈런이오 뎨 이 뎨 삼 뎨 빅이라도 브즈런밧긔 업다 ᄒᆞ니 <성직, 6 : 119a>
>
> ㄷ. 졔사쟝이 ᄃᆡ답ᄒᆞ되 긔살밧게는 우리 왕이 업다 ᄒᆞ더라 <성교(요한), 19 : 15>

4.2.2 처럼

'처럼'의 기원은 '體'에 조사 '로'가 결합한 것으로 볼 수 있으며 현대국어 조사 '처럼'과 같은 의미로 쓰인 '톄로'가 16세기에 나타난다. (한용운 2003 : 94~95 참고)

18세기 후반에는 '톄로' 형태가 나타나는데, 의미는 현대국어의 '처럼'과 같다고 볼 수 있다.

> (71) ㄱ. 대개 일경이 이톄로 왕뇌ᄒᆞ기 혼두 번이 아니니이다 <천의, 2 : 48a>
>
> ㄴ. 더덥퍼 밀텨 ᄯᅡ히 업디뎌시면 踏傷홈이 반드시 만흐나 다만 둘리는 것 톄로 힘이 重ᄒᆞ야 부러딤이 甚튼 아니ᄒᆞ고 <무원, 3 : 83b>

구개음화된 형태인 '쳐로' 형태도 '톄로'와 마찬가지의 용법으로 나타난다.

> (72) ㄱ. 져궁씌 노호옴을 품고 궁관을 원슈쳐로 보와 <명의, 2 : 16b>
>
> ㄴ. 네 샹젼쳐로 보고 아비ᄀᆞᆺ치 셤기는 재 누구며 <명의, 2 : 51a>

(72ㄴ)의 예에서 '쳐로'와 'ᄀᆞᆺ치'가 유사한 의미로 쓰이는 것을 볼 수 있다. 'ᄀᆞᆺ치' 역시 조사화의 단계에 이른 것으로 파악할 수 있다.

19세기에 '텨로' 형태는 큰 변화를 겪은 것으로 보인다. 19세기 자료에서 '텨로' 형태는 다음과 같은 예가 나타난다.

(73) 좀텨로 <한불, 571>

위의 (73)은 현대국어의 부사 '좀처럼'에 해당하는 예이다. '텨로' 형태는 이밖에는 발견되지 않고, 구개음화된 형태인 '쳐로' 형태가 확인된다.

(74) 넙고 만만훈 닙희 쏫젼쳐로 얇게 펴고 <규합, 11a>

19세기 문헌에는 이전 시기에서 이어진 '텨로/쳐로' 외에 현대국어의 '처럼'과 직접 연결되는 것으로 보이는 '처럼'의 예가 확인된다.

(75) ㄱ. 이단이 벌처럼 이러나 병쟝긔와 창이 빅셩의 명을 샹ㅎ고 희ㅎ니 <명셩, 9b>
　　 ㄴ. 이쳐럼 ᄉᆞ랑 베프시ᄂᆞᆫ 법이 도로혀 네 ᄆᆞᄋᆞᆷ을 움죽이지 아니ᄒᆞᄂᆞ냐 <셩직, 1 : 66a>
　　 ㄷ. 눈 아래 사ᄅᆞᆷ이 업ᄂᆞᆫ 것쳐럼 넉이며 <쳔로, 하 : 121b>

뿐만 아니라, 「한불자젼」에서는 현대국어와 같은 형태인 '처럼'도 발견된다. '처럼'의 형태는 「쳔로역졍」에서도 다수 발견되는데, 「쳔로역졍」에는 '쳐럼' 형태와 '처럼' 형태가 함께 나타난다.

(76) ㄱ. 처럼 님군처럼 <한불, 595>
　　 ㄴ. 긔독도ㅣ ᄀᆞᆯ오디 그디가 그쳐럼 권ᄒᆞᆫ 거시야 미우 ᄒᆞ엿도다 <쳔로, 하 : 101b>
　　 ㄷ. 긔독도ㅣ ᄀᆞᆯ오디 이쳐럼 ᄯᅩ 맛나뵈오니 반갑ᄉᆞ외다 <쳔로, 하 : 103a>

4.2.3 한테

'한테'의 기원은 한용운(2003)에서 중세국어의 '한디'가 19세기 무렵에 명사 '한데'와 조사 '한테'로 분화된 것으로 추측하고, 조사 '한테'는 의미 면에서 '같은 장소'를 나타내던 것이 '행위가 미치는 대상'을 나타내는 의미로 변화한 것으로 보고 다음과 같은 19세기의 예를 들었다.

>   (77) ㄱ. 리도가 어려서 어리 선성한디 슈학홀 쎄 <천로, 2 : 121>
>   ㄴ. 쥐싁기가 어미한테 와셔 말한되 <신심, 13>

'한디'나 '한테'가 조사로 쓰인 예는 18세기 문헌에서는 확인되지 않으며, 19세기 문헌에서는 '한테'의 예가 나타난다.

>   (78) ㄱ. 동싱덜아 너가 너희로 이 깁푼 도롤 무식치 안코져 한기 다 너희
>   스사로써 총명한테 한기롤 면케 한노니 <셩교(로마), 11 : 25>
>   ㄴ. 쥐의 이익기 쥐싁기가 어미한테 와셔 말한되 <신심, 13a>

5. 결론

본고에서는 후기 근대국어 시기인 18세기 후반에서 19세기 후반의 자료에 나타난 의존 명사와 조사의 문법화에 대해서 살펴보았다. 이 시기에 나타난 문법화의 경향에 대해서 간단하게 정리해 보면 다음과 같다.

우선 품사별로 정리하면, 의존 명사의 경우에는 이전 시기까지 일반 명사로 쓰이다가 자립성을 잃고 의존 명사화되는 방향과 의존 명사가 '이다', '하다' 등과 통합하여 양태 의미를 가지게 되는 방향으로 나타난다.

후기 근대국어 시기에는 일반 명사가 의존 명사로 되어 자립성을 잃는 현상은 잘 확인되지 않으며, 의존 명사를 포함한 통합체가 양태 의미를 나타내는 예는 '-을 터이다', '-을 양이다', '-은 체하다', '-을 양하다' 등의 구성으로 다양하게 나타난다.

조사의 경우에는 기원 형태에 따라서 동사에서 기원한 조사와 명사에서 기원한 조사로 크게 나누어지고, 동사 기원 조사는 구성 방식에 따라 다시 '동사 + -아/어'(더러, 더브러, 마저, 부터, 조차, 보다), '동사 + -고'(가지고, 보고, 하고)로 세분된다. 명사 기원 조사는 '명사 + 조사'의 구성으로 이루어지며 '밖에, 처럼, 한테, 대로' 등의 문법화를 확인할 수 있다. 조사의 경우에는 문법화가 완성된 경우 조사로의 쓰임새가 완전히 굳어지고, 어휘적인 의미는 상실하게 된다. 그런데 후기 근대국어 시기에는 아직까지 조사로 완전히 굳어지지는 않고 후치사적 용법으로 쓰이는 '더브러' 같은 형태들도 확인된다. 이러한 단계를 거쳐서 현대국어에서는 문법화가 완성되어 완전히 조사로 굳어진 것으로 보인다.

의존 명사와 조사의 문법화 양상을 단계별로 정리해 보면 다음과 같다.[18] 먼저 의존 명사의 문법화 양상을 정리하면 다음 표와 같다. 짙게 표시된 부분이 후기 근대국어 시기에 해당되는 단계이다.

의존 명사의 문법화 양상을 보면 대체로 '이다'나 '하다'와 결합된 통합체 구성으로 사용되어 양태 의미를 나타내며, 완전하게 의존 형식으로 굳어진 예는 보이지 않는다. 현대국어에서도 의존 명사를 포함한 통합체 구성의 경우에는 완전한 의존 형식인 어미로 굳어진 예는 거의 발견되지 않는 것으로 보아 의존 명사의 양태 구성은 19세기부터 활발하게 쓰이기 시작하여 현대국어까지 이어지는 것으로 파악된다.

---

18) 본고에서 집중적으로 논의한 형태만으로 대상으로 정리하였다.

형태	제1단계(자립적 용법)	제2단계(통합체구성)	제3단계(의존형식)
노릇	노릇(자립/의존 명사)	-은/을 노릇이다	
터	터	-은/을 터이다	-을 테다
셈	셈	-은/을 셈이다	
모양	모양	-은/을 모양이다	
양	양	-을 양이다, -은 양하다	
지경	지경	-을 지경이다	
체	체	-은 체하다	
수	수	-을 수 있다/없다	

다음으로 조사의 문법화 양상을 정리하면 다음과 같다. 역시 짙게 표시된 부분이 후기 근대국어 시기에 해당되는 단계인데, 19세기 후반 문헌에 가서야 조사로서의 용법이 안정화된 경우는 2단계와 3단계에 걸쳐 있는 것으로 보았다.

형태	제1단계(자립적 용법)	제2단계(통합체구성)	제3단계(의존형식)
가지고	가지-+-고	-을 가지고	(가지고)
더러	드리-+-어	-을 드려	더러
더브러	더블-+-어	-을 더브러/로 더브러	(와 더불어)
보고	보-+-고	-을 보고	보고
마저	뫛-+-어	-을 므자	마저
밖에	밝 + -에	밧긔	밖에
보다	보-+-다가	보다가/보다	보다
부터	븥-+-어	올 브터/로브터	부터
조차	좇-+-어	으로 조차	조차
처럼	톄 + -로	톄로/쳬로	처럼
한테	혼딕(?)	혼딕/혼테	한테

조사의 문법화 양상은 크게 동사에서 기원한 조사와 명사에서 기원한 조사로 나뉘며, 동사에서 기원한 조사의 경우 '동사 + 어미'의 구성이 부사(형)로 쓰이다가 조사로 굳어져 가는 과정을 거치며, 명사에서 기원한 조사는 '명사 + 조사'의 구성이 조사로 정착되는 과정을 보인다. 후기 근대국어 시기에는 전기 근대국어 시기까지 제2단계의 용법으로 많이 나타났던 통합체 구성들이 조사로 정착되어 가는 모습을 보이며 그 가운데 19세기 문헌에서는 문법화가 완성되어 조사로서의 안정된 쓰임새를 보이면서 표기 역시 현대국어에 근접한 예들도 나타났다.

참고문헌

고영근. 1976. "특수조사의 의미분석."「문법연구」3.

고영근. 1989/1991.「국어형태론연구」서울대학교 출판부.

고영근. 1997.「표준중세국어문법론」집문당.

고영진. 1997.「한국어의 문법화 과정 : 풀이씨의 경우」국학자료원.

고창수. 1987. "후치사 재고."「어문논집」(고려대) 27.

김문웅. 1982. "'-다가'류의 문법적 범주.「한글」176.

김진형. 1995. "중세국어 보조사에 대한 연구."「국어연구」136.

김진형. 2000. "조사연속구성과 합성조사에 대하여."「형태론」2-1.

김혜리. 1998. "영어에 나타나는 역문법화 현상."「영어사」제6호. 한국문화사.

류구상. 1983. "국어후치사에 대한 재론."「경희어문학」6.

민현식. 1982. "국어조사에 대한 화용론적 연구."「관악어문연구」7.

박승윤. 1997. "'밖에'의 문법화 현상."「언어」22-1.

서종학. 1983. "15세기 국어의 후치사 연구."「국어연구」53.

서종학. 1983. "중세국어 '브터'에 대하여."「국어학」12.

서종학. 1997. "후치사의 변화."「국어사 연구」태학사.

성광수. 1999.「격표현과 조사의 의미」월인.

송철의. 1993. "언어 변화와 언어의 화석."「국어사 자료와 국어학의 연구」문학
　　　　과 지성사.

안명철. 1990. "국어의 융합 현상."「국어국문학」103.

안주호. 1997.「한국어 명사의 문법화 현상 연구」한국문화사.

안주호. 2002. "한국어에서의 역문법화 현상에 대하여."「언어학」(대한언어학회)
　　　　10-4.

유목상. 1968. "국어의 후치사."「어문논집」(고려대) 11.

유창돈. 1962. "허사화 고구."「인문과학」(연세대학교) 7.

음재희. 1996. "18세기 국어의 보조사에 대한 연구." 단국대 석사학위논문.

이기백. 1975. "국어조사의 사적 연구Ⅱ."「어문논총」15.

이남순. 1998.「격과 격표지」월인.

이성하. 1998.「문법화의 이해」한국문화사.

이승욱. 1981. "부동사의 허사화." 「진단학보」 51. 진단학회.

이승욱. 2001. "문법화의 단계와 형태소 형성." 「국어학」 37.

이영경. 1995. "국어 문법화의 한 유형." 「국어학논집」 서울대 국문과.

이지양. 1998. "문법화." 「문법 연구와 자료」 태학사.

이태영. 1988. 「국어 동사의 문법화 연구」 한신문화사.

이현희. 1994. "19세기 국어의 문법사적 고찰." 「한국문화」 15. 서울대.

이현희. 1994. 「중세국어 구문연구」 신구문화사.

최형용. 1997. "문법화의 한 양상에 대하여." 「관악어문연구」 22.

최형용. 1997. "형식명사·보조사·접미사의 상관관계." 「국어연구」 148호.

한용운. 2003. 「언어 단위 변화와 조사화」 한국문화사.

한재영. 1996. 「16세기 국어 구문의 연구」 신구문화사.

홍윤표. 1984. "현대국어의 후치사 '가지고'." 「동양학」 14.

홍윤표. 2001. 「근대국어 연구」 2001년 2학기 고려대 대학원 강의안.

홍종선 외. 2000. 「현대국어의 형성과 변천 1」 박이정.

자료 인용 문헌 약호

약호	문헌명	간행 연도
가곡	歌曲源流	1876
가례	家禮諺解	1632
가석	家禮釋義	1792
가체	加髢申禁事目	1788
간벽	簡易辟瘟方	15xx
강태	姜太公傳(경판39장본)	미상
개법	改刊法華經(규장각본)	1500
개첩	改修捷解新語	1748
경문	御製經世問答諺解	1761
경민	御製警民音	1762
경민(규)	警民編(규장각본)	1658
경민(동)	警民編(동경교대본)	1579
경석	敬惜字紙文	1882
경세	御製經世編	1765
경속	御製經世問答續錄諺解	1763
경신	敬信錄諺釋(佛巖寺版)	1796
경언	敬信錄諺解	1880
계가	誡女歌(정문연편)	미상
계녀	戒女書	16xx
계주	御製戒酒綸音	1757
계초	誡初心學人文	1577
계축	癸丑日記	16xx
계해	癸亥反正錄	미상
고금	古今歌曲	1764
고답	雇工答主人歌	미상

고문	古文百選	미상
고초	고딕 초한젼징실긔(구활자본)	미상
과화	過化存神	1880
곽분	郭汾陽傳(경판69장본)	미상
곽씨언간	玄風郭氏諺簡	16xx
곽해	郭海龍傳(활자본)	미상
관동	關東別曲_松江歌辭(이선본)	15xx
관등	觀燈歌(校註歌曲集)	미상
관서	關西別曲_岐峰集	15xx
관오	關聖帝君五倫經諺解	1884
관음	觀音經諺解	1485
광재	廣才物譜(필사본)	18xx
교시조	校本 歷代時調全書	
구간	救急簡易方	1489
구방	救急方諺解	1466
구보	救荒補遺方	1660
구운(경)	九雲夢(경판32장본)	미상
구운(서)	九雲夢(서울대필사본)	19xx
구황	救荒撮要(만력본)	1554
국독	國民小學讀本	1895
국문	國文正理	1897
국조	國朝故事	미상
국한	國漢會語	1895
권공	眞言勸供	1496
권념	勸念要錄	1637
규합	閨閤叢書	1869
금강	金剛經諺解	1464
금령(경)	金鈴傳(경판20장본)	미상
금방	금방울젼(경판16장본)	미상
금별	金剛別曲_明村遺稿	17xx
금삼	金剛經三家解(내수사간)	1482
금수	禽獸會議錄	미상

기해	己亥日記(활판본)	1905
김씨	金氏烈行錄(활자본)	미상
김씨 편지	順天 金氏墓 편지글	1570년 경
낙도	樂道歌_朝鮮歌謠集成	13xx
낙은	樂隱別曲_弄丸齋歌帖	17xx
남궁	南宮桂籍	1876
남노	南氏奴婢文書	미상
남명	南明泉繼頌諺解	1482
남원(춘)	남원고사(춘향전사본전집1)	1869
남정	南征歌(단대율곡도서관본)	1640
남초	南草歌	17xx
납약	諺解臘藥症治方	16xx
내중	內訓(중간본)	1656
내훈	內訓	1475
내훈(중)	御製內訓諺解(중간본)	1736
노걸	老乞大諺解	1670
노걸(중)	重刊老乞大諺解	1795
노계	老溪歌_老溪先生文集	16xx
노박	老朴集覽	16세기 초
논어	論語諺解(七書諺解)	1588
논어(율)	論語栗谷諺解	1749
농가	農家月令歌	18xx
누가	누가복음	1882
누항	陋巷詞_老溪先生文集	16xx
능엄	楞嚴經諺解	1462
당태	唐太宗傳(경판26장본)	미상
대학	大學諺解(七書諺解)	1588
대학(율)	大學栗谷諺解	1749
독락	獨樂堂_盧溪先生文集	16xx
동문	同文類解	1748
동신	東國新續三綱行實圖	1617
동의	東醫寶鑑湯液篇	1613

두경	痘瘡經驗方(서울대고도서본)	16xx
두시(중)	杜詩諺解(중간본)	1632
두창	諺解痘瘡集要	1608
두시	杜詩諺解(초간본)	1481
마가(1884)	마가복음	1884
마가(1887)	마가복음	1887
마경	馬經抄集諺解	인조 때(1682?)
맹자	孟子諺解(七書諺解)	1590
맹자(율)	孟子栗谷諺解	1749
명성	關聖帝君明聖經諺解	1883
명의	明義錄諺解	1777
명주	明紬寶月聘(필사본)	미상
모하	慕夏堂述懷歌_慕夏堂實記	16xx
목우	牧牛子修心訣	1467
몽노	蒙語老乞大(중간본)	1790
몽보	蒙語類解補篇	1790
몽산	蒙山和尙法語略錄	세조 때
몽산(고)	蒙山和尙法語諺解(고운사판)	1517
몽산(빙)	蒙山和尙法語諺解(빙발암판)	1535
몽산(송)	蒙山和尙法語諺解(송광사판)	1577
몽산(심)	蒙山和尙法語諺解(심원사판)	1525
몽산(유)	蒙山和尙法語諺解(유점사판)	1521
몽유	蒙語類解(중간본)	1790
몽육	蒙山和尙六道普說諺解(취암사본)	1567
몽편	蒙喩篇	1810
무목	武穆王貞忠錄(낙선재필사본)	1760
무예	武藝圖譜通志諺解	1790
무오	戊午燕行錄	미상
무원	增修無冤錄諺解	1792
무제	武藝諸譜	1598
무천	李茂實千字文	1894
물명	物名攷	순조 때

물보	物譜	19세기 초
박통	朴通事諺解(중간본)	1677
반야	般若心經諺解	1464
발심	發心修行章	1577
방언	方言類釋	1778
백련	百聯抄解(동경대본)	1576
백련(중)	百聯抄解(중간본)	1723
백행	御製百行源	1765
번노	飜譯老乞大	1517
번박	朴通事諺解(초간본)	16세기 초
번소	飜譯小學	1517
법어	法語	1466
법집	法集別行錄	1522
법화(규)	法華經諺解(규장각본)	1463
법화	法華經諺解	14XX
벽신	辟瘟新方	1653
벽허	碧虛談關帝言錄	미상
병일	丙子日記(박경신역주)	1636
병학	兵學指南(壯營藏板本)	1787
보권	念佛普勸文	1776
보현	普賢行願品(雙溪寺版)	1760
부천	部別千字文	1913
북송	北宋演義(낙선재필사본)	17xx
분산	墳山恢復謝恩歌 淸溪歌詞	16xx
분온	分門瘟疫易解方	1542
사기	御製賜畿湖別賑資綸音	1784
사성	四聲通解	1517
사씨	謝氏南征記(경판66장본)	미상
산성	山城日記(김광순역주)	1636
삼강(동)	三綱行實圖(동경대본)	1471
삼강(런)	三綱行實圖(런던대본)	1481
삼국	三國志(경판)	미상

삼략	新刊增補 三略直解	1805
삼성	三聖訓經	1880
삼역(중)	重刊 三譯總解	1774
상원	五臺山上院寺重創勸善文	1464
상춘	賞春曲_不憂軒集	1786
상훈	御製常訓諺解	1745
생륙	生六臣傳(활자본)	미상
서경	書經諺解	1588
서궁	西宮日記(홍기원역주)	16xx
서왕	西往歌_普勸念佛文	13xx
서유	西遊記(경판59장본)	미상
서전	書傳諺解	16xx
석보	釋譜詳節	1447
석천	石峰千字文	1583
선가	禪家龜鑑諺解	1579
선보	禪譜集略諺解	미상
선상	船上歎_蘆溪先生文集	16xx
선조	宣祖國文教書(권이도소장본)	1593
선종	禪宗永嘉集諺解	1464
선행	宣祖行狀	17xx
성관	聖觀自在求修六字禪定(중앙도서관소장)	1560
성백	셩교빅문답(聖教百問答)	1884
성절	聖教節要	1882~1890
성직	聖經直解	1892~1897
셩교	예수셩교젼서(문광서원)	1887
소독	小學讀本	1895
소아	小兒論	1777
소학	小學諺解	1586
속명	續明義錄諺解	1778
속삼	續三綱行實圖	1514
속삼(중)	續三綱行實圖(중간본)	1581
송강(성)	松江歌辭(星州本)	1687

수궁	水宮鱉主簿山中兎處士傳	미상
시경	詩經諺解	1613
시용	時用鄕樂譜	중종 이전
시편	詩篇撮要	1898
신구(가)	新刊救荒撮要(가람본)	1686
신구(윤)	新刊救荒撮要(윤석창본)	1660
신심	新訂尋常小學	1896
신약	新約全書	1887
신증	新增類合	1576
신증(영)	新增類合(영장사판)	1700
신증(칠)	新增類合(칠장사판)	1664
신천	新訂千字文(정문연본)	1908
신초	新傳煮硝方諺解	1698
신취	新傳煮取焰焇方諺解	1635
심경	心經諺解	1464
십구	十九史略諺解	1772
아미	阿彌陀經諺解	1464
아악	雅樂附歌集	미상
아언	雅言覺非	1819
악습	樂學拾零	1713
악장	樂章歌詞	중종 때
악학	樂學軌範	1493
야운	野雲自警	1577
어록	語錄解	1657
어록(중)	語錄解(중간본)	1669
어소	御製小學諺解	1744
언간	李朝御筆諺簡集(김일근 편)	1597~1802
언문	諺文志	1824
여사	女四書諺解	1736
여소	女小學	18xx
여수	女士須知(문화유씨가장)	1889
여씨(일)	呂氏鄕約諺解(일석본)	1574

윤음(대소)	御製諭大小臣僚及中外民人等斥邪綸音	1881
윤음(사기)	御製賜畿湖別賑資綸音	1784
윤음(신서)	諭中外大小臣庶綸音	1782
윤음(양로)	御製養老務農頒行小學五倫行實劉儀式鄕約條禮綸音	
		1795
윤음(왕세)	御製諭王世子冊禮後各道臣軍布折半蕩減綸音	1784
윤음(원춘)	御製諭原春道嶺東嶺西大小士民綸音	1783
윤음(유양)	御製諭楊州抱川父老民人等書	1792
윤음(제대)	御製濟州大靜旌義等邑父老民人書	1781
윤음(제도)	御製諭諸道道臣綸音	1794
윤음(제주)	御製諭濟州民人綸音	1785
윤음(중외)	諭中外大小民人等斥邪綸音	1839
윤음(팔도)	御製諭八道四都耆老人民等綸音	1882
윤음(함경)	御製諭咸鏡南北關大小士民綸音	1783
윤음(함경인)	御製諭咸鏡南北關大小民人等綸音	1788
윤음(호남)	御製諭湖南民人等綸音	1783
윤음(호서)	御製諭湖西大小民人等綸音	1783
윤음(호유)	御製諭諸道道臣綸音	1794
윤음(효유)	曉諭綸音	1784
윤하	尹河鄭三門聚錄	미상
은중	佛說大報父母恩重經諺解(송광사판)	1563
의종	醫宗損益	1868
이륜	二倫行實圖	1518
이씨언간	李應台墓出土諺簡	1586
이언	易言諺解	1875
인어	隣語大方	1790
일동	日東壯遊歌	1764
자성	御製自省篇諺解	1746
자휼	字恤典則	1783
재물	才物譜	정조 때
적성	赤聖儀傳(경판23장본)	미상
전운	全雲致傳(경판37장본)	미상

정몽	正夢類語	1884
정속	正俗諺解	1518
제중	濟衆新編	1799
조군	竈君靈蹟誌	1881
조훈	御製祖訓諺解	1764
존설	尊說因果曲(持經靈驗傳)	1796
종덕	種德新編諺解	1758
주교	주교요지	1897
주년	주년첨례광익	1865
주역	周易諺解	1588
주천	註解千字文(중간본)	1752
중용	中庸諺解	1590
중용(율)	中庸栗谷諺解	1749
증언	增補諺簡牘	18xx
지장	地藏經諺解	1752
진교	진교절요	1883
진리	眞理便讀三字經	1895
창진	瘡疹方諺解	1518
천로	天路歷程(파리동양어학교소장본)	1894
천의	闡義昭鑑諺解	1756
천자(광)	光州千字文	1575
천자(송)	千字文(송광사판)	1730
천자(영)	千字文(영장사판)	1700
천자(칠)	千字文(칠장사판)	1661
첩몽	捷解蒙語	1790
첩해	捷解新語	1676
첩해(중)	重刊捷解新語	1781
청구(경)	靑丘永言(경성대)	1728
청구(이)	靑丘永言(이한진 찬)	1815
청구(진)	靑丘永言(진서간행회)	1728
청노	淸語老乞大	18xx
춘향(경17)	춘향전(경판17장본)	미상

춘향(경35)	춘향전(경판35장본)	미상
춘향(남)	춘향전(남원고사)	미상
치명	치명일긔	1895
칠대	七大萬法	1569
태교	胎敎新記諺解	1801
태산	諺解胎産集要	1608
태상	太上感應篇圖說諺解	1852
태평	太平廣記諺解	숙종 이전
토별	兎鱉山水錄	미상
통학	通學徑編	1916
팔세	八歲兒(개간본)	1777
하씨간찰	晉州河氏墓出土簡札(김주필역주)	16xx
한듕	閑中漫錄	18xx
한중	閑中錄	1795
한불	한불자전	1880
한영	한영자전	1897
한청	漢淸文鑑	영조 말
해동	海東歌謠	1763
해례	訓民正音解例	1446
혈의	혈의루	미상
형세	型世言(낙선재필사본)	17xx
홍길(경24)	홍길동전(경판24장본)	미상
홍길(경30)	홍길동전(경판30장본)	미상
홍길(완)	홍길동전(완판36장본)	미상
화산	華山奇逢(낙선재본)	미상
화포	火砲式諺解	1635
효경	孝經諺解	1590
훈몽	訓蒙字會	1527
훈민	訓民正音諺解	1459
훈배	訓蒙排韻(필사본)	1901
훈서	御製訓書諺解	1756
훈아	訓兒眞言	1894

홍부(경)	홍부전(경판25장도남본)	미상
희설	喜雪_觀水齋遺稿(규장각본)	1721

찾아보기